JN439368

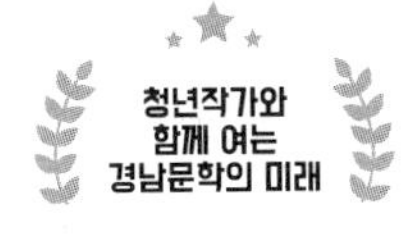

경남문학이 주목한

우리 시대의 작가들

경남문학의 현재와 미래를 생각하며

이달균 경상남도문인협회 회장

2021년 경남문협의 역점 사업 중 하나인 경남 중견 문인들을 조명하는 책 《경남문학이 주목한 우리 시대의 작가들》 세 권을 펴낸다. 경남문협 기관지 계간 《경남문학》의 〈이 작가를 주목한다〉에 선정되었던 작가 80명의 대표작과 그 작품을 조명한 평설을 함께 묶은 것이다.

그동안 〈집중조명〉 등을 통해 원로급에 해당하는 문인들에 대한 조명 작업은 활발히 이뤄져 왔으나, 중견과 신진들에게는 상대적으로 기회가 부족했던 것이 사실이다. 1980년부터 2021년 겨울호까지 수록된 작가들을 대상으로 하였기에 이미 작고하였거나 경남을 떠나 타관에서 생활하는 이들도 있다. 그러므로 이 20년간의 집적이 또 하나의 경남문학 역사로 기록될 것이기에 중요한 의미가 있다.

〈이 작가를 주목한다〉를 처음 시작할 당시엔 한국 문단에 이름이 크게 알려지지 않은 신예들이었으나 세월이 흐른 지금엔 중견 문인이 되었고, 한국 문단에서 상당한 성취를 보인 이들도 다수 있다. 그러나 다른 한편에서 보면 작품의 우수성에 비해 아직 알려지지 않은 작가들도 많다. 경남에서 열심히 활동하는 이런 작가들을 격려하고 창작의욕을 불어넣기 위한 노력은 계속되어야 한다.

이 사업은 경남문학의 미래를 가늠해 보고자 하는 본 협회와 경남도의 생각이 일치를 보여 시작할 수 있었다. 경남도는 청년예술인에 대한 꾸준한 관심을 보여왔고, 경남문단은 청년정신의 수혈이 반드시 필요한 시점이다. 누구나 공감하듯이 현재 지역문단은 청년문인의 고갈 현상을 겪고 있다. 청년작가가 거의 없는 현실이 잘 말해 준다. 그 이유는 여러 가지가 있다. 워낙 순수문학 창작이 힘들고, 그로 인한 경제활동이 제약을 받고 있으며 공연과 영상 위주로 편중된 사회현상, 행정 집중, 노령화 사회의 특징인 등단 연령 고령화 등등이 그런 결과는 낳고 있다. 그래서 이 기획을 통해 문학의 활성화를 꾀하고 청년문학인을 찾아내는 일에 적극 나서고자 한 것이다.

이번 기획 출판물에는 기성작가들과 청년작가들과의 만남을 시도하였다. 우리 지역 대학 재학생들의 작품과 갓 등단한 새내기 문인, 등단지망생 등 청년작가들의 작품인데 만족할 정도의 숫자는 아니다. 경남문협 기관지인 계간《경남문학》에는 회원이 많아 수록이 어려우므로 이 책을 통해 기성작가와 청년작가 간의 길 트기 운동의 첫걸음을 시작한 것이다.

경남청년문학상 제정, 좌담회 등을 통해 청년문학의 부재와 극복방안, 미래 경남문학을 예단해 보는 기획도 함께할 생각이다. 지역 문학의 미래를 위한 경남문협의 이런 시도는 앞으로도 계속될 것이다.

모든 예술의 근간인 문학에 대해 도민들의 관심이 그 어느 때보다 요구된다. 더불어 경남도를 비롯한 경남도의회, 경제인들께도 적극적인 관심과 참여를 부탁드린다.

사업비는 경남도의 추경예산을 확보하여 마련하였으며 수록 작가 사진은 손묵광 사진작가께서 수고해 주셨다. 진심으로 감사의 말씀을 드린다.

| 차례

2021 경남 청년작가 특집
| **창원대학교 외**

이 작가를 주목한다

일러두기

1. 이번 작품집은 코로나19 시대, 경남문학인과 지역 청년작가를 응원하기 위해 경상남도에서 예산을 지원하여 발간하게 되었습니다.
2. 여기에 수록된 청년작가 작품은 지역의 주요 대학에서 실시한 문학상 공모전의 수상작이거나 재학 중 또는 졸업 후 등단한 작가, 혹은 작가 지망생의 작품들입니다.
3. 〈이 작가를 주목한다〉는 계간지로 발행하는 《경남문학》 2000년 여름호부터 시작한 코너로 현재까지 이어지고 있습니다. 세 권으로 출판될 이번 기획에서는 2021년 겨울호까지 조명된 작품과 평설을 수록합니다.
4. 〈이 작가를 주목한다〉에 실린 작가의 사진은 20여 년의 시차를 두고 있습니다. 그로 인해 일률적으로 넣기 용이하지 않아 손묵광 사진작가의 도움을 받았습니다. 그러나 촬영에 임할 수 없는 문인들의 사정으로 인해 조명될 당시의 사진들과 재촬영된 현재의 사진들이 혼재되어 있습니다.
5. 〈이 작가를 주목한다〉에 해당하는 글들은 지면 관계상 《경남문학》에 실렸던 작품을 모두 수록하지 못했습니다. 주로 대표작을 중심으로 하여 시와 시조는 5편, 수필은 2편, 그 외 산문 장르는 1편씩만 수록하였습니다. 그로 인해 이 책에 실린 작품과 평설 내용에는 다소 차이가 있을 수 있습니다.

2021

경남 청년작가 특집

창원대학교 외

이 특집은 경남문인협회와 경상남도가 '청년작가 육성'을 위해 마련한 공동기획이다. 현재 경남문단은 청년작가가 거의 없는 상황이다. 그러므로 이 기획을 통해 청년작가(등단 작가 및 작가 지망생)들과 기성작가들이 상호 소통하고 작품을 공유하는 일은 미래 경남문학을 위해서도 매우 중요한 일이 아닐 수 없다.

세 권의 책을 세 차례에 걸쳐 발간한다. 그 두 번째로 12명의 창원대학교 졸업생과 재학생들, 그리고 타 대학 졸업생 1명의 작품을 싣는다. 청년작가들이 경남문협 사업에 참여하고, 기성작가들은 청년작가들의 작품을 통해 신선한 자극을 받으면서 서로 영향을 주고받는다면 이 작은 시도가 미래 경남문학의 초석을 다지는 소중한 기회가 될 것이라 믿는다.

—편집위원회

제25회 창원대문학상 시부문 당선
유아교육과 1학년

선

선이라는 건
내가 긋지 않았는데 생기는 것이다.
내가 팔 벌려 안지 못하는 건
버려짐에 대한 두려움이다.

당신과 나에게 선이 있다면
내가 그은 것이 아닌 그어진 것이다.

나는
수없는 밤을 홀로 걸었다.
그리고 말했다.
가로등은 켜지지 않아.
그림자만 같이 걸을 뿐이야.

홀로 수십 리를 걸을 때마다
떠오르는 얼굴들에 발자국을 찍었다.
손이 시렸다.
주머니에 넣을 수 없었다.
뒤돌아 수많은 발자국을 보며
손을 넣을까 싶다가도 넣을 수 없었다.

한 치 앞도 안 보이는 끝도 없는 밤보다도
가장 두려운 건 나였다.
넣을 수 없는 손이었다.

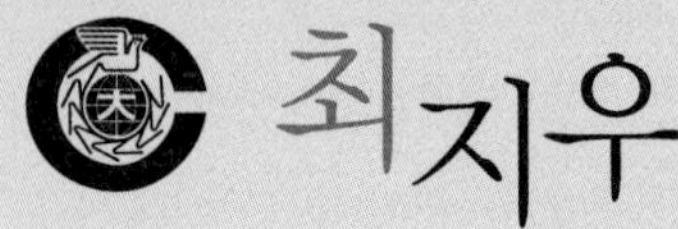

제25회 창원대문학상 시부문 가작
중국학과 2학년

시간을 줍는 아이

매일매일 줍는 것이 있었다.

따가운 햇빛이 내리쬐는 아래
그것은 푸르른 이파리일 때도 있었고

쌀쌀한 바람이 스치는 아래
그것은 노오란 낙엽일 때도 있었다.

추위가 귀를 덮을 때
그것은 새하얀 눈송이였고

따뜻한 온기에 눈이 잠길 때
그것은 분홍빛 꽃잎이었다.

아이가 줍는 것은 때로는 차게 식어 있었고
때로는 뜨겁게 타올라 손을 데웠다.

누군가에게는 애타고
누군가는 손쉽게 버릴 그 잎들

다 다른 모양 다 다른 온도
하지만 똑같이 아름다웠고 똑같이 귀했기 때문에

아이는 잎들을 모아다
차곡차곡 쌓아보였다

누군가 가져갈 것마냥
아무도 가져갈 수 없는데도

제25회 창원대문학상 소설부문 당선
유아교육과 3학년

H의 비극

목재와 벽돌로 조화롭게 지어진 저택. 감히 들어가려고 시도조차 하기 힘든 거대한 외관. 그에 비해 따뜻한 느낌을 지닌 고풍스러운 인테리어. 이곳은 핵터의 저택이다.

핵터의 저택은 3층 건물로, 1층에 방 1개와 거실, 부엌 그리고 화장실이 있고, 2층에 방 3개가 있으며, 3층에 방과 화장실이 각각 1개가 있다. 이 저택의 가정부인 샬롯과 그녀의 아들 크리스는 저택에서 1층 방을 사용한다. 샬롯 모자에게 핵터가 호의를 베푼 것이다. 호의라는 말로 포장을 해도 될까 싶지만 갈 곳이 없던 샬롯 모자에게는 마지막 희망이었다. 2층에서는 첫째 톰과 넷째 브라운이 같은 방을 쓰고, 둘째 벨리와 셋째 에밀리가 각각 한 방씩 쓴다. 벨리는 지금은 따로 살지만 가끔 저택에 들르면 자고 갈 때가 있어 벨리의 방이 그대로 있다. 핵터의 자녀들은 모두 서른이 넘었지만 저마다의 이유로 아무도 새 가정을 이루고 있지 않다.

벨리는 아주 욕심이 많은 아이였다. 어렸을 때부터 좋은 건 다 자기 것이었다. 남의 것도 자기 것이었다. 어머니를 일찍 여의어서 그런지, 오빠와 동생들로부터 아버지의 사랑을 독차지하고 싶어 했다. 이뿐만 아니라 맛있는 것도 남들보다 더 많이 먹으려고 하다 체하기 일쑤였다. 그렇게 몇 년이 지나 성인이 되고, 벨리는 악독한 여자가 되었다. 아버지 봉양 문제로 톰과 말다툼을 하다 이제 성인이면 성인답게 행동하라는 말을 들었고, 그녀는 분을 참지 못해 자신에게 심한 말을 한 톰과 연을 끊겠다며 집을 나가버렸다. 그리고 지금까지 끊어진 줄은 연결되지 않았다.

톰은 큰오빠로서 동생들의 버팀목이 되어 주려고 노력했다. 벨리는 떠나갔지만 에밀리와 브라운만은 자신의 울타리 속에서 지켜주고 싶었다. 어린 시절, 에밀리가 아버지에게 맞고 올 때면 상처가 난 부위에 연고를 발라주고 다독여주었다. 지금은 괜찮지만 그때의 에밀리의 몸은 더 이상 맞을 데가 없을 만큼 만신창이었다. 톰은 에밀리가 너무나 안타까웠다. 그냥 아무 이유 없는 구타였다. 에밀리는 그저 핵터의 스트레스 해소용 샌드백이었다. 그리고 에밀리에게 함부로 손을 올리는 아버지를 톰 자신이 어찌 할 수 없다는 사실도 화가 났다. 핵터에 비하면 자신은 너무나 어린아이였다. 그는 다짐했다. 언젠간 아버지에게 복수를 하리라고. 악착같이 아버지의 옆에서 큰아들 역할을 잘하며 아버지가 자신에게 신뢰를 쌓도록 노력했다. 마지막 순간을 위해.

톰에게는 브라운 또한 아픈 손가락이었다. 브라운의 나이는 35세지만 정신연령은 7세밖에 되지 않는다. 어머니가 브라운을 임신하던 중에 산책을 하다 발을 헛디뎌 계단을 굴렀는데 그 충격이 브라운에게도 전달된 것이었다. 당장 아이를 낳지 않으면 어머니와 브라운 모두 생명을 잃을 정도로 위험한 상태였다. 결국 어머니는 출산 중 돌아가셨고 브라운은 뇌에 손상이 있는 채로 세상 밖으로 나왔다. 그런데 핵터는 브라운을 반기지 않았다. 남들과는 다른 브라운을 아들로 받아들이지 않았고, 브라운이 사용할 방조차 만들어주지 않았다. 그래서 톰과 방을 함께 쓰는 것이다. 브라운은 성인이 될 때까지 아버지의 관심을 단 한 번도 받지 못했다. 그 자리를 톰이 채워주었다. 톰은 브라운의 보호자로서 그에게 사랑을 아낌없이 주었다. 그렇게 몇십 년이 흘렀고 브라운은 여전히 톰의 그늘 밑에서 보호받고 있었다. 어느 날 톰이 방에 들어가자 브라운이 혼잣말로 중얼거리고 있었다.

"브라운. 뭐라고?"

"…겠어."

"응?"

"아빠.."

"아빠?"

"어… 없어졌으면 좋겠어…."

톰은 자신의 귀를 의심했다. 아버지가 없어졌으면 좋겠다니… 갑자기 그런 생각을 왜 했을까? 톰은 브라운에게 가까이 다가가며 물었다.

"왜? 무슨 일 있었어?"

"왜… 왜 나를 없는 사람처럼… 나… 나 여기 있는데… 예전부터 차… 참았어…."

톰은 심장이 쿵 내려앉았다. 브라운이 그런 생각을 하고 있었다니. 전혀 알아채지 못했다. 핵터가 브라운을 정말로 투명인간 취급을 한 건 맞지만, 브라운의 눈은 항상 초점이 맞춰져 있지 않았기에 그 사실을 모르는 줄 알았다.

"브라운…."

톰은 따스한 손길로 브라운을 감싸 안았다.

그리고 2주 뒤, 핵터는 자녀들을 불러 모아 자신의 유산 상속 계획을 밝혔다. 저택을 포함한 모든 유산을 장남인 톰에게 상속하겠다는 것이었다. 이미 유서에도 작성을 하여 변호사에게 전달을 했다고 한다. 무를 수 없다는 뜻이다. 아니 무르지 않겠다는 말이다. 톰은 본인이 지금까지 했던 일을 생각하며 안도의 한숨을 쉬었다. 벨리는 정신이 나가 아버지를 쫓아갔다. '그렇게 해봤자 소용없어 이 악녀야.' 톰은 속으로 생각했다.

"아버지! 아버지. 잠시만요."

벨리의 목소리가 넓은 집을 가득 채웠다. 딸의 부름에도 뒷짐을 진 핵터는 유유히 계단 위로 사라졌다. 벨리는 핵터의 방이 있는 3층으로 올라갔다. 쿵쿵쿵쿵. 발소리가 그녀의 심정을 대변했다. 벨리는 핵터의 방문을 힘껏 열어젖혔다. 끼익.

"아버지. 정말이에요?"

"진정하고… 켁… 켁…."

핵터가 마른기침을 했다.

"지금 진정하게 생겼어요? 그게 사실이냐고요!"

벨리의 앙칼진 목소리에 핵터는 벨리의 눈을 똑바로 쳐다보며 말했다.

"그래. 사실이다."

핵터의 대답에 기운이 쫙 빠진 벨리는 떨리는 목소리를 가다듬고 겨우 말을 이어갔다.

"어떻게… 어떻게 그래요… 저도 자식인데 왜 오빠에게만…."

"그렇게 분하더냐? 그러게. 나한테 잘하지 그랬어. 이제 와서 아쉬워? 켁… 켁…."

서 있는 게 힘들어 보이는 핵터도 만만치 않게 벨리를 향해 목소리를 높였다.

"오빠에게만 유산을 상속하면 저랑 다른 동생들은요? 굶어 죽어도 상관없다는 건가요? 어떻게 그렇게 무책임하세요. 아버지시잖아요…."

벨리는 머금고 있던 눈물을 터뜨렸다.

"넌 지금 나한테 그런 말을 할 자격이 없는 것 같은데."

핵터의 말은 잔인할 정도로 차가웠다.

"아버지… 그렇게 많은 돈을 오빠한테만 다 줘버리면…."

"그럼 유산을 받는 톰에게 달라고 하던가."

핵터는 뜻을 굽힐 생각이 전혀 없어 보였다. 벨리는 더 이상 대꾸할 힘도 없었다. 아니, 핵터가 보기 싫었다. 벨리는 속으로 생각했다. '이렇게 나온다. 이거지?' 침으로 목을 한 번 축인 후 마지막 한 마디를 하고 미련 없이 핵터의 방에서 나와 문을 쾅 닫았다.

"나를 그냥 돌려보낸 이 순간을 후회하게 될 거야."

벨리가 나가자 핵터는 아무 일도 없었다는 듯이 책상 앞에 앉아 기침을 하며, 읽다 만 책을 폈다.

몇 분 후, 똑똑. 핵터의 방에 누군가 노크를 했다.

"회장님, 샬롯입니다."

"오 들어오게."

아까와는 사뭇 다르게 부드러운 어조로 샬롯을 반기는 핵터였다.

"마음의 안정을 찾아주는 따뜻한 차예요. 속이 풀리실 거예요."

"고맙네. 켁… 켁. 역시 나를 알아주는 건 자네밖에 없어."

차를 한 모금 마시고는 기분이 나아졌는지 핵터는 샬롯의 손을 감싸 쥐었다. 샬롯은 놀란 눈을 감추지 못했다.

"왜 그렇게 놀라나. 이젠 마음을 열 때도 되지 않았나?"

"회장님, 저는…."

"어허. 이럴 땐 그냥 가만히 있는 거라고 했을 텐데."

샬롯은 눈을 질끈 감았다. 정말 지긋지긋하다고 생각했다. 그럼에도 이곳에서 가정부 일을 계속하고 있는 이유를 떠올렸다.

"오늘은 분홍색 원피스를 입었군. 잘 어울려. 켁… 켁…."

핵터가 샬롯의 원피스 자락을 잡아 자기 쪽으로 끌어당겼다. 샬롯은 아무 저항도 하지 못하고 핵터 앞으로 끌려갔다. 핵터의 손이 점점 아래로 내려갔다. '제발 그만… 그만해.' 두려움과 역겨움이 공존하던 그때.

"엄마!"

크리스가 핵터의 방문을 열고 들어왔다.

"크리스!"

샬롯은 크리스에게로 뛰어갔다. 핵터는 갑작스러운 상황에 놀라 공중에 떠 있던 손을 황급히 거뒀다.

"엄마, 나 그림 그렸어."

크리스는 자신이 그린 그림을 자랑스럽게 들어 보였다.

"그랬어? 내 아들…."

샬롯은 크리스를 꼭 껴안으며 고여 있던 눈물을 손등으로 살며시 훔쳐냈다.

"어디 한 번 볼까? 사람 뒷모습이네?"

샬롯은 크리스가 들고 있던 그림을 자신의 손으로 들며 말했다.
"앞모습이야…."
크리스가 고개를 저으며 말했다.
"그렇구나. 얼굴이 안 보여서 뒷모습인 줄 알았어. 미안해, 크리스."
샬롯은 크리스에게 그림을 다시 주었다.
"크흠. 차는 잘 마시겠네. 이만 가보게나."
핵터는 하려던 일을 다 하지 못해 아쉬움이 역력한 목소리로 말했다.
"네…."
샬롯은 크리스의 손을 잡고 서둘러 지옥에서 나왔다. 샬롯은 크리스가 아무것도 몰랐으면 좋겠다고 생각했다. 아직 열 살밖에 되지 않은 아이니 넓은 집에 살아서 행복하다고만 느꼈으면 좋겠다고 생각했다. 언제부턴가 샬롯이 핵터의 방에 들어갈 때마다 크리스가 샬롯을 자주 찾는다는 것을 느꼈지만 아이가 엄마를 찾는 것은 당연하니 우연일 것이라고 생각하고 대수롭지 않게 넘겼다.

그리고 다음 날, 경찰차와 구급차가 저택 마당으로 와서 저택의 분위기를 다 망쳐 놓았다. 거실에서 벨리를 제외한 세 자녀가 형사와 대화 중이었다.
"죽은… 건가요…?"
제일 먼저 입을 뗀 건 톰이었다.
"안타깝게도 그렇습니다."
"오 이런…."
에밀리가 입을 감싸며 믿을 수 없다는 표정으로 형사를 바라보았다. 담당 형사인 에릭은 자신의 감정을 들키면 안 되는 것처럼 딱딱한 말투로 말했다.

"사망 추정 시각은 어젯밤 10시에서 11시 사이입니다. 모두 그때 뭐하고 계셨는지 알고 싶습니다만."

"저는 그때 자고 있었어요. 어제 술을 많이 마셔서 아마 10시쯤 곯아떨어졌을 거예요."

톰이 말했다.

"저도요.."

에밀리가 말을 이었다.

"그렇군요. 이분은…."

에릭이 브라운을 보며 말했다.

"아 브라운도 저랑 같이 자고 있었어요. 제가 브라운을 재웠기 때문에 확실합니다. 이 아이가 정신질환을 앓고 있어요. 양해 부탁드립니다."

톰이 대신 말했다.

"아, 그렇군요. 뭐 수사는 이제 시작이니 차차 밝혀질 겁니다. 자녀가 한 분 더 계신 걸로 알고 있는데요."

"벨리는 이 집에 같이 살고 있지 않습니다. 필요하시다면 전화번호를 가르쳐 드릴게요."

"예. 그래주시겠습니까?"

에릭은 벨리의 전화번호를 수첩에 받아 적고는 감사하다고 인사했다.

"혹시 이 집에는 핵터 씨와 자녀 세 분만 거주하고 있습니까?"

"아뇨. 가정부와 가정부 아들도 함께 지내고 있습니다."

톰이 바로 대답을 했다.

"알겠습니다. 그분들과도 이야기를 나눠 봐야겠군요. 어디 가면 만날 수 있을까요?"

"오늘 오전에 마트에 장을 보러 간다고 하시더군요. 집으로 돌아오면 연락해 드릴까요?"

"네. 그렇게 해주시면 고맙죠. 이쪽으로 연락해주십시오."

에릭은 톰에게 자신의 명함을 건네고는 3층으로 올라갔다.

"이게 무슨 일이야… 술도 아직 덜 깼는데…."

톰은 아픈 머리를 매만지며 부엌에 물을 마시러 갔다. 브라운은 무슨 상황인지 모르는 듯했다. 브라운에게 설명을 해줄까 하다가 머리가 아프다는 핑계로 나중에 말하자고 생각했다. 에밀리도 적지 않은 충격을 받았다.

핵터가 죽었다.

에릭이 핵터 방으로 오자 파트너 형사인 세라는 사건 상황을 읊었다.

"침대에 누운 상태로 가슴에 칼을 맞고 바로 죽은 거야. 그리고 살인이라는 건 확실해."

누가 봐도 명백한 살인이었다. 시체 위에 이불이 덮여 있었기 때문이다.

"이불은 왜 덮었을까? 이불을 안 덮었다면 핵터가 자살을 했다고 생각할 수도 있어서 수사가 좀 길어졌을 텐데."

"그러게. 그까지는 생각을 못했나? 핵터가 죽은 걸 순수하게 숨기려고 그랬을 수도 있고."

"뭐 우리에겐 좋은 거니. 흉기는 식칼이고. 식칼은 이 저택 것인가?"

"응. 그런 것 같아. 이 저택에 사는 사람들에게 저 식칼을 본 적이 있는지 물어보면 저택의 것인지 아닌지 알 수 있겠지."

"그래. 일단 이 저택을 오고 간 사람은 다 용의자야."

"응. 그리고 이 저택에는 바깥에만 CCTV가 있고 내부에는 아예 없어."

"알겠어."

장을 보고 저택으로 돌아온 샬롯은 톰의 말을 듣고 경악을 금치 못했다. 핵터가 죽었다니. 이 저택에서 끔찍한 일이 일어났다는 걸 믿을 수 없었다. 시체는 감식반이 가지고 가서 안 본 게 다행이라고 생각했다.

"그래서 샬롯 씨가 오면 형사님께 연락을 하기로 했어요."

"아… 네."

"형사님 오시면 제가 옆에 같이 있어 드릴까요?"

"그래주실래요…?"

"네. 그러는 게 좋겠네요."

곧 에릭이 도착했다.

"빨리 오셨네요, 형사님."

톰이 에릭에게 인사했다.

"네. 아, 이분이 가정부…?"

"네. 이 분은 샬롯 씨입니다."

샬롯이 놀랐는지 에릭의 눈을 피하고 고개를 숙여 인사했다. 에릭도 고개를 살짝 끄덕였다.

"혹시 어젯밤 10시에서 11시 사이에 무엇을 하고 계셨는지…."

"자고 있었어요…."

"아, 그렇군요. 아들도 있다고 들었는데… 지금 어디 있는지 알 수 있을까요?"

"저희 아들은 아무것도 몰라요…."

샬롯이 떨리는 목소리로 말했다.

"아… 네. 그래도 형식적으로 이 저택에 오고 간 사람은 다 조사를 해야 하는데…."

"저희 아들은 그때 자고 있었어요. 애가 아직 어려서 일찍 자요."

"그렇군요."

"어려서 살인이나 이런 끔찍한 일에 개입되면 아이가 트라우마가 생길지도 몰라요… 그러니 제발… 저희 아이만은…."

"어머님의 사정도 이해는 합니다만…."

톰이 말을 하는 도중에 샬롯이 눈물을 글썽였다. 그 모습을 보자 에릭은 당황해하며 말을 더듬었다.

"아, 아니 어머님… 울지 마시고요… 일단 알겠습니다. 뭐 아들과 같은 방을 쓰시니 알리바이를 증명했다고 치죠. 조사하면 다 나올 테니까요."

"감사합니다. 형사님."

에릭 형사가 돌아가고, 샬롯은 한숨을 내쉬었다. 샬롯은 무슨 일이 있어도 저 형사가 크리스를 만나면 안 된다고 생각했다. 톰은 샬롯이 감정을 추스를 수 있도록 옆에서 다독여 주었다.

에릭은 경찰서로 돌아와 깊은 생각에 빠졌다. '어떻게 이런 일이… 아무리 세상이 좁다고 해도 이건 좀 심하지 않나…? 방금 이야기를 나눈 여자가 나의 전 부인이라니…. 이혼했던 여자를 만난 것도 당황스러운데 살인 사건 용의자로 조사를 하다니… 말도 안 돼!' 꿈이라고 해도 믿기 싫을 우연이었다. 배가 불러 있는 샬롯과 이혼하던 날, 샬롯은 에릭에게 절대 다시는 마주치지 말자고 했다. 자신에게 상처만 준 사람을 다시는 만나고 싶지 않다고. 만나도 그냥 지나치자고. 만약 대화를 해야 하는 피치 못할 상황이 오면 모르는 사이처럼 대하자고. 그리고 아이는 절대 볼 생각 하지 말라고. 그때의 기억이 떠오르자 너무 고통스러웠다. 머리를 쥐어뜯으며 이 상황을 어떻게 풀어나가야 할지 생각했다.

"에릭!"

"어?"

"무슨 생각을 하길래 머리를 그렇게 쥐어뜯어? 안 그래도 없는 머리를."

"아… 아니야. 아무것도."

에릭이 헝클어진 머리를 정리하며 말했다.

"사인은 심장마비야. 아무래도 저택과 관련된 사람들과 제대로 이야기해 봐야겠지?"

"이."

"아까는 다 같이 있어서 우리가 놓친 부분이 있었을 거야. 한 명씩 이야기를 나누다 보면 하나라도 나오겠지. 사람은 말실수를 하게 되어 있거든."

"그래. 그러자." 에릭은 빨리 사건을 종결해서 샬롯을 다시 보지 않는 편이 낫겠다고 생각했다. 곧바로 에릭은 용의자들을 한 사람씩 불러 이야기를 나누었다. 에릭의 휴대폰 화면에 문자가 왔다는 표시가 떴지만 에릭은 문자를 확인할 겨를이 없었다.

"톰 씨가 신고자시네요."

"네. 아침에 아버지 방으로 올라가니… 그렇게 되어 있더라고요."

"장남이라 이번에 유산을 모두 받는 걸로 되어 있던데, 맞습니까?"

"네. 맞습니다."

"음… 그러면 아버지를 죽일 게 아니라 오히려 더 잘 보살펴야 했을 텐데요."

"잘 보살피고 싶지는 않았지만 죽이지도 않았습니다."

"아, 그러십니까? 잘 보살피고 싶지 않았다라… 이유가 뭐죠?"

"…."

"아버지께 뭔가 불만이 있었습니까?"

"네."

"그게 무엇입니까?"

"아버지는 아니, 그 사람은 우리에게 좋은 아버지가 아니었습니다. 에밀리를 툭하면 때리고, 브라운은 정신질환을 앓고 있어 인간 취급도 안 했죠. 저에게는 잘 대해주셨을지 몰라도 전 단 한 번도 그렇게 생각한 적 없습니다. 제가 가면을 쓰고 다 연기를 한 거예요. 그 사람은 저의 가면 쓴 모습을 좋아했습니다. 그래서 유산도 저에게 다 주려고 결정하신 거고요. 제가 연기를 잘한 덕이죠."

톰이 어깨를 으쓱이며 말했다.

"그럼 어차피 유산은 톰 씨에게 모두 상속하겠다고 유서에 쓰여 있으니 효력이 있고, 톰 씨 입장에서는 유산도 다 받겠다, 이제 아버지는 필요 없다 하고 죽인 거 아닌가요?"

"아닙니다. 사실…."

톰은 마른 침을 한 번 삼키고 말을 이어갔다.

"사실… 정말 죽이고 싶긴 했습니다. 그 정도로 저는 참을성에 한계가 왔습니다. 브라운이 저번에 아버지가 없어졌으면 좋겠다고 말했었거든요. 그래서 벼르고 있다가… 어젯밤에 고민을 하고 술을 마시긴 했어요. 맨 정신으로는 못 할 것 같아서요. 그런데… 부엌에 가보니 제가 원하던 칼이 없었습니다. 진짜로요.”

“원하던 칼이요?”

“네.”

에릭은 톰의 말을 듣고 흉기로 사용된 부엌칼을 내밀었다.

“혹시 이 칼을 말씀하시는 건가요?”

“네. 맞아요. 샬롯 씨가 그 칼이 잘 든다고 해서 찾으러 갔는데 없어서 그냥 방으로 들어와 잤습니다. 허무하게도요.”

톰의 입에서 샬롯이라는 이름이 나오자 에릭은 움찔거렸다. 이내 평정심을 되찾고 말을 이었다.

“살인을 계획했으나 원하는 흉기가 없어서 저지르지는 못했다?”

“네. 믿어주세요.”

“죽이려고 계획을 했으면 무엇이든 흉기가 될 수 있죠.”

에릭은 무심한 말투로 말했다.

“그럼 그때가 몇 시쯤인지 기억하십니까?”

“10시가 조금 넘었던 것 같습니다.”

“10시… 네, 알겠습니다.”

톰이 나가고 이어서 에밀리가 들어왔다. 에밀리는 몹시 긴장을 한 것처럼 보였다.

“에밀리 씨, 너무 긴장하지 마시고 질문에 대답만 해 주시면 됩니다.”

“네.”

“아버지께로부터 지속적인 학대를 당하신 것 같은데 맞습니까?”

“…네.”

"으음… 그렇다면 동기는 충분히 있겠군요."

"동기는 있을지 몰라도 용기는 없어요. 전 그 사람이 너무 무서워서 3층은 거들떠보지도 않는다고요."

"아버지가 무방비 상태로 자고 있어도요?"

"그럼요. 같은 공간에 있는 것 자체가 무서운데 어떻게 그런 생각을 해요."

"음… 오히려 같이 있는 게 무서우니까 하루빨리 안 보고 싶을 수도 있죠."

"안 보고 싶긴 해도 저에게는 사람을 죽일 만한 힘도 없고… 정말 용기도 없어요… 믿어주세요, 형사님…."

에밀리가 애원했다.

"용기가 없다라… 술을 마시고 한 번이라도 아버지를 죽이고 싶다는 생각을 한 적이 있습니까?"

"많죠. 술을 마실 때마다 매번 생각합니다. 그런데 저는 술을 잘 못 마셔서 조금만 마셔도 금방 취해요. 아까 말했다시피 몸이 약해서… 그래서 가끔가다 필름도 끊기고요."

"흐음… 필름도 끊긴다… 사건이 발생한 어제저녁에 술을 마셨습니까?"

에밀리가 허를 찔린 듯한 표정을 지었다. 잠시 고민하다가 고개를 끄덕였다.

"오호. 말이 좀 쉬워지겠군요. 그럼 필름이 끊겼을 수도 있다는 말이겠네요?"

"음… 어쩌면요. 하지만 전 진짜 아니에요. 오빠가 저를 방에 데려다 준 것까지 똑똑히 기억하거든요. 제가 몽유병이 있는 것도 아니고. 바로 잤을 거예요."

"오빠가 방에 데려다 줬다고요?"

"네. 톰 오빠랑 같이 마셨거든요."

"그래요? 톰 씨는 그런 말을 안 하셨는데…."

"할 필요가 없다고 생각했겠죠. 저랑 브라운을 엄청 아끼거든요."

"엄청 아낀다… 그럼 에밀리 씨와 브라운 씨가 무슨 일을 저질러도 톰 씨가 충분히 덮어줄 수 있다는 말이 되겠군요."

"…."

에밀리는 대답을 하지 않았다.

"그날 톰 씨와 술을 마시며 무슨 대화를 했는지 기억하시나요?"

"뭐… 그냥 유산 상속 문제도 이야기하고 요즘은 아버지한테 안 맞아서 괜찮다… 뭐 이런 이야기…."

"혹시 에밀리 씨는 유산이 모두 톰 씨에게 가는 게 괜찮다고 생각하시나요?"

"네. 전 유산 욕심은 없어요. 그리고 오빠가 나눠준다고 얘기했고요."

"오 그러시군요. 알겠습니다."

에밀리가 나가고 브라운이 들어왔다. 일부러 브라운만 들어오게 했다. 톰이 옆에 있으면 톰이 말을 다 할 것을 알았기 때문이다.

"안녕하세요, 브라운 씨."

"안녕하세요."

"브라운 씨, 지금 상황 이해는 가세요?"

"네…."

"브라운 씨. 아버지의 방에 들어간 적 있어요?"

"아냐. 아냐. 아니에요… 나는 그냥 어… 어…."

"괜찮아요. 침착하게 천천히 말씀하세요."

"그냥 자꾸 나를 무… 무시 하길래…."
브라운이 말을 더듬으며 말했다.
"나… 나를 보… 보게 만들려고…."
"어떻게요?"
"카… 칼을 휘… 휘둘러서…."
설마 브라운이…? 에릭은 자세를 고쳐 앉았다.
"칼을 휘둘러서?"
"네…."
"칼을 휘두른 다음은 어떻게 했어요?"

옆 취조실에서는 세라가 벨리를 취조하고 있었다.
"벨리 씨, 사건 당일 밤 10시에서 11시 사이에 저택에 계셨죠?"
벨리가 어떻게 알았냐는 듯 놀란 눈으로 세라를 쳐다보았다.
"어우 놀라진 마세요. CCTV가 아직 쓸만하더라고요."
세라가 능청스럽게 말했다.
"그 시각에 저택에는 왜 가셨죠?"
세라는 곧 웃음기를 없애며 벨리에게 물었다.
"제… 제가 방에 놔두고 온 물건이 있어서요."
벨리는 긴장한 듯 말을 더듬었다.
"어떤 물건이죠?"
"립… 립밤이요."
"그 시간에 립밤을 찾으러 저택까지 갔다고요? 일부러?"
"네. 제가 입술이 심하게 터서 어렸을 때부터 발랐던 립밤이에요."
"증명하실 수 있나요?"
"아니 그걸 어떻게 증명해요. 제가 지금 입술이 안 튼 걸로 증명할까요? 그걸 하루라도 안 바르면 바로 입술에 티가 나요."

"음… 참 믿기 힘든 말이군요."

"하는 말마다 믿기 힘들다고 말하면서 저한테 뭘 바라는 거예요? 제가 아버지를 죽였다고 말하면 되나요?"

"그 말이 더 매력 있네요. 저도 빨리 사건을 끝내고 싶거든요."

"참 나… 어쨌든 전 아니라고요."

"보통 늦은 시각이면 그곳에서 자고 다음 날 아침에 출발하려고 생각하지 않나요? 그럴 생각으로 방을 계속 둔 거 아닌가요? 아니면… 반드시 그곳을 떠나야만 했던 이유가 있었던 거 아닌가요? 용의선상에서 제외되려고?"

"하… 아닙니다. 정. 말."

벨리는 한 글자 한 글자에 힘을 주어 말했다.

"유산 상속 문제에 굉장히 화가 나셨다고 들었는데… 화는 좀 풀리셨나요?"

세라는 서둘러 다음 질문을 했다.

"아뇨. 아직도 아버지가 왜 그랬는지 화가 나네요. 아무리 내가 성격이 더러워도 그렇지. 딸인데… 어떻게 그 자식한테만 유산을 줄 수가 있냐고."

"화가 많이 났겠어요. 죽이고 싶을 정도로."

"그랬죠. 그날 아버지 방에 따라 들어갔을 때 정말 죽일 뻔했죠."

"오, 그래서요?"

"그 때 제 손에 칼이 있었으면 당장이라도 확! 후… 불행인지 다행인지 제 손엔 가방밖에 안 들려 있었죠."

"언제든지 다시 가서 죽일 수 있지 않나요?" 세라의 말에 벨리는 잠시 말을 멈추고 자신이 저택에 갔던 이유를 떠올렸다.

"이 놈의 영감탱이. 후회하게 해 준다고 했지?"

벨리의 걸음이 빨라지기 시작했다. 10시 50분. 벨리가 저택 안으로 들어갔다. 벨리는 더 생각할 것도 없이 바로 핵터의 방문을 열었다. 핵터가 침대 위에 곤히 누워 있었다.

벨리는 손에 난 땀을 무릎에 비비며 다시 말하기 시작했다.

"그렇긴 한데… 전 지… 진짜 아니에요."

"그렇군요. 알겠습니다."

벨리가 나간 후 뒤이어 샬롯이 들어왔다. 세라는 샬롯에게 정중히 인사했다.

"안녕하세요. 샬롯 씨."

"안녕하세요."

"가정부 일을 하신다고…."

"네."

"일이 힘들진 않으세요?"

"좀 힘들긴 한데 재미도 있어요."

"그렇군요. 혹시 매일 아침 장을 보러 가시나요?"

"아니요. 아침에 냉장고를 확인하고 재료가 없을 때 갑니다."

"아하, 아드님과 같이?"

"네."

"그렇군요. 오늘 무엇을 샀는지 여쭤 봐도 될까요?"

"오늘은 회장님께 타 드릴 차 재료를 샀어요. 하루에도 몇 번씩 차를 드시거든요."

"차를 자주 마신다… 주방에는 보통 샬롯 씨 혼자 계시나요?"

"네. 그런 편이죠."

"오늘 아침에는 핵터 씨의 방에 가지 않았나요?"

"네. 오후에만 갑니다."

"그렇군요. 오후에 가는 걸로 정해져 있는 건가요?"

"네. 하루에 한 번 이상 오후에 가지요."

"하루에 한 번 이상이요? 그런 약속을 했나요?"

"아… 네…."

갑자기 샬롯이 어깨를 움츠렸다. 세라는 이상한 기운을 감지했다.

"샬롯 씨, 혹시 거기서 무슨 일 있으셨나요?"

세라의 물음에 샬롯은 대답을 미루었다. 말 대신 흐느끼는 소리가 들려왔다. 세라는 더 이상 묻지 않고 주머니에 있던 손수건을 건네주었다. 샬롯은 고맙다고 말하며 눈물을 닦았고, 진정이 되었는지 말을 이어 나갔다.

"사실… 회장님은… 아니 그 사람은… 사람이 아니었어요…. 툭하면 저를 괴롭혔죠… 싫다는데도 가까이 오라고 하고, 마음대로 제 몸을 만지고… 흐윽…."

"그러셨군요… 많이 힘드셨겠어요…."

"당장 그 집을 나가고 싶었지만 이 일 아니면 아들과 먹고살지 못할 것 같아서 계속 버텼어요… 정말이지 그 사람을 죽이고 싶었어요. 흐읍… 그래서 사실 그 사람이 죽었다고 했을 때 속이 후련했어요. 누군지는 몰라도 정말 잘했다고… 그러면 안 되지만 잘 죽였다고 생각했어요… 형사님…."

"샬롯 씨 마음 이해합니다. 그런 놈들은 죽어도 싸죠."

"흐읍… 그런데 전 정말 아니에요. 속으로는 수천 번도 더 넘게 죽였죠… 그런데 그 사람이 없으면 전 그 곳에서 일을 할 필요가 없고, 바로 실업자가 되는 건데 제가 어떻게 그러겠어요… 아들 때문에 계속 그 곳에 있었던 건데….”

“네… 잘 알겠습니다. 혹시 더 하시고 싶은 말이 있나요?”

세라가 묻자, 샬롯은 더 할 말이 남았는지 목소리를 가다듬었다.

“어때? 뭐 좀 나왔어?”

에릭이 세라한테 물었다.

“큰 건 없는데, 진짜 다들 동기가 있긴 해. 더 헷갈려. 넌?”

“나는….”

에릭이 말끝을 흐렸다.

“뭐야? 오 뭐 있나 본데?”

세라가 에릭의 어깨를 치며 말했다.

“쓰읍… 아마도?”

에릭이 긴 다리를 휘적이며 먼저 앞으로 갔다.

“에이 야, 치사하게 이러기야? 어?”

세라도 에릭을 뒤따라갔다. 팀장님과 팀원들 그리고 세라와 에릭이 회의실에 앉았다.

“세라랑 에릭. 뭐 좀 나왔어?”

조슈아 팀장이 물었다.

“네.”

에릭이 선수를 쳤다.

“오, 어떤데?”

“아무래도… 브라운이… 감…정을 제어하지 못하여….”

“뭐? 근데 왜 저택으로 다시 돌려보냈어?”

조슈아 팀장이 놀라 에릭에게 물었다. 에릭은 대답하지 않았다.

“하… 그런건가… 어쩐지.”

다른 팀원도 안타까운 마음을 드러냈다.

"심신미약으로 별 다른 처벌은 없을 거야."

세라가 말했다. 에릭은 제발 별 일 없기를 바라며 떨리는 그의 손을 맞잡았다.

세라와 에릭은 다시 저택으로 갔다. 브라운은 톰과 마당에서 놀고 있었다. 톰이 에릭과 세라를 발견하고 뛰어왔다.

"어? 또 오셨네요? 조사할 게 더 남았나요?"

세라는 착잡한 목소리로 비보를 전했다.

"브라운 씨를 데리고 가야 할 것 같습니다."

"브라운을 왜요?"

"브라운 씨. 브라운 씨를 핵터 씨 살인 혐의로 체포합니다. 당신은 변호사를…."

"아니 잠깐만요."

톰이 당황해하며 세라를 제지했다.

"무슨 일이에요, 이게."

에릭은 아무런 말을 하지 못했다.

"에릭 형사님, 뭐라고 말 좀 해보세요. 우리 브라운이 아버지를 죽였다고요? 그건 말도 안 됩니다. 브라운은 그럴 수가 없어요."

톰이 매달렸다.

"형… 형… 나 왜 잡혀 가…? 아… 안 돼…! 안 돼!"

브라운도 두려움에 떨며 소리쳤다. 세라는 브라운을 끌어 경찰차에 타게 했다. 경찰차는 곧바로 출발했다. 이 모습을 방 안에서 지켜보던 크리스는 샬롯에게 얘기했다.

"엄마, 경찰관들이 브라운 형을 데리고 갔어."

샬롯이 놀라며 말했다.

"뭐? 브라운 도련님을? 설마… 브라운 도련님이 회장님을…."

샬롯은 빨래를 개던 손을 멈추었다.

브라운은 경찰서에 끌려가면서 흥분하여 소리를 질러댔다.

"나 아니야!! 나 아니라고!! 진짜 나… 아니에요…!!"

에릭은 속으로 생각했다.

'미안해요, 브라운 씨. 정말.. 죄송합니다…'

브라운이 잠시 안정을 취할 때까지 취조실에서 세라와 둘이 있게 했다.

"브라운 씨. 지금 여기 왜 왔는지 알아요?"

"모… 몰라요… 난 그냥… 아빠랑 자… 장난감으로 칼싸움하려고…."

"네?"

세라가 눈을 깜빡였다. 잠시 생각을 한 뒤, 브라운에게 잠깐만 여기 있으라고 말하고 감식반 친구에게 전화를 걸었다.

"어, 데이지. 저택사건 흉기 지문 감식 결과 말인데… 나왔어?"

"그거 에릭한테 보내줬는데?"

"아, 그래? 난 못 들어서. 어떻게 나왔어?"

"그거… 에릭이 자기한테만 말해달라고 한 건데."

"데이지. 부탁해. 지금 범인을 잘못 체포한 것 같아."

"그래? 그럼 안 되지."

세라는 데이지의 말을 다 들은 다음, 흥분한 상태로 에릭에게 달려갔다.

"칼을 휘두른 다음은 어떻게 했어요?"

"어… 그다음…에 다시 카…칼집에 넣고 내… 내 방으로 갔어요… 나를 못 본 척 해… 했거든요. 아빠는 나…나랑 놀아주지도 않아요. 그 자…장난감 칼도 혀…형이 사 준 거예요. 아빠는 나빠요…."

에릭은 긴장이 풀렸다. 잠시 브라운에게 정신질환이 있었다는 걸 잊은 게 잘못이었다.

"그렇군요. 알겠습니다."

관찰실에는 아무도 없었다. 에릭이 취조실에서 나와 휴대폰을 확인하니 감식반 친구로부터 지문 감식 결과가 나왔다는 문자가 와 있었다. 문자에는 익숙한 글자가 적혀 있었다. 순간 눈을 의심했다. '결과가 잘못 된 거 아니야? 이거 진짜야?' 다시 봐도 똑같았다. 바로 감식반에서 일을 하고 있는 데이지에게 전화를 걸었다.

"어, 난데. 저택사건 흉기 지문 감식 결과… 이거 제대로 된 거 맞아?"

"어. 맞아. 한 명은 확실한데, 한 명이 안 나와."

"샬롯은 확실하고. 확실하지 않은 건…."

"그래. 길에 많이 묻어 있넌 지문은 샬롯 것이 맞는데, 나머지 하나는 지문 조회가 어려워."

"그 말은…."

"지문 등록이 안 되어 있어. 불법 체류자나 아니면… 미성년자일 가능성이 있어."

"아… 알겠어."

전화를 끊고 에릭은 잠깐 생각에 빠졌다. 샬롯은 부엌칼을 많이 쓰니 이해를 하는데… 미성년자라면… 멀리서 세라가 걸어오는 걸 보고 에릭은 정신을 바짝 차려야겠다고 생각했다.

"아닌데. 그거 난데."

크리스가 샬롯을 똑바로 쳐다보며 말했다.

"엄마… 괜찮아?"

크리스가 물었다.

"그럼… 엄마는 괜찮지… 크리스는?"

샬롯이 애써 웃음 지으며 대답했다.

"난 좋아. 엄마가 괜찮으면… 엄마, 근데 진짜 그 할아버지 죽은 거 맞아?"

"어…? 응… 그렇게 됐어…."

"다행이다…."

크리스가 눈을 감았다.

또 엄마가 괴물의 방에서 나왔다. 저기만 들어갔다 나오면 엄마의 다리는 할머니처럼 흔들거린다. 멀리서 봐도 알 수 있다. 엄마는 지금 울고 있다는 것을. 괴물만 없으면 엄마가 행복할 텐데. 그럼 이 멋진 집에서 재미있게 살 수 있을 거야. 그렇게 크리스는 위험한 생각을 하고 말았다. 샬롯을 위해서.

사건 당일 밤 9시 50분. 에밀리와 톰은 부엌에서 와인을 마시고 있었다. 이내 곧 에밀리가 취해 톰은 에밀리를 방으로 데려다 눕혔고, 자신은 부엌으로 다시 내려왔다. 9시 55분. 톰이 이성을 잃은 눈으로 부엌으로 가 칼을 보관해두는 장을 열었다. 칼이 없었다. '어? 뭐야. 어디 갔지? 항상 여기 두는데….' 톰은 잠시 당황했지만, 이내 다른 칼을 들었다. '아… 이건 너무 작은데… 실수를 해선 안 돼. 꼭 그 칼이어야 하는데… 어디 있는 거야….'

한참을 뒤적이다 톰은 기회는 많다고 생각하며 기껏 먹었던 마음을 내려놓고 방에 들어가 누웠다. 10시가 막 지나고 있었다.

10시 40분. 크리스는 샬롯이 자신의 옆에서 잠이 든 걸 확인하고 자리에서 스르륵 일어났다. 베개 밑에 숨겨둔 칼을 꺼내자 오늘따라 밝은 달에 칼은 날카로운 빛을 내었다. 크리스는 곧장 계단을 올랐고, 괴물의 방 앞에 도착했다. 자신이 지금 이 문을 열면 샬롯은 다시는 이 문을 열 일이 없을 것이다. 끼이익. 핵터는 아무것도 모르고 밝은 달을 받으며 누워 있었다. 크리스는 별 다른 고민을 하지 않고 핵터가 덮고 있던 이불을 걷어 그의 가슴에 칼을 꽂았다. 핵터의 옷이 조금씩 붉어졌다. 핵터는 눈을 뜨지도 않고 가만히 있었다. 그가 죽었다는 걸 확신한 크리스는 곧바로 핵터의 방에서 나왔다.

거친 숨을 몰아 내쉰 후, 세라가 컴퓨터 앞에 앉아 있는 에릭에게 물었다.

"에릭. 너 나한테 거짓말하는 거 없어?"

"내가 너한테 무… 무슨 거짓말을 해?"

에릭이 반문했다.

"지문."

세라의 말에 열심히 타자를 치던 에릭의 손이 멈췄다.

"이래도 말 안 해? 나 다 알고 말하는 거야."

"세라…"

"이건 아니지, 에릭. 너 이거 범인은닉죄다? 잘 생각해. 아니 생각할 것도 없어. 내가 할게."

"잠깐만, 세라."

에릭은 경찰서를 나가려는 세라를 붙잡았다.

"에릭. 샬롯 씨한테 다 들었어. 크리스… 네 아들이라서 이러는 거지?"

에릭은 잡았던 세라의 손목을 놓쳤다.

"그… 그걸 어떻게…."

"이건 너의 아이를 위하는 게 아니야. 정당한 처벌을 받고 그것이 잘못되었다는 걸 알게 해줘야 돼. 그러다가 더 큰 범죄로까지 이어질 수 있어."

"실수였을 거야."

"아니야. 명백한 살인이야. 동기까지 있어. 너 샬롯 씨가 핵터 씨한테 지속적인 강간을 당하고 있었다는 거 몰랐지?"

"뭐?"

"취조할 때 샬롯 씨가 말했어. 크리스는 다 알고 있었던 거야. 샬롯 씨는 크리스가 그 사실을 아는 줄 몰랐지. 하지만 크리스는 다 알고 핵터 씨를 죽이려고 계획한 거라고."

에릭의 귀에는 아무것도 들리지 않았다. 세라가 흥분한 상태로 경찰서 밖을 나가려는데,

"선배님들!"

팀원 막내 잭이 그들을 불렀다.

"핵터 씨 부검 결과 나왔어요."

"벌써? 어떻게 나왔어?"

세라가 잭을 쳐다보며 말했다.

"심근경색으로 인한 심장마비래요."

"뭐?"

"그러니까… 살해당한 것이 아니라 자연사라고요."

10시 37분. 핵터는 가슴을 부여잡으며 괴로워했다. 평소보다 고통

이 몇 배는 더 심했고 아마 오늘 밤을 넘기기 힘들 것 같다고 핵터는 생각했다. 순간적으로 힘이 빠지고 핵터는 더 이상 삶에 미련을 갖지 않았다. 핵터의 얼굴은 편안했고, 달은 만지면 뜨거울 것처럼 밝았다. 그리고 6분 뒤, 크리스가 핵터의 방으로 들어왔다. 크리스는 자신이 계획한 일을 완벽하게 이행하고 조심스레 샬롯이 자고 있는 방으로 돌아갔다. 10시 47분이었다. 크리스는 만족스러운 표정으로 눈을 감았다. 10시 53분. 벨리가 핵터의 방문을 열었을 때, 그녀는 자신의 눈을 의심했다. 핵터의 가슴에 칼이 꽂혀 있었고, 그의 옷은 피로 흥건했다.

"뭐… 뭐야."

벨리는 재빨리 머리를 굴렸다. 누가 핵터를 죽였건 중요하지 않았다. 자신만 살아남으면 된다고 생각했다.

'난 오늘 밤에 저택에 오지 않았던 거야. 그래, 난 아무것도 모르는 거야.'

벨리는 핵터의 시신이 조금이라도 늦게 발견되길 바라면서 이불로 끔찍한 형체를 가렸다. 그리고는 누가 볼까 조심스럽게 서백에서 빠져나왔다. 11시가 막 지나고 있었다.

에릭과 세라는 지금까지의 일을 재빨리 되뇌어보았다.

"우리가 뭘 놓친 거지?"

실수를 잘 하지 않는 세라가 에릭에게 물었다.

"사인은 심장마비랬어…."

에릭도 당황해하며 대답했다.

"그래. 심장마비… 과다출혈이란 말은 없었어."

"맞아. 그리고 핵터 씨의 심장이 멈춘 후 크리스가 들어와서 범행을 저질렀다 해도….”

“30분 이내라면 피는 아직 굳지 않았을 거야.”

“그럼… 크리스는….”

“핵터가 이미 사망한 후에 칼로 찔렀어. 범죄가 성립되지 않아.”

에릭은 다리에 힘이 풀려 경찰서 복도에 주저앉았다. 순간 다행이라고 생각했다. 아들이 범죄자가 아니라는 사실이 그를 수렁에서 건져주었다.

“핵터 씨는 부검 결과, 심근경색에 의한 심장마비로 사망하셨습니다. 이로써 사건 종결하겠습니다.”

세라는 이 말을 끝으로 인사를 한 후 뒷모습을 보였다.

“허어… 흡….”

마음이 여린 에밀리는 소리 내어 울었다. 톰은 에밀리를 감싸 안아주었다. 브라운은 장난감 칼을 손에 꼭 쥐고 눈만 깜빡이고 있었고, 벨리는 침을 한 번 삼키고는 이내 아무 일도 없었다는 듯 서둘러 저택을 빠져나갔다. 샬롯은 크리스를 쳐다보며 눈시울이 붉어졌고, 크리스는 그런 샬롯을 보고 희미한 웃음을 지었다.

군데군데 썩은 목재와 부서진 벽돌로 지어진 저택. 감히 들어가려고 시도조차 하기 힘든 소름끼치는 외관. 이제 차가운 기운만 남은 이곳은 톰의 저택이다.

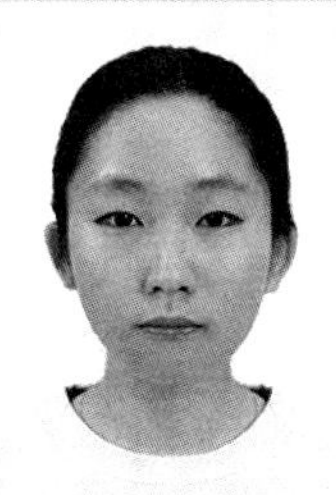

제25회 창원대문학상 수필부문 당선
사회학과 3학년

기억의 강

을숙도는 큰 섬이었다. 지금은 그곳에 갔던 게 희미하게만 남아있다. 그때 찍어둔 영상이 있어서 어젯밤에 보았다. 습지가 있었다. 새는 아직 많이 보이지 않았다. 날씨가 더웠는데 강물이 흐르는 쪽은 시원한 바람이 세게 불어왔다. 물이 반짝거렸다. 그 주위로 풀들이 초록색 머리카락 같이 흔들리며 날렸다. 강변 가의 돌들은 물에 잠겨서 반투명하게 그 안에서 비쳐 보였다. 습지 쪽으로 물이 들어가는 것을 오래도록 보고 있었다. 강이 만들어내는 특수한 지형의 형태. 이것은 오랜 시간이 지나면 육지가 된다고 한다.

집에서 편하게 보니까 이런 것이 아름답게 느껴지고 그때는 보지 못했던 어떤 것의 움직임이 눈에 들어오는 것이지, 그날엔 잠을 못 자고 가서 단편적인 인상과 극기하는 것 같은 감각을 느꼈었다. 처음에 정류장에 내려서 걷고 있는데 머리 위로 비행기가 지나갔다. 근처에 공항이 있어서 그럴 것이다. 무서워서 뛰어갔다. 내가 어쩌다가 여기까지 오게 되었는지를 생각했다.

예전에 섬진강에 갔었다. 물이 너무 맑아서 손을 대기가 어려웠다. 안에 들어가지는 않고 모래사장에 앉아서 친구와 통화를 했다. 친구가 낙동강 근처에 산다기에 낙동강은 본 적이 없다고 하니, 안 깨끗하다고 그래도 사람들이 보러온다는 이야기를 들으며 강을 그냥 보고 있었다. 그런데 조금 가여운 기분이 들었고 그러나 그런 것에는 아무런 의미가 없을 것이란 생각이 들었다. 그런 것들이 섞이면서 계속 머릿속에 떠오르니까 이곳에 와버린 것이다.

거의 바다처럼 보이는 강에는 담수와 해수가 섞이고 있었다. 역으로 흐르는 것처럼 강 쪽으로 바다가 들어오고 있는 게 보였다. 이곳은 원래 경작지와 쓰레기 매립지였는데 습지와 철새의 서식지로 복원된 것이라고 한다. 강이 앞으로 움직이고 있는 것을 보면 그 전체가 살아 있는 어떤 것처럼 느껴지고 어딘가로 분명히 가고 있다는 기분이 든다. 무언가를 의도하여 만들어내는 솔라리스의 바다처럼. 강의 하류는 퇴적으로 강의 한가운데 섬을 만들어내고 삼각주 전면에 연안 사주를 발달시킨다. 을숙도 조금 옆에 있는 다대포 해안에서는 아직 발길에 많이 밟히지 않은 연흔들이 남아 있었다. 만져보니 울퉁불퉁했다. 그렇지만 예쁘다고 생각했다. 이것은 낙동강 하구에 나타나는 희귀한 현상의 일부이다. 저 멀리 해안 위로 떠오른 기다란 새부리등이 보였다. 하구에는 다양한 형태의 등이 있는데 그것들은 점점 넓어지고 있고, 사람이 관여하지만 않는다면 이 일대는 습지처럼 오랜 시간이 지나 육지가 될 것이다. 그러한 자연의 형태는 멈춰 있는 것처럼 보이지만 항상 움직이면서 전체가 연결되어 살아 있는 유기체로서 변화하고 있음을 보여준다.

낙동강은 우리 지역에 있는, 언제 알게 되었는지도 모르는, 예전부터 알던 강이었다. 조금 비웃기도 하면서 지저분하다는 얘길 많이 듣고 자랐다. 가까이 있을수록 안 가게 되는 것처럼 가지도 않고 다 안다고 생각했던 것이다. 마음대로 쓰고 있으면서, 조금 서로를 망가뜨리는 가족처럼 살았다. 이곳을 답사하면서 과거 낙동강이 범람하는 과정에서 주변에 살던 거주민들이 많은 고통을 겪었다는 걸 알게 되었다. 그런 고통의 기억들은 공간에 투사되었을 것이다. 자연에 인간이 손을 대는 이유는 자연이 인간에게 생명을 주는 만큼 인간을 무섭게 하고 그들의 집을 추하게 만들거나 한동안은 노예가 된 느낌을 주게 하고 마지막엔 자신의 일부로 되돌려놓기 때문이다. 사랑하는 만큼 그 앞에서 인간은 자기 의지가 억눌리는 느낌을 받아오지 않았을까. 그래서 인간은 자연을 침묵하는 존재로 만들려는 것 같다. 그러면서도 이곳에 살았던 사람들은 강을 자신의 어머니로 여겼다는데 지금은 누구의 어머니이고 그 관계가 남아있는지를 생각했다. 평소에는 수도꼭지에서 물이 나온다는 듯이, 그런데 어딘지는 모르는 가상의 공간에서 물이 생겨 나온다는 듯이, 봉지를 뜯으면 거기에 원래부터 밥이 있다는 것처럼 살았다. 여러 가지의 화학적 처리 과정을 거치고 나면 탁한 강물이 수돗물이 되는 것이고 그 수돗물을 보리차로 끓이면 더는 수돗물이 아니라 보리차이며 그러면 그 물은 이전의 것과는 다르다고 생각한 것이다. 분리된 채로 인식하면서 내 물통의 물이 강물인 줄을 몰랐다. 어릴 때는 어느 정도 자연이 깨끗하지 않은 것은 당연한 것처럼 지냈다. 환경 보호는 경제와 이성에 반하는 감성적인 것으로 그에 냉소적으로 반응하는 것이 정상적인 것처럼 보이던 때가 있었다. 주위엔 아무런 문제가 없다는 듯 행동하곤 했다. 그러한 생활의 감각 속, 강은 경험되지 않은 그러나 항상 생활 속에 들어와 있는 것이었다. 생활이라는 무관심의 정서, 그것은 그 사람의 인간성을 보여주는 거겠지. 오랫동안 누구와도 이야기하지 않은 것처럼, 현대인의 외로움은 존재감을 지운, 인식되지 못한 어머니 강과 같이 있는 것처럼 항상 이곳에 있으면서도 분리된 것이다. 어떠한 추억이 없는 채로 여행하듯이 그곳을 걸어 다녔다. 이 강에 사람들이 생겨나고 사라지고 다시 생겨나고 사라지고 하는데 이 강은 그런 것을 알고 있을까. 사람은 강을 기억하고 있었다. 그게 어떠한 애착일지라도. 그런 것에 무슨 의미가 있는지는 알지 못하겠다. 여행을 가기 전에 무언가가 와주었으면, 어떤 내면의 길 같은 것이 정해졌으면 좋겠다고 생각한 적이 있었다. 눈앞의 풍경은 그것을 도와주지는 않겠지만 언젠가 계속 기억이 난다면 다시 이곳으로 찾아오지는 않을까. 그때쯤이면 의식 바깥으로 인식된 적 없는 애착의 감각이 떠오르게 될지도 모르는 일이다.

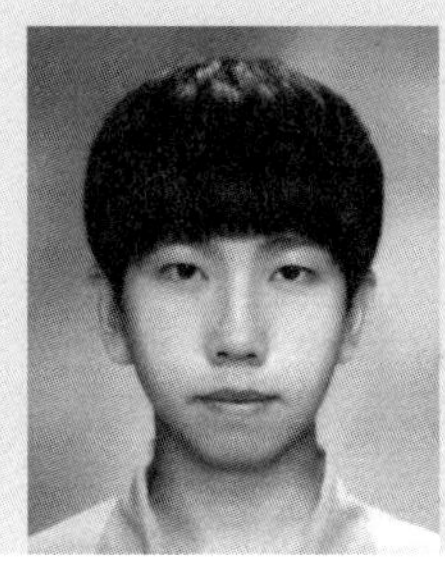

제25회 창원대문학상 소설부문 가작
신문방송학과 4학년

긴 호흡

큰 마찰음이 병실에 울려 퍼졌고 돌아서자 바닥엔 물이 엎질러져 있었다. 물은 거리낌 없이 바닥을 훑어 자신의 영토를 넓혀 나갔다. 그러다 벽에 부딪혀서야 겨우 멈췄다. 급한 마음에 얼굴 닦는 수건을 붙잡아 물을 닦았다.

"목마르면 부르시지, 몸도 불편한 양반이…."

도움 받는 게 어색한 남자는 미안하다는 말만 되풀이했다. 다음엔 그냥 도와달라고 말하라는 신신당부를 하고 화장실에서 수건을 간단히 빨았다. 걸레가 아니라는 사실을 뒤늦게 깨닫고 아무렇지 않게 빨래통에 넣었다. 시계는 오후 4시를 향해 달리고 있었다. 밀린 잡일을 처리하고 병실 문을 다시 여니 병실 속 사람들은 티비에 영혼을 판 마냥 바라보았다. 병원에서 할 수 있는 일이 제한돼 있으니 온 기력을 티비에 쏟고 있는 듯했다. 티비 속 남자 진행자는 열심히 뭔가를 설명하고 이 사람들은 입만 벌린 채 구경했다. 꽃병에 물을 갈고 새로운 환자를 위해 시트도 다시 갈고 마치 새로운 손님을 맞을 준비하는 것 같았다. 하지만 여기는 누구도 반가운 환영을 하지 않는 곳이다. 진행자의 모습 대신 목소리만 남아 티비 속 풍경을 메웠다. 생각보다 흥미로운지 병실 사람들은 여기 나가 저 영화나 봐야겠다며 소곤소곤 말했다. 버킷리스트에 빈 칸을 지우려는 청춘 같기도 했다. 하늘은 주황빛이 서서히 물들어 가기 시작하고 잠시 동안 낮잠을 자는 사람도 있었다. 인큐베이터의 아기같이 새근새근 자는 모습은 모두 한낱 어린이가 된다고 생각했다.

저녁이 가까워지자 시간이 빠듯하다. 밀린 일감이 급하게 눈에 띄고 도움의 손길이 더 많은 때에 몸이 하나인 게 화가 날 뿐. 차근히 행동하기보다 정신없이 일을 해치우면 환자의 가족이 방문한다. 지금이야말로 쉴 수 있는 유일한 순간이다. 한숨 돌리고 휴게실에서 간단한 요기를 채우고 종합비타민과 다른 건강제를 입에 붓는다. 눈꺼풀이 무거워질 즈음 복도의 소란스러운 소리에 말똥해졌다. 가족들이 가고 아쉬움이 역력한 얼굴은 애처롭게 짝이 없다. 잠깐 이별도 그리 슬픈지, 아니면 낯선 장소에 낯선 옷을 입고 봐서 그런지 울음을 훔치는 사람은 꼭 있었다. 까만 밤이 그들의 눈을 다 감기면 집에 도착해 있었다. 쏜살같이 찾아온 아침은 혼미하다. 잠에 취해 몽롱한 얼굴들이 곳곳에 눈에 띈다. 탈의실에 입던 옷을 재워두고 장을 닫았다. 칙칙하고 낡은 옷장의 냄새가 옷에 배일까 불안하기도 하다. 얼마 동안 여기를 지켰던 걸까? 얼마나 지켜낼 수 있을까? 병원의 아침은 어느 사회보다 빨리 찾아온다. 복도에서부터 티비 소리가 들렸다. 여성이 고함 지르는 소리를 듣고 아침드라마일 거라 추측해본다. 커튼을 걷고 창문을 활짝 열었다. 햇볕이 최대한 들어오려 아우성치는 것 같았다. 그들을 보며 안위를 물었다.

"잠을 잘 자셨어요? 얼굴이 좋네."

남자는 생글 웃으며 "날이 좋네요." 라고 답했다. 퇴원을 앞둔 학생도, 혈색이 어두운 회사원도 미소로 답했다. 회진을 돌던 의사선생님이 들어왔다. 그의 낯빛은 검정 뿔테에 가려 드러나지 않았다.

"어디 불편한데 없으시죠?"

무심히 내뱉은 그의 말에도 무미건조함이 느껴졌다. 형식적인 절차가 끝나자 큰 걱정을 넘겼다는 듯 사람들은 날숨을 내쉬었다. 의사가 마치 심판자처럼 보였다. 한 사람의 하루를 파괴할 권리를 가진 집행자 앞에 환자들은 묵묵히 심판을 기다릴 수밖에 없다. 창문으로 들어온 바람이 온 구석구석을 휘젓고 나서야 문을 닫았다. 여름의 바람치곤 꽤나 차가웠다. 회사원은 리모컨을 쥐고 뉴스를 크게 틀었다. 아침 뉴스에선 암울한 얘기만 흘러나왔다. 경제 상황은 악화되고 부동산 집값은 상승하고 살인 사건을 정점으로 흉흉한 소식들이다. 회사원의 표정엔 딱히 변화가 없었다. 자신이 되돌아갈 자리를 걱정하는 건가 싶기도 했다.

회사원이 입원한 지는 그리 오래되지 않았다. 정확히는 여기 이 병실로 온 지는 며칠 안 되었다. 은행에서 일한다고 들었지만 더 이상 자신의 신상을 자세히 알려주진 않았다. 어쩌다 다쳤는지, 어떻게 다쳤는지, 어디에 사는지도 알 수 없었다. 처음에는 숫기가 없구나 생각했다. 잠깐 지낸 사이, 그는 병실 사람들과도 대화도 적었고 도움을 청하는 일도 적었다는 사실을 알았다. 종종, 회사원은 테이블 위로 노트북 자판을 두드렸다. 미간을 찌푸리며 그는 노트북을 심각하게 쳐다보곤 했다. 모니터를 힐끔 보니 문자와 숫자 간의 조합은 도저히 무슨 뜻인지 해석할 수 없었다. 엊그제 점심때, 식판을 가져와도 그의 관심은 오직 모니터에만 있었다. 마른기침을 하고서야 회사원은 고개를 들었다. 여기는 병원이고 본인은 환자인데 자신의 신세를 잊은 사람처럼 굴었다. 입원할 때, 회사의 업무와 책임감까지 들고 온 듯했다. 그를 이끈 마음은 어디에서 온 건지 궁금하지 않은가. 안 좋은 이미지로 비칠까 두려운 걸까? 높은 자리로 가고픈 욕망인 걸까? 생존을 위한 투쟁인 걸까? 정답은 그만 아는 사실이다. 다만 확실한 건 그가 일중독이란 것. 몸이 성치않은 인간이 행하는 노동은 안쓰러움 자체였다.

식기를 치우고 테이블을 닦으며 그들의 얼굴을 둘러보았다. 점심이 맛없었는지 아쉬운 표정이었다. 학생은 빵을 먹으며 허기를 달랬고, 남자와 회사원은 음료로 목을 축였다. 복숭아와 참외를 깎아 그들의 테이블 위에 올려주었다. 달달한 과일 향과 나른한 단잠이 병실을 가득 채우는 평화로운 정오였다. 점심 식사하러 직원 식당에 찾았다. 실망스러운 식단이었다. 간이 덜 된 미역국과 쉽게 부서지는 도토리묵, 식은 생선전, 깍두기. 저염식 식단은 아주 건강한 맛이었지만 먹고 힘을 내기엔 부족했다. 병원 내 편의점과 빵집에 사람이 붐비었다. 어깨와 어깨를 맞대어 겨우 단팥빵과 크림빵을 골라 나왔다. 병원 중턱에 위치한 공원 벤치에 자리 잡아 봉지를 뜯었다. 크림빵을 한입 물면 속에 풍성한 크림이 드러났다. 겉은 부드러웠고 속은 더더욱 부드러웠다. 입안에 빵과 크림이 눈 녹듯 사라졌다. 크림빵을 다시 포장지에 넣고 단팥빵 봉지를 뜯어 한입 물었다. 퍽퍽한 팥과 고소한 빵은 잘 어울리는 한 쌍이었다. 어느샌가 그토록 좋아했던 크림빵보다 단팥빵이 더 그립다. 크림빵을 좋아하던 아우에게 양보하고, 대신 먹은 단팥빵은 질투심과 부러움이 배인 맛이었다. 계속 먹어서 그런가, 시간이 훌쩍 지나 그런가 푸석한 팥이 달게 느껴지는 나이다. 메어오는 목마름을 잊은 채, 지난 세월에 잠시 잠겼다.

병실에 들어가니 남자의 시선이 느껴졌다.

"필요한 거라도 있어요?"

"아…. 저 죄송한데 머리 좀 감으려는데 도와주실 수 있습니까? 아니, 나중에 가족이 온다고 했거든요."

"잠시 기다려봐요, 샤워실에 사람 있나 확인해 볼게요."

화장실 옆에 있는 샤워실엔 아무도 없었다. 거동이 불편한 남자를 휠체어에 실어 샤워실로 향했다. 세면기에 머리를 대고 샤워기에 머리를 적셨다.

"오늘, 누가 오시길래 이렇게 꾸민답니까?"

샴푸를 머리에 문지르며 물었다.

"애들은 올지 모르겠고 와이프는 올 거예요."

남자는 눈을 질끈 감으며 말했다. 남자의 머리는 나이에 비해 숱은 많았지만 푸석하고 억셌다. 거품을 깨끗이 씻어내 병실로 돌아왔다. 그의 머리를 수건으로 털어내자 샴푸 향이 풍겨왔다. 체취는 온데간데없이 좋은 냄새만 남았다. 그는 선물을 기다리는 어린아이같이 설레는 얼굴이었다. 그런 기대에 아내는 늦게 부응했다. 그의 아내는 완전히 어두워진 이후에 병실에 들어왔다. 그의 아내는 여벌의 속옷과 먹을거리를 들고 왔다. 잠깐 인사를 나누고 자리를 비켜주었다. 살을 부대끼며 산 삶만 해도 한세월일 텐데 애정 어린 눈빛을 보내는 남자를 보며 이런 게 순정인가 싶기도 했다. 병실에 다시 들어오니 아내는 가고 없었다. 남자가 두툼한 손으로 호두과자를 건넸다.

"와이프가 오는 김에 사 왔더라고요. 좀 드세요."

"잘 먹을게요. 근데 와이프 앞인데 꼬질한 모습이 보이면 뭐 어때요?”

“애 엄마가 걱정하지 않습니까, 여기서 잘 먹고 지내니까 걱정하지 말라고요.”

남자는 웃으며 말했다. 남자의 품엔 여유가 있어 보였다. 배려보다는 이기적이라고 생각했다. 본인보다 사랑하는 이를 걱정하는 마음은 감히 이기적이었다. 아마 그의 아내는 무거운 짐과 함께 마음 속 짐도 두고 갔을 것이다. 오늘은 조금 편안히 잠들지 않을까. 아내가 들고 온 짐을 서랍 속에 정리하며 남자는 하루를 마무리하는 듯했다. 자정에 가까워지자 하늘에서 빗방울이 서서히 떨어졌다. 빗소리가 창문을 두드렸지만 병실의 밤은 깊어만 갔다.

김이 서린 창문을 살짝 여니 시린 바람이 흘러 들어왔다. 바람이 머리를 스치며 몽롱했던 정신이 번쩍하곤 했다. 아침밥을 거의 남긴 학생은 가방에 본인의 소지품을 채워 넣었다. 작은 가방은 터질 듯 입을 벌렸다. 병원 있던 날만큼 가방도 배불러졌다.

“퇴원하는데 하필 비가 오네? 감기 안 걸리게 따뜻하게 입어, 그러다 또 여기 오겠다.”

“비 오는 날, 집 가는 것도 나쁘지 않네요.”

학생은 꾸역꾸역 가방의 입을 닫으려 안간힘을 썼다. 창문을 닫자 다시 하얀 김이 서렸다.

“부모님은 언제 오신데?”

“아마 11시쯤에 오실 거예요.”

입가의 잔잔한 미소가 그의 기분을 대변해 주었다. 퇴원을 앞둔 학생에게 미안했지만 축하만 온전히 해줄 수 없었다. 짧은 시간이었지만 학생과의 대화는 즐거웠다. 학교와 학원에서 일어난 얘기를 해줄 때면 아무 걱정 없이 듣고 웃을 수 있었다.

"제가 퇴원해서 좋긴 하거든요. 근데…, 뭔가 아쉽기도 하고 슬퍼요."

"왜 퇴원하는데 당연히 기분 좋지 않아?"

"잠시나마 일탈한 기분이 들었어요. 학교, 학원, 집. 매번 쳇바퀴 같았는데 여기 있으면서 다 잊고 쉴 수 있었던 것 같아요. 다시 돌아가도 저 잘해낼 수 있겠죠?"

"그럼. 그래도 다신 여기 오지 말고."

누군가에게 병원은 아픔을 치료받는 곳이고 고통에 해방되기 원하는 곳이고 잠시 쉬어가는 곳이기도 한 것 같다. 학생의 부모가 병실에 들러 그와 함께 인사를 나누고 떠나갔다. 병실의 자리가 비워질수록 왠지 모를 허전함이 맴돌았다. 식당에 점심을 먹으러 내려가는 길에 교복을 입은 학생들이 소란스럽게 지나갔다. 병문안을 왔다고 자랑하려는 듯 우렁찬 소리가 병원을 꽉 채웠다. 식사하고 잠시 휴게실에 가 눈을 감았다. 떨어지는 빗소리를 조용히 들으니 자장가처럼 들려왔다. 가까이 들리던 소리는 점점 더 멀어져갔다. 아득히.

학생을 다시 본 것은 이틀 뒤 병실이었다. 그는 침대에 앉아 병실 사람들과 얘기를 나누고 있었다. 반갑게 인사를 나누고 서랍 속 검정 봉지를 건넸다.

"잘 보고 챙기지."

"안까지 분명 봤는데 깜빡했나 봐요."

다시 학교를 나가 수업을 듣는데 무슨 소린지 모르겠다는 둥, 체육시간에 앉아서 구경만 하니 심심하다는 둥 사소한 얘기는 마음을 편안히 만들었다. 그 애는 자주 자신의 일과에 대해 얘기해주었다. 특히 담임선생님의 별명에 대해 여러 개 설명해주었다.

"저의 담임쌤이 머리가 직모거든요. 그날은 급하게 오시느라 거울을 안 보셨나 봐요. 머리가 다 뻗쳐서 삼각형이 된 거예요. 누가 거기서 삼각김밥이라고 외치니까 다들 엄청 웃었어요. 아! 그리고 담임쌤이 수업하다 화를 낸 적이 있거든요. 씩씩거리다 콧구멍이 커지는 거예요. 그 모습이 마치 하마 같은 거 있죠. 그래서 하마쌤이라고 우리가 불렀어요. 또 별명이 있는데 잠시만요."

그 애는 곰곰이 생각했지만 끝내 다른 별명을 들을 수 없었다. 작고 별거 아닌 얘기는 생명력을 가져 어디서 숨 쉴 것만 같았다. 아이가 떠나자 금세 그리울 거라는 확신이 들었다.

오랜만에 해가 드리울 때, 산더미 같은 빨래를 해치웠다. 오래된 숙제를 끝낸 기분이었다. 쨍한 햇살 덕에 냄새 없이 마를 거란 확신도 들었다. 건조기로 말리는 것과 차원이 다르다. 오가는 바람이 옷의 숨구멍을 트게 해주어 찌든 냄새를 해소해주기 때문이다. 또한 햇빛은 병원 내부를 정화해주는 역할을 했다. 구성원과 환자의 표정이 밝아지고 생기가 돌았다. 남자와 회사원도 일광욕하듯 창가에 붙어 광합성을 했다. 늦여름 태양은 식었지만 꽤 따뜻했고 온기를 머금기에도 충분했다. 매미 소리가 빈 소음을 메우자 딱히 아무 말 없어도 여백이 느껴지지 않았다. 계절이 가져다주는 여유는 잠깐이지만 포근했다. 회사원은 베개를 등에 기대어 책을 읽고, 남자는 여행 다큐를 보며 각자의 시간을 보냈다. 잔잔한 오후는 스마트폰 벨소리에 쉽사리 흔들렸다. 회사원은 잽싸게 전화를 받고 진지한 통화를 했다. 아마 회사 관련 전화가 아닐까. 전화를 릴레이로 여러 번 하고 나서 그는 노트북을 펼쳤다. 자판 소리는 일정한 리듬을 만들곤 했는데 썼다 지웠다 반복하는 듯했다. 저녁 식판을 가져다줘도 몇 숟가락 제대로 뜨지 않고 일에만 집중했다.

"밥 다 식겠다, 어여 먹어요."

"네, 먹고 있습니다."

보여주기 식으로 한 숟가락 뜨고는 다시 뜸해졌다. 회사원의 부모였다면 억장이 무너졌을 거라 생각이 들었다. 자식이 아픈데도 일에 치이고 헤매니 얼마나 답답한 노릇이겠는가. 학생처럼 여기를 잠시 쉴 수 있는 시간, 쉬어가는 공간이라고 생각의 전환이 있길 바랐다. 건강을 포기하면서까지 중요한 일이 아무것도 없다고 말하고 싶다. 그저 아직 어려서 삶을 아직 몰라서 그렇다고 말하고 싶다. 안타까운 눈길이 회사원에게 피해를 줄까 최대한 자리를 피했다. 어스름이 내린 저녁, 건물의 간판과 차의 헤드라이트가 도시를 비추었다. 그리고 회사원의 노트북이 병실을 비추기도 했다. 그의 모습은 흡사 야근을 하는 직장인이었다. 회사원은 보살핌이 필요했지만 챙겨주는 사람은 없어 보였다. 병문안을 온 사람은 회사 동료뿐. 그의 가족은 아직까지 보지 못했다. 그의 어머니는 소중한 자식의 모습을 아는 걸까, 혹시 모르는 게 아닐까, 알려줘야 하지 않을까 오지랖이 들기도 했다. 저마다 사정이 있으니까 물어보지 말자고 되뇌어도 의문은 쉽게 가라앉지 않았다. 병실의 밤에 어둠을 확인하고 문을 조용히 닫았다.

라디오를 켜니 아침 운전 조심하라고 아나운서가 당부했다. 안개가 자욱한 창문 바깥은 경적 소리만 들렸다. 안개에 둘러싼 세상은 천천히 시간이 흘러갔다. 속도를 내던 차량도 서행하고 행인의 발걸음도 더뎠다. 자연스레 병원의 시간도 느리게 흘렀다. 남자가 진행상태를 확인하러 검사받으러 간 탓에 병실엔 회사원밖에 없었다. 그도 티비를 보며 무료함을 달래고 있었다. 지금이 적절한 타이밍으로 보였다. 은행에 일한다는 그에게 괜찮은 적금 있는지 묻고 싶었다. 추천할 만한 금융상품이 있는지 알고 싶었다. 그러나 그에 베푼 행동이 가식으로 보이지 않을까 찝찝함이 계속 가로막았다. 내적 갈등이 오고 갈 때, 검사를 마친 남자가 들어와 갈등의 마침표를 찍어 주었다. 지친 기색인 남자는 잠이 들었고 회사원도 따라 잠이 들었다.

정적은 깜짝 손님의 등장으로 깨져버렸다. 예상치 못한 상황에 남자의 눈은 실로 커졌다. 남자아이가 걸어오더니 남자 앞에 멈춰 섰다.

"어, 왔나. 온다는 말 없었는데…."

"잠시 들렀어. 몸은 어때?"

"수술도 잘 됐고 잘 쉬면 된다네."

고개를 끄덕이며 아이는 침대에 걸터앉았다. 소년의 눈길은 병실 구석구석 닿았다. 대화는 금방 고갈되어 침묵만 남았다. 어색한 관계를 의식하듯 남자는 아이에게 물 좀 떠오라는 심부름을 시켰다. 아이가 나가고 남자는 어떤 말을 해야 할지 궁리해 보였다.

"엄마한테 여기 온다고 했어? 엄마는 아마 내일이나 모레에 온다 하던데."

"어, 엄마가 가라고 해서."

"그래, 별일 없지?"

"어."

숫기 없는 부자의 대화는 짧고 가늘었다. 중독된 사람처럼 부자의 시선은 티비에 도착했다. 재방송되는 드라마에 조용히 귀 기울였다. 병문안을 온 건지 티비를 보러 온 건지 헷갈리기도 했다. 아이는 남자뿐만 병실 사람 모두에게 낯을 가렸다. 고사리손에 스마트폰만 만지작 만지작. 드라마에 흥미를 잃었는지 스마트폰만 바라봤다.

"고등학생?"

아이 대신 남자가 대답했다.

"네, 지금 고2예요."

"방학이어서 이 시간에 오나 보다. 공부 열심히 해야겠네."

"그렇죠. 공부하라고 얘기해줘도 듣지 않네. 하하."

"알아서 잘할 거예요."

아이의 모습을 훑고 남자는 이제 돌아가라고 내보냈다. 아이는 기다렸다는 듯 인사를 하고 밖으로 나갔다. 아이가 병실에 있던 시간은 찰나였다. 주머니에 든 휴대폰에서 진동이 울렸다. 문자 한 통을 확인하고 휴게실로 자리를 옮겼다. 병원 복도를 지나는 아이가 눈에 띄었다. 걸어가는 아이는 웃으며 통화를 했다. 처음 보는 밝은 얼굴이었다. 아마 또래가 아닐까 싶었다. 아이는 아버지가 어쩌다 다치셨는지 알고 있을까. 어영부영 안 사실을 읊조릴 것이다. 환자복 입은 아버지를 본 이 순간은 따뜻하게 대할 순 있지 않나. 친구에게 주었던 미소를 아버지에게 양보하면 큰일 나는 건가. 저 어린 영혼의 마음을 읽을 수 없었다. 출구에 가까울수록 병원의 기억을 놔 둔 채 그 애는 가벼운 걸음으로 멀어졌다.

문자의 수신인은 요양시설이었다. 요양시설에 온 문자는 미납되었다고, 돈을 독촉하는 내용이었다.

'장미요양원 700,000원 미납 / 빠른 시일 내에 입금 부탁합니다.'

분명 동생에게 간곡히 일러두었지만 들은 척도 하지 않은 거다. 자기만 생각하는 이기적인 놈. 나만 자식인가, 본인한테 주어진 자식의 도리를 나한테 미루는 거다. 그 녀석은 어린애처럼 눈과 귀를 닫고

모른 척할 뿐이다. 떨리는 손으로 동생에게 전화를 걸었다,

"여보세요."

"너 어디야?"

"아, 왜 또."

"내가 돈 입금하라고 했지. 나 혼자 부양하기 힘들다고 했잖아. 너는 아들 아니니? 나만 자식이야? 그동안 너도 네 식구 먹이기 힘드니까 아무 말 안 했잖니. 악착같이 살아도 힘드니 손을 벌리는 거잖아. 다음 주까지 입금해달라니까 알아서 돈 보내."

"내가 그 돈이 어딨어. 아, 나 몰라."

전화가 끊기자 의자에 털썩 앉았다. 최선을 다했다고 생각했는데 그놈은 끝까지 모르쇠다. 자기 부모의 헌신을 그 애는 까먹은 거다. 책임감이라곤 없는 새끼.

요양원에 찾아갈 때마다 노인네는 그 녀석의 안부를 물었다. 그렇게 궁금하면 직접 물어보면 되지. 기어코 신경 쓰이게 하기 싫다고 연락하지 않는다. 오지랖도 이런 오지랖이 없다. 누가 누굴 걱정하는지 한심하다. 도움이 필요한 사람은 본인인 줄 모르고. 그렇게 아끼던 아들은 남보다 못하는데 꼴 좋다.

보살핌은 그저 일방적인 내리사랑일 뿐.

하미옥

제25회 창원대문학상 수필부문 가작
국어국문학과 3학년

왼 손

네 삶의 주인공은 누구냐. 누군가 갑자기 이런 질문을 한다면 당당하게 대답할 자신이 없다. 늦잠을 자 헝클어진 머리로 어제 입었던 코트를 대충 걸치고 통학 버스를 타기 위해 아침 댓바람부터 질주하는 주인공은 어디서도 본 적이 없으니까. 드라마였다면 늘 부장님에게 깨지는 주인공의 직장동료2쯤 되려나? 앵글 밖으로 밀려난 기분은 썩 유쾌하지 못하다. 유럽 어학연수에 대기업 입사. 여유 있게 주인공 역을 꿰찬 친구들을 못마땅해 할 자격이 내게는 없다. 그들과 나 사이의 벽을 진작 깨달은 씁쓸함은 뭉근하게 졸여진다. 처음엔 아무렇지 않다가 갈수록 진하고 끈적하게 들러붙어 내 삶으로 고개를 돌리는 것조차 힘겹게 만든다. 사람들이 나 같은 조연의 삶에 두는 관심은 딱 노래방 화면 정도, 그 이상도 그 이하도 아니다. 눈길 주지 않아도 알아서 열심히 돌아가는, 바뀌어도 별 상관은 없는. 하지만 조연의 삶을 유지하는 것도 쉬운 일은 아니다.

찬 바람이 아침 창틀을 겨우 비집고 들어온 계절이었다. 오후의 걸음은 금방 내린 비로 얕게 고인 웅덩이를 훑었다. 묵직해진 바짓단을 끌고 건널목 맞은편 빵집으로 들어갔다. 팔꿈치에 보풀이 일어난 남색 가디건으로 갈아입고 왼쪽 가슴에 명찰을 달았다. 어서 오세요. 또 그 손님이다. 매번 봉투값 50원이 너무 아까운 손님과 더 아까운 내 시간을 걸고 승강이를 벌인다. 이윽고 들어온 손님은 다짜고짜 서비스를 달라며 벅벅 우겼다. 하루에도 몇 번씩 손님과 대치하다 보면 온몸에 진이 다 빠진다. 방금 나간 손님들의 머리카락 한 올도 매장에 남기기 싫어 황급히 쓸어내는데 빗자루를 쥔 오른손이 쓰라렸다. 들여다보니 중지에 새끼손톱만 한 상처가 나 피가 배어나고 있었다. 조금 전 봉투를 꺼내다 베였나 보다. 꽤 깊은지 핏방울이 송송 올라왔다. 서러운 마음마저 들었다. 보통 드라마에선 이쯤에서 주인공을 위로해줄 누군가가 나타나던데, 그런 장치가 있을 리 만무하다. 헛된 기대를 접고 서랍에서 밴드를 꺼내 붙이기는 했으나 영 불편했다. 오늘은 왼손 네가 일 좀 해야겠다. 받아라. 웬걸? 빗자루질은 처음인데 어깨너머로 배운 게 있어서인지 제법 잘했다. 물 만난 물고기처럼 신나게 매장을 쓸고 먼지를 쓰레받기에 모으려는데 오른손이, 고장 났다. 조수는 하기 싫은 건지 받쳐주기는커녕 쓰레받기를 들고 허둥대며 가만히 대고 있지도 못하는 거다. 지난 20년 동안 이런 모습은 한 번도 보인 적 없는 애였는데. 붓과 함께 4절 도화지 위를 또 6.1인치 LCD 액정 위를 자유자재로 누비던 애였는데 말이다. 배신 아닌 배신이었다. 다시 왼손을 바라봤다. 그저 과묵한 아이로만 알고 있었는데 자기에게 주어진 갑작스러운 임무를 곧잘 해냈다. 그냥 해낸 것도 아니고 아주 잘 해냈다. 기특한 녀석이다. 물론 다음 날 상처가 아물자 왼손은 언제 그랬냐는 듯 다시 자기 자리로 돌아갔다. 여운이 남아 오른손의 자리를 넘보거나 할 줄 알았는데 지금까지도 아무런 불평이 없다. 어느 저녁, 주인공의 맛을 보고 다시 조연의 삶으로 돌아왔는데 어찌 이토록 겸허할 수가 있을까.

나는 보았다. 줄곧 주인공만 맡아오던 오른손이 조그만 생채기 하나에 비틀대는 것을. 주인공은 못 해도 늘 옆에서 열심히 살아가던 왼손이 사바나의 하이에나처럼 덤벼드는 것을. 오랜 시간 갈아 날렵한 날로 가능성을 열고 기회를 꺼내는 모습을 말이다. 발끝부터 목구멍까지 따뜻한 물이 차올랐다. 내 안에 눌어붙었던 씁쓸함이 융해되었다. 메시지함에 쌓인 불합격 문자들이 가볍게 흩날렸다. 당장 내일 내가 주인공이 될지도 모른다. 긴 시간 마음의 준비를 하다 막이 내려가기 바로 직전에 빛날지도 또 모른다. 영영 주인공이 되지 못할 수도 있다는 사실은 물론 안다. 그래도 웃는다. 더는 오른손만을 동경하지 않는다. 묵묵히 우리의 삶에 충실하자. 어디선가 혼자 앓고 있을 또 다른 조연에게 왼손을 내밀어 본다.

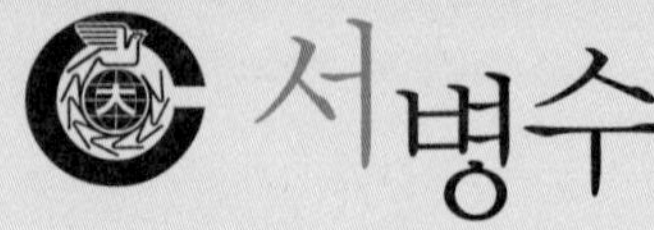

서병수

제25회 창원대문학상 시부문 장려
불어불문학과 4학년

백 야

I

눈이 멀 듯 내리쬐는 빛에
바람조차 자취를 감춘 불모의 땅
어스름이 내린 저녁 하늘
자신을 녹여가며 타오르는 태양이 지고
이내 그 빈자리를 채우는 것은
그러나 빛의 그림자였다
태초의 어두움조차 이겨내지 못한
위대한 침략자여

II

한 사내가 하얀 밤을 가로지른다
그의 발아래로 낙인같이 찍히는
그의 기원은 하나같이 검다
문신처럼 새겨진 발자욱은

밤에도 타오르는 태양에 맞서리라

III

터 오는 동은 밝았으나 따스하지 않았고
저무는 그림자는 어두웠으나 비어 있지 않았다
나는 깨어나지 않았지만 깨 있어야 했다.

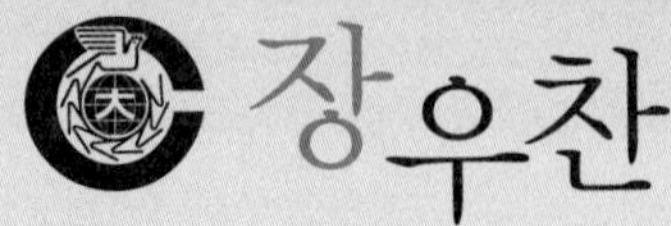

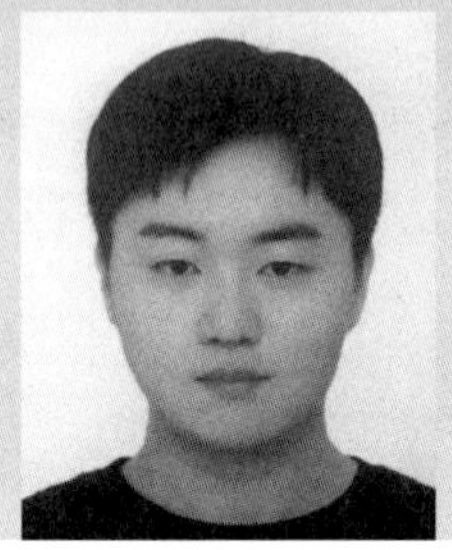

제25회 창원대문학상 시부문 장려
국어국문학과 3학년

종이심장

프린트는 장당 흑백 50원 컬러 200원, 양면인쇄 4분할로 심장을 인쇄한다. 합리를 놓치기 싫어 괜히 흑백으로 인쇄한 나는 이만큼 옹졸하지요.

두 눈을 부릅뜨며 손끝으로 짚어 보는 동맥과 정맥.
눈에 보인 활자를 누르며 그 속의 진심을 읽으려 해.
너무 작고 어두워 보이지 않은 마음 때문에 베였어. 따갑고 쓰라린 상처는 적혈구와 백혈구가 점령하고 얼굴을 비추지.
심장은 쉽게 종이처럼 바스락 구겨진다.

더듬거리며 흑백 심장의 구조構造만 읽는 거야. 심장은 활개하며 피가 흐르고 때론 넘치기도 하지. 쿵쾅이는 동태動態는 꽝꽝 얼은 동태凍太.
우리는 모두 두 눈 시퍼렇게 떠 있는 장님이고, 심장은 계속 두근거린다.

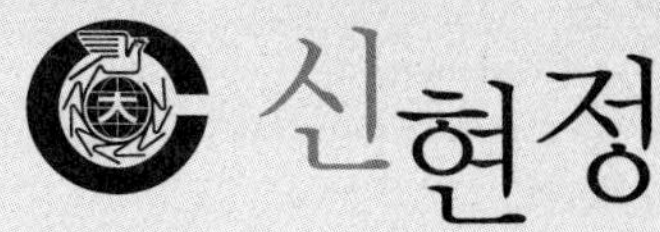

제25회 창원대문학상 소설부문 장려
국어국문학과 3학년

도난당한 여름날

창문을 보니 운동장이 햇빛을 잔뜩 받아 아지랑이가 올라온다. 교실 안에서는 하복을 입은 학생들이 선풍기가 돌아가는 방향에 맞춰 자신들도 빙글빙글 돌아간다.

선풍기에 맞춰 친구들이 두 바퀴 정도 돌았을까, 내 옆자리 친구가 손부채질을 하며 소리친다.

"여름이 왔다. 여름이 왔어!"

옆에 앉은 현지가 내 팔을 툭툭 쳤다.

"연정아, 다음 교시 뭐야?"

"수학 시간이긴 한데, 강당에 모여서 뭐 한다던데?"

"앗싸, 수학 극혐인데 잘됐다."

"강당에 에어컨 빵빵하게 틀어놨대."

"빨리 가자."

우리 반은 에어컨이 고장 났기 때문에 얼른 강당으로 향했다.

강당에는 '멈춰 폭력! 학교폭력 예방 교육'이라고 쓰여 있는 플래카드가 붙어 있다. 그리고 강당 앞쪽에는 반별로 앉기 위한 표지판이 있다. 수업 예비 종이 울렸다. 학교폭력 예방 교육을 위한 동영상을 리허설하는 방송부, 강당을 뛰어다니는 학생들, 친구들과 떠드는 학생들이 생겼다. 선생님들은 제재할 생각이 없는 듯 강당 뒤편에 앉아 계셨다. 나는 눈치를 보다가 앞에 있는 친구의 어깨를 두드렸다.

"나 공기 있는데."

"야! 빨리 가져와."

"알겠어."

말이 끝나자마자 공기를 가지러 반으로 달려갔다. 뛰어서 가빠진 숨을 고르며 반 뒷문으로 천천히 걸어가는데, 누군가가 우리 반 앞문을 빠져나오면서 뛰쳐나갔다. 너무 빨리 지나가서 자세히는 보지 못했지만, 단발에 여자 교복을 입은 학생이었다. 이상한 점은 날씨가 이렇게 더운데 체육복 윗도리를 걸치고 있다는 것이다.

'강당이 서늘해서 그런가….'

복도에 있는 사물함에서 공깃돌을 꺼냈다. 강당으로 발걸음을 돌린 순간 문단속이 되어 있는 옆 반과 다르게 창문, 뒷문 그리고 앞문 모두 활짝 열려 있는 우리 반이 신경 쓰였다.

'나는 주번도 아닌데, 내가 신경 써야 해?'

강당으로 향한 발걸음을 멈추지 않았다. 빨리 갈 생각에 공깃돌이 담긴 플라스틱 통을 손에 쥐고 달리다가 복도에 와르르 쏟았다. 공깃돌 안에 들어 있던 조그만 쇠구슬이 흔들리는 소리가 조용한 주변 때문인지 천둥소리처럼 들렸다.

“야! 왜 이렇게 늦게 와?”

“아, 미안. 빨리 온다고 했는데.”

“빨리 시작하자. 가위바위보!”

가위바위보에 승리한 현지는 웃음을 터뜨리며, 공깃돌 5개를 쥐고 바닥에 뿌렸다.

공깃돌이 서로 부딪치는 소리를 들으며 멍하니 있는데 옆에 앉아 있던 윤정이가 자신의 주머니를 계속 뒤적거리다가 한숨짓는다.

“어제 새로 산 틴트, 잃어버린 것 같아.”

“뭐? 반에 있겠지.”

공깃돌을 차례차례 위로 올리던 현지가 대답했다.

“그런가. 아까 반에서 못 봤는데, 체육복 주머니에 있는 줄 알았는데, 없어.”

“누가 훔쳐간 거 아냐?”

“틴트를 누가 훔쳐가. 남이 발랐던 걸, 더럽게.”

“그러니까. 화장품은 쌤한테 밀할 수도 없고 어쩌냐.”

“뭐… 새로 사야지.”

“앗, 떨어뜨렸다.”

현지는 공기놀이의 마지막 단계인 꺾기에서 공깃돌 두 개 중 하나를 잡지 못하고 떨어뜨렸다.

나는 현지가 떨어뜨린 공깃돌을 집으면서 놀렸다.

“꺾기에서 두 개 올리고 하나만 잡는 바보가 아직도 있네.”

현지가 나의 등을 가볍게 때렸다.

“야, 손이 작아서 그래.”

“나도 손 작은데, 잘만 하는데?”

그때, 마이크에서 기분 나쁜 소리가 들렸다.

"자자, 이제 학교폭력 예방 교육을 시작하겠습니다. 학생 여러분들은 모두 착석해주시길 바랍니다."

늘 똑같은 말만 되풀이하는 동영상에 눈만 대고 있다 보니 수업 마치는 종이 울렸다. 학생들은 종이 울리자마자 우르르 강당을 빠져나가기 시작했다.

"야, 진짜 웃기지 않아?"

"뭐가? 아, 멈춰! 폭력! 이거?"

한 학생이 손바닥을 밖으로 뻗으며 말했다.

"누가, 학교폭력 현장을 보고 멍청하게 손 내밀면서 '멈춰-뽁녁-' 하고 있냐고"

"그니까, 진짜 이런 걸 예방이라고 하고 있다."

들려오는 소리에 어느 정도 공감했다.

종례시간이 되자, 앞문으로 선생님이 들어오셨다. 그리고, 뒤이어 가은이도 같이 들어왔다. 선생님은 반에 앉아 있는 학생들을 훑어보더니 한숨을 내쉬었다.

"가은아, 일단 네 자리로 돌아가."

가은은 자신의 긴 생머리를 한 번 휙 넘기면서 자리로 돌아갔다.

"학교폭력 예방교육 시간에 가은이 지갑이 없어졌다고 한다. 분홍색 손바닥만 한 지갑 떨어진 거 본 적 없니?"

지갑이 없어졌다는 사실에 반 아이들은 모두 자신의 옆자리 친구와 한마디씩 한다고 바빠서 순식간에 시끄러워졌다. 이에 언짢은 표정을 지은 선생님은 자신의 손으로 교탁을 세게 내리치며 말씀하셨다.

"자 10반, 모두 눈 감아."

"우리 반에서 도난사건이 일어나다니 너네들 정말 세상 무서운 줄 모르고 사는구나? 절도는 범죄야!"

선생님이 우리 반에서 벌어진 도난사건의 심각함을 늘어놓기 시작한 체감 1시간이 넘어가자 실눈을 뜨고 시계를 보았다. 보통 하교하는 시간을 훌쩍 넘겨 4시 50분을 향해 가고 있었다. 한참을 지나도 끝나지 않아 보이는 말씀은 선생님이 교탁을 두어 번 치는 동시에 끝났다.

"자, 다시 눈 제대로 감아. 그리고 가은이 지갑 훔쳐간 사람 조용히 손들어. 지금 손들고 사실대로 말하면 따로 처벌하지 않고, 용서해 줄게."

이 상황이 해결됨을 바라는 선생님의 기대와 달리 누군가의 손이 올라가는 옷자락 소리는 들리지 않고, 선풍기 날개가 돌아가는 소리만이 반을 가득 채웠다.

"이렇게 나오면, 어쩔 수 없지. 소지품 검사해서 나올 때까지 우리 반, 집에 못 간다."

학생들이 원성이 터져 나오고, 나도 절망에 머리를 감쌌다.

선생님은 반 전체를 복도로 내보낸 뒤, 교탁에서 가장 가까운 책상 순으로 하나씩 소지품 검사를 하기 시작했다.

담임선생님 한 분이 30명이 넘는 학생들의 모든 소지품을 검사하려니 시간은 계속 가고, 복도에서 다른 반 학생들 하교하는 것을 지켜보기만 하자 예민해진 반 친구들은 서로를 탓하기 시작했다. 시작은 문단속을 안 한 주번에게로 향했다.

"오늘 주번 누구야?"

"3번이랑 4번 아니야?"

"강사랑이랑 김가은인데?"

"아까 학폭예방교육 마치고 반에 왔을 때, 문단속 안 되어 있지 않았냐?"

"맞아."

"김가은은 그럼, 본인이 문단속 안 했으면서 지갑 잃어버렸다고 찡찡대는 거?"

서로 속닥대던 무리가 가은을 째려봤다.

그 눈빛에 당황하는 모습을 보이던 가은은 다급하게 입을 열었다.

"강사랑은 어딨어? 오늘은 걔가 하기로 했다고!"

가은이 사랑을 찾자, 반장이 대답했다.

"사랑이 오늘 아파서 조퇴했잖아"

"또 아파서 조퇴했다고? 진짜 어이없다. 이번 주 주번 활동 내가 거의 다 했어. 강사랑 오늘 학교 나왔길래 걔한테 오늘 주번 활동하라고 했단 말이야! 난 잘못 없어!"

가은은 열이 오른 얼굴로 자신을 탓하던 무리에게 소리쳤다.

나는 길어지는 소지품 검사에 짜증이 났고, 결국, 교실 안으로 들어가 선생님께 말씀드렸다.

"아까 예방교육 시간 전에 잠시 반으로 왔었는데, 누가 우리 반 들렀다가 나오는 거 봤어요."

"야! 넌 왜 그걸 이제 말하냐?"

나는 분명 선생님께 말했는데 나를 뒤따라오던 가은이 대답했다. 가은이 다시 무어라 입을 떼기 전에 선생님이 복도 쪽을 향해 소리쳤다.

"뭘 잘했다고 다들 복도에서 큰 소리로 떠들어! 다 들어와서 일단 앉아!"

선생님의 호통에 나도 재빨리 자리에 앉았다.

"아까, 연정이가 반에 들어온 사람 봤다고 하는데, 어떻게 생겼니?"

"단발머리를 한 여학생이에요."

"일단 알겠다."

선생님은 벽에 걸린 시계를 슬쩍 보고는 다시 말을 이어가셨다.

"시간이 늦었으니, 어쩔 수 없지만 다들 하교해라. 일단, 소지품 검사 중에는 지갑이 나오지 않았다."

선생님은 반장을 불러서 인사를 시키고 교무실로 돌아갔다.

학교 정문에 거의 다 도착했을 때, 누군가 달려오는 발소리가 들리더니 어깨가 붙잡혔다.

"악! 누구야?"

뒤를 돌아보니 가은이다.

"야! 니가 내 지갑 훔친 범인을 봤다며."

"우리 반에서 나오는 사람을 보기는 했어."

"그럼 걔가 훔쳤거나."

가은은 계속 붙잡고 있던 내 어깨를 밀쳤다.

"아니면 니가 훔쳤겠네."

가은의 얼굴은 흥분에 차 보였다. 먼 거리를 뛰어와서인지, 유난히 내리쬐는 햇볕이 뜨거워서인지 평소에 하얗던 얼굴은 붉게 상기되어 있다.

"내가 안 훔쳤어. 난 복도 사물함에서 공깃돌만 가져왔을 뿐인데?"

가은의 반응을 예상하지 못한 것은 아니다. 빈 교실, 모르는 한 사람, 목격자라고 주장하는 한 사람. 너무 뚜렷하게도 나와 그 이름 모를 여학생 중 한 명이 범인이라고 확신할 것이다.

"난 진짜 안 훔쳤어. 네 지갑이 분홍색인 것도 오늘 알았다."

여전히 의심에 가득 차 보이는 가은을 뒤로한 채, 집으로 갔다.

현지와 나는 같은 아파트에 살고 있다. 내가 아파트 1층에서 올라가는 엘리베이터 버튼을 눌렀고, 현지는 내 눈치를 보더니 말을 꺼냈다.

"있잖아. 우리 반에 들렀다는 사람 말이야. 어떻게 생겼어?"

"나도 뒷모습만 봐서 몰라. 일단 우리 학교 여학생 교복이었고, 단발머리였어."

"우리 학교 여학생의 반은 단발인데 범인 찾기는 힘들겠는데?"

"그러게, 새빨갛게 염색이라도 하지."

나는 빨갛게 불이 올라와 있는 엘리베이터 버튼을 문질렀다. 현지는 조용히 웃었다.

잠시 후 '문이 열립니다' 라는 엘리베이터 음성 멘트와 함께 우리는 엘리베이터를 탔고, 현지는 13층, 나는 20층 버튼을 눌렀다. 엘리베이터가 올라가는 시간 동안 우리는 아무런 말도 하지 않았다.

집에서 저녁을 먹으며 SNS를 보고 있었는데 가은의 게시글이 눈에 보였다.

〔우리 반 도둑, 내가 꼭 잡겠음!〕

무슨 의도로 적었는지, 누굴 향한 것인지 확실한 게시글에 기분이 나빠졌다. 젓가락질하던 손을 멈추고, 가은에게 메시지를 보내려고 메신저 어플을 켰다가 휴대폰을 덮었다.

"아니라고 해봤자, 내 손가락만 아프겠지."

월요일 아침, 교실에 들어서 책상에 부착된 가방 고리에 가방을 걸자마자, 누군가가 신경질을 내는 소리가 들린다.

"아, 에어컨 언제 고쳐줘."

주말 동안 에어컨 수리를 하지 않았는지 여전히 우리 반 에어컨은 고장이 난 상태로 모든 문이란 문은 다 열고 있다. 자리에 앉아서 고개를 돌리니 김가은이 내 쪽으로 다가온다.

"윤정아, 혹시 조별과제 누구랑 해?"

정확하게 나에게로 오는 것은 아니었다.

"나? 수진이랑 하지 않을까?"

"혹시 나랑 하면 안돼?"

"너 사랑이랑 하지 않아?"

"사랑이랑 싸워서 좀 그래…."

"아, 그럼 선생님께 3명도 되는지 여쭤봐."

"알겠어, 고마워!"

가은이는 그대로 몸을 틀어 나에게로 다가왔다.

"야."

"왜?"

"나한테 뭐, 할 말 없어?"

"없는데?"

가은이는 갑작스레 내 필통을 쳐서 넘어뜨렸다.

"도둑년."

"야!"

너무 크게 소리를 지른 탓인지 주변 친구들이 나를 쳐다보는 것이 느껴졌다.

"갑자기, 소리를 왜 질러? 찔려?"

"내가 안 훔쳤다고 했잖아. 나 그냥 공깃돌만 갖고 왔다니까?"

"그래, 얘 진짜 공깃돌 가지러 간거야."

앞에 있던 윤정이가 내 편을 들어줬다. 그러자 가은은 못마땅한 표정으로 윤정을 쳐다보며 말했다.

"그걸 어떻게 아는데?"

"학폭예방 교육시간에 같이 공기했으니까?"

"같이 가지러 간 건 아니잖아."

그렇게 자꾸 나를 의심하던 가은은 수업을 시작하는 종소리에 맞춰서 자신의 자리로 돌아갔다. 1교시가 끝나자마자 또 나를 추궁하러 올 것이라는 예상과는 달리 내 근처에는 오지 않았다. 그렇게 조용히 지나갈 것 같았던 날은 점심시간에 벌어진 사소한 다툼으로 완전히 달라졌다.

"내 샤프 없어졌는데 본 사람?"

한 남학생이 칠판 귀퉁이에 '남색 쿠루토가 샤프 본 사람 윤우에게로' 라고 적은 뒤 자신의 자리로 돌아간다. 교실로 들어오는 가은이 칠판을 보면서 윤우에게 달려갔다.

"너 샤프 잃어버렸어?"

"응, 혹시 비슷한 거 봤어?"

"아니, 내 지갑 훔쳐간 사람이 네 샤프도 훔쳤는가 싶어서."

가은은 말을 길게 늘어뜨리며 나를 쳐다봤다. 분명, 아직도 나를 의심하고 있다.

가은의 시선을 현지도 보았는지 현지가 말했다.

"재, 아직도 너 의심하나 봐."

"그런 것 같네."

나는 한숨을 내쉬며 반을 둘러보았다. 점심시간이라 다른 반 친구들도 몇 명 보였다.

"여기에서 단발인 애들이 7명이야."

"그러게, 여름이라서 더 많은 것 같아."

"도대체, 누가 우리 반에 왔냐고… 심지어 우리 반은 에어컨도 고장 났는데 다른 반 애들 많이 온다."

"그러게. 근데 사랑이는 안 덥나?"

"사랑이?"

현지는 사랑이 앉은 자리를 가리키며 말했다

"사랑이, 왜 체육복 걸치고 있지? 아직 아픈가? 근데 이렇게 더운데 체육복 입으면 오히려 몸에 안 좋지 않을까?"

누구에게나 다정한 현지답다고 생각하며 사랑이 앉은 쪽을 보았다. 아무리 반에 달린 창문과 문은 다 열어놨다고 해도 들어오는 건 덥고 습한 바람뿐이었다. 현지랑 나는 핸드 선풍기 바람을 쐬며 앉아 있어도 5분에 한 번씩 덥다는 말을 내뱉었는데 사랑은 그런 기색도 없이 체육복 겉옷을 걸친 채로 책을 읽고 있었다.

"저번에 아파서 조퇴한 게 감기 걸려서였나? 여름 감기는 개도 안 길린다던네."

나는 관심 없는 말투로 사랑을 향한 시선을 거두며 대답했다.

"사랑이도 단발머리네?"

현지가 사랑이를 가리키며 말했다.

"어?"

주마등처럼 한 장면이 스친다. 그때 달려가던 여학생도 체육복 윗도리를 걸치고 있었다. 어깨선까지 오는 단발, 에어컨 바람도 안 부는 교실에서 체육복 상의를 입고 있는 학생. 그때 그 학생은 사랑이일까?

"현지야, 사실 그때 내가 봤다던 여자애도 체육복 상의를 입고 있었어."

"정말?"

"설마 범인이 사랑이일까?"

"음…."

"너무 갔나? 체육복 걸치고, 단발머리는 흔하잖아."

학생들 사이에서 에어컨 바람이 추워서 체육복을 걸치는 건 흔했다. 현지를 쳐다보니 현지는 어깨를 으쓱하기만 할 뿐 더 이상의 말은 잇지 않았다.

"그럼, 일단 지켜보자."

복잡한 기분을 뒤로한 채 당장 급한 학원 숙제를 하려 책가방에서 숙제를 꺼내려다가 가방에 걸려 책을 떨어뜨리고 말았다. 줍기 위해 손을 뻗는데 책 모서리를 살짝 밟는 누군가에 의해 책으로 향한 눈은 누군가의 발을 따라 위로 향할 수밖에 없었다.

"뭐야? 치워."

"네가 내 샤프도, 가은이 지갑도 훔쳤다며?"

"아닌데?"

"아니긴 뭐가 아니야. 예방 교육시간에 네가 유일하게 비어 있는 반에 왔다며, 그럼 당연히 누구겠니? 귀신이 그랬을까?"

정윤우는 자신의 샤프가 아닌 가은의 지갑 때문에 화가 더 많이 나 보였다. 언젠가 현지가 정윤우가 김가은 좋아하는 것 같다고 말해줬었다. 그때는 3월 초라서 개학한 지 얼마나 됐다고 벌써 그러겠냐고 되받아쳤지만, 쟤는 진짜 금사빠* 인가 보다.

나는 정윤우 옆에서 나를 쳐다보는 가은과 눈을 맞추며 말했다.

"내가 안 훔쳤다고 말했잖아. 심지어 나는 교실에 들어가지도 않았어.”

가은은 정윤우를 뒤로한 채 내 앞에 다가와 말했다. 다른 사람에 비해 키가 큰 편인 가은이 내려다보니 살짝 무서웠지만, 눈을 피하지는 않았다.

“네가 거짓말을 하는 거면?”

“내가 그런 거짓말을 왜 해? 너 지갑 찾아주려고 선생님께 말씀드린 거잖아. 너야말로 제대로 찾아보기는 했니? 네 부주의로 잃어버린 건 아니고?”

“그럴 리가 없잖아!”

“한 번 더 찾아보기는 했어? 누가 훔쳤을 거라 단언하는 이유가 뭐야?”

“갑자기 없어졌으니까…! 그러는, 너는, 왜, 그렇게 소리쳐? 더 의심스럽다?”

“너는 왜 말을 더듬는데?”

점점 길어지는 다툼에 반에 있는 애들이 나에게 집중하기 시작했다. 몇 명은 내가 거짓말을 한다와 안 한다로 내기를 거는 것 같았다. 수군거리는 아이들의 목소리에 머리가 어지러울 지경이었다.

점심시간이 끝난 뒤, 다가온 5교시는 음악 수업이었다. 이번 주 주번은 나였기 때문에 애들이 다 나갈 때까지 기다렸다. 교실이 텅 비자, 뒷문을 잠그기 위해 교실 뒤편으로 갔다. 그런데, 갑자기 뒷문이 열렸다.

“절도범한테 열쇠를 맡겨도 되나? 의심스러워서 발이 안 떨어지네.”

정윤우가 뺀질거렸다.

"그럼 니가 문단속하던가."

"가은이 지갑이랑 내 샤프 어쨌냐?"

"아무런 증거 없이 사람 막 의심해도 되나?"

"증거가 왜 없어. 심증이 있는데?"

"심증만으로 범인을 단정 짓는 건, 파란색 퍼즐 몇 조각만 잡고 이 퍼즐의 그림은 '바다' 라고 단정 짓는 거랑 똑같아."

"여러 조각이 파란색이면 바다 그림이겠지"

정윤우는 학급 뒤편의 퍼즐 액자 중 산토리니 풍경의 퍼즐을 가리켰다.

"하늘일 수도 있겠지."

나는 다른 퍼즐 액자를 손가락으로 톡톡 치며 말했다. 학기 초, 환경미화 활동을 위해 한 퍼즐 맞추기에서 정윤우와 나는 같은 팀이었다. 우리 팀이 맞춘 퍼즐 그림은 고흐의 '론강의 별밤' . 그때 우리 팀은 퍼즐 조각의 색깔이 비슷비슷하여 하늘 부분의 조각인지, 강 부분의 조각인지 애를 먹었던 기억이 있다.

"너도 겪어봐서 알잖아?"

퍼즐 맞추던 고생이 생각났는지, 멍한 표정으로 가만히 서 있는 정윤우에게 반 열쇠를 손에 쥐어주며 나왔다.

"걱정 많은 네가 문단속 제대로 해."

오늘따라 음악실로 가는 길이 너무도 멀었다. 머릿속이 빨갛게 익어가는 기분이었다.

계단을 올라가면서 차분히 머릿속을 식히던 차에 누군가 다투는 소리가 들렸다.

"…네가 시켰잖아."

"내가 뭘 시켜? …내가 아니라 네가 한 거지."

"가은아…."

"정신병자 주제에…."

소리의 근원지를 따라 시선을 돌리니 사랑과 가은이 있었다. 꽤 멀리 떨어져서 잘 들리지는 않았지만, 가은이 사랑을 밀치고, 사랑은 우는 것 같았다. 학교폭력 예방 교육에서 봤던 대로 '멈춰, 폭력'을 해야 할지 고민하는 중에 정윤우가 소리쳤다.

"야! 김연정, 거기서 뭐하냐?"

깜짝 놀라 정윤우 쪽으로 돌아보았지만, 황급히 눈을 돌려 가은과 사랑이 있는 곳을 보았다. 그 둘은 사라지고 없었다.

"내 말 씹냐?"

"어."

내가 둘의 대화를 들었다는 걸 사랑과 가은이 알았을지도 모른다는 생각에 머릿속이 더 복잡해졌다.

음악 수업을 끝내고 반으로 돌아오자, 새로운 공지사항을 붙이러 오신 선생님을 보게 되었다.

"이번 조별과제 팀 다 정해졌다. 여기 붙여 놓을게. 연정아, 현지아, 잠깐 여기로 와 볼래?"

선생님은 나와 현지를 불러서 작게 속삭이셨다.

"사랑이가 할 사람이 없어서 너희 팀에 선생님이 그냥 넣었는데, 혹시 불편하니?"

"전 괜찮아요, 연정아 너는?"

"저도 괜찮아요."

"이해해줘서 고맙다."

선생님은 인자하게 웃으시면서 교무실로 돌아가셨다.

오히려 잘됐다. 사랑이가 그때 본 그 학생인지, 아닌지 알아낼 기회다.

다음 날이었다. 1교시부터 조별과제로 모둠 책상을 만든다고 책상을 이리저리 끄니 교실은 책상이 내는 기분 나쁜 소음으로 미어터졌다.

"자, 나눠 준 프린트에서 1번부터 5번까지 각 문장에서 나타난 음운변동을 써서 제출하면 된다."

현지랑 나는 교과서를 이리저리 뒤져보며 열심히 찾았다. 사랑도 프린트에 하나둘 써 내려가기 시작했다.

"사랑아, 너 글씨 되게 이쁘다."

현지는 사랑의 프린트를 유심히 들여다보며 말했다.

"어?"

"나도, 나도 볼래."

내가 사랑이의 글씨체를 보려고 사랑의 팔목을 잡는 순간, 사랑이가 놀라며 팔을 뺐다.

사랑이의 갑작스러운 행동은 나를 당황시켰다.

"사랑아, 왜 그래?"

"왜…, 갑자기 팔을 잡아…."

직접 맨살을 만진 것도 아니고, 겉옷 위를 만진 것뿐인데 왜 이렇게 예민하냐고 쏘아붙이고 싶었지만, 수업 시간에 소란을 일으키고 싶지 않았다.

"미안해, 살짝 만진 거 같았는데 혹시 아팠니?"

"아니, 그냥 공부나 마저 하자."

그 뒤로 우리 조는 수업 내용 외의 이야기는 전혀 하지 않았다.

다음 날, 학교를 오니 기분 좋은 일이 있었다. 바로, 우리 반 에어컨이 고쳐졌다.

"와… 에어컨 바람. 너무 좋아."

"진짜, 너무 시원하다."

현지랑 나는 책상에 엎드려 머리 위로 내려오는 냉기를 느끼며 행복해했다.

에어컨 때문에 공기가 싸늘한 것인지, 분위기가 싸해진 것인지. 너무나도 조용한 반이 어색해 주변을 둘러보니 가은을 중심으로 애들이 모여 있었다.

그 중심으로 걸어가니, 이야기 소리가 들려왔다.

"어떡해…."

"괜찮아?"

"진짜 큰일이네."

엎드려 있는 가은을 중심으로 둘러싼 친구들이 한마디씩 하고 있었다.

"무슨 일이야?"

"아…, 가은이 지갑에 있던 돈이 사실 학원비래. 근데, 가은이 어머니께서 지갑 잃어버린 거 아시고 화나셔서 학원을 그냥 끊으셨대."

"가은이 예고 준비해서 미술학원 가야 하는데, 어떡해."

가은의 등을 두드리던 애가 한마디 거들었다.

가만히 엎드려 있던 가은이가 갑자기 일어나서 내 어깨를 붙잡았다.

"김연정. 제발 부탁이야. 제발, 지갑 좀 돌려줘."

가은의 얼굴은 눈물로 엉망이고, 눈은 잔뜩 충혈된 채로 말했다.

"뭐? 내가 안 그랬다고."

"제발. 어? 내가 진짜 부탁할게. 나 예고 가야 한단 말이야."

가은이는 내 어깨를 붙잡고 있던 손을 떼고, 그 손을 모아 빌면서 말했다.

"부탁할게, 이번에 처음 대회 준비하는 거라서 진짜 가야 해."

"아니. 나도 답답해! 내가 아니라고 몇 번을 말해?"

"쟤도 독하다. 저렇게 울고 있는데 그냥 돌려주지."

"진짜 싸이코패스 아니야?"

"교실에 들어간 사람, 쟤밖에 없잖아. 누가 튀어나왔다고? 그 정도 거짓말을 누가 못하냐?"

가은을 둘러싸고 있던 무리는 서로서로 속닥였다. 나에게 안 들릴 거라 생각하면서 말한 것일까? 들어도 상관없다는 것일까?

"절도범."

"도둑년."

"미친년."

김가은이 여러 번 나에게 했던 말을 동시에 여러 사람이 퍼부었다. 김가은에게서 긁혔던 말은 아프지도 않았지만, 여러 사람이 긁으니 온몸에 피가 나는 기분이었다.

결국, 나는 후회할 수밖에 없는 말을 하고 말았다.

"강사랑. 강사랑한테 물어봐. 내가 본 여학생 쟤랑 젤 비슷한 것 같거든. 아니, 쟤 맞아. 이 한여름에, 에어컨도 고장 난 교실에서 체육복 걸치고 다니는 애가 쟤 말고 누가 있어?"

날 보던 무리의 시선이 사랑이한테로 모조리 옮겨졌다.

"강사랑? 그 조용한 애?"

"김가은 물건이 탐났나? 진짜 음침해."

"맞네. 쟤 단발머리야."

"지금도 체육복 상의 입고 있어."

"쟤 가난하다고 하던데, 그래서 훔친 거? 거지 클라쓰."

나에게 향하던 화살이 다른 표적을 찾아 쏘는 것이 아니다.

피를 흘리는 사람이 늘어난 것일 뿐이다.

표적에는 동시에 두 사람이 서 있는 것이다. 화살이 나를 관통해 다른 사람도 아프게 하고 있다.

사랑은 애들이 마구 퍼붓는 소리에 당황해서 뒷문으로 도망쳤다. 하지만 교실 밖으로 나갈 수 없었다. 뒷문 밖에는 정윤우가 집게식 절단기를 손에 들고 사랑을 향해 소리쳤다.

"강사랑. 네 사물함 열어봐도 되지? 아니. 연다."

사랑은 정윤우의 팔을 붙잡았지만, 정윤우는 뿌리쳤다.

정윤우는 복도에 줄지어 있는 사물함 중 사랑의 것을 찾아 자물쇠를 부쉈다. 뒤늦게 반장이 말리러 왔지만, 이미 판도라의 상자는 열린 후였다. 정윤우는 핑크색 지갑을 사물함 안에서 꺼냈고, 거기서 그치지 않았다.

남색 쿠루토가 샤프

윤정의 틴트

현지의 볼펜

지우개, 반지, 팔찌, 책갈피, 등등.

우리 반 분실물 보관소가 있었다면 바로 여기가 아닐까 싶었다. 잃어버린 자신들의 물건을 본 반 아이들은 우르르 몰려가서 자신들의 물건을 줍기 시작했다. 만원의 지하철에서 누군가 돈다발을 던지면 이런 광경이 아닐까 싶을 정도의 모습이었다.

나는 애들이 빠질 때까지 기다렸다가 마지막 즈음에 사물함으로 갔다. 사물함에는 다른 애들 물건만 있던 건 아니었다. 사랑의 교과서, 양치 도구들은 땅바닥에 걸레짝이 되어 나뒹굴고 있었다.

"이건 좀 심하잖아."

"그러게."

현지가 사랑의 교과서를 주워서 올려주다가 쇠가 바닥에 부딪히는 소리가 났다. 바닥에는 내가 학기 초 잃어버렸던 열쇠고리가 있었다.

"연정아. 이건."

"내가 학기 초에 잃어버렸던 열쇠고리네."

"진짜 사랑이가 훔쳤을까?"

"그러게. 사랑이 혼자 이렇게 많은 물건을 훔쳤을까?"

복도에서 교실을 보니 참 오랜만에 창문과 문이 꼭꼭 닫혀 있는 모습이었다. 몇몇은 화를 주체하지 못하고 사랑의 머리를 툭툭 쳐대는 모습이 보였다. 사랑이 무어라 소리치며 말하지만, 닫혀 있는 문밖에서는 들리지 않는다.

다음 날은 더 끔찍했다. 사랑이의 책상에는 온갖 쓰레기가 올려져 있었다. 사랑이의 앞에는 반에서 시끄럽기로 유명한 애들이 모여 있었다.

"사랑아, 네가 좋아하는 쓰레기야. 이런 건 안 훔쳐도 돼. 마음껏 가져가라고 준비했어"

"나 지우개가 없어졌는데, 혹시 네가 훔쳤니?"

"야! 그거 네가 어제 버렸잖아. 잘 안 지워진다고."

"아, 맞다맞다. 실수. 미안해~ 사랑아~"

반에 있는 학생들이 진정 사람이 맞는지 헷갈릴 정도였다. 사랑이 옆을 지나가면서 한 마디씩 거드는 반 애들을 보고 있으니 헛구역질이 올라왔다.

"연정아, 쟤네 너무 심한 거 아니야?"

"그러게, 선생님께라도 말씀드려야 할까?"

"음, 그러는 게 좋지 않을까? 쟤네 저렇게 막 나가다간 진짜 큰일 나겠어."

현지와 내가 선생님께 자초지종을 다 말씀드렸지만, 돌아오는 결과는 최악이었다.

"10반, 요즘 누가 사랑이를 계속 괴롭힌다고 하는데, 친구들끼리 사이좋게 지내라."

"네-."

"선생님, 멈춰! 폭력! 하면 되나요?"

누군가의 한마디에 아이들은 일동 낄낄거렸다.

"그래, 방관하는 것도 나쁜 거나."

"네-."

선생님이 반을 나서자마자 모든 반 아이들의 시선은 사랑이에게로 쏠렸디.

"강사랑, 네가 꼰질렀냐?"

"이 정도는 네 업보야. 이것도 못 참아? 가은이는 돈 없어지고 한 것도 다 참았는데?"

"야… 그만해."

의외로 가은이가 사랑이에게 소리치는 애들을 말렸다.

"김가은, 너 진짜 착하다. 그래서 어떻게 살려고?"

"아니, 이제 다 지나간 일이잖아. 그만하자."

"강사랑, 넌 김가은 덕분에 산 줄 알아라."

"가자."

김가은은 연신 사랑이 쪽을 돌아보며 반 밖으로 나갔다.

사랑이는 책상에 엎드렸고, 그 뒤로는 아무도 사랑이를 쳐다보지 않았다.

다음 날, 사랑이는 전학을 갔다.

그런 큰일이 있었음에도 세상은 열심히 변해간다. 그렇게 나는 고등학교 1학년이 되었다.

"여름 감기는 개도 안 걸린다는데, 연정이가 걸렸네?"

"네…."

목이 잠겨 다 죽어가는 목소리를 내는 것을 본 선생님은 곧바로 조퇴증을 끊어주셨다.

선생님의 조퇴증 확인 도장이 채 마르기도 전에 바로 접어 주머니에 대충 찔러 놓고 곧장 학교 정문을 벗어났다.

곧바로 병원 그리고 약국에 들렀다. 약국에 평소 좋아하던 복숭아 캐릭터 밴드를 팔길래 그것과 함께 약을 결제했다. 아플 때마다 이온 음료를 찾는 습관에 편의점도 들르기로 했다. 편의점에서 항상 먹던 연두색 라벨이 붙어 있는 음료수 2개를 샀다. 바깥을 나오자마자 느껴지는 온도 차이에 소름이 오소소 돋았다.

누군가 달려오다 나와 세게 부딪쳐 손에 들고 있던 음료수가 길바닥에 나뒹굴었다.

"죄송합니다."

"아, 예 괜찮습니다."

부딪친 사람은 여름인데도 얇은 잠바를 덧입고 있었다. 얼굴을 보니 낯익은 사람이었다.

"혹시… 강사랑?"

"누구세요?"

마스크를 끼고 있어서 나를 알아보지 못한 것인지 마스크를 살짝 내렸더니 바로 알아보는 눈빛이었다.

"김연정이구나."

한 번쯤 생각해 본 적이 있었다. 길에서 사랑이를 다시 만나면, 나는 어떻게 해야 할까? 사물함에 있던 물건들은 정말 네가 훔친 게 맞아? 맞다면, 왜 그렇게 많은 물건을 훔친 거야? 전학 가고서는 잘 지냈니? 수많은 질문 사이에서 비집고 나온 것은 생각보다 간단했다.

"아… 잘 지냈어?"

"그럭저럭."

"혹시 잠깐 시간 있어?"

"왜?"

"하고 싶은 말이 있어."

이제 겨우 일 년이 다 되어가는 일이었다. 감기 기운에 머리까지 어지러웠지만, 사랑을 붙잡고 편의점 앞 의자에 앉았다.

"일 년 전에 말이야."

"그 얘기하려고 잡았구나?"

나는 사랑이의 정곡에 한동안 입을 열지 않았다.

"늦었지만, 미안해."

"뭐가?"

"그때, 아무리 네 사물함에서 애들 물건이 나왔지만, 그렇게 몰아가면 안됐어. 미안해."

"진짜 묻고 싶은 걸 말해. 왜 내가 훔쳤냐고 안 물어봐?"

안 궁금했다면 그건 거짓말이다. 정말 궁금하긴 했다. 하지만 막상 사랑이의 얼굴을 보니 그러면 안된다는 생각이 들었다.

"그건 이미 지난 일이니까."

"이미 지난 일을 먼저 꺼낸 건 너야."

서로 한 번씩 쏘아붙인 뒤 정적이 찾아왔다. 먼저 입을 뗀 건 사랑이였다.

"학기 초에 가은이랑 나랑 같이 다닌 거 알지?"

"응."

"김가은은 내가 조용하고 재미도 없다는 걸 알고서는 바로 나를 싫어하더라. 그래서 날 버리고 너랑 친해지려고 했어."

"어… 몰랐어."

"당연하지, 넌 줄곧 현지랑만 다녔으니까."

"김가은이 계속해서 너랑 친해지고 싶다, 같이 다니고 싶다는 걸 표출해도 넌 별로 관심이 없으니까 걔가 얼마나 짜증났겠니? 나로서는 너한테 조금 고마웠지. 나 버리고 너랑 논다고 가버린 애가 이도 저도 아니게 됐으니까"

"난 김가은이 그런 마음이 있는 줄 몰랐네."

"넌 진짜… 눈치가…."

"미안."

"하… 그래 진짜 문제는 김가은 쪽이야."

"왜?"

"도벽은 내가 아니라, 김가은이 있는 거거든."

나는 순간 멍해졌다. 사랑이의 사물함 속 그 많은 물건을 훔친 게 김가은이라니….

"걔는 조금만 자기 신경을 거스르게 만드는 애들 물건을 훔쳐. 난 그걸 우연히 알게 됐고. 알게 된 계기도 정말 우습겠지만, 너야 김연정."

"나?"

"김가은이 너한테 들러붙기를 멈추던 시기가 있지? 아마 그 시기랑 네가 아끼던 열쇠고리가 없어진 시기가 겹칠거야. 학기 초에 김가은이랑 나랑 사물함 비밀번호를 같은 걸로 맞췄거든. 내가 아무 생각 없이 김가은 사물함을 열었는데 네가 그렇게 반을 뒤엎으면서 찾아다닌 열쇠고리가 김가은 사물함에 있더라."

내가 잃어버린 열쇠고리는 현지와의 우정으로 맞춘 열쇠고리다. 없어졌을 때를 생각하면 지금도 속상한데 김가은을 정말 이해할 수 없다.

"그걸… 김가은이…."

"그래. 근데 거기서 끝이 아니야. 김가은은 내가 자기 사물함을 본 걸 눈치채고는 갑자기 나한테 마음에 안 드는 애가 있냐고 물어보는 거야."

"그래서?"

"나 만만하다고 깔보고 무시하는 애들은 많았으니까 그중 아무 이름을 말했지. 그리고는 김가은이 내가 말한 애 물건 중 하나를 훔쳐오더니 나한테 주더라. 그러고서는 이제 이 물건은 내꺼라고 그러는 거 있지? 솔직히 말하면 조금 통쾌함도 있었어. 누가 가져갔는지도 모르고 멍청하게 자기 물건 없어졌다고 두리번거리고 지나가는 애들 붙잡고 물어보고…."

사랑은 잠시 말을 멈췄지만, 다시 이어서 말하기 시작했다.

"걔랑 나 사이에 작은 비밀이 생긴 거 같아서 좋았어. 얘 정도면 평생 친구… 할지도 모르겠다고 생각했어. 멍청하게도."

"그럼 처음부터 김가은이 범인이라는 걸 알았으면서, 너는 걔를 계속 친구로 생각해서 감싸준 거네…."

"아니, 그건 조금 달라. 내가 김가은 지갑을 훔치게 된 건 걔가 나를 배신한 이후라서. 이유도 없이 그냥 나랑 안 놀겠다고 하는데 내가 어떻게 해?"

"그럼, 넌 왜 다른 물건들은 김가은이 훔친 거라고. 그때 네가 아니라고 말 안 했어?"

"아니라고 해도 반 애들, 선생님들이 믿었겠어? 난 분명 아니라고 했어. 너네가 무시한 거야. 그리고 김가은 지갑만은 내가 훔친 게 맞으니까."

"굳이 지갑을 훔친 이유는 뭐야?"

"본인이 무슨 짓을 하고 다니는지 똑같이 당해보라고. 처음에는 그냥 살짝 겁만 주고 싶었어. 갑자기 나를 왜 배신하는지 나는 이해를 못했으니까. 나도 죄짓고 사는 성격은 아니라서 학폭 교육시간에 다시 넣어두려고 했는데."

"설마."

"맞아. 그때 갑자기 누가 근처로 오더라. 그래서 못 넣고 다시 갔지. 정말이지 김가은이 한 짓을 생각하면 지갑을 누가 훔쳤다고 선생님께 말할 거라고는 생각도 못 했는데. 다음 날 학교 가니 완전 개판이더라. 너랑 김가은이랑 싸우고 있는 거지."

"왜 나랑 김가은이랑 싸울 때는 지갑을 다시 안 넣어놓은 거야?"

"내가 왜? 완전 바라던 그림인데. 김가은이 불행해졌어. 너랑 친해지고 싶던 김가은이 너랑 싸우고 있었다고. 네가 범인으로 있으면 김가은은 계속 너랑 싸우고 그러다간 나랑 다시 친해질 줄 알았어. 갈아탈 곳이 사라졌으니까."

사랑이는 한숨을 길게 내쉬면서 자신의 머리를 쓸어넘겼다. 사랑이 손목을 들어 올리면서 보인 얕은 상처가 눈에 띄었다. 딱 봐도 한두 번으로 생긴 상처가 아니었다.

"내가 잘못 생각했지. 나는 다시 친해질 수 있을 줄 알고 김가은을 따로 불러서 말했어. 걔가 나랑 다시 잘 지내볼 생각이 있으면 지갑을 다시 돌려줄 생각이었어. 근데 걔는 나한테…."

아마도 사랑이가 지금 말하는 건 내가 그때 계단에서 엿들은 말인가 보다.

"굳이, 다 말 안 해줘도 돼."

"응… 이 정도면 충분하지 않을까? 나도 집에 가려던 길이라…."

"그래. 이야기해줘서 고마워."

사랑이가 일어서서 자리를 나가려고 하자 방금 산 복숭아 밴드가 생각났다.

"이거 오다가 샀는데, 너 가져."

나는 약국에서 산 복숭아 캐릭터 밴드를 꺼내 사랑에게 주었다.

"고마워."

"다시… 만날 일은 없겠지?"

"그렇겠지."

"잘 가."

"너도, 잘 가."

사랑이가 떠난 자리 위에는 방금 계산을 마친 음료수만 있었다. 꽤 오래 앉아 있었는지 음료수 표면에는 물방울이 가득 맺혀 있었다. 나도 자리를 나가려고 음료수를 잡으니 손바닥이 어느새 축축해졌다.

횡단보도에 초록불이 들어오자마자 건너려고 발을 떼었는데, 빠르게 달려와 우회전을 해버리는 차에 치일 뻔했다. 에어컨 틀고 앉아 있는 운전자들은 지면의 열과 타오르는 햇볕을 받는 보행자의 더위를 모른다. 운전자들의 바깥 더위는 다른 사람의 사정이다, 하지만, 보행자들은 자신이 받는 햇볕과 더위를 이해받기를 원한다. 그리고 그들이 조금이라도 더 양보해주길 바란다. 횡단보도를 건너기 시작했다. 깜빡이는 초록불 신호등 뒤로 녹색 잎은 타오르는 햇빛에 내리쬐었고, 그 속에서 매미는 자신의 소리를 고독하게 외치고 있었다.

* 금사빠: 금방 사랑에 빠지는 사람을 일컫는 말.

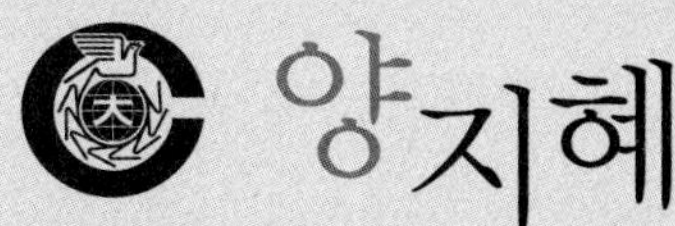

제25회 창원대문학상 소설부문 장려
국어국문학과 3학년

실 핀

요즘 들어서 나에게 정말 이상한 일이 일어나고 있다. 남들이 들으면 내가 장난친다고 생각하거나 별일 아니라고 생각하겠지. 하지만 이것은 실제로 내게 일어나고 있는, 내게는 아주아주 신경 쓰이는 일이다.

몇 주 전 나는 그녀와 헤어졌다. 나의 작은 자취방에서 우리는 거의 1년을 같이 살았다. 방이 좁아도 작은 침대에서 살을 맞대며 행복하게 지내왔다고 생각했는데 그녀는 그동안 뭐가 그렇게 힘들었던 것인지. 일주일 전 그날 밤 그녀는 소주 한 병을 사들고 귀가했다. 그것도 술이 이미 취한 채로.

우리는 그날 대판 싸웠다. 사실은 너무 사소한 문제여서 무엇 때문이었는지도 모르겠지만 서로 소리를 고래고래 지르면서 싸웠다. 지금 생각하면 옆집에서 신고하지 않은 게 다행이다. 어쨌든 그녀는 싸우다 말고 눈물을 흘리면서 갑자기 짐을 챙기기 시작했다. 그러면서 나에게 말했다. 우리 헤어지자고… 헤어지자고? 그 말을 듣는 순간 화가 났다. 그녀가 그런 말을 한 게 한두 번이 아니었으니까. 그 전에도 작은 다툼이 있을 때마다 밥 먹듯이 헤어지자고 하던 그녀였으니까. 나는 헛웃음을 내뱉으며 알겠다고 했다. 덧붙여서 이제 너 같은 건 꼴도 보기 싫다고 했다. 그녀는 내 말을 듣고 상처라도 받았을까, 급하게 옷가지를 챙겨서 현관문을 열고 뛰쳐나갔다. 닫히지 않은 문밖에서 불어오는 바람은 쌀쌀했다.

다음 날이 되어도 연락 한 통 없는 그녀에게 나는 더욱 화가 났다. 끝까지 자존심 부리겠다 이거지? 그래서 그녀가 미처 챙겨 나가지 못한 모든 물건들을 큰 봉투에 담았다. 그녀가 매일 아침마다 쓰는 고데기, 로션, 신발, 큰마음 먹고 샀다던 아끼는 향수까지. 모두 다 담아서 문밖에 내놓았다. 이제 정말 끝이라고.

끝이라고? 사실 정말로 이렇게 끝이 날 줄은 꿈에도 몰랐다. 나는 잠시 화가 났던 것뿐이지 사실 정말 끝을 원한 건 아니었는데. 그녀가 금방이라도 비밀번호를 치고 들어와서는 "이게 뭐야!" 하면서 내가 내다버린 큰 봉투를 나한테 던질 것 같았다. 그런데 아니었다. 잠시 외출을 하고 돌아온 사이 그녀의 물건들을 담은 봉투는 사라져 있었고, 내가 미처 인식하지 못한 물건들까지 전부 사라져 있었다. 나는 당장 전화를 걸었지만, 몇 통이나 걸었지만 받지 않았다. 그렇게, 그게 정말 끝이었나 보다.

내게 이상한 일이 일어나기 시작한 것은 내가 정말 끝이라고 생각한 그날부터였다. 그녀는 몇 달 전 어느 날 충동적으로 미용실에 다녀왔다며 아주 짧은 머리로 귀가했었다. 나는 영문을 물었지만 그녀에게서는 "그냥"이라는 답밖에 돌아오지 않았다.

그녀는 머리를 자른 후에 오히려 외출을 준비하는 시간이 길어졌다. 거울 앞에 몇십 분을 앉아서는 예전보다 머리에 더 공을 들여야 했다. 그녀는 짧아서 이리저리 삐친 머리카락을 고데기로 정성스럽게 하나하나 말아 넣었다. 그리고 그 후에는 꼭 여러 개의 실핀을 꽂아 고정시켰다. 그렇게 해야지만 머리가 단정해 보인다며, 귀찮지도 않은지 늘 실핀을 꽂고 다녔다.

그 때문일까, 그녀가 그렇게 떠나고 난 뒤에도 자꾸만 실핀이 눈에 들어왔다. 평소처럼 화장실에서 면도를 하려고 세면대를 쳐다보았을 때 그랬다. 화장실의 습기를 머금어 빨갛게 녹이 슨 실핀이 보였다. 자려고 누웠을 때 무심코 손을 넣은 베개 밑에서도 실핀이 나오는 것이다. 처음에는 대수롭지 않게 여겼다. 나타난 실핀을 버리며 함께한 시간이 있기에 그녀의 흔적이 남아 있는 건 어쩔 수 없는 일이라 생각했다. 그렇게 생각했는데,

시린 손을 외투 주머니에 넣어도 실핀이 만져졌다. 이게 왜 여기 있지? 그녀가 언제 이 옷을 입은 적이 있었나? 외출하려 신은 구두 속에서도 실핀이 밟혔다. 아니 왜 신발에 들어 있지?

버리고 버려서 이쯤 되면 없어질 법도 한데, 마치 당황하는 나를 놀리듯이 자꾸만 실핀이 나왔다. 오랜만에 읽으려 꺼낸 책에는 책갈피 대신 실핀이 꽂혀 있고, 분명히 깨끗하게 비운 서랍장이었는데도 열어보면 실핀이 한두 개씩은 꼭 들어 있었다.

계속해서 나타나는 실핀에 나는 노이로제가 걸릴 것 같았다. 이 현

상, 현상이라 해야 할까 아무튼 이 현상은 점점 심해져서 이젠 하다 못해 말도 안 되는 곳에서 실핀이 나타나기 시작했다. 새로 산 담뱃갑 안에서도 실핀이 나오고, 가끔씩 입이 텁텁해서 정신차려 보면 내 입안에서 실핀이 나오기도 한다. 아무래도 정상은 아닌 것 같다.

나는 자꾸만 내 일상에 나타나는 그녀의 실핀들에 정신이 많이 피폐해진 듯했다. 정말인지 웃긴 일이다. 내가 고작 작은 실핀 하나 때문에 이러다니. 그래서 고민 끝에 친구를 만났다. 만나면 제일 먼저 그녀의 안부부터 묻던 친구가 오늘은 조용하다. 나는 친구에게 조심스럽게 요즘에 일어나는 이상한 일들에 대해 털어놓았다. 정말 이상하게 들릴지도 모르겠지만, 자꾸만 실핀이 나와서 나를 괴롭힌다고! 친구는 내가 다른 게 아닌 실핀 때문에 미쳐버리겠다는 말을 듣고 코웃음을 쳤다. 진지한 내 표정을 보고는 그저 소주 한 잔을 더 따라줄 뿐이었다. 기울이는 술병이 무안해서 나도 호탕하게 웃으며 술이나 마셨다.

오랜만에 술자리를 가져서인가, 나는 평소 주량을 넘어서까지 마신 듯하다. 기분은 확실히 좋은데 다리에 힘이 풀려서 친구의 어깨를 빌려서야 귀가를 할 수 있었다. 열쇠를 꺼내려 주머니에 손을 넣었는데 또 실핀이 잡혔다. "거 봐, 내가 뭐라고 했어. 이 실핀이 계속 나타난다니까." 친구는 내말에 "그래, 그래, 알겠다." 하면서 내 손에 있는 실핀을 뺏어서 문을 열었다. 그리고 나를 침대에 던져놓고는 사라졌다. 나는 침대에 누워서 텅텅 빈 화장대를 쳐다봤다. 그녀가 거울을 보며 머리에 하나하나 정성스럽게 실핀을 꽂고 있었다. "야, 새벽에 뭐하냐? 늦었는데 어디가려고?" 물었지만 그녀는 대답은커녕 돌아보지도 않았다.

그래 사실은 인정하기 싫었다. 실핀이 나올 때마다, 매일 아침 머리를 손질하던 그녀의 뒷모습이 떠올랐다는 것을. 그 장면을 잊어보려 많은 노력을 했지만 자꾸만 내 일상에 나타나는 걸. 그녀는 그날 밤이 새도록 돌아보지도 않고 계속 머리를 손질했다. 내가 잠이 들 때까지.

요란하게 울리는 핸드폰 알람에 겨우 눈을 떴다. 오후 1시였다. 핸드폰에는 부재중 전화 한 통과 살아있냐고 묻는 친구의 문자가 와 있었다. 깨질 것 같은 머리를 부여잡고 한쪽 눈만 뜬 채로 부재중 전화의 발신인을 확인하였을 때, 심장이 쿵 하고 내려앉았다. 그녀였다.

숙취가 가시지 않아 정신이 몽롱한 와중에도 떨리는 손끝으로 전화를 걸었다. 핸드폰 너머 들리는 통화 연결음 소리에 심장이 따라 뛰는 듯했다. 그러나 기다림과 떨림 끝에는 "전화를 받지 않아 삐 소리 이후 음성사서함으로 연결됩니다…"라는 멘트가 흘러나왔다. 나는 얼른 종료 버튼을 누르고 핸드폰을 침대로 집어던졌다. 그때 경쾌하게 문자 알림음 소리가 들렸다.

핸드폰을 언제 던졌냐는 듯 황급히 집어 들었다.

〔미안해, 잘못 걸었어. 이제 이럴 일 없을 거야. 번호 삭제할게 잘 지내.〕

—

이제 날씨가 제법 추워졌다. 거리의 사람들은 다가오는 크리스마스 때문인지 모두가 설레어 보였다. 나는 아니었다. 나는 그동안의 충격 때문인지 내 주변과 자신까지도 돌아볼 틈이 없었는가 보다. 면도를 하지 않아 까끌한 턱을 손등으로 한 번 쓸었다. 거울을 보니 머리도 지저분하게 자라 있었다. 미용실에 가야겠단 생각이 들었다. 술

집으로 가는 것이 아닌, 몇 주 만에 처음 하는 외출이었다.

단골 미용실이다. 그녀와 자주 갔었던. 직원이 그녀의 안부를 물을 것이 뻔했다. 뭐라고 말해야 하지, 사실대로 헤어졌다고 말해야 하나 생각하며 미용실 문을 열던 찰나에 나는 몸이 굳고 말았다.

눈 내리는 추운 겨울날 머리가 훌쩍 길어버린 그녀를 마주하는 상상을 수도 없이 했다. 이제는 더 이상 실핀이 필요하지 않은, 내가 모르는 모습이 되었다고 생각하면 그녀를 잊을 수 있을 것도 같았다. 내가 왜 그녀를 잊지 못하는 걸까? 우리 끝이 너무나도 허무해서, 제대로 된 이야기도 해보지 못한 채로 끝나버려서 미련을 가지는 건가? 혼자서 무수히 많은 질문을 던졌지만 그 무엇에도 해답을 찾을 수 없었다.

어찌 됐든 간에, 거짓말처럼 단골 미용실에서 마주친 그녀는 여전히 짧은 머리였지만 뒷머리가 꽤 자란 것 같았다. 머리 손질은 이미 다 끝났던 때였는지 직원은 "이제 실핀으로 머리를 고정할 필요가 없겠어요." 하며 그녀의 어깨의 머리카락을 털어주었다.

그렇구나, 이제 실핀은 필요없겠구나.

\-

어느 순간부터 실핀들은 내게서 보이지 않게 되었다. 나를 미치게 하던 그녀의 모습도 사라져 꿈에서도 볼 수가 없었다. 이제야 알았다. 그게 다 내 미련이었다는 거지? 버리지 못해서 붙잡고 있었던 건 나 혼자였다는 거지. 어찌됐든 난 이제야 다시 나의 지극히 평범한 일상으로 돌아갈 수 있었다.

"너 혹시 내 후배 소개받을 생각 없냐? 걔 엄청 괜찮은데."

"야, 내가 무슨 소개야. 됐어."

"왜. 너 설마 아직도 지현이 때문에 그래? 아직도 못 잊었냐?"

"무슨 소리야. 꼭 그거 때문이 아니어도 지금 누구 만날 생각은 없어."

"아니긴… 맞네. 지현이 때문에 그러면서. 너 그때 헤어진 지 얼마 안 돼서 술 떡되게 마신거 기억 안 나? 제 발로도 못 걸어서 내가 침대까지 데려다 줬더니만."

"아, 그때 기억나지… 그래, 그땐 내가 실핀 하나 때문에 정말로 돌아버릴 뻔했다니까?"

"또 그 소리."

"절대 안 믿네, 들어봐 진짜로 실핀이…."

가끔 친구들과 술을 마실 때, 그녀의 이야기가 나오면 나는 실핀 때문에 괴로웠다는 이야기를 해준다. 돌아오는 친구들의 반응은 "이별에 정신 못 차리는 놈." 이었다. 친구들 말이 맞다. 시간이 지나서도 어리숙했던 나의 모습은 잊히지 않을 것 같다. 그깟 실핀 하나에 두 간단하게 무너지던 바보 같은 나는, 말 그대로 '이별에 정신 못 차렸던' 미련한 놈이었다고.

제25회 창원대문학상 수필부문 장려
기계공학부 4학년

언제나 그랬듯이 우리는 또 다른 답을 찾았다

2020년 3월 21일 오후, 대한민국 보건복지부 장관은 각 지방자치단체에 행정명령 '집단감염 위험시설 운영제한 조치'를 통보하였다. 그 후 3월 22일 코로나19 확산에 따라 중앙재난안전대책본부장은 15일간 강도 높은 '사회적 거리 두기' 대책을 발표했다. 사회적 거리 두기는 코로나19 감염자와 비감염자 사이의 접촉 가능성을 감소시켜 질병의 전파를 늦추고 감소시키는 공중보건학적 감염병 통제 전략이다. 이에 따라 우리는 각자의 일상에서 서로 물리적 거리를 두고 멀어지기 시작했다.

대학교에서 수학 중인 우리도 사회적 거리 두기에 따라 생활이 꽤 변했다. 지난 2020년 2월, 창원대학교는 다른 학교 및 기관보다 대처와 공지가 늦어 혼란을 겪은 학생들이 많이 발생했다. 그 후 창원대학교가 수업에 대한 지침을 정함에 따라 2020년 3월부터 전면 비대면 수업이 진행되었고, 기숙사 또한 휴관하였기 때문에 학우들을 만날 기회가 주어지지 않았다. 특히 신입생들의 경우 동기는 물론 학과 교수님들의 얼굴과 성함도 모르는 경우도 발생하였다.

하지만 이런 환경에서도 학우들은 각자의 방식으로 인간관계를 발전시키려는 방법을 찾아 나가기 시작했다. 사이버 강의를 수강하고 거기에 뜬 학생 목록을 바탕으로 동기들과 연락하는 예도 있고 임시 대표를 중심으로 네트워크를 구성하는 예도 적지 않았다. 조별과제도 화상통화, g-suite 등의 방법으로 해결해 나가는 경우도 종종 있었다. 여가시간에는 카카오톡의 단체 통화 기능이나 디스코드를 이용한 통화방을 개설하여 온라인 게임이나 기타 여가활동을 즐기는 경우도 많이 있었다. 대면 강의가 끝나고 피시방에 가던 친구들은 오히려 디스코드를 이용하여 집에서 소통하는 경우가 더 많아졌다. 물론, 직접 얼굴을 맞대고 소통을 하는 것이 아니다 보니 일부 비언어적 의사소통은 제한되지만, 평상시보다 더 많은 의사소통을 온라인상에서 했다는 사실에는 많은 이들이 공감했다.

민간 기업이나 공기업, 혹은 연구기관 등의 사회생활의 양상도 많은 차이를 보인다. 재택근무의 비율이 한국보다 높은 유럽의 경우는 물론이고, 대면 회의를 선호하는 한국도 재택근무로의 전환이 많이 이루어졌다. 대학교에서도 타 대학교수님들과의 회의 시에 zoom 등을 이용한 화상 회의를 진행하는 모습을 많이 볼 수 있다. 직접 만나서 진행해야만 하는 물품 제작이나 현장 지도를 제외하면 시제품 제작 등도 온라인상에서 프로그램을 통해 협업하는 모습도 관찰할 수 있다. 여러 사람이 같이 협업하지만, 단 한 개의 프로그램을 사용하므로 굳이 같은 자리에 있지 않아도 서로 같은 화면을 보면서 통화로 논의할 수 있는 것이다.

영화 'wall-E(2008)' 에서는 사람들이 그리 멀지 않은 곳에 있어도 기술력을 바탕으로 화상통화 등의 방법을 사용한다. 이 영화뿐만 아니라 미래의 인간을 그린 만화나 영화 등의 매체에서는 이미 대면하지 않아도 많은 것이 가능하도록 미래를 예측하였다. 그렇다면, 현재 우리 사회의 모습이 '월-이' 와 같은 상황으로 가는 길목이 아니라고 단언할 수 있을까? 기술의 발전은 이미 인간에게 있어 많은 것을 가능하게 하였고, 불가능해 보였던 것조차 너무나 쉽게 바꿔버렸다. 불과 10년 전 화상통화가 보편화하고 본격적으로 서비스가 시작될 때 필자는 현장에서 근무하시는 다수의 회사원분에게 무슨 일이 있어도 회의 등의 중요한 사항은 얼굴을 맞대고 해야만 한다는 이야기를 숱하게 들어왔다. 하지만, 현재는 오히려 화상 회의가 당연하고 책임감 있는 행위가 되었다.

한 기사에서는 팬데믹으로 인해 인간관계에 소홀해지고 우울증에 빠지는 사람들의 비율이 높아지는 것처럼 다루는 것을 보았다. 하지만, 그 기사에서조차 오히려 인간관계가 더 끈끈해졌다고 주장하는 사람들과 비율이 크게 다르지 않았다. 심지어는 변화가 없는 것 같다고 주장한 사람들의 비율과도 흡사했다. 이번 사태를 계기로 화상통화, 온라인 쇼핑몰, 온라인 방송 매체 등의 기술을 익힌 50대 이상 중장년층이 많다는 기사도 찾아볼 수 있었다. 이 기사에 따르면 중장년층 70%가 팬데믹 이후 인간관계에 소홀해지지 않았다고 응답했다고 한다. 물론 장보기나 금융 서비스 등의 외출 활동을 할 수 없어 불편함이 높아졌다는 응답자도 많았으나, 이러한 서비스가 너무 어려워서 배우지 못했다는 경우를 제외하고는 온라인상으로 이런 문제를 극복한 것으로 나타난다. 오히려 예전보다 편리해진 부분이 많은 것 같다고 응답한 비율이 고립되고 소외되는 기분이 든다고 응답한 비율보다 높게 나타나기도 했다.

이번 팬데믹을 계기로 인간관계를 형성하고 사람 사이의 교류가 오가는 방식이 달라졌을 뿐, 실제로 사람 사이의 관계는 통계상으로 크게 달라진 것이 없다고 나타난다. 인간관계 정리의 필요성을 느낀 사람도 적지 않다고 하지만, 잠깐의 단절에서 오는 평범한 이슈가 아닐까. 오히려 사회적 거리 두기 이면에 숨어 있던 가족 등 살을 맞대고 사는 사람들끼리의 재발견이 더 두드러져 행복을 느끼는 사람들도 적지 않다.

결국, 다시 일상으로 돌아갔을 때 소통할 수 있는 익숙한 수단이 하나 더 추가된 것뿐이지 않을까. 오히려 어쩔 수 없이 사회와 단절되거나 격리될 수밖에 없는 사람들을 위한 소통의 통로가 하나 더 개설된 것이라고 생각한다. 언제나 그랬듯이, 우리는 문제상황에서 스스로 더 나은 방향으로 나아가려고 노력했고, 현재의 상황에서도 새로운 방법을 하나 더 발견했을 뿐이다. 익숙함에 가려져 간과하기 쉬웠던 가치들을 다시 돌아보고 행복을 찾았으며 기술적으로는 멀어진 물리적 거리를 많이 좁힐 수 있었다. 언제나 그랬듯이, 우리는 또 다른 답을 찾아낸 것이다.

제25회 창원대문학상 수필부문 장려
국어국문학과 1학년

기 차

10월 달이 돼서야 처음으로 학교를 갔던 그날은 평생 잊을 수 없을 거 같다는 생각을 한다. 이는 내가 스무살이 된 지 반 년 만에 드디어 캠퍼스에 발을 내딛었던 역사적인 날이기 때문도, 새로운 환경 속 새로운 사람들 사이에서 진짜 대학생이 된 거 같은 기분을 느껴서도 아니다. 난 이날 엄마라는 절대적인 존재에 벅차면서도 서글펐고 행복하면서도 슬픈 복합적인 감정을 느꼈다. 학교를 가기 전 한없이 그리고 또 그려봤던 대학교 첫 등굣길을 지금 와서 다시 떠올리고 있자면 그 어떤 것도 아닌 단지 엄마로 가득 찬다. 이게 바로 내가 지금 난생 처음으로 수필을 쓰고 있는 이유라고도 할 수 있다.

그때의 난 기대와 설렘 그리고 그 틈새를 비집고 나오는 약간의 불안과 긴장을 가진 채 잠들었던 무수한 밤이 무색해질 만큼 여전히 너무나 익숙한 환경 속에 생활하고 있었고 나름의 대학생 노릇에 적응될 때쯤 대면 수업을 진행하겠다는 문자를 받았다. 무의식적으로 두 팔을 감싸게 만드는 쌀쌀함과 어느 정도의 건조함이 맴도는 계절이 돼서야 나의 대학교를 두 눈으로 직접 보고 두 발을 들여 볼 수 있었던 것이다. 그런데 난 이미 기숙사 퇴실 신청을 한 지 오래였고 대면으로 진행하겠다는 1교시 전공 수업을 듣기 위해선 통학을 해야 하는 상태였기에 아침 6시 20분, 나를 학교로 데려다 줄 7시 반 기차를 타기 위해 해도 안 뜬 새벽에 일어났다. 20년 내리 미처 넘어볼 생각도 해보지 못한 울타리 안에서만 머물다가 난생처음 그 울타리를 내 두 발로 직접 넘은 것이었다. 그에 대한 긴장과 설렘이 있었던 건지 예상보다 훨씬 빨리 기차역에 도착해버렸고 나처럼 꼭두새벽에 일어나 기차역까지 데려다 준 엄마도 차에서 내려 나와 같이 기차역 안까지 들어갔다. 이미 자신의 키를 넘어선 지 오래며 스무 살이나 먹은 딸내미가 뭐가 그리 불안하고 걱정되는 것인지 엄마는 나를 챙기기 바빴다. 기차를 타러 올라갔을 땐 생각보다 추운 아침 공기에 저절로 발을 동동 굴리게 됐다. 끼고 있던 팔짱은 더욱 꽉 껴 엄마와 나 사이에 들어올 틈도 없었고 그렇게 둘이 꼭 붙은 채 기차를 기다리며 이런저런 얘기를 나눴다. 처음 본 동기들과 인사는 잘할 수 있을지, 길치인 내가 인문대까지 잘 찾아갈 수 있을지 걱정으로 가득 찬 말에도, 금세 또다시 숨길 수 없는 들뜸을 두서없이 표현했을 때도 엄마는 묵묵히 웃음 어린 목소리로 맞장구 쳐 주며 팔짱 낀 오른쪽 손이 춥지 않게 그 손을 자신의 외투에 넣어 온기로 어루만졌다.

신기했다. 생각보다 기차를 기다리고 있는 많은 사람들 속에서 나와 엄마만 색깔이 칠해져 있는 거 같았다. 출근을 하기 위해 무채색으로 무장하고선 눈을 뜬 채 만 채 기차를 기다리고 있는 사람들, 마치 흑백과도 같은 그 그림 속에 엄마와 나만 봄의 색깔로 물들어 있는 느낌을 받았다. 단지 출퇴근 교통수단에 지나지 않는 기차를 타기 위해 졸음과 피곤이 가득한 얼굴을 한 사람들 사이에서, 나와 엄마는 작은 비눗방울과도 같은 웃음을 피워댔다. 기차가 도착했을 때에도 무표정을 한 채 규칙적이고 막힘없이, 마치 공장 속 정해진 시간에 정해진 다음 단계로 들어가는 제품들과도 같은, 익숙함이란 기능을 탑재하고 뚜벅뚜벅 걸음을 옮기는 발자국들 사이에서 나 홀로 톡 톡 가볍고도 불규칙한 발걸음을 옮겼다. 엄마는 그 사이에서 걸음을 옮기는 나를 쭉 지켜보고 있었다. 내가 두리번거리며 예매한 내 자리를 찾는 것도, 처음 타보는 기차에 고개를 들어 기차 안을 구경하는 것도, 마침내 내가 자리에 앉아 짧은 숨을 내쉬는 것도 다 두 눈으로 담고 있었다.

기차가 출발하기 전 1~2분가량 엄마와 나는 끊임없는 눈 맞춤을 했다. 말을 해도 들리지 않았고 마스크까지 해 입 모양도 보이지 않았기에 눈과 손짓으로 대화를 나눴다. 근데 기분이 이상했다. 마스크로 얼굴 절반을 가려도 엄마가 환히 웃고 있는 것이 보였는데 너무 슬펐다. 이제야 해가 뜨기 시작해 창문 사이로 내리쬐고 있는 아침 햇살보다 엄마의 웃음이 더 빛났는데 차마 난 그 햇살보다 밝게 웃지 못했다. 손은 춥지도 않은지 내가 떠날 때까지 하염없이 흔들어주는데 그 손이 너무 작아보였다. 다 커서 성인이란 타이틀까지 붙었는데도 아직 엄마의 눈엔 내가 애 같은 걸까. 고작 한 시간 거리 지역에 잠시 갔다 오는 게 뭐가 그리 대단한 일이라고 그렇게 애지중지 끝까지 배웅해주는 건지, 내가 뭐라고 기차가 떠나기 전까지 눈에 가득 담아두는 건지, 그런 엄마의 행동은 잘 울지 않는 나의 눈시울을 붉게 만들었다. '주책이다 정말'이라고 생각하며 떨쳐버리기도 전에 엄마의 사랑에 잠식되어 허우적댔다. 알 수 없는 기분에 사로잡혀 다음 기차역에 도착한다는 안내음성이 들리기 전까지 잊을 수 없는 감정들을 마주치고도 안았다.

그 잠시 기차가 떠나기 전 그 1분, 아주 짧고도 소박한 그 1분에 난 엄마의 사랑을 단번에 느꼈다. 극적이고도 극한의 상황에 내몰렸을 때도 아닌 그저 그 1분에. 엄마의 사랑은 위대하고도 경이롭다. 절대적이며 헌신적이고 희생적인 그 사랑은 그렇게 다가온다. 아무것도 아닌 아무것도 일어날 수 없는 짧은 시간 내에. 그만큼 엄마라는 존재는 절대적인 존재가 아닐까. 난 기차에서 엄마를 느꼈다. 첫 등굣길에 엄마만을 담고 되새겼다. 누군가 나에게 엄마의 사랑을 언제 느꼈냐, 라고 물어보면 난 이렇게 답할 것이다. 기차라고.

서재진

명지대학교 졸업. 제16회 대산대학문학상 당선.
묶음 시집 《다정한 격발》 출간

극지의 밤

이누이트의 외투 깃마다 빽빽한 바람이 들어찬다
당신 어서 도망가라

내뱉은 말 모두 시퍼렇게 얼어붙어 입김이 되는 땅
부끄러운 고백이 당신 입술을 녹일 텐데, 그렇다면 추워서 어디에도 가지 못할 텐데 칼이 침엽수처럼 돋아날 텐데

노파가 어린 사냥꾼들에게 설화를 전하는 밤이다
부모를 죽인 자식이 당신 가슴팍에 살고 있다고 아니 당신은 짐승 한 마리도 건드려본 적 없다고, 사실은 얼어붙은 땅 위로만 걸어 다닌다고 당신은 발자국이 없는 사람이라고
올가미와 칼을 든 사람들이 바람의 역방향으로 서서 소근거린다

말하지 않을게 당신을 찾지도 않을게 벙어리와 장님이 연애하는 것처럼

바람도 방향도 없이

당신이 태어났을 적 배꼽에서 솟구친 울음
거기서 이 땅의 첫 꽃이 피었다는데
영구동토에서는 발자국이 남지 않는 법, 그래서 당신은
발자국 대신 피 한 방울 피 두 방울 흘리며 도망갔다고

어린 이누이트가 놓친 늑대, 그 늑대가 새끼를 낳고 새끼늑대가 자라 어렸던 이누이트의 자식을 잡아먹을 때 쯤

내가 무사히 노파가 된다면 이야기를 전하겠다

바람의 역방향으로 해가 진 밤이다
극지에서 적도로 날아가던 날짐승이 물에 빠져 죽은 밤이다
벙어리와 장님 서로의 입술만 더듬던 밤이다

꽃 피는 것을 본 적 없는 사람들이 모피를 입고 짐승을 사냥한다
아니 혹은
꽃 지는 것을 느낀 적 없는 짐승들이 모피의 냄새를 따라 사람을 사냥하는지도

낭만의 시대

우리는 부끄러운 줄도 모르고 매를 맞았다.
몰래 집을 빠져나온 아이들은 구멍이란 구멍마다 타임캡슐을 숨겼다.
붉게 부어오른 손바닥을 무엇이라 부를까,
몸을 채 벗어나지 못한 고함이라 말할까.
사물함에 숨겨둔 우유팩처럼 부푼
오래 된 알레르기의 흔적이라 말할까.

낭만의 시대에 태어난 아이들 줄맞춰 앉아
잠든 개구리의 배를 가르는 법을 배우고
한쪽 눈을 감은 채 조준과 겨냥을 익혔다.
양 눈을 다 뜨고 조는 아이도 있었다.

복숭아는 물이 많고 달다고
복숭아를 먹어도 입이 간지럽지 않아야 한다고
아무도 가르쳐주지 않았다.

복숭아를 먹으면 다들 팔을 긁는 줄 알았다.

리코더 주둥이로 숨을 불어넣으며
어떤 아이는 발을 까딱거리고

어떤 아이는 양 눈을 뜨고 선생님을 쳐다봤고
어떤 아이는 숨겨놓은 우유를 생각했다.

우리 낭만의 시간, 우유를 마시면 배가 아프고 복숭아를 먹으면 온몸이 발개지는 아이들.
구멍이란 구멍마다 우유와 타임캡슐과 개구리를 묻는 아이들.
고함처럼 태어난 아이들 오늘도 줄맞춰 매 맞는 법을 배운다.

경남문학 80 ● 2007년 가을

이 작가를 주목한다

경남문학 110 ● 2015년 봄

김미숙 시인

이 작가를 주목한다

경남문학 80 | 2007년 가을호

1998년 《시와시학》 등단. 시와시학젊은시인상. 만해 《님》시인상 등 수상. 시집 《니가 곧 하늘이라》 등

콩잎을 먹으며 외 4

김미숙

콩잎을 먹는다
된장 깊숙이 꼭꼭 다져진

물엿으로 식초로 바닷물에 잠시 숨죽였다 삭혀 낸 콩잎

언젠가 백화점 식품코너에서 사 온 퀴퀴한 냄새에 털 숭숭한
콩잎을 먹다가, 시골 텃밭 여린 것으로 좀 담가 달라던 내 부탁에
부리나케 준비하신 콩잎사귀 밑반찬

돌아와 우리 네 식구 아침밥을 먹으며 한잎 두잎 내 숟갈 위에
콩잎이 놓일 때 차마 넘길 수가 없었다. 목 메여

중년의 딸 보낼 때마다
쌍꺼풀 축 늘어진 눈 밑에서 여름 햇살에 반짝
빛나던 이슬방울
머릿수건으로 재빨리 감추시던 그 모습 아른거려. 날빛 속에!

고수鼓手에게

내가 언제 한밤
달빛 아래 울어 본 적이 있더냐

빈 뉘 가슴속에서 한번이라도
자지러지는 들꽃 눈물이 된 적이 있더냐
소리 없이 피어나는 한 송이 달맞이 꽃이더냐

이제 말하리라
그 마음 감추면
감출수록 더 힘껏 이마를 때려 다오

물이 흐르지 못하는 목이 긴 계곡까지
텃새가 날 수 없는 눈먼
먼 하늘까지

흙발로 밟고 가는 비바람처럼
그렇게 숨막히게
내 가슴을 후려쳐 다오.

개헤엄으로 바다를 건너다

세상 바다에 빠져
허우적거린다

지구를 반 바퀴나 건너온 지금도

앞서가는 이들은 처음부터
평영 배영 접영
잘도 헤엄쳐 가는데

뱃길은 파도너울을 따라가고
사랑은 아픔의 까치놀 길잡이로 세운다는데

아직도 나는
막막한 세상바다에 빠져
개헤엄을 길잡이로 허우적거리며 간다

황소의 눈물

막막 세상 어둠 바다에 돌을 던진다

물결 파문을 그리며 사라져가는

돌멩이 하나

오늘은 누구의 가슴하늘에 풍덩! 빠져서

그렁그렁 황소 울음 들을 수 있을까

세상 그물

밧줄 하나면 족하다 은어를 잡으려면

꽁지 빠지게 달아나는 너를 붙잡는 것도
그림자만 얼비쳐도 도망치는 너에게
밧줄만 소리 없이 물결 위로 던져진다

세상은 언제나 그랬다
막다른 골목길로 밀어붙이고
주먹 불끈 쥐고 노려보았다

이런 나를 이기는 길은
내 그림자를 스스로 뛰어넘는 일뿐

매번 누군가의 부음을 들을 때 마다
흰 국화 한 송이 받들어 고개 숙이고
촘촘한 세상 그물 속으로 들어가며
더 작은 몸짓으로 살짝 비켜서
다시 길을 걷는다

눈 밖에 눈

아침마다 찾는다
책장 옷장 뒤져대고
핸드백도 거꾸로 쏟아 부어 본다

무얼 잃었는지 생각조차 나지 않지만
처음부터 다시 시작하기로 한다
나와 대면하는 유일한 시간은
무언가 잃어버린 것을 찾고 또 찾아 뒤집어 보는 일

꺼내놓은 잡동사니들을 한참 뒤적이는데
문득 두려움이 밤 파도 되어 밀려온다

숨겨놓은 속내
갈비뼈 어둔 골짜기에서 걸어 나와
저 복숭아빛 햇살에 낱낱이 몸뚱아리 드러내는

정작 두려운 것은 나를 바라보는 나의 눈.

어둡고 거친 바다에서 구원의 불 밝히기

김홍섭 소설가, 평론가

김미숙 시인의 작품들을 읽으면 두 가지 상반된 느낌이 얽힌다. 하필이면 시를 쓰게 되었을까 하는 것과 시를 쓰지 않았더라면 최소한의 자기 평정조차 얻지 못했으리라는 생각이다. 왜냐하면 상처입은 사람에게 시는 상처를 덧나게도 하고 또 수없이 헤집어 덧낸 뒤 결국에는 아물게 하는 잔인한 치유력을 가졌기 때문이다. 그만큼 그녀의 시 행간에는 거친 파도와 타악기의 격렬하고 불규칙한 리듬과 어느 순간 갑작스레 가라앉는 정적이 혼재한다. 이것은 그의 삶과 영혼이 만만치 않은 상처와 치유를 거듭해왔으리라는 짐작을 가능케 한다.

누군들 삶의 도정이 호수처럼 고요하고 아늑하기만 할까마는 감정선이 여리고 예민한 사람은 작은 파도에도 큰 상처를 받는 법이다. 특히 시인의 예민하고 섬세한 감성은 작은 울림에도 크게 공명한다. 스치는 바람결에도 혼자 우는 북처럼 아마 김미숙 시인은 가슴에 커다란 북 하나 삼키고 사는지도 모르겠다. 그녀의 시를 읽으면 그런 느낌이 온다. 파도에 상처 입을 때마다 살점 한 점씩 떼 내어 주고 이제는 텅 비어버린 가슴으로 작은 울림에도 견디지 못해 홀로 크게, 그러나 아무도 들을 수 없게 깊이 우는 그런 북 하나 삼키고 사는 듯하다.

밀치며 고함치며 헛발질만 하다가
세상길 끊어져 버렸네

강아지풀마저 쭈뼛 머리칼이 서버린
아침 숲길에서
온몸으로 달려들던 그 붉은 들개 한 마리

수술대 위에 개처럼 엎어져 싹둑싹둑
잘려 나가는 내 찢어지는 살의 비명을 들으며
문 열고 어디론가 달아나고 싶었네

스스로 닫아걸었던 마음 빗장 문을 열고
싸늘하게 돌아섰던 얼굴들 찾아
피 따뜻이 돌 때 돌아
마음 빌려 돌아가고 싶었네

—〈세상 들개 지옥 속에서〉 전문

내가 언제 한밤
달빛 아래 울어 본 적이 있더냐

빈 뉘 가슴속에서 한번이라도
자지러지는 들꽃 눈물이 된 적이 있더냐
소리 없이 피어나는 한 송이 달맞이 꽃이더냐

이제 말하리라
그 마음 감추면
감출수록 더 힘껏 이마를 때려 다오

물이 흐르지 못하는 목이 긴 계곡까지
텃새가 날 수 없는 눈먼
먼 하늘까지

흙발로 밟고 가는 비바람처럼
그렇게 숨막히게
내 가슴을 후려쳐 다오.

—〈고수鼓手에게〉 전문

무엇이 시인으로 하여금 삶의 절벽 끝에 서기까지 등을 떠밀었을까. 무엇이 시인으로 하여금 "세상 들개 지옥 속에" 홀로 떨어져 있다는 절박한 생각을 갖도록 만들었을까. 시인의 삶을 들여다보지 못한 사람으로서 그 실체를 유추하기는 불가능하다. 그러나 시의 행간을 꼼꼼하게 읽으면서 알 수 있는 것은 시 자체가 상당히 자학적이라는 것과 그것이 역설적으로 자기보호 본능에서 비롯된다는 것이다. 스스로가 스스로를 파괴함으로써 누구도, 어떤 거친 세상도, 설사 들개 지옥이라 하더라도 자신 외에 자신을 파괴할 수 없다는 것. 오로지 자신만이 자신을 파괴할 수 있다는 것으로 시인 스스로의 자존심을 보호하고 최소한의 존엄을 지키려는 몸부림인 것이다.

그러므로 시라는 기제를 무기로 그녀는, 자신에게 다가드는 거친 파도에 저항하기보다는 오히려 파도의 끝에 시라는 날카로운 비수를 달아 자신을 자학하는 도구로 사용한다. (흙발로 밟고 가는 비바람처럼/ 그렇게 숨 막히게/ 내 가슴을 후려쳐 다오.) 여기서 '비바람'은 외부환경에서 온 것이기도 하고 스스로 만들어내어 스스로를 겨냥한 비수라 해도 좋을 것이다. 그렇기에 그의 시는 스스로에게 비수를 겨누는 위험한 도구로 작용한다. 이유는, 그가 대항해야 할 가학적이고 모순된 세상이 홀로 감당하기에는 너무나 크고 광범위하므로 그가 지닌 시라는 턱없이 작은 비수로는 대항하기 어렵다는 걸 은연중에 깨닫기 때문이다. 따라서 그의 시는 감히 대항하지 못할 거대한 비바람 파도에 맞서기보다는 차라리 나약한 자신을 더욱 격렬하게 공격함으로써 스스로 어디에도 기댈 수 없는 고립무원의 세계를 만들어내는 것이다.

그렇게 고립된 세계로 스스로를 자학적으로 몰아붙이면서 막다른 곳 혹은 절벽 끝에 이르게 되면 지금까지 고군분투했던 세상은 이미 시인의 세상이 아니다. 단지 그곳은 '들개 지옥'에 지나지 않는다. 그곳에서 몸을 섞고 영혼을 교감했던 사람들도 이미 자신의 곁에는 없다. 그렇다면 이제 막다른 절벽 끝에 선 시인은 어디로 가는가. 간단하다. 뛰어내리는 것이다.

세상 바다에 빠져
허우적거린다
지구를 반 바퀴나 건너온 지금도

앞서가는 이들은 처음부터
평영 배영 접영
잘도 헤엄쳐 가는데

뱃길은 파도너울을 따라가고
사랑은 아픔의 까치놀 길잡이로 세운다는데

아직도 나는
막막한 세상바다에 빠져
개헤엄을 길잡이로 허우적거리며 간다

—〈개헤엄으로 바다를 건너다〉 전문

막막 세상 어둠 바다에 돌을 던진다

물결 파문을 그리며 사라져가는

돌멩이 하나

오늘은 누구의 가슴하늘에 풍덩! 빠져서

그렁그렁 황소울음 들을 수 있을까

—〈황소의 눈물〉 전문

세상을 떠나와 본 사람은 안다. 하이에나 같은 이빨과 거짓의 입술이 거칠게 부대끼는 세상이라도 떠나온 그곳에 따뜻한 가슴과 삶의 진실이 혼재하고 있다는 것을. 내 몸을 갈기갈기 찢어내던 세상이었지만 내 상처를 덮어줄 세상도 그곳이라는 걸 떠나와 본 사람은 안다. 유배지에서 자신을 유배 보낸 이들과 그들과 몸 섞어 살던 세상을 그리워하듯이.

절벽을 뛰어내려 또 다른 세상으로 가는 길도 시인은 서툴다. 위의 두 시에서 '막막한 세상 바다' 나 '막막 세상 어둠바다' 라는 동일한 이미지가 겹쳐 나타나는 것은 그런 이유일 것이다. "앞서가는 이들은 처음부터/ 평영 배영 접영/ 잘도 헤엄쳐 가는데" 정작 자신은 "막막한 세상바다에 빠져/ 개헤엄을 길잡이로 허우적거리며" 가는 게 고작이다. 예전에도 그랬고 지금도 그렇다. 지난날 부대끼던 세상이나 새로이 몸을 던진 세상도 그리 다를 게 없다. 다른 게 있다면 시인이 비로소 그리움을 알고 누군가를 그리워하게 되었다는 것이다. 아니 '누군가' 일 수도 있고 '무엇인가' 일 수도 있으며 '알 수 없는 어떤 것' 일 수도 있다. 그게 무엇이 되었든 시인은 지난날의 상처를 가리기보다는 그 상처에 담긴 어떤 것들을 분명한 시선으로 혹은 의식으로 그리워하게 되었다는 것이 중요하다. 그것도 "막막 세상 어둠 바다에 돌을 던" 지면서. 결국 시인에게 그 '어둠바다' 는 고립된 자신의 심연이며 자신의 유배지인 것이다. 과연 시인이 세상 모든 것을 내던지고 떠밀려온 자신의 유배지에서 할 수 있는 게 무엇이 있을까.

온몸 흔든다고 춤이겠느냐
온 바다 출렁인다고 다 파도겠느냐
아무도 춤추지 않는다
죽은 나무는
제 몸의 무게를 이기지 못해

잠시잠시 바람결에 가지를 뒤척일 뿐

살아 숨 쉬는 것들은 모두
지나가는 바람자락에도
먼 바다 파도너울만 보아도 그렇게
관절 마디마디 힘주어 흔들어 댈 뿐

손가락 발가락마저 꼿꼿이 세우고
세상길을 홀로이 걸어갈 뿐.

—〈춤을 위한 랩소디〉 전문

〈춤을 위한 랩소디〉에서 시인은 "아무도 춤추지 않는다// 죽은 나무는/ 제 몸의 무게를 이기지 못해/ 잠시잠시 바람결에 가지를 뒤척일 뿐"이라고 비교적 담담하게 서술하고 있다. 이것은 거짓 진술이다. 바람에 흔들리는 나무를 두고 '제 몸의 무게를 이기지 못해 잠시잠시 바람결에 뒤척일 뿐' 이라고 짐짓 엉뚱한 진술을 하는 이면에는 새삼 차오르는 뜨거운 에너지의 생명력을 의심하거나 스스루 부인하고 싶은 것이다. 유배지에 고립된 고독감이 그리움으로 변하고 그것이 새로운 에너지로 심연을 채울 때 시인은 두렵다. 절망을 숙명으로 이미 받아들였음에도 다시금 차오르는 알 수 없는 생명의 에너지는 분명 두려운 것이다.

"살아 숨 쉬는 것들은 모두/ 지나가는 바람자락에도/ 먼 바다 파도너울만 보아도 그렇게/ 관절 마디마디 힘주어 흔들어 댈 뿐"이라며 능청스럽게 고개를 젓는 이면에는 '먼 바다 파도너울' 처럼 흔들리며 춤을 추고 싶다는 강렬한 본능의 표출을 역설적으로 드러내고 있다. 그것은 다시 말해 세상의 파도너울에 함께 흔들리고 싶다는 뜻이며, 세상을 떠나와서 세상 속의 또 다른 세상을 발견했다는 뜻이다. 그리고 그 세상이 그립다는 뜻이기도 하다.

그리하여 시인은 마침내 춤을 춘다.

온몸 흔들고 싶다
살사 스윙 밸리댄스가 아니라도
춤추고 싶다

붉은 조명이 없어도
머릿속이 캄캄해지도록 음악의 파도에 출렁이며
세포 하나하나 꼿꼿이 일어서는 그런 춤을

살면서 마음 놓고 하지 못한 말
때로는 발 구르며
목청 높여 고함이라도 지르고 싶던 날들
어디 한두 번이었던가

가슴 막막한 날에는 그저
발가락춤 어깨춤 손가락춤 눈꼬리춤으로
빙빙빙 돌고 뛰면서 온몸으로
온몸으로 질펀하게 막춤 한 번 추고 싶다

—〈춤, 춤, 벙어리 춤을 위하여〉 전문

시에서 시인은 입을 다물고 춤을 춘다. "온몸 흔들고 싶다"고 마음으로 소리친다. 이것은 자신을 구속하고 있던 피해심리에서 풀려나려 하는 욕망의 사실적 표현이다. 말이 필요 없는 이유는, 춤추며 풀고 싶은 욕망이 외부를 향한 것이 아니기 때문이다. 심리적 구속의 대상이 애당초 외부의 세계에서 왔다 하더라도 그 사슬로 자신을 포박한 것은 바로 자신이며, 스스로의 자의식이 자신을 세상과 유리시키고 관념의 유형지로 유배해 버렸기 때문이다. 대개의 사람들은 누군가 물어뜯으려 달려들면 함께 물어뜯고 살 뿐이다. 그들에게 외피의 상처는 그저 삶의 흔적일 뿐 대수로운 게 아니기 때문이다. 그러나 영혼에 남겨진 상처라면 문제가 전혀 달라진다. 오랫동안 시인은 '세상 들개 지옥 속에서' 영혼에 지울 수 없는 상처를 입고 유배되었다. 그러나 그것은 시인의 예민한 자의식이 상처받는 자신을 가여워하고 자신을 지키기 위해 스스로 유배시킨 것에 다름 아니다. 그리고 이제 비로소 시인은 유배지의 고독 속에서 스스로 치유하고 새로운 에너지를 얻으려 하는 것이다. 그것은 그리운 누군가를, 혹은 무엇인가를 되찾기 위한 새로운 몸짓이기도 하다. 그렇게 "온몸으로 질펀하게 막춤 한 번 추"고 나면 그래서 한바탕 자신을 위한 살풀이를 하고 나면 시인의 새로운 길 찾기가 시작된다.

> 밧줄 하나면 족하다 은어를 잡으려면
>
> 꽁지 빠지게 달아나는 너를 붙잡는 것도
> 그림자만 얼비쳐도 도망치는 너에게
> 밧줄만 소리 없이 물결 위로 던져진다
> 세상은 언제나 그랬다

막다른 골목길로 밀어붙이고
주먹 불끈 쥐고 노려보았다

이런 나를 이기는 길은
내 그림자를 스스로 뛰어넘는 일뿐
매번 누군가의 부음을 들을 때마다
흰 국화 한 송이 받들어 고개 숙이고
촘촘한 세상 그물 속으로 들어가며
더 작은 몸짓으로 살짝 비켜서
다시 길을 걷는다

—〈세상 그물〉 전문

힘든 길을 돌고 돌아 시인은 새로운 세계가 아니라 이전의 세계로 되돌아왔다. 그러나 그 세계는 이전의 세계가 아니다. 누군가를 물어뜯고 할퀴는 그런 세계가 아니라 시인이 함께 몸을 섞고 함께 춤을 추며 누군가를 그리워할 수 있는 세계다. 그렇다고 세계가 달라진 것이 아니다, 시인이 달라진 것이다. 세상 밖의 세상은 없다. 그러나 세상 속에 또 다른 세상은 있다. 다만 시인이 그것을 알아내는 데 혹독하고 아픈 대가를 치른 것이다. 그렇다면 시인은 어떻게 달라졌을까.

이전의 세계로 귀향한 시인은 예전과는 다른, 자신에 대한 날카롭고 깊이 있는 성찰의 눈을 가진다. 이를 테면 세상 속에 섞이기 위해, 그래서 이전의 세상 속에 자신과 공유할 수 있는 또 다른 세상을 구축하기 위해 스스로의 내면 상황을 재점검하는 과정을 거치는 것이다. 이것은 시인이 그나마 망가진 자존심을 지키면서 세상과 타협점을 찾으려 하는 절묘한 방법이자 최소한의 것을 세상에 양보할 수밖에 없는 것에 대한 스스로의 변명이다. '강한 자가 살아남는 것이 아니라 살아남는 자가 강한 것' 이라는 말도 있듯 이것은 '세상 바다'에서 살아남기 위해 스스로를 설득하는 약소하지만 용기 있는 변명이기도 하다.

아침마다 찾는다
책장 옷장 뒤져대고
핸드백도 거꾸로 쏟아 부어 본다

무얼 잃었는지 생각조차 나지 않지만
처음부터 다시 시작하기로 한다
나와 대면하는 유일한 시간은
무언가 잃어버린 것을 찾고 또 찾아 뒤집어 보는 일

꺼내놓은 잡동사니들을 한참 뒤적이는데
문득 두려움이 반 파도 되어 밀려온다

숨겨놓은 속내
갈비뼈 어둔 골짜기에서 걸어 나와
저 복숭아빛 햇살에 낱낱이 몸뚱아리 드러내는

정작 두려운 것은 나를 바라보는 나의 눈.

—〈눈 밖에 눈〉 전문

〈눈 밖에 눈〉에서 시인은 "무얼 잃었는지 생각조차 나지 않지만/

처음부터 다시 시작하기로 한다/ 나와 대면하는 유일한 시간은/ 무언가 잃어버린 것을 찾고 또 찾아 뒤집어 보는 일"이라는 말로 상실에 대한 기억을 떠올리기 위해 노력하는 자신의 모습을 '핸드백'을 쏟아 뒤집어 보는 상황으로 비유해 진술하고 있다. 무엇을 상실했는지는 중요하지 않다. 적어도 자신이 살아오면서 혹은 앞으로 살아가기 위해 중요한 무언가를 잊어버리거나 잃어버렸다는 사실을 인지했다는 것이 중요하다. 피아가 구분이 되지 않는 '세상바다'에서 뒤섞여 함께 살기 위해서는 날 선 자의식만으로는 곤란하다는 것을 깨달았다는 뜻이기 때문이다.

그리하여 시인은 흐트러져 엉망으로 뒤섞여 있는 자신의 사유의 '핸드백'을 바닥에 쏟아 붓고 헝클어진 사유의 '잡동사니'들을 퍼즐처럼 맞춰가며 잃어버린 무언가를 찾으려 한다. 그리고 알아낸다. 그 자신 찾으려 하던 것이 '나'를 관념의 유형지로 유폐해버렸던 또 하나의 '나'란 것을. 그것은 중요한 발견이다. 지금까지 자신에게 상처주고 자신을 괴롭히며 스스로 고립시킨 것이 또 하나의 '나'라는 것과 그것을 발견했다는 것은 정말로 중요한 일이 아닐 수 없다. 그리고 문득 두려움에 떨며 소리 없이 소리친다. "정작 두려운 것은 나를 바라보는 나의 눈."이라고. 이것은 '나'를 바라보는 '나'를 관조하는 또 하나의 초월적 '나'를 획득했다는 뜻이다.

이것은 사유의 새로운 틀이 완성되어가는 과정을 의미한다. 이제는 스스로의 자아마저 관조할 수 있는 눈과 세상의 소리를 여과해서 받아들일 귀를 가졌다는 뜻이므로 의식은 한 단계 업그레이드되고 행동은 숙연해지며 말을 하기보다는 듣는 입장으로의 변화를 뜻하는 것이다.

목선 한 척 떠 있는 보길도 예송리 바닷가에서
나는 듣는 법을 배우네

1.
그 누가 온종일 박수를 쳐대는가

소리치며 달려오던 파도 다시 뒷걸음치자
흠씬 두들겨 맞고도
짜르르 짜르르 물결쳐대는 몽돌들의
삼삼칠 박수 소리

살면서
누가 내 목소리에
저토록 뜨거운 박수를 쳐줄 수 있을까

2.
너도 나도 말할 줄만 알고
고요히 듣기를 거부하는 세상
누가 저렇게 세도록 들어 줄 수 있을까

나 또한 누구 목소리에
손바닥 발바닥 닳도록 박수 칠 수 있을까

—〈바닷가에서 소리 죽여 듣는 법을 배우네〉 전문

〈바닷가에서 소리 죽여 듣는 법을 배우네〉라는 제목이 사뭇 숙연하기까지 하다. '몽돌'과 '파도'의 관계는 얼른 보아 대립적 관계를 넘어 공격하는 자와 공격받는 자의 관계를 연상시킨다. 시인은 '몽돌'의 입장이었을 것이다. 달려드는 파도에 맞서며 그 거대한 힘에 좌절하며 자학했을 것이다. 그러나 이제 몽돌이 결코 파도에 상처받기만 하는 존재는 아니었다는 것을 깨닫는다. "소리치며 달려오던 파도 다시 뒷걸음치자/ 흠씬 두들겨 맞고도/ 짜르르 짜르르 물결쳐 대는 몽돌들의/ 삼삼칠 박수 소리"의 의미는, 파도에 상처받으며 몽돌은 모나고 거친 돌에서 둥글게 사는 법을 깨달은 것이며 그것은 또한 시인의 깨달음이기도 하다. 몽돌과 파도는 서로가 서로에게 긴장감을 유지하게 하는 상호 절대 필요적인 관계이며 그렇게 삶을 둥글게 완성시키는 대상이기에 이제 서로에게 박수를 쳐 줄 수 있는 한층 승화된 관계로 발전해 나간 것이다. 그러나 시인은 이제 '몽돌'이 아니다. 그 모든 것을 조용히 관찰할 수 있는 여유 있는 관조자가 된다. 부제에 나타난 '목선 한 척' 그것이 바로 시인의 현재 모습이다. 결과적으로 몽돌과 파도는 둘 다 자신이었다. 그러므로 물결에 조용히 흔들리며 파도와 몽돌의 부딪히는(박수 치는) 소리를, 즉 '나'와 '나'가 부딪히는 소리를 관조자이자 초월자인 목선의 '나'가 듣고 있는 형국인 것이다. 이제 그는 세상 속에 어떻게 섞여들어야 하는지를 알게 된 것이다. 아직도 행동은 서툴기 짝이 없지만. 세상 속의 또 다른 세상은 결국은 다른 곳이 아닌 자신의 마음속에 있는 것을 깨달은 시인은 당연히 '세상바다'에 함께 섞여들며 피아의 구분을 넘어 모든 이들과 손잡기를 시도하게 된다. 이를 테면 〈비빔밥이 되고 싶다〉와 같은 시는 그의 현재적 시각을 대변한다고 볼 수 있다.

밥을 비빈다
시금치, 콩나물, 고사리 몸과 마음을 섞어 비비다가
다시 고추장 참기름으로 맛을 맞춘다

푸른 잎 갈잎 서로 등 돌리고 앉았다가
어느새 혼을 섞고 있는 잎사귀 실핏줄들
붉은 내 입속에서
온몸으로 젖어들면서 하나가 된다

—〈비빔밥이 되고 싶다〉 부분

쉽게 상처받는 인간으로서 시인의 자기치유과정을 살펴보면 초기에는 시가 자학의 도구로 사용되었지만 이후에 오면서 시는 치유의 도구로 사용되는데 이 치유의 과정에서 시는 유년의 기억을 끌어오는 역할을 한다. 인간에게 있어 힘들 때 정서적으로 스스로를 가장 평화롭게 하는 것은 당연히 유년기의 기억이다. 오랫동안 상처받았던 시인은 평화롭고 행복했던(실제 그런지는 알 수 없지만) 유년기의 기억으로 자주 되돌아가는 것을 볼 수 있다. 이것은 시인뿐만 아니라 영혼의 상처를 치유하기 위한 상처 입은 인간들의 본능적 몸짓이다. 김미숙 시인 역시 스스로의 유년으로 되돌아가거나 아니면 유년의 기억을 현재의 세계로 끄집어내려 한다. 자기최면의 의식을 통해 가장 즐겁고 편안했던 기억을 끄집어내고 묵은 먼지를 털며 회상의 작은 모닥불을 지피는 것이다.

콩잎을 먹는다
된장 깊숙이 꼭꼭 다져진

물엿으로 식초로 바닷물에 잠시 숨죽였다 삭혀 낸 콩잎

(…중략…)

돌아와 우리 네 식구 아침밥을 먹으며 한잎 두잎 내 숟갈 위에
콩잎이 놓일 때 차마 넘길 수가 없었다. 목 메여

중년의 딸 보낼 때마다
쌍꺼풀 축 늘어진 눈 밑에서 여름 햇살에 반짝
빛나던 이슬방울
머릿수건으로 재빨리 감추시던 그 모습 아른거려. 날빛 속에!

—〈콩잎을 먹으며〉 부분

낑낑대며
낑낑대며 미끄럼대를 오른다
네 살배기 어린 꼬마 녀석이

예닐곱 낮은 계단 꼭대기에 올라
잠시 손을 흔드는 순간!
그만 쪼르르 햇살 미끄럼을 탄다, 녀석은
이마에 맺힌 땀방울이 채 마르기도 전에
엉덩방아를 찧고 마는 녀석
엉엉 우는 아이 앞에서
저 건너 시루봉 할배가 고개를 끄덕인다
"그래 그래 산다는 건

모든 게 그렇게 오르고 미끄러지는

한 순간 한 순간인 게야"

-〈너에게 배운다〉 전문

인용된 두 편의 시가 굳이 유년기의 기억과 관계없는 것일 수도 있다. 인간의 기억이란 쉽게 조작되거나 왜곡되기 마련이므로. 중요한 것은 그런 기억의 조각들을 자신이 가지고 있다는 것이다. 대개 사람들은 힘들면 자학을 쉽게 한다. 그리하여 최악의 심리적 나락으로 떨어지면 자기 연민이 고개를 들고 서서히 자신을 구원하기 위한 생존 본능의 에너지가 차오르는 법이다. 이 과정에서 유년의 기억들은(설사 그것이 조작되거나 왜곡된 것이라 할지라도)최상의 처방이 된다. 시인은 시라는 것을 도구로 하여 그런 기억들의 조각을 맞추어 재조립해내고 있다.

그래서 시를 중심으로 전 과정을 재배열해 보면, 시인은 세상의 공격에 대응하는 방법으로 시를 무기로 자학하고, 다시 시를 통한 자기 연민으로 새로운 에너지를 찾고, 다시 시로써 불을 지펴 자기 구원의 세계로 나아가는 여정을 보여준다. 따라서 김미숙 시인에게 있어 시는, 기친 파도가 이는 자신 가슴의 바다에서 자기 구원을 위해 스스로 등댓불을 밝히는 도구이자 행위라고 볼 수 있다. 스스로에게 초월자의 입장이 되어 스스로에게 구원의 등댓불을 밝힌 시인은 마음의 파도를 스스로 다스리며 보다 담담하게 어두운 바다를 밝힐 수 있다. 그것은 여유를 의미한다. 마음의 여유야말로 모든 시인, 모든 구도자들이 갈구하던 것이다. 그리하여 시인은 이제 예전보다 잔잔해지고 평화로워진 가슴을 열어 보이며 세상 속 모든 이를 향하여 담담히 손짓한다, "그대 약속 없이 언제든지 오라"고. 이것은 마침내 시인이 세상을 향해 이제는 모든 것을 품어 안을 수 있다는 포용의 의지를 고한 것이다.

마지막으로 세상을 향한 시인의 랩소디 아닌 아리아 한 곡을 듣는다.

산비탈 맴도는 휘파람처럼
어느 날 내가 사는 들녘으로
그대, 기별 없이 오라

달려오라

그러면 풀잎들은 일제히 일어나
유월 음악회는 시작되고
풀꽃 가득한 언덕
따스한 생명들이 마른 몸 부벼
쉴 곳이 되고

가난한 내가 그대에게 보여 줄 것은
이름 없는 들꽃과
흔들리는 촛불 영혼뿐일지니
그대 약속 없이 언제든지
오 라

—〈유월 바람〉 전문

한후남 수필가

이 작가를 주목한다

경남문학 81 | 2007년 겨울호

1990년 《경남문학》, 1996년 《수필문학》 등단. 남명문학상 신인상, 창원문학상, 불교문화상(문학) 수상. 아르코창작지원금 수혜. 수필집 《꽃도둑》 등

先史의 땅을 밟다 외 1

한후남

아득한 벌판에서 바람이 불어온다. 아무리 둘러보아도 보이는 것은 황토뿐이다. 미세한 황토입자가 실려와 살갗에 달라붙는다. 30도를 오르내리는 무더위도 이곳에선 피해간다. 막힘이 없어 더욱 막막한 황톳벌에서 목이 타는 갈증을 느낀다. 한증막 같은 대기를 뚫고 서늘한 기운이 등줄기를 훑어 내린다.

진주시 대평면 대평리. 몇십만 평의 방대한 면적, 선사유적 발굴 현장이다.

표토를 걷어내고 잘라낸 단면이 시리게 눈에 와 박힌다. 붉고, 검은 지층의 속살이 선연하다. 인간의 삶의 질이 제각각이듯 지층 속에 굳어진 선사의 흔적도 각기 다르다.

아, 이제야 알겠다. 이곳에 오려고 그랬던가. 40을 넘기며 뚜렷한 이유도 없이 가슴이 답답해져왔다. 문명 이기의 혜택을 받을수록 정작 가슴속은 메말라 텅 비어 가는 것이었다. 시대의 흐름과 동떨어져 출구 없는 어둠 속에 갇히는 것 같았다.

부질없이 흘러간 내 삶도 각질로 굳어진 표토만 걷어내면 다시 순일한 시간과 만날 수 있는 걸까?

지리산을 굽이쳐 온 남강은 대평리에 이르러 유속을 늦춘다. 가쁘게 내닫던 숨을 고르며 기름진 퇴적물을 부려놓았다. 3천 년 전 그들도 옥토를 알아보았다니, 더욱 놀라운 사실은 청동기의 인류가 이미 계획적인 농사를 지었다는 것이다. 밭이랑마다 다른 작물을 심어 다양한 식생활을 즐겼다. 설마 그랬으랴. 그렇더라도 몇천 년이 지난 지금 그걸 어떻게 증명하나, 답사팀의 의구심을 읽었는지 고고학과 교수의 설명이 자못 진지하다.

유구한 세월이 흐르는 동안 땅에 떨어진 씨앗 위로 세월만큼의 퇴적층이 쌓여 씨앗은 단단한 탄소 덩어리로 변했다는 것이다. 켜켜 쌓인 퇴적층을 걷어내고 석탄으로 굳어진 결정체를 분석해 보면 보리, 옥수수가 밝혀진다고 했다.

티끌만한 흔적도 간과하지 않고 미세한 가루를 쓸어내는 여대생들의 손길이 정성스럽기 그지없다. 그 진지함에 취해 감히 접근하지 못하고 쭈뼛거리자 발굴을 지도하던 교수는 호탕하게 웃으며 밭이랑에 들어서 보라고 재촉이다.

파랑이 일듯 끝도 없이 출렁이는 밭이랑에 발을 내디뎠다. 내가 딛고 선 곳이 까마득한 세월 저편 청동기의 땅이라니, 더운 흙기운이 발가락을 뚫고 솟아올랐다. 진한 감동으로 목울대가 뭉클하다. 무꽃이 흐드러지게 피어 있던 밭이었을까? 어지럼증이 몰려왔다. 노랗게 피어오르는 꽃무리 위로 나비 한 마리가 가뭇하게 날아올랐다.

남강댐이 보수되어 담수를 시작하면 선사시대의 유적이 물에 잠겨 흔적도 없이 사라지게 된다. 이 기막힌 현실에 분노가 일었다. 불과 넉 달 남짓 짧은 시간 내에 방대한 지역을 발굴해야 한다. 시간을 다투는 긴급한 작업이라서 경남은 물론 멀리 충남의 대학에서도 파견 나왔다. 앳된 남녀 학생들이 방학도 없이 삼복더위에 비지땀을 흘리고 있었다.

옥방 마을이 인접해 있는 대평옥방玉房 7지구를 집중적으로 답사했다. 석관묘와 주거지에서 관옥과 옥편, 옥마지석이 발견된 것으로 볼 때 이 지역에서 옥이 많이 생산되었고 그것을 가공하는 장소와 연마공이 따로 있었다는 추론이 가능하다.

먼저 표토를 걷어내고 인류의 생활 흔적에 따라 문화층을 선별하고 그 문화층을 중심으로 세부적 유물 발굴에 들어간다고 한다. 7개의 층 중, 문화층은 흑갈색 사질점토층과 황갈색 사질토층 등 3층뿐이었다. 문화층의 흙을 파내고 유물의 형태가 어렴풋이 드러나면 달라붙은 황토를 조심스레 쓸어낸다. 마침내 섬세하게 연마된 돌칼이 수줍은 듯 얼굴을 내밀고 정교하게 다듬어진 어망추가 금방이라도 또르르 구를 것만 같다.

우리가 선사시대의 유물에 정신을 빼앗길 때 현장을 지휘하는 교수가 갑자기 덮어놓은 천막을 걷어냈다. 놀랍게도 그곳에서 인골이 드러났다. 신장 1미터 남짓의 유골이 깊은 잠에 빠진 듯 얌전한 모습을 드러냈다. 자그마한 몸피가 석관묘에 갇혀 수천 년 세월을 감아쥐고 있었다니, 치아 손상 하나 없이 온전한 형태로 발굴된 유골은 드물다고 했다.

정신이 번쩍 들었다. 관념이 일탈된 앙상한 뼈마디가 삶과 죽음을 극명하게 대비시켰다. 가슴을 저며 놓고 내 곁을 떠났던 꽃다운 죽음들이 비로소 현실로 다가왔다. 그래서 인도인들은 갠지스 강가에서 일상적으로 치러지는 화장을 통해 일찍이 죽음을 예비했던 것이다. 한낱, 티끌에 매달려 부대껴 온 시간들이 매정하게 잘려 나간 지층의 단면에서 하얗게 바래지고 있었다. 인골 곁을 뒹구는 홍도 조각이 뇌리에 붉게 화인을 찍어왔다. 육신은 풍화되어 흩어져도 그들이 향유했던 문명의 흔적은 생생하게 남아 수십 세기를 가로질러 이렇게 우리와 조우하고 있는 것이 아닌가! 진정 앞으로 나아가야 한다면 돌아서서 역사 속으로 거슬러 올라가 보아야 했다. 캄캄했던 길이 즈믄 해를 향해 희미하게 열려오고 있었다.

말놀이 刻놀이

처음엔 그저 가벼운 마음으로 시작한 일이었다.

남의 손을 빌지 않고 내 손으로 도장을 파 보고 싶은 욕심이 들었었을까. 어쩌면 오래도록 손끝에 간직해온 나뭇결의 맛을 제대로 한번 느껴보고 싶은 마음에서였을 것이다.

나는 언어를 다루기 훨씬 전부터 손동작 유희를 즐겼었다.

깨진 기왓장을 공들여 갈아 공깃돌을 수백 개씩 만드는가 하면, 어머니 재봉틀 곁에서 헝겊조각을 오려내며 찬란한 색의 세계로 빠져들곤 하였다.

입학 전, 고향집에 머물 때는 솜씨 좋은 할아버지 뒤를 졸졸 따라다니며 돈 주고도 못 얻을 감성계발을 일찍이 한 셈이었다. 할아버지 손끝에서 요술처럼 피어나는 벼룻집, 왕골 꽃방석, 진기한 모양의 정원수와 형형색색의 꽃밭들…….

묵묵히 글 읽고 땀 흘려 일하시는 할아버지의 숭고한 모습은 내 가슴에 우뚝 선 거목으로 남아 있다. 보통사람들이 흉내 못 낼 일들을 끊임없이 창조하시던 할아버지, 그분의 예술성에 젖어 성장할 수 있었던 것은 크나큰 행운이었다.

중학 일학년이었던가, 미술시간에 나무로 된 넥타이 걸이를 만들었다. 도자기를 그려 넣은 표면을 조각칼로 한 켜 한 켜 떠내고 마무리할 때 손끝에 묻어나는 오묘한 감촉을 사십 년이 지난 지금도 생생하게 기억하고 있다.

큼지막한 미송 판에 ㄱ ㄷ ㄹ ㅁ ㅂ ㅇ 기본 획을 파는 연습을 하고 나면 메 산山 마음 심心 없을 무無 등을 새긴다. 이 단계에선 솜씨가 미숙해도 별 표가 나지 않는다. 글자 획이 클 뿐더러 간단히 한 글자만 파면 되니 인내심과 특별한 솜씨도 필요 없다. 혹 딴 생각을 할지라도 칼이 어긋나는 일은 드물다. 설령 예리한 칼날이 빗나가 한 획을 끊어먹는다손 치더라도 접착제로 응급처치를 하면 눈속임을 할 수 있었다. 지지부진 기본기를 익히자니 별 흥미가 일지 않았다.

휴강을 한 덕에 집에 앉아 묵직한 나무판을 붙잡고 씨름을 한다. 남들은 모두 피서 가는 복더위에 이열치열이다. 기초가 부실하니 진땀만 흐를 뿐 진전이 없다. 힘에 부친 상대와 승강이를 벌이자니 귀한 글귀가 이제야 눈에 든다.

하심下心이라, 마음을 내려놓으라 한다. 목까지 꽉 찬 욕심을 비우라는 뜻일 게다. 밀과 각刻의 수련에 이보다 더 좋은 글제는 없을 것 같다. 결국, 치솟는 욕망을 주저앉혀 마음을 비워낼 때에만 글도 각도 비로소 생생한 제 모습을 드러내지 않겠는가.

추사의 예술성을 강조한 서체이다 보니 구불구불 휘도는 획이 하회마을 물굽이처럼 어지럽다. 설상가상 1센티 이상 깊게 파들어 가야 제 맛을 살릴 수 있다고 한다.

칼과 나의 한판 대결이다. 팽팽한 기류가 감돌고 있다. 난감하다. 조금이라도 딴전을 피우다가는 예리한 칼날은 어김없이 내 허를 찌르고 말 것이다. 좀처럼 칼 든 손이 자유로워지지 않는다.

수령이 오래된 느티나무는 목리가 아름다운 대신 재질이 야물어

초보자는 칼놀림이 쉽지 않다. 옹골차게 틀어 앉은 옹이조차도 서툰 내 솜씨를 비웃어 칼날을 튕겨내는 것만 같다.

세상에 어디 그리 녹록한 일이 흔하랴마는 예기치 못한 복병을 만난 나는 안절부절못한다. 만만하게 보아온 허술한 틈새를 칼끝은 노리고 있다.

나는 원고를 쓸 때마다 쉽게 다가앉지 못한다. 텅 빈 원고지를 앞에 놓곤 번번이 뒷걸음을 치곤 한다. 게다가 애면글면 얽어 놓은 문장이 닳아빠질 정도로 퇴고도 여러 번 하는 편이다. 조심스레 한 켜 한 켜 나무를 떠내는 일은 단어 한 자 한 자 공들여 박아 넣는 일과 다르지 않다. 이중 삼중의 화려한 수사가 문장을 어지럽히듯, 정곡을 찌르지 못한 칼날엔 보푸라기만 일뿐, 각이 서지 않는다. 안일하게 풀어놓은 말들은 문맥을 흩트리고 허술하게 넣은 칼집은 일껏 세운 각을 수포로 돌린다. 그러나 어긋난 문장은 식별이 쉽지 않으나 빗나간 칼날은 흔적이 적나라해 그 실수가 금방 눈에 띄곤 한다.

열대야가 계속되는 폭염에, 하루 8시간씩 깎고 다듬기를 나흘째, 비지땀을 흘린 보람이 있는 걸까, 창칼로 도려낸 마음자리가 매끈한 속살을 드러낸다.

화덕을 안고 칼을 벼려 각을 세우듯 문장도 치열하게 가다듬어야 하리. 내가 부리는 언어 하나하나가 온전히 제 빛깔을 띨 때까지 끊임없이 벼르고 벼려야 하리.

주옥의 또 주옥인 두 대표작

김열규 평론가

지금껏 총론을 쓴다는 것이 그만 주옥의 또 주옥일 두 편의 글을 놓칠 번했다.

하나는 〈말놀이 각刻놀이〉고 다른 하나는 〈선사의 땅을 밟다〉이다. 한데 제목과 소재는 월등 다른데도 둘은 절묘하게도 이웃사촌이다.

앞의 글에서 글쓴이는 나무에 글이나 문양을 새기는 일, 곧 각刻과 원고지에 글 쓰는 일을 비교하면서 '수필론'을 쓰고 있다.

각과 글쓰기가 어떻게 다른가를 대조시키는 한편 서로 어디가 얼마쯤 같은가를 비교하기도 하고 있다. 그러면서 은연중 양쪽이 마찬가지로 '각고刻苦'임에 대해서 내비치고 있다.

각고면려刻苦勉勵라면 고생이며 고통과 맞붙어 겨루면서 애쓰고 힘쓰는 것을 의미하는 말이지만 줄여서는 '각려刻勵'라고 하기도 한다. 비슷한 것에 각고정진刻苦精進이 있지만 이를 '각진刻進'이라고 줄여서 쓸 수도 있을 것이다.

한후남 님은 서書라고 해도 좋을 자신의 글을 짓기가 필경은 돌 깎고 나무를 저며 내어서 각刻하고 또 각려하는 중노동과 같은 일임에 대해서 말하고 있다.

R.M. 릴케는 '쓰지 않고는 살아 못 배길 때, 글을 쓰라' 고 그의 《말테의 수기手記》에서 강조하고 있다. 그러면서도 글쓰기가 단적으로 노동임에 대해서도 여러 경우에 걸쳐서 주장하고 있다. 필경 '죽을 각오로 하는 노동' 이 글 쓰기였던 셈이지만, 한후남 님의 글쓰기도 이와 별로 다를 것 없을 것이다.

刻은 보통 '깎다, 새기다, 아로새기다, 파다, 표시하다' 등을 의미하고 있지만 근본적으로는 시신屍身의 살을 저며 내고 깎아 내어서는 백골이 노출되게 한다는 뜻을 갖추고 있다.

그는 글을 쓰며 각하였듯이 〈선사의 땅을 밟다〉에서는 남들의 각하는 것에 참여하고 있다. 유적 발굴 현장에 서서,

'한낱, 티끌에 매달려 부대껴온 시간들이 잘려 나간 지층의 단면에서 하얗게 바래지고 있었다' 라고 눈빛을 밝히고 있다. 그 대성에는 물론 시신의 뼈가 들어 있다. 한후남 님에게서는 결국 서書와 다르지 않는 각이, 지각을 파헤치는 그 각과 맥을 대고 있었던 것이다.

이 작가는 바로 '각장탁구刻章琢句' 하는 데 버릇이 들어 있다. 직역을 하면 문장을 나무 깎듯이, 돌이나 옥을 쪼듯이 문구를 다듬는다는 뜻이다. 그러기에 고고학의 '각지刻地' 를 다룬 글을 자신의 대표작으로 스스로 고를 수 있었던 것이다.

자기 마음속, 곧 '심층心層' 속, 겹겹이 묻힌 생각을 파내어서는 돌 다듬듯 각하는 것이 그의 글쓰기였기에, 지층을 첩첩이 헤쳐 내어서는 유물을 찾아내는 고고학의 각의 작업이 남의 일 같지는 않았던 것이다.

한후남 님은 어릴 적에 할아버지 곁에서 각종 공예 작품 만들기를 재미 삼아 또 놀이 삼아하면서 진작부터 '호모 파블' 이를테면 '공작인工作人' 의 길을 그리고 장인匠人의 길을 걸어왔다. 그것이 마침내 글짓기에 옮겨지면서 드디어 '각장탁구' 의 경지에 들게 된 것이다. 그 연장선상에서 고고학적 발굴을, 곧 지층 속의 각을 관찰할 수 있었던 것이다.

이 작가에게 있어서 각과 서만이 합일한 것은 아니다. 본인이 '나는 언어를 다루기 훨씬 전부터 손동작 유희를 즐겼었다' 고 고백하고 있는 데서도 헤아릴 수 있듯이, 유희며 놀이가 각과 글쓰기를 더불어서 '삼위일체' 를 이루고 있었던 것이다. 여기 문제되고 있는 수필에 굳이 '말놀이 각놀이' 라고 이름 붙인 것은 그 때문이다. 그러자니 남들의 '땅놀이, 파기 놀이' 에도 깊은 애착을 보인 것이다.

한데 여기서 한 대목 빠뜨리지 말아야 할 게 있다. 그것은 한 후남 님 자신이 '하심下心' 곧 '마음 내려놓기' 또는 '마음 비우기' 라고 규정짓고 있는 그 대목이다.

'가장탁구' 는 '착심着心' 이고 십념이다. 한데도 작가는 그걸 글 쓰는 사람의 '마음 비우기' 와 인연 짓고 있다. 착심과 무심이 하나가 되는 그 어려운 경지에서 글 쓰는 경지를 모색하고 있다. 이건 차라리 무서운 일이다.

'화덕을 안고 칼을 벼려 각을 세우듯 문장도 치열하게 가다듬어야 하리. 내가 부리는 언어 하나하나가 온전히 제 빛깔을 띨 때까지 끊임없이 벼리고 벼려야 하리."

이렇게 '말놀이 각놀이' 의 끝을 맺으면서 한후남 님은 스스로 유희인을 거치고 공작인을 거쳐서 마침내 하심의 문인에 다다른 그의 전체 삶의 역정歷程을 마무리 지어 보이고 있다.

류경일 동시인

이 작가를 주목한다

경남문학 82 | 2008년 봄호

2004년 《매일신문》 신춘문에 등단. 경남아동문학상 등 수상. 동시집 《마음이 먹는 밥》 등

산은 외 4

류경일

성묘 가서
할아버지 산소 앞에 엎드려 절하고
사과 한 입 얻어 먹었다

산을 내려오다 목말라
조그만 샘물에 노루처럼 엎드려
물 한 모금 얻어 마셨다

산은 자꾸 엎드려야
먹을 걸 준다
자꾸자꾸 껴안아 줘야
사랑을 베푼다

땡감나무 일기

1.
아침에는
강아지가 내 다리에 오줌을 누다가
감잎 떨어지는 소리에 놀라 도망가고

점심때는
할머니가 음식 찌꺼기를 들고 와
발밑에 파묻고 홍시 하나 주워갔다

내 키가 쑥쑥 자라는 것도
품 안의 까치집이 한층 더 높아져
매운 굴뚝 연기를 피할 수 있었던 것도

정다운 이웃들이 있기 때문이다

2.
교회 종이 울릴 때
어미 까치가 팽나무 막대기를 물고 왔다
말썽꾸러기 어린 까치도 다 자라 떠났는데
회초리로 무얼 하나 보았더니
비가 새는 지붕을 수리하고 있었다

까치가 다시 막대기를 구하러 간 사이
백혈병을 앓는 영호의 아버지가
내 몸에 기대 한참 울다가 갔다

비가 새는 까치집 걱정
영호 걱정하다가
그만 하루가 다 지나버렸다

3.
어젯밤 퇴원한 영호는
하얀 털모자를 쓰고 집으로 왔다

나는 달도 없는 캄캄한 밤하늘을 향해
백혈병을 빨리 낫게 해달라고 기도했다

밤새 바람이 세차게 불어
몇 잎 안 남은 내 머리카락도
영호처럼 다 빠졌다

고맙게도 아침 하늘이
함박눈으로 만든 하얀 털모자를
내 까까머리에 씌워주었다

배추 쌈

집 앞 남새밭에서 기른 배추가
점심상에 올랐습니다

농약 한 방울 뿌리지 않아
벌레 구멍이 숭숭 뚫려 있습니다

배추벌레 한 마리
꿈틀꿈틀 기어 나왔지만
아빠는 배추쌈을 맛있게 드십니다

"과일이든 채소든
벌레 먹은 것이 맛나고 몸에도 좋지"

아빠 말씀에 용기를 내어
나도 배추쌈을 먹어봅니다

벌레 구멍 새로
삐죽 얼굴을 내미는 콩장도 보이고
밥상 위에 통통 튀는 밥알도 있지만
얼른 입 안에 넣습니다

"벌레 먹은 것 먹고 살면 건강 걱정 없단다.
우리가 살 길은 벌레랑 같이 사는 거야…"

아빠는 작년에 돌아가신 할아버지 말씀을
양념으로 넣어가면서
배추쌈을 제일 많이 드십니다

바 람

북촌초등학교 수업이 끝나면
철석이는 남쪽 하늘 밑
남촌 고모 집을 향해
터벅터벅 걸어갑니다

업으면 업을수록 가벼워지는
바람을 등에 지고
보리밭 길 지나
강변 둑길을 냇물처럼 흘러갑니다

변덕꾸러기 그림자가
가시밭으로 손을 끌기도 하고
빨간 까치밥 열매가
곯은 배를 채우라고 꼬드기지만

그럴 때마다 바람이 곧장 가라고
슬며시 등을 떠밀어 줍니다

지난봄 큰불로
철석이가 부모님을 잃은 뒤부터
바람은
철석이를 동생처럼 데리고 다닙니다

바퀴 달린 집

산언덕 이모 집 지붕
사촌형 썩은 이도 받아주고
민들레 씨앗도 받아 키우는
꿈 많은 그 지붕은
힘센 바람만 불면
훽 날아가
돌배나무 옆에 눕기도 하고
이웃집 담벼락에 기대기도 한다

며칠 전 이모부는
지붕 위에
차바퀴를 빙 둘러 얹었다
꿈 많은 지붕을 위해
바퀴를 달아주었다

동시童詩 생각하기, 다시 생각하기 동시 류경일의 작품세계

그는 경호강 동시인이다.
선유정, 환아정, 동호정, 거연정, 군자정, 농월정
정자문화의 터전인 경호강
영혼이 정결한 동시인이다.

임신행 아동문학가

닷새 장!

바람과 비와 시간과 서늘한 기운이 있는 어둠과 조팝나무 꽃 같은 달빛과 온기 있는 햇살과 서로 주고받지 못한 말〔言〕과 말이 괴인. 5일! 그 5일, 5일 장날에는 사람과 사람이, 사물과 사물이 있다. 사물과 사람 사이에는 사람 사는 풍경이 있다. 사람이 사는 풍경이 진정한 문화요, 예술의 풍경이다.

필자는 혼자 국수 사먹기를 즐긴다. 싸고 정이 담긴 국수를 밀양 시외버스터미널 옆 '조약돌'이라는 분식집에서 말아 판다. 마흔 안팎의 두 아주머니가 동업을 하는 가게인데 정갈하게 말아 판다. 그곳에는 밀양 사람과 외지 사람들이 훌쩍이며 밀양 국시랑 떡볶이랑 순대랑 김밥이랑 튀김을 먹는다. 서로의 속내를 술로 삼아 먹는다.

지난 정초였다. 국수가 먹고 싶어 밀양으로 갔다.

때마침 밀양 5일장 장날이었다. 누구에게나 그러하겠지만 장날 장터를 따라 흐르는 사람들 속에 섞여 돌아보는 일은 그 재미가 쏠쏠하다. 장날 장터를 떠도는 것은 가슴 설레는 일이다. 거기에는 순박하기만 하여 소나무 같은 사람들이 떠들고 있기 때문이다.

밀양 내이동 거리는 5일 장날이면 사람 사는 그윽한 풍경을 펼쳐 보인다. 저잣거리의 풍경은 사람과 사람으로, 사물과 사람이 흘린 말과 소리와 냄새로 하여 설렘으로 출렁인다.

밀양 사람들이 저마다 보따리, 보따리 싸안고 앞세워 온 마늘 우거지 시래기 실파 토란 달래 미꾸라지 붕어 피라미 올갱이(다슬기) 냉이 겨우살이 감 콩잎 강아지 고양이 된장 고추장 등등 팔고 사는 일로 고만고만한 모양과 정의 냄새로 풍경을 이루고 있었다. 5일 장날에는 사람만 말을 하는 것이 아니다. 팔려 나온 강아지도 말을 하고 아낙이 뜯어온 산나물도 말을 하고 말린 토란 줄기도 말을 하고 장터에 나온 모든 것들이 저마다 말을 한다. 팔려가는 가물치도 말을 하고 팔려가는 달래도 냉이도 말을 하고 팔려간다. 필자는 그런 풍경을 유독 좋아한다.

밀양시 5일장은 2, 7, 12,

산청군 시천면 5일장은 4, 9, 14…….

두 곳의 장날은 100여 년을 훨씬 넘는 역사를 지녔다.

장날은 눈이 오나 비가 오나 바람이 부나 어김없이 펼쳐진다. 밀양 장날에 꾸역꾸역 밀려 나오는 토산품의 물목이나 산청군 시천면 면사무소 근방으로 걸어 나오는 토산품의 물목은 거기서 거기다.

크고 작은 산과 강을 끼고 있는 자연환경도 흡사하다. 산청에는 경호강, 밀양에는 밀양강! 행정구역 역시 경상남도다. 농사를 짓고 쓰는 말(사투리)을 사용하고, 변별력이 있다면 밀양은 교통이 편리하고 산청은 조금 불편(기차, 배, 비행기 타기가)하다는 것이다.

늦가을과 겨울 장날 밀양에는 감과 사과와 대추가 질펀하다면 산청 시천면 장날에는 약초와 곶감이 바리바리 나온다. 겨울 장에는 지리산의 신선한 바람과 크리스털같이 영롱한 햇살과 청아한 청솔 바람 소리에 말린 곶감이 있다. 곶감은 호랑이보다 무섭다는 민화가 있다.

곶감같이 달콤하고 쫀득쫀득한 류경일의 동시를 살펴보자. 류경일의 동시에는 사람과 사물이 어우러진 풍경이 있다. 다시 말하면 산청 사람들이 지니고 있는 산청다운 특유한 냄새와 분위기와 성품과 정을 비밀스럽게 품고 있다.

> 보드란 칡넝쿨이/ 곰바위를 타고 내려옵니다.// 작은 도랑을 건너/ 외갓집 마당에서 놉니다.// 며칠째 지켜만 보던 외할아버지는/ 어린 칡넝쿨을 잘 타이른 뒤/ 감나무 뿌리를 움켜잡은 손/ 지겟다리를 감은 팔을 풀어/ 왔던 길로 되돌려 보냅니다.// 칡넝쿨은 돌아갈 생각이 없는지/ 도랑 건너서/ 외할아버지 집 비우는/ 장날만 기다립니다.
>
> —〈칡넝쿨〉

산새와 바람이 놀다가는 산골마을 외딴집! 외롭고 쓸쓸한 외할머니와 할아버지의 삶의 심층을 아프지 않게 들추어 묘한 울림을 획득하고 있다. 칡넝쿨이 산을 내려오고, 뒤란 바위 등을 엉금엉금 기어서 텃밭 늙은 감나무를 끌어안고 놀다 심심하여 마당까지 자리 잡는 적막한 시골 외딴집의 풍경을 그렸다. 여기에는 기다림이라는 미덕이 산초나무 잎처럼 은밀히 자리 잡고 있다. 이 동시의 얼개는 결코 단순하지 않다. 외할아버지 몰래 점령하는 칡넝쿨의 어기찬 생명력과 외할아버지를 대응 시켜 묘한 갈등의 고리를 만들고 있다. 맑음과 순수성이 단조롭지 않는가 하는 의구심을 지니게 하지만 쑥 냄새 나는 상상력은 한 폭의 수묵화로 다가선다.

> 온몸에 무릎을 줄줄 달고 있는/ 쇠무릎들이/ 서촌 할머니 집 앞 도랑가에/ 듬성듬성 앉아 있습니다// 관절염을 앓는 할머니께서/ 약으로 쓰려고 뿌리째 뽑아도/ 하얀 웃음 지으며 할머니를 위해/ 기꺼이 무릎을 내어줍니다// 어른 쇠무릎들이 떠나갔지만/ 어린 쇠무릎들의 얼굴은/ 그늘 없이 밝아서/ 매일 아침/ "할머니, 무릎은 좀 어떠세요?"/ 안부를 묻습니다// 할머니는 어린 쇠무릎들에게/ 미안한 마음이 들어/ 모른 척 고개 숙이고 지나시다가/ 등이 굽고 맙니다// 서촌 할머니 뒷산 언덕에/ 잠드신 지도 벌써 삼 년/ 올해는 무덤가에 쇠무릎이 자라/ 바람 불 때마다 흔들흔들/ 할머니 다리 주물러 드리고 있습니다
>
> —〈쇠무릎〉

류경일의 시적 메시지는 강하지 않은 듯하면서 내적으로 강한 폭발력을 지니고 있다. 그의 동시는 지리산 곰취처럼 참신함을 향유하고 있다. 그 참신성은 때로는 유월의 자두밭의 자두처럼 신선하고 싱그러워 생각의 침을 고이게 한다. 작품 〈쇠무릎〉은 암시하는 바가 크다. 내몰린 이 땅의 노인들의 외로움과 그 서러움을 내밀한 절제력과 섬세함으로 한 시원詩苑으로 새롭게 조명하고 시의 광역성을 통해 적절하게 인정하고 확보했다. 이 땅의 위정자들은 평생 일만 하고 쇠약해진 가엾은 노인네들을 지전紙錢 몇 장을 들려 내몰고 있는 잔혹한 현실이다. 그들에게 중요한 것은 지전 몇 장보다 사람 대접이고 노동으로 망가진 관절을 어루만져 그 진통을 덜어 주는 일이다. 사회제도

가 가족 해체의 불씨가 되어 그분들은 죽음보다 더 무서운 외로움에 떨고 있다. '혼자 산다는 것은 죽는 것보다 더 어렵다'는 지극한 사실에 왜 눈을 돌리고 있는지 류경일은 그런 극한 상황을 다잡고 조용한 목소리로 경고하고 있다 하겠다.

큰누나 집 돌 절구통에서/ 15년째 살고 있는/ 눈이 툭 튀어나오고/ 꼬리지느러미가 길다란/ 촌놈 금붕어 한 마리// 얼마 전/ 새로 사온 붕어들과 함께/ 큰 유리 항아리로 옮겼더니/ 다른 붕어들은 좋아서 야단인데// 그 촌스러운 금붕어만/ 와당탕퉁탕 뛰쳐나오고/ 우당탕퉁탕 튀어나온다// 다들 키 큰 집들이 있는 도시로 떠나고/ 너른 땅이 있는 나라로 이민 가는데/ 좁은 돌 절구통만 고집하는 촌놈 금붕어// 그런데 나는 왜 토박이 금붕어가 좋을까/ 그 촌놈 금붕어가

—〈촌놈 금붕어〉

그의 동시 작품은 다른 동시인들과 같이 우리의 일상과 자연에서 소재를 채굴했으면서 그 발상법에 새로움이 있다. 동시가 지니는 시적 상황이 남다르고 그가 주술해내는 언어가 해학적이다. 좋은 동시는 어른과 어린이가 함께 공유하며 험한 세상을 걸어가야 하는 길 위의 물 한 잔 같은 품성을 지닌 해학이 있어야 한다. 해학은 알고 보면 삶의 본질과 같은 것이다. 진실과 연민과 배려로 나 아닌 사람과 어깨를 겯고 자기 존재를 확보하고 활기찬 생명력을 향유하면서 당당히 걸어가며 흘리는 웃음기 담긴 덕담이다.

옆집 할머니/ 낡은 유모차 밀고/ 나들이 가시는 곳은?/ 응, 어린이 놀이터.// 아니, 아니야/ 허수아비 밭두렁 길 따라 달리는/ 참새들 놀이

터지.// 할머니 허름한 유모차엔/ 누가 타고 있을까?/ 응, 예쁜 아기.// 아니, 아니야/ 아빠 장딴지 같은 무/ 엄마 머리 닮은 배추가 타고 있지.// 자장자장/ 할머니 콧노래 들으며./ 흙 묻은 발도 씻지 않고./

—〈할머니 유모차〉

사람과 사물을 대하는 류경일의 시선은 연둣빛 앵글을 지녔으며, 연둣빛 앵글에 접근하는 정신세계는 진지하며 깊고 웅원하다. 개인의 사물을 해체하는데 정감이 냉철하고 감정의 굴곡이 배재되어 있다. 동시는 언제나 과학보다 한 걸음 앞서 있다. 그것은 세밀한 관찰력과 정밀한 관심에 있다. 동시는 은유와 직유가 공존하는 또 하나의 우주다. 거기에는 그림과 소리와 향기와 은유적인 묘파력이 있어 환상의 세계로 부풀어 올린다. 그는 재치와 기량으로 할머니와 유아를 사람으로 키우고 버려진 유모차와 배추를 스케치하여 삶의 풍속도를 품격 있게 그려 시적 앙상블이 은은하다.

앞마당에 감잎/ 뒷밭에 뽕잎/ 남새밭에 깻잎/ 논두렁에 콩잎/ 돈다발보다 귀하게/ 하얀 실로 묶어/ 어머니 보따리에/ 꾸깃꾸깃 넣어주시는/ 외할머니 차비

—〈외할머니 차비〉

북촌초등학교 수업이 끝나면/ 철석이는 남쪽 하늘 밑/ 남촌 고모 집을 향해/ 터벅터벅 걸어갑니다.// 얹으면 얹을수록 가벼워지는/ 바람을 등에 지고/ 보리밭 길 지나/ 강변 둑길을 냇물처럼 흘러갑니다.// 변덕꾸러기 그림자가/ 가시밭으로 손을 끌기도 하고/ 빨간 까치밥 열매가/ 곯은 배를 채우라고 꼬드기지만// 그럴 때마다 바람이 곧장 가라고/ 슬

며시 등을 떠밀어 줍니다// 지난 봄 큰불로/ 철석이가 부모님을 잃은 뒤부터/ 바람은/ 철석이를 동생처럼 데리고 다닙니다

—〈바람〉

동시는 읽어도, 읽어도 물리지 않는 재미를 지녀야 한다. 그런 주문을 류경일의 동시에서는 어느 정도 그 함량을 확보하고 있다고 하겠다. 디지털시대의 삶의 질은 쾌락성이나 향유성에 있지 않다. 질 높은 자연과의 친화력을 지닌 문화 즐기기와 체험을 통한 자아성찰일 것이다. 그의 동시는 칠월의 수국 잎같이 싱싱하다. 가슴 한구석을 뭉클하게 하는 그 무엇이 내재되어 있다. 갈참나무 숲을 거니는 바람과 산새와 노는 그 아이를 어린이나 어른의 가슴에 새겨 두는 것도 결코 허망한 일은 아닐 것이다.

성묘 가서/ 할아버지 산소 앞에 엎드려 절하고/ 사과 한 입 얻어 먹었다/ 산을 내려오다 목말라/ 조그만 샘물에 노루처럼 엎드려/ 물 한 모금 얻어 마셨다// 산은 자꾸 엎드려야/ 먹을 걸 준다/ 자꾸자꾸 껴안아 줘야/ 사랑을 베푼다

—〈산은〉

그의 작품은 박수근의 작품에서 나타나는 가족적인 연민과 이상범의 작품에서 울려나는 산의 소리, 물의 소리, 나무들이 내는 소리가 엿보인다. 그는 살아 있는 것들과 죽은 듯 엎디어 침묵하고 있는 사물체들을 다양한 각도와 시선으로 그려낸다. 운집한 나무, 망자의 집인 무덤을 보듬고 있는 산과 묵언을 한다. 그 묵언은 고란초 같은 묵시록이다. 산과 바람과 풀이 동시의 무늬가 되어 이채롭다.

산언덕 이모 집 지붕/ 사촌형 썩은 이도 받아주고/ 민들레 씨앗도 받아 키우는/ 꿈 많은 그 지붕은/ 힘센 바람만 불면/ 휙 날아가/ 돌배나무 옆에 눕기도 하고/ 이웃집 담벼락에 기대기도 한다// 며칠 전 이모부는/ 지붕 위에/ 차바퀴를 빙 둘러 얹었다/ 꿈 많은 지붕을 위해/ 바퀴를 달아주었다

—〈바퀴 달린 집〉

류경일의 동시에는 묘한 안단테와 느낌이 공존하고 있다. 다른 시인들과는 거리가 있어 보이는 것은 서두름이 보이지 않는다는 것이다. 즐거움보다는 슬픔 쪽에서 동시가 지니는 환상성과 상상력을 불러내어 동시의 견고함을 덜어 낸다. 거기에는 선인들의 삶의 굴곡에 무리 없이 접근하고 있다 하겠다. 그는 스스로가 어디쯤 서서 동시의 영역을 확보하고 걸어가야 하는지를 인식하고 있는 듯하다.

1.

아침에는/ 강아지가 내 다리에 오줌을 누다가/ 감잎 떨어지는 소리에 놀라 도망가고// 점심때는 / 할머니가 음식 찌꺼기를 들고 와/ 발밑에 파묻고 홍시 하나 주워갔다// 내 키가 쑥쑥 자라는 것도/ 품 안의 까치집이 한층 더 높아져/ 매운 굴뚝 연기를 피할 수 있었던 것도// 정다운 이웃들이 있기 때문이다

2.

교회 종이 울릴 때/ 어미 까치가 팽나무 막대기를 물고 왔다/ 말썽꾸러기 어린 까치도 다 자라 떠났는데/ 회초리로 무얼 하나 보았더니/ 비가 새는 지붕을 수리하고 있었다// 까치가 다시 막대기를 구하러 간 사이/ 백혈병을 앓는 영호의 아버지가/ 내 몸에 기대 한참 울다가 갔다//

비가 새는 까치집 걱정/ 영호 걱정하다가/ 그만 하루가 다 지나버렸다//

3.

어젯밤 퇴원한 영호는/ 하얀 털모자를 쓰고 집으로 왔다// 나는 달도 없는 캄캄한 밤하늘을 향해/ 백혈병을 빨리 낫게 해달라고 기도했다// 밤새 바람이 세차게 불어/ 몇 잎 안 남은 내 머리카락도/ 영호처럼 다 빠졌다// 고맙게도 아침 하늘이/ 함박눈으로 만든 하얀 털모자를/ 내 까까머리에 씌워주었다

—〈땡감나무 일기〉

그의 동시 원천은 억새처럼 초야에 묻혀 자신의 삶과 삶의 의지를 표표히 내세우고 살다간 이 땅의 선비정신 내지, 농투성이의 웅숭깊은 의중이다. 이것들이 곡진하게 동시의 행간과 연 사이에 수묵으로 번져 있다.

동시는 직유인 듯하면서 은유이고 은유인 듯하면서 직유로, 난해하지 않은 언어로 동시의 화두를 펼쳐낸다. 그의 동시는 온유한 은유로 시의 풍경을 더 아름답고 부드럽게 묘파해 내었다. 그의 동시가 우리를 주목하게 하는 것은 개성이 없어 보이는 듯하나 동시를 일독 후에는 강인한 개성을 변별할 수 있다. 키 낮은 차나무 냄새 같은 시적 메시지를 근원으로 하여 류경일은 동시로 표출한다. 그의 동시집은 완숙한 인상을 주면서 사람의 정과 풀냄새가 끈끈하게 젖어 있다.

집 앞 남새밭에서 기른 배추가/ 점심상에 올랐습니다// 농약 한 방울 뿌리지 않아/ 벌레 구멍이 숭숭 뚫려 있습니다// 배추벌레 한 마리/ 꿈

틀꿈틀 기어 나왔지만/ 아빠는 배추쌈을 맛있게 드십니다// "과일이든 채소든/ 벌레 먹은 것이 맛나고 몸에도 좋지"// 아빠 말씀에 용기를 내어/ 나도 배추쌈을 먹어봅니다// 벌레 구멍 새로/ 삐죽 얼굴을 내미는 콩장도 보이고/ 밥상 위에 통통 튀는 밥알도 있지만/ 얼른 입 안에 넣습니다// "벌레 먹은 것 먹고 살면 건강 걱정 없단다. 우리가 살 길은 벌레랑 같이 사는 거야…"/ 아빠는 작년에 돌아가신 할아버지 말씀을/ 양념으로 넣어가면서/ 배추쌈을 제일 많이 드십니다

—〈배추 쌈〉

그는 작품을 위해서는 의뭉스럽게 스스로의 의식세계를 내 보이지 않는다. 물론 다른 동시인들도 숨기고 있지만 그는 의뭉스러움이 더하다. 반면에 동시를 위해 사물에 접근할 때 잔잔한 웃음으로 접근해서는 시니컬한 웃음으로 작품을 탁마한다. 튼실한 서정적 동시의 동력으로 인류의 기둥인 어린이를 위해 애쓴다. 훌륭한 동시의 우주선을 이 땅의 어린이들에게 마련해 주려는 눈에 띄지 않는 그의 애씀은 주목받아도 좋으리라 믿는다. 이런 일련의 작업은 류경일 나름의 결실을 시사하는 것이다. 그는 아직 시의 숲과 삶의 골짜기를 걸어가야 할 길이 많아 서둘러 수확을 탐해서는 좋지 않으리라 믿는다. 결국 동시는 먼 훗날 꽃이 되고 별이 되는 영원성이 예술의 속성이고 본이기 때문이다. 그의 동시에는 삶의 진진함이 은근한 유머와 좌표로 나타나 있다.

태풍 온다고/ 집 앞 고추밭에 서서/ 두 팔 벌려/ 바람을 막고 있는 허수아비/ 태풍 지나간 뒤/ 밭고랑에 엎드려/ 바람에 날아간/ 밀짚모자를 찾고 있다// 몸 가벼운 허수아비/ 일으켜 세워주고/ 도랑 옆에 처박힌

모자도 찾아/ 씌워주었더니/ 흙 묻은 얼굴로/ 씨익 웃는다/ 고맙다고 안아주겠다고/ 두 팔 활짝 벌린다.

—〈허수아비〉

류경일의 세상 돌아보기는 섬세하면서 첨예하다. 류경일의 동시는 사유 폭이 넓고 깊으며 자유롭다. 그 자유로운 사유가 자연과 상상력으로 이어져 동시의 이미지가 서로 충돌하여 묘한 울림과 감동의 늪으로 가게 한다. 우리의 삶과 작품 활동은 해거리가 있다는 사실에 관심을 가져 주기를 바란다. 그의 동시적 상상력은 산야를 거닐면서도 성기지 않고 견고하다. 그의 동시에서는 가을밤 조금은 쓸쓸하게 들리는 실솔의 소리가 아득히 인다.

지난여름 물장구치고 자맥질하던/ 냇가 웅덩이/ 지나가던 아이들 놀고 싶어서/ 몸이 근질근질// 냇물도 첨벙 처엄벙 퐁당 포옹당/ 아이들 안아주고 업어주며/ 놀고 싶어서/ 얼음 밑에서 졸졸졸/ 이렇게 추운 날은/ 철없는 아이들/ 냇물 속에 들어갈까봐/ 하늘은 냇물 위에/ 얼음 뚜껑을 덮어놓았다

—〈냇물과 아이〉

류경일의 동시는 강물처럼, 경호강 강물처럼 유유하다. 때로는 넓었다가 때로는 비좁게 흘러가는 경호강물 줄기같이 산청의 그윽한 바람 소리와 단아한 소나무 숲의 새소리와 젖은 떡갈나무 잎을 김부각으로 말리는 산청의 신선한 햇살을 담고 유장하게 흐르는 경호강을 닮았다.

지리산으로 가는 그 많은 바위들의 또 하나의 무늬로 사는 이끼와

세월의 빗금 같은 선연한 동시를 보여 준다. 경호강은 수천 년의 바람과 햇살과 새와 가랑잎과 사람의 말을 담아 싣고 흘러왔듯이 앞으로도 경호강은 그렇게 유장하게 흘러갈 것이다.

우리가 바람과 구름의 향방을 알 수 없듯이 그의 작품 세계가 어떤 변모를 보여 줄지는 우리도 모르며 스스로도 알 수 없을 것이다. 그러나 그가 감동의 파장이 큰 훌륭한 작품들을 생산할 것이라는 신뢰를 쌓아도 좋으리라. 동시의 곳간을 짓되 화려하고 허우대 좋은 곳간을 짓지 말고 삶과 자연이 자연스럽게 소통을 할 수 있는 까치구멍 같은 곳간을 지었으면 하는 필자의 속내를 부끄럽게 행간에 숨겨 놓는다. 그 작업만이 필자는 동시가 시를 포옹하고 있다는 사실을 입증할 뿐 아니라, 동시가 동시의 산맥을 넘고 있음을 인식하게 한다. 시는 더러 그 시대를 방관할 수 있으나 동시는 그 시대를 직시하여 온유하게 발언하고 노래하며 삶의 지평을 바르게 열고 있다. 박목월 윤동주 타고르의 시편들이 은근한 시사성과 시대의 육성을 내재하고 있다 하겠다. 류경일 그는 우리 곁에 있는 듯 없는 듯 서 있으나 시의 저력과 기왕에 이루어 놓은 성과는 결코 만만치 않음을 시인하지 않을 수 없다.

옥영숙 시조시인

이 작가를 주목한다

경남문학 83 | 2008년 여름호

2000년 《매일신문》 신춘문에 등단. 열린시학상, 경남시조문학상, 성파시조문학상 수상. 시집 《흰고래 꿈을 꾸는 식탁》 등

직녀에게 외 4

옥영숙

빨라서도 늦어서도 아니 되는 꼭 하룻밤
소란스레 떠들던 어린 별들 재워놓고
모질게 기다려야 할
녹지 않을 슬픔들

삼백 예순 나흗날의 그리움을 지워내고
은하를 밟고 가는 맨발이 튼튼타 해도
오작교 주춧돌마다
묻어나는 상처여

천 갈래 만 갈래 주름졌던 가슴앓이
그 가슴 씻어내며 짧은 만남 마쳤기에
붉쌍타! 매달린 사랑
자국마다 언약인가

길

늙은 성자 건널목에서 잠시 숨을 고른다

흰머리 숭숭한 육신으로 쌓아 올린

뻐저린
파지 한 리어카에
세끼 밥과 한 저녁잠을 싣고.

조심해도 한 귀퉁이 삐져나오는 사연은
반듯하게 펼 수 없는 삶의 군더더기

얼마를 더 가야 하는
순례의 길인가.

수련, 그늘 아래

하루에도 몇 번씩 참을 일이 생기면
사는 것이 진흙탕에 길을 다지는 일이라고
숨 한번 크게 몰아쉬고
수련에게 말을 건넨다

수렁에서 수렁으로 옮기는 발자국마다
쓴물을 토해내며 꽃피운 수련 그늘에
조금씩 벗어놓는 마음
햇살이 넓게 퍼진다

내 마음의 우산

내 나이 열아홉에 긴 편지를 쓰던 밤은
잠든 아버지 베개 너머 별자리로 그물을 짜

빛나고 아름다운 출항
그 모든 기쁨이었다

작은 배 돛대 곁으로 숭어 떼를 보내고
수천 길도 넘어 뵈는 바닷길을 열었으나

멀리서 묻어오는 먹구름
그 고요를 알지 못했다

내 몸의 안팎으로 석달 열흘 퍼붓던 비
그 바다를 떼어놓고 헤엄쳐 온 오늘까지

볕 바른 포구에 살면서
가끔 하늘을 본다

은밀한 기쁨

갈러리 아래층에서
비빔밥집을 하는 그녀
접시를 닦거나 채소를 다듬을 때
등허리 깊은 틈새로 강 바다를 그린다

여러 번 걸음 멈춰 선택한 돌솥비빔밥은
한 솥 가득 달아올라 허기를 적시고
바다의 들숨날숨으로 사람들을 흔들었다

위층에는
태어나 한 번도 본 적 없는
과거와 현재와 미래가 같은 시제로
화폭은 초록이 창문으로 꽃 피고 나비가 난다

쪽염과 오색 한지공예 붙잡힌 마음은
짐바브웨의 영혼을 불어넣은 쇼나조각으로
수많은 표정과 풍경은
제 것인 양 들앉았다

잘 닦은 비빔밥 그릇이 조금은 심심할 때
갤러리 오르내리며 풍금 소리를 내는
잠시도 내려놓을 수 없는
은밀한 기쁨이다

평설

삶의 진솔한 밑그림, 그 긍정적이고 투명한 시

박시교 시인

옥영숙 시인이 일상에서 거둬들인 시어들로 엮은 시편은 우선 친근감이 느껴진다. 그 울림이 공허하거나 과장되지 않고 읽는 이에게 잔잔한 감동을 불러일으키게 하는 것도 그 때문일 것이다. 여기에 더하여, 시가 우리들 삶의 이야기이어야 한다는 명제와 관련지었을 때도 그의 시는 보다 감각적이고 생동감이 넘친다. 예컨대, 〈무단횡단〉과 같은 조금은 엉뚱한 유혹을 짧은 시의 행간에 담아내는 저력을 보여준다거나, 신작 〈동백꽃 그늘〉에서처럼 공간과 시간을 뛰어넘는 상상력을 펼쳐 보인 것도 전적으로 그의 풋풋한 시적 매력임에 틀림이 없다.

그래서일까, 상투적인 수식에 얽매어 있거나 진부한 진술의 수렁에서 벗어나지 못한 많은 시조들과는 사뭇 다른 그의 작품을 읽는 재미가 더욱 각별하였다.

먼저 〈수련, 그늘 아래〉를 옮겨 읽는다.

하루에도 몇 번씩 참을 일이 생기면
사는 것이 진흙탕에 길을 다지는 일이라고
숨 한번 크게 몰아쉬고
수련에게 말을 건넨다

수렁에서 수렁으로 옮기는 발자국마다
쓴물을 토해내며 꽃 피운 수련 그늘에
조금씩 벗어놓은 마음
햇살이 넓게 퍼진다

—〈수련, 그늘 아래〉 전문

우리들 삶이 어찌 양지볕처럼 밝고 다습기만 하겠는가. 그늘지고 속 뒤집는 일이 하루에도 여러 번일진대, 그것이 또한 사람 살아가는 일상이라 여겨야만 위안이 될 터인데 여기 이 시에서는 그럴 때마다 시적 화자가 '숨 한번 크게 몰아쉬고/ 수련에게 말을 건넨다'. 발상이 재미있고 그 여유 또한 남다르다.

'하루에도 몇 번씩 참을 일이 생기면/ 사는 것이 진흙탕에 길을 다지는 일이라고' 생각한다고 하는 어떻게 보면 지극히 평범한 진술이, 그릴 때나나 '수련에게 말을 건넨다'라는 결구가 받쳐줌으로써 새롭게 비춰지는 것도 옥 시인의 저력이라고 할 수가 있다. 그리고 화자의 일상을 수련에 대입시켜 놓은 둘째 수의 짜임과 '조금씩 벗어놓은 마음/ 햇살이 넓게 퍼진다'는 삶의 긍정적인 평가 등이 이 시를 돋보이게 했다.

아무튼 〈수련, 그늘 아래〉는 쉽게 읽혀지면서도 무언가 깊은 생각을 하게 해주는 작품이었다.

또 있다. 우리들 삶의 현장에서 자주 목격하게 되는 고단한 일상의 이웃들을 따뜻한 시선으로 감싸주고 있는, 다음에 옮기는 작품도 옥 시인의 개성을 읽기에 부족함이 없었다.

늙은 성자 건널목에서 잠시 숨을 고른다

흰머리 숭숭한 육신으로 쌓아 올린

뼈저린
파지 한 리어카에
세 끼 밥과 한 저녁잠을 싣고.

조심해도 한 귀퉁이 삐져나오는 사연은
반듯하게 펼 수 없는 삶의 군더더기

얼마를 더 가야 하는
순례의 길인가.

—〈길〉 전문

'늙은 성자' 를 바라보는 그의 눈은 사뭇 경이롭다. '세 끼의 밥과 한 저녁잠' 을 위하여 '흰머리 숭숭한 육신' 의 그 성자가 할 수 있는 일은 고작 '파지 한 리어카' 를 모아서 힘겹게 날라 몇 푼을 받는 고단한 수고일 뿐이다.

소위 말하기 좋은 국민소득 선진화 2만불 시대임에도 불구하고 실제 우리 주위의 많은 소외 이웃들은 이 같은 최저생계비를 위해 하찮은 일에 매달려야만 한다. 이것이 우리가 살고 있는 이 땅의 냉혹한 현실이다. '조심해도 한 귀퉁이 삐져나오는 사연은/ 반듯하게 펼 수 없는 삶의 군더더기' 일 것이며, 그러한 고단한 일상의 연속은 불가피할 것이므로 '얼마를 더 가야하는/ 순례의 길인가' 라고 탄식한다.

늙은 성자(?)의 고단한 삶을 다루고 있는 〈길〉은 잔잔하면서도 역설적인 진술을 통해 오늘의 우리 사회가 안고 있는 아픈 한 단면을 예리하게 파헤친 가작이었다.

내면세계를 밀도 있게 다루고 있는 다음의 작품도 예외는 아니다.

어젯밤 꿈속의 장면은 다채로웠다
행갈이 잘못해서 오독하는 부분처럼
우리 집 우리 동네도 찾지 못하고 헤맸다

한 발짝 한 발짝 깊은 늪에 빠져들듯
요철이 심한 길은 어렴풋한 한기로
아무리 이름 불러도 따뜻한 손, 잡지 못했네

아픈 것도 살아 있다는 그 무슨 신호인지
지난 며칠 독감으로 밤잠을 설쳤을 뿐
풍경은 거듭 낯설고 기댈 곳 없었어라

꿈굽이 점점이 유영하는 저 일점
저물어도 부서진 제 조각들 끌어안고
천천히 맞춰 가야 할 길에 발바닥이 아프다

—〈퍼즐을 맞추는 여자〉 전문

'발바닥이 아프' 도록 걸어야 할 삶이 비단 〈길〉에만 국한된 것은 아닐 터, 자신이 가야 할 '요철이 심한 길' 도 다르지 않음을 적시한 작품이 바로 〈퍼즐을 맞추는 여자〉였다. 제목에서부터 암시하는 바가 색다르다.

'행갈이 잘못해서 오독하는 부분처럼' 이나 '아픈 것도 살아 있다는 그 무슨 신호인지' 등의 구절들도 눈길을 끌게 하지만, 살아가야 할 길이 퍼즐을 맞추는 지난한 일과 크게 다르지 않다고 하는 발상이 이채로웠다. 육신의 아픔도 그 원인일 테고, 일상의 정신적 부대낌 또한 녹록치 않은 우리 살아가는 길이, 성자의 길 따로 퍼즐을 맞추는 여자의 길 다르지 않을 것임은 두말할 나위가 없다. 그러나 분명한 것은 그가 다루고 있는 길이 시로서는 어떤 믿음과 확신을 보여주고 있다는 사실이다. 이 점에 필자는 특히 주목하였다.

가족(아버지) 이야기를 다루고 있는 작품 〈제삿날〉과 〈내 마음의 우산〉도 재미있게 읽혔는데, 여기서는 〈내 마음의 우산〉을 옮겨 읽는다.

> 내 나이 열아홉에 긴 편지를 쓰던 밤은
> 잠든 아버지 베개 너머 별자리로 그물을 짜
>
> 빛나고 아름다운 출항
> 그 모든 기쁨이었다
> 작은 배 돛대 곁으로 숭어 떼를 보내고
> 수천 길도 넘어 뵈는 바닷길을 열었으나

멀리서 묻어오는 먹구름
그 고요를 알지 못했다

내 몸의 안팎으로 석달 열흘 퍼붓던 비
그 바다를 떼어놓고 헤엄쳐 온 오늘까지

볕 바른 포구에 살면서
가끔 하늘을 본다

—〈내 마음의 우산〉 전문

아버지에 대한 아픈 추억을 반추하고 있는 위 작품은 잔잔하게 배어나는 슬픔이 인상적이었다. '빛나고 아름다운 출항' 과 '멀리서 묻어오는 먹구름' 의 대비, '내 몸을 안팎으로 석달 열흘 퍼붓던 비' 와 '그 바다를 떼어놓고 헤엄쳐 온 오늘까지' 의 긴 시간의 회억 등이 읽는 이의 가슴을 서늘케 한다. 여기서 특히 주목해야 할 것은, '볕 바른 항구에 살면서/ 가끔 하늘을 본다' 라는 결구였다. 그렇게 아픈 과거로부터 벗어나지 못하고 인연의 질긴 끈을 드리운 채로 머무는 것은 왜일까.

'내 나이 열아홉에 긴 편지를 쓰던 밤은/ 잠든 아버지 베개 너머 별자리로 그물을 짜' 던 기억을 끝내 저버릴 수도 잊어버릴 수도 없었기 때문일 것이다. 지금은 시의 그물을 바로 그 별자리로 짜고 있는 손이 아닌가. 그리고 다음으로 옮겨 읽을 시에는 맛있는 비빔밥을 만들기도 하는 손이다.

갤러리 아래층에서
비빔밥집을 하는 그녀
접시를 닦거나 채소를 다듬을 때
등허리 깊은 틈새로 강 바다를 그린다

여러 번 걸음 멈춰 선택한 돌솥비빔밥은
한 솥 가득 달아올라 허기를 적시고
바다의 들숨날숨으로 사람들을 흔들었다

위층에는
태어나 한 번도 본 적 없는
과거와 현재와 미래가 같은 시제로
화폭은 초록의 창문으로 꽃 피고 나비가 난다

쪽염과 오색 한지공예 붙잡힌 마음은
짐바브웨의 영혼을 불어넣은 쇼나조각으로
수많은 표정과 풍경은
제 것인 양 들앉았다

잘 닦은 비빔밥 그릇이 조금은 심심할 때
갤러리 오르내리며 풍금 소리를 내는
잠시도 내려놓을 수 없는
은밀한 기쁨이다

—〈은밀한 기쁨〉 전문

이 시에 나타난 풍금 소리를 내는 은밀한 기쁨은 대체 무엇일까. 찬찬히 되짚어 읽어보지만 어느 행간에도 이것이라고 할 만한 그 실체는 없다. 그런데도 그 기쁨이 배어나는 일과를 다 들여다본 것 같은 생각이 드는 것은 또 왜일까. 아무래도 그 대답은 신작 〈내가 그린 새 한 마리〉에서 찾아야 될 것 같고, 또 이 글도 이 작품을 옮겨 읽는 것으로 끝맺는 것이 좋을 듯싶다.

6호짜리 캔버스에 박새 한 마리 앉았다
헐거운 매화 가지에 따슨 햇살 있어도
아무도 주목하지 않아
울지도 날지도 못한다

언 빨래처럼 묵묵히 매달린 꽃봉오리는
적요한 풍경으로 제 딴에는 간절한
숨차고 지루한 시간
꽃 밝은 짐을 자네

죽은 둥지 갈라 터진 틈새로 움트듯이
두터운 화폭 너머 하늘이 열리면
골짜기 외진 응달까지 닿는 노래를 불러다오

—〈내가 그린 새 한 마리〉 전문

'헐거운 매화 가지', '언 빨래처럼 묵묵히 매달린 꽃봉오리', '두터운 화폭 너머 하늘' 등의 절구가 매수마다 연의 중심을 이루면서 '6호짜리 캔버스에 박새 한 마리 앉아' 있는 그림을 이 시는 보여주고 있다. 그리고 '골짜기 외진 응달까지 닿는 노래를 불러' 달라는 기원까지도 담았다.

또한 '아무도 주목하지 않아/ 울지도 날지도 못한다' 는 그가 그린 박새 한 마리는 화자 자신의 모습일 것이며, 그래서 '숨차고 지루한 시간/ 꽃 밝은 잠을 자네' 라고 노래한 것인지도 모른다. '과거와 현재와 미래가 같은 시제로/ 화폭은 초록의 창문으로 꽃 피고 나비가 나는' 〈은밀한 기쁨〉의 그림과 박새 한 마리가 앉은 6호짜리 〈내가 그린 새 한 마리〉는 같은 시간대에 그려진 일종의 시리즈 연작이라고 봐도 좋을 것 같다는 생각이 들었다.

이쯤에서 다시 이 글의 처음으로 돌려서, 시가 우리들 삶의 진솔한 이야기일 필요가 있다는 명제와 관련하여 옥영숙 시인의 시편들은 일상의 아픔들이 투명하게 들여다보이는 매력이 장점이라고 할 수가 있겠고, 여기에 더하여 시를 읽는 재미와 믿음을 동시에 느낄 수도 있었다. 그리고 필자는 보았다. 그가 삶을 긍정적으로 그리고자 한 밝고 투명한 그림, 그 그림이 바로 현실을 바탕으로 한 오늘의 우리 시라는 사실을. 그만큼 그의 시는 건강하다.

김시탁 시인

경남문학 84 | 2008년 가을호

2002년 《문학마을》 등단. 경남올해의젊은작가상 등 수상.
시집 《곰탕》 등

내 어머니 이름은 심순대 외 4

김시탁

내 어머니 이름은 심순대沈淳大
초등학교 마당도 못 밟아서 글 모르지만
열여섯에 시집와서 자식 일곱 낳고
한 자식 잃었지만 육 남매 거뜬하게 키운
내 어머니 이름은 심순대다

내 나이 열두 살이 되도록 시집살이에 매여
남동생 둘 잃고도 친정 한 번 못 가보고
주정뱅이 외삼촌 술 취해 올 때면
소나무 장작으로 두들겨 패 쫓고는
불 아궁이 앞에서 눈물짓던 어머니
행여 누가 볼 때면 덜 마른 장작 탓이라며
두들겨 팬 동생보다 가슴에 멍이 더 든
내 어머니 이름은 심순대

장날 그 흔한 자장면 한 그릇 못 사드시고
녹두콩 열무다발 푼푼이 내다 팔고
벼농사 고추농사 찌들려서
끝물 고추 대궁처럼 바삭 마른 어머니
이제는 관절염으로 두 무릎 쇠붙이 박아
걸음조차 못 내딛는
내 어머니 이름은 심순대

병원 약국 앞에서
심순대 씨! 심순대 씨! 하고 부를 때
사람들 그 이름 우습다고 키득대지만
'여기 갑니다. 심순대 씨 갑니다'
나는 소리치며 약봉지 받아든다

이제 좀 편히 사시라고
기와집 한 채 잘 지어드렸더니
새 집에 흙 묻는다고 현관부터 맨발로 들어서는 어머니
무릎 수술 자국이 눈에 아려 왜 맨발로 들어가느냐고 소리치면
그냥 말없이 웃는, 이제는 너무 작아 어린아이 같은
내 어머니 이름은 심순대

경상북도 봉화군 춘양면 서동리 202번지
마당 넓고 잘 지은 그 집 문패에는
이 세상에서 가장 아름다운 이름 하나가 걸려 있다
어머니가 한 번도 구경하지 못한
한문으로 쓴 이름 沈淳大
내 어머니는 거기서부터 맨발로 들어가시며
매일매일 바라보신다

봄의 혈액형은 B형이다

대낮부터
벚꽃나무 아래에 앉아
동동주를 마신다

꽃잎 하나가 술잔 속에 떨어진다
그냥 마셨더니 온몸에 열이 오른다
팔뚝에도 목덜미에도 얼굴에도
나를 닮은 벚꽃이 피어난다
꽃잎 속에는 B형의 피가 흐른다

봄은 꽃을 피우기 위해서 이렇게
열병을 앓는구나
시꺼멓게 제 몸을 태워놓고
가지를 흔들며 우는구나

흔들릴 때마다 그녀가 생각난다
꼬깃꼬깃 구겨진 편지가
주머니 속에서 싹을 틔운다
동동주에 취한 사연들이 비틀거리고
수첩 속에 접혀 있던 그녀가 걸어 나와
내 맞은편 의자에 앉는다

벚꽃이다

어느새 구두 속에도
흥건히 물이 고인다
발가락이 근질거리더니
구두 밑창을 뚫고 쑤—욱
땅바닥에 뿌리를 박는다

신 것이 먹고 싶은 그녀가
헛구역질을 한다

아름다운 관계

배롱나무 가지에
새 한 마리 날아와
앉는다
새가 날아와 앉을 때
가지는 둥치를 꼭 잡기 위해
잠깐 흔들린다
흔들린다는 건 반갑다는 나무의 몸짓이다
온종일 서서 새를 기다리는 나무
떼 지어 날아올 새를 위해
날마다 잔가지를 늘려가는 나무
사람들이 모르는
그들의 관계가 아름답다
그 관계가 좋아
나도 몸을 흔들어 가지 하나를
뻗고 싶다.

박

간밤에 시골 슬래트 지붕 위로
달이 떨어졌다

아버지가 새끼줄로 달을
꽁꽁 묶어 놓았다

온 집안이 환했다

새벽에 일어나 보니 달은 없고
여기저기 달이 알을 낳아 놓았다
밤새 품고 있어 미처 체온이 식지 않았는지
김이 모락모락 나고 있다

박꽃들이 새벽이슬에 젖은 알을
슥슥 닦아 준나
그때 알이 약간 꿈틀거렸는데
그때 훅 달 냄새가 났다.

전어회

전어회를 주문하니
바다를 한 접시 갖다 준다
백사장 위에 바다가 누워 있다
나무젓가락으로 건져 올려
잘근잘근 씹었더니
입안 가득 파도 소리 요란하다

바다의 살들이 어떤 맛인지
전어회를 먹어보면 알 수 있다
초장에 듬뿍 찍어
한 번에 삼키지 못하고 씹는 것은
바다의 살들도 근육이 있기 때문이다
파도의 뼈가 이빨 사이로
부딪치기 때문이다

풋상추나 들깻잎으로
보쌈한 바다를 삼켜보면
뭉클, 목구멍 속으로
섬하나 넘어간다
입안 가득한 파도가
그 섬에 닿고 싶어
자꾸 소주잔 들이켠다

공동체 관계를 향한 따뜻한 주문의 서

—김시탁 시인

문희숙 시인

Ⅰ. 들어가면서

아마존 강 유역의 원주민 카두베오 부족은 얼굴에 아라베스크 문양을 그린다. 그들은 그림 그리기란 인간 속성이 한 부분이며 아무것도 그려지지 않은 몸은 자연 상태의 짐승과 같은 것이라고 여겼다. 사람답게 산다는 건 결국 문화의식을 가지는 것이라는 말이다. 원주민의 입장과는 달리 그곳 기독교 선교사는 하늘이 준 외모를 인위적으로 꾸미는 행위를 야만으로 보았다. 이렇게 가치란 관점에 따라 한 가지 사실에도 그 해석이 분분하다. 시인도 역시 이런 사회적 현상이나 차이, 갈등 문제에 참여하고 이를 제기하고 자신의 인식세계를 심미적으로 표현하며 인간의 삶에 정서적 환기를 가한다.

김시탁 시인 또한 시작을 통해 이를 실현하는 시인으로 평소 사회적 연대감을 중시하고 적극적 태도로 공동체 내의 역할을 맡아서 실천하였다. 십여 년을 보면서 그의 활동을 말하자면 시작 외에도 그는 구성원 사이에서 혹은 각각의 집단 속에서 거침없이 행동하는 시인으로 열정적 활동을 보였다. 이런 시인의 모습이나 태도는 관계의 소중함을 아는 행위로 이번 그의 신작을 포함한 10편의 작품에서도 공통적으로 보이는 인식으로 나타나고 있다.

사람이 보다 안전하고 편리한 삶을 살아가기 위해 자기 관심에 부합되거나 자신의 실리와 연관된 부분을 보려는 성향은 사회가 복잡다단할수록 더 심화된다. 그래서 보려는 부분만을 구성하고 편집해서 보고 목적을 맹렬히 추구하는 것이다. 그런데 이는 소외를 불러일으키는 공동체의 위기로, 사회적 분열을 초래하고 있다. 김 시인의 시는 여기서 그의 시적 의식을 나타낸다. 그것은 바로 공동체에 대한 애정과 인간 관계의 따뜻한 복원을 향한 주문의 서로 그 시의 임무를 스스로 선택하고 있는 점이다.

II. 나와 너, 우리 그 아름다운 관계의 소망

배롱나무 가지에
새 한 마리 날아와
앉는다
새가 날아와 앉을 때
가지는 둥치를 꼭 잡기 위해
잠깐 흔들린다
흔들린다는 건 반갑다는 나무의 몸짓이다
온종일 서서 새를 기다리는 나무

떼 지어 날아올 새를 위해
날마다 잔가지를 늘려가는 나무
사람들이 모르는
그들의 관계가 아름답다
그 관계가 좋아
나도 몸을 흔들어 가지 하나를
뻗고 싶다.

—〈아름다운 관계〉

위 시에서처럼 시인의 정서적 관심은 공동체적 인간관계의 아름다움을 소망하고 있다. 사실적 묘사 –새 한 마리 날아와, 새를 기다리는 나무, 잔가지를 늘려가는 나무–와 이를 결론짓는 인식적 진술 –모르는 관계가 아름답다, 나도 가지 하나를 뻗고 싶다–로 마감하는 이 시의 구성은 사실과 인식의 순서로 엮어졌다. 여기서 시인은 관계의 아름다움을 보조관념인 새와 나무를 통해 의식한다.

엄밀히 말하자면 주체란 없는 것이다. 개체와 개체가 상대적으로 그 존재를 인정할 때 비로소 주체가 성립되고 그 가치와 개성이 드러나는 것이다. 반사론적 존재인식인 셈이다. 새인 네가 있어서 나무인 네가 있고 서로를 통해 각 존재가 구현된다는 공동체적 관계가 바로 아름다운 관계이자 삶의 가치라고 말한다. 비록 사람들은 목적에 가려져 관계의 진정성을 잃었다 해도 이를 이루기 위해 시인은 몸을 흔든다는 표현을 한다. 이는 행동한다는 말이다. 행동하지 않고 이상적 아름다운 관계란 피상에 그칠 뿐이라는 걸 알아야 한다.

대낮부터
벚꽃나무 아래에 앉아
동동주를 마신다

꽃잎 하나가 술잔 속에 떨어진다
그냥 마셨더니 온몸에 열이 오른다
팔뚝에도 목덜미에도 얼굴에도
나를 닮은 벚꽃이 피어난다
꽃잎 속에는 B형의 피가 흐른다

봄은 꽃을 피우기 위해서 이렇게
열병을 앓는구나
시꺼멓게 제 몸을 태워놓고
가지를 흔들며 우는구나

흔들릴 때마다 그녀가 생각난다
꼬깃꼬깃 구겨진 편지가
주머니 속에서 싹을 틔운다
동동주에 취한 사연들이 비틀거리고
수첩 속에 접혀 있던 그녀가 걸어 나와
내 맞은편 의자에 앉는다

벚꽃이다

어느새 구두 속에도

흥건히 물이 고인다
발가락이 근질거리더니
구두 밑창을 뚫고 쑤–욱
땅바닥에 뿌리를 박는다

신 것이 먹고 싶은 그녀가
헛구역질을 한다

—〈봄의 혈액형은 B형이다〉

동동주 술잔 속에 떨어진 벚꽃잎을 마시고는, 봄을 타는 화자의 심상이 탄생을 향한 열띤 내면을 펼치면서 B형 피의 속설적 기질을 차용하여 작품으로 변주했다. B형의 피는 보편적으로 기질상 따뜻한 내면과 다정하다는 속설이 있다. 또 이 혈액형의 기질에는 일상성 너머 변화를 추구하는 진취적 기질도 포함한 특성을 가졌다 전한다. 따라서 봄의 기상은 진취적이고 벚꽃은 봄을 대변하는 주변적 상징물의 하나이다.

봄은 생명과 탄생의 시기로 총체적 만남의 장이 열리는 계절이다. 시인은 여기서 '오른다– 피어난다– 흐른다– 열병 앓는구나– 생각난다 틔운다– 의사 앉는다– 고인다– 뿌리 박는다'는 역동적인 서술어를 통해 봄의 특성인 만남과 이를 잇는 관계의 의미를 취한 듯 기술한다. 이는 다시 봄을 통한 관계 이미지를 그려낸다. 생명의 모후, 대지인 그녀를 불러내는 시적 상황, 그리고 이 모든 생명의 탄생에 취한 화자의 발길도 대지와 동화된다는 축제적 장면을 제시하는 것이다.

마지막 연에서 '신 것이 먹고 싶은'과 '헛구역질'이라는 표현은 일반적 감각의 수용이 아닌 진취적, 개성적 봄의 기질인 동시에 B형 혈액형의 기질인 변화를 갈망하는 상징적 특성을 다시 한 번 되새긴다. 이로써 시인은 봄과 혈액형을 매개로 일상화되어 온 인간관계의 관습적 고정적 인식을 벗어나 더욱 생산적인 재정립과 따뜻한 인간성을 지닌 새로운 관계의 만남을 강조하고 있다.

내 어머니 이름은 심순대 沈淳大
초등학교 마당도 못 밟아서 글 모르지만
열여섯에 시집와서 자식 일곱 낳고
한 자식 잃었지만 육 남매 거뜬하게 키운
내 어머니 이름은 심순대다

내 나이 열두 살이 되도록 시집살이에 매여
남동생 둘 잃고도 친정 한 번 못 가보고
주정뱅이 외삼촌 술 취해 올 때면
소나무 장작으로 두들겨 패 쫓고는
불 아궁이 앞에서 눈물짓던 어머니
행여 누가 볼 때면 덜 마른 장작 탓이라며
두들겨 팬 동생보다 가슴에 멍이 더 든
내 어머니 이름은 심순대

장날 그 흔한 자장면 한 그릇 못 사드시고
녹두콩 열무다발 푼푼이 내다 팔고
벼농사 고추농사 찌들려서
끝물 고추 대궁처럼 바삭 마른 어머니

이제는 관절염으로 두 무릎 쇠붙이 박아
걸음조차 못 내딛는
내 어머니 이름은 심순대

병원 약국 앞에서
심순대 씨! 심순대 씨! 하고 부를 때
사람들 그 이름 우습다고 키득대지만
'여기 갑니다. 심순대 씨 갑니다'
나는 소리치며 약봉지 받아든다

이제 좀 편히 사시라고
기와집 한 채 잘 지어드렸더니
새 집에 흙 묻는다고 현관부터 맨발로 들어서는 어머니
무릎 수술 자국이 눈에 아려 왜 맨발로 들어가느냐고 소리치면
그냥 말없이 웃는, 이제는 너무 작아 어린아이 같은
내 어머니 이름은 심순대

경상북노 봉화군 춘양면 서동리 202번지
마당 넓고 잘 지은 그 집 문패에는
이 세상에서 가장 아름다운 이름 하나가 걸려 있다
어머니가 한 번도 구경하지 못한
한문으로 쓴 이름 沈淳大
내 어머니는 거기서부터 맨발로 들어가시며
매일매일 바라보신다

―〈내 어머니 이름은 심순대〉

인간에게 어머니는 마지막 돌아갈 귀소의 공간으로 그리움과 영원한 안식처를 의식케 한다. 또 어머니는 대지에 비유되는 원형적인 상징성을 지녔으며 생명의 풍요를 의미하기도 한다. 그러나 부정적 측면에서 볼 때 어머니는 사회가 만든 '가정 이데올로기'의 희생적 표상이기도 하다. 더불어 어머니는 현실의 고통을 극복하기 힘들 때 무의식에 나타나는 퇴행적 자아가 갈망하는 구원의 처소를 의미하기도 한다.

그러나 이 시에서 어머니는 매우 다의적으로 그 의미를 분석할 수 있다.관계의 의미망으로 살펴보면 집안의 중심적 존재로서 먼저 어머니는 매우 강인한 이미지를 보여준다. '자식 육 남매를 잘 기른 것, 개인적 마음의 상처를 다스리는 정신력, 스스로 검소·근면한 성품' 그리하여 결국 모든 관계를 위해 아낌없이 내어주고 남은 것은 '쇠에 의지한 병든 육신'이다. 그러나 이런 어머니가 문화적 사회적 유행에 따르는 허영에 의해 이름이 우스꽝스레 비쳐지기도 한다. '순대'라는 이름은 서민이 먹는 허드레 음식의 이름과 동음이기에 병 치료를 하러 간 곳에서 조롱에 직면하기도 한다. 그런 어머니에게 화자는 집을 지어드린다. 어머니는 그 집을 성소로 여기듯 맨발로 들어선다. 모든 대상에 대해 작게 몸을 낮추는 어머니의 모습을 화자는 가장 아름다운 관계 중 하나로, 기꺼운 정서를 드러낸다. 이 시에서 어머니는 영원한 스승의 이미지를 보이기도 한다. 사랑의 관계를 몸으로 실천하고 맺어가는 구체적 현장을 그는 스스로에게 점검하듯 시를 엮고 있다.

간밤에 시골 슬래트 지붕 위로
달이 떨어졌다

아버지가 새끼줄로 달을
꽁꽁 묶어 놓았다

온 집안이 환했다

새벽에 일어나 보니 달은 없고
여기저기 달이 알을 낳아 놓았다
밤새 품고 있어 미처 체온이 식지 않았는지
김이 모락모락 나고 있다

박꽃들이 새벽이슬에 젖은 알을
슥슥 닦아 준다
그때 알이 약간 꿈틀거렸는데
그때 훅 달 냄새가 났다.

—〈박〉

시인의 관심은 이제 사람 관계에서 사람과 자연의 관계로 의식이 확장되어 나타난다. 시의 전반이 동시적 심상을 풍기는 이 시는 가족이라는 공동체와 자연이 갖는 만상이 비유되며 유기적 관계를 맺음으로써 더욱 아름답고 단단한 삶의 결속이 이루어진다고 본다. 여성적 이미지인 달이 떠서 아버지를 비롯한 가족들은 달빛으로 서로의 관계를 환히 비추어본다. 그리고 그런 관계를 확인하면서 날이 바뀌고도 그 관계가 낳은 순결한 의미는 박꽃으로 피고 박으로도 열매 맺게 된다. 달은 차기도 하지만 기울게 된다. 이는 자연과 우주의 질서를 표상한다. 그 질서와 조화로운 관계를 인간이 유지할 때 우리의 삶은 열매로 거듭나게 될 것을 암시하고 있다.

골목 포장마차에 가면
지친 하루를 데려다
술잔을 건네는 사람들이 있다

마음씨 좋은 이모가
돼지 창자 속에 꽉꽉 채워 넣은 정들을
뭉텅뭉텅 썰어 접시 위에 담아주면
말없이 술잔을 비우는 사람들이 있다

허름한 포장마차 이모 집에 가면
마음을 보내놓고 껍데기만 모여 앉아
술 마시는 사람들이 있다
짝이 맞지 않는 나무젓가락으로
석쇠 위에 덜 익은 생각들을 이리저리 뒤적이며
마음을 맡겨놓은 사람에게
안부를 묻고 싶은 사람들이 있다

막소금에 절여져서 시들어버린 시간을
양념해서 비벼 먹고
모두가 이모가 되는 사람들
간이 잘된 얼큰한 사랑이 고픈 사람들이 있다

제 피를 짜서 남을 취하게 하는
25도의 눈물을 목구멍 속으로 털어 넣고
빈 병처럼 흔들리며 바람에게도 잔을 건네고

전봇대에게도 어깨를 빌려주고 싶은 사람들
그런 사람들이 있다

—〈골목 포장마차〉

시인은 이제 사람 사이의 아름다운 관계를 찾아 골목길의 포장마차로 시선을 옮긴다. 그곳은 날것의 생을 살아가는 가장 소박한 서민의 애증이 토로되는 '지친 하루를 술잔으로 속풀이하는' 공간이다. 그곳은 정을 꽉 채워서 주는 주인 이모와 껍데기로 남은 마음으로 말없이 술잔을 비우는 사람들이 있다. '짝이 맞지 않은 젓가락으로 덜 익은 생각에 잠긴 사람' 그들에게 '안부라도 물어주고 싶은' 화자의 인간적 관심이 있는 풍경이다. 인생의 전성기를 다 보낸 사람들이 있는 골목길 포장마차는 허름하나 따뜻한 사람의 향기가 있다. 그중 '마담' 이 아닌 '이모' 는 친족어로 어머니를 대신하는 표상이며 일상에서도 친근감을 나타내는 시어이다. 여기서도 사회적 어머니 격인 이모를 중심으로 모여든 고프고 허름한 군상들에게 시인은 관심을 드리내고 있나. 현실적 소득을 바라는 게 아니라 득이 없어 바람처럼 허무한 관계라 해도 혹은 정감 없어 무뚝뚝한 전봇대 같은 존재라도 모두가 함께 삶을 나누는 그런 아름다운 관계가 되길 바라는 원이 감각적 표현을 통해 생생히 전달되는 시다.

Ⅲ. 상처, 꿈이 태어나는 공간

말〔語〕에 다쳐 돌아온 날은
참 우울하다
뾰족한 말에 찔려

피 흘리며 돌아온 날은
서글프다

그의 말에 맞아
시퍼렇게 멍들 때가 있다

둥그런 사람
모나지 않은 사람처럼
그렇게 그 사람 말도 각이 없어서
사람이 다치지 않았으면 좋겠다

만지면 맨질맨질하고
가만히 품고 있으면
따뜻해지는 그런
말이었으면 참 좋겠다

—〈말의 상처〉

사람에 대한 따뜻한 관심을 가진 시인에게 사람 사이의 관계는 그러나 늘 추구하는 대로 맺어지지만은 않는다. 사람 사이의 관계는 오해가 있을 수도 있으며 목적을 갖고 의리를 맺거나 실리를 따져 모이거나 흩어지기도 한다. 그리하여 소유적 모드에 이상 기류가 드러났을 때 서로 상처를 주거나 상처를 받게 된다. 그 중심에 도구가 되는 인간의 말이 있다.

이 시의 화자도 예외가 아니다. 누구에게 원인이 있든 '뿔을 세우고 찔러대는 상처, 멍들도록 던지는 돌'이 되는, 사람의 말이 순화되기를 바라고 있다. '우울하다, 서글프다' 라는 직접적 진술은 '사람이 다치지 않으면 좋겠다' 는 반복으로 화자의 염원과 인간애가 시 속에 걱정스레 녹아 있음을 보여준다.

말은 흉기이다. 말로 성공하는 사람도 있고 말로 망하는 사람도 있으며 말로 문화를 운반할 수도 있고 계층을 형성할 수도 있다. 말은 삶을 규정하는 기술적 무기이다. 이는 복이 되기도 하나 독도 될 수 있는 강력한 힘을 가졌다. 사람 관계는 말에서 비롯된다고 해도 과언이 아니다. 말로 따뜻한 관계들이 험하게 되지 않기를 화자는 아프게 호소하고 있다.

어깨가 결려
신체 교정원에서
교정을 받는다
휘어진 척추 때문에
통증이 심하단다

목부터 엉덩이에 이르는 길이
구부정했다
자세가 바르지 못한 삶은
낯선 사람의 손길이 닿아도 아프다
손아귀가 억센 사내가
휘어진 생을 주물렀다
타인의 손에 맡겨 교정 받는
굴곡이 많은 삶이 부끄럽다
마디마디 살아온 시간이 시리다 —〈교정〉

우리가 살아 있는 동안 육체와 정신은 분리할 수 없다. 이는 마음이 병들면 육체도 피폐하게 되고, 육체가 병이 깊어지면 마음도 삶의 의욕을 놓게 되는 이유 때문이다. 육체는 먹고 배설하며 생존의 공간적 영역을 담보하고 있다. 그런 육체를 지탱하는 중추가 굽어서 치료를 받는다는 말은 곧 정신과도 관련된다는 말이다.

이 시에서도 화자는 사실과 진술의 이중 구조로 사람살이의 태도를 반성적 어법으로 표현하고 있다. 반듯하지 못한 구부정한 태도가 빚은 통증이 이 시의 의식이 되었다. 이미 통증을 치유하는 것도 아프지만 타인에 의해 자신의 삶이 유도된다는 사실도 변변찮은 기분이 되고 이는 나아가 '부끄럽고, 시린' 자성을 보여준다. 이지러진 육체는 그러나 또 다른 이의 손길로 도움을 받아야만 한다. 삶에 있어 고쳐야 할 태도를 그저 지나친 기억이 시린 자각으로 바뀌고, 화자는 이제 교정을 받는 수용적 상황을 통해 또 하나의 사람 관계를 보여주고 있다. 이 시는 또한 도움을 받는 자의 입장이 되어 그 사실을 부끄럽고 시리게 인식하는 화자의 정서가 결코 타인의 신세를 지는 삶을 부정적으로 보고 있는 정황이기도 하다.

한편 사람과 사람 사이라는 게 바로 육체와 정신의 관계로 이해해도 될 것이다. 이렇듯 우리 모두는 나와 너의 관계를 통해 생을 완성하기 때문이다. 시를 통해 시인의 의식이 정면으로 드러나기도 한다. 김 시인은 평소에도 늘 능동적이며 자신이 먼저 물질이든 정이든 베그 크기를 떠나 베푸는 자의 삶을 보여왔다.

전어회를 주문하니
바다를 한 접시 갖다 준다
백사장 위에 바다가 누워 있다

나무젓가락으로 건져 올려
잘근잘근 씹었더니
입 안 가득 파도 소리 요란하다

바다의 살들이 어떤 맛인지
전어회를 먹어보면 알 수 있다
초장에 듬뿍 찍어
한 번에 삼키지 못하고 씹는 것은
바다의 살들도 근육이 있기 때문이다
파도의 뼈가 이빨 사이로
부딪치기 때문이다

풋상추나 들깻잎으로
보쌈한 바다를 삼켜보면
뭉클, 목구멍 속으로
섬 하나 넘어간다
입 안 가득한 파도가
그 섬에 닿고 싶어
자꾸 소주잔 들이켠다

—〈전어회〉

이 시는 바다 생물의 하나인 전어에서 상관물을 끌어와 바다라는 드넓은 세상을 직접 대면하고 세상살이의 맛을 짚어보고 있다. 화자는 세상의 어려움을 조심스레 순리대로 넘어가기 위해 '초장'을 쓰거나 전어회로 변용된 삶의 부분을 '씹어' 보며 덧하여 '상추'나 '들깻잎' 등 여러 보조적 장치도 사용해본다. 그리하여 요란한 삶의 파도를 극복하려는 의지를 보인다. 그러나 '목구멍 속'이라는 생존의 궁극에 가 닿을 수가 없는 갈증은 증폭되고 이는 또 소주라는 단기적 처방으로 해소하는 방편들을 쓰리게 고백한다.

이렇게 시인은 삶의 장애 앞에서 가끔 길을 잃기도 한다. 젊은 패기로 시작하는 세상살이가 끝내 '교정'을 받기도 하다가 해소되지 않는 삶의 '질긴 근육' 앞에서 삶을 잊고 싶어하는 좌절도 맛보게 되는 것을 알 수 있다. 그러므로 시인은 이렇게 적는다.

> 새벽녘바퀴벌레가TV수상기를파먹고있다6시뉴스가파먹힌다골을파먹혀골이빈국회의원이국민의이름이라고적힌명찰을달고자신을신원조회한다아내가바퀴벌레를믹스기에넣고돌리자골들이쏟아진다저녁에먹은양념통닭이쓰레기봉투를뚫고나온다내살을다뜯어먹어도새벽은온다며뼈만남은울대가운다진공청소기가닭을빨아들인다아들이진공청소기속으로빨려들어가며아버지를부르자벽에걸린액자속에서아들의아버지의아버지가걸어나온다지붕을받치고있던기둥이관절이시리다며주저앉자집이무너진다TV에서자막처럼바퀴벌레들이기어나온다이천칠년말경에생방송에출연한김달국씨가걸어나온다바퀴벌레가전깃줄을뜯어먹는다정전이다세탁기가운다
>
> —〈잠깐눈을감았다〉

분절 없이 써 내린 이 시는 매우 운율이 빠르게 진행되고 있어 정서적 긴장감을 유발하고 있다. 화자는 마침내 공동체적 존재감을 잃어버린 개체들 즉, 타자의 삶에 기생하는 바퀴벌레나 골빈 정치인, 이성 없는 닭, 삶의 두려움을 해소하려 폭력적 방어에 나선 '믹서기

를 돌리려는 아내, 이런 삶에 취약하여 힘없이 진공청소기에 끌려 들어가는 아들, 지붕이자 가장인 아버지, 한 가정과 가문을 상징하는 아버지의 아버지를 낱낱이 열거하고 있다. 모두가 기어 나오는 바퀴벌레에 의식과 행동의 장애를 당하고 있다.

이 시는 공동체가 따뜻한 인간의 질서와 혼을 잃어버리게 되었을 경우를 상징적으로 설파한다. 그 원인이 가까운 공간에서 함께 살아가는 존재이나, 바퀴같이 부정적 존재들의 득세가 몰고 오는 파국을 그리는 것이다. 이는 세계의 질서를 멈추게 하고 정전이듯 모든 관계의 단절을 나아가 불신과 갈등을 야기하는 것으로 종결한다.

시인은 이제 예지적 관점으로 세계를 보여준다. 마치 의식의 흐름에 반전이 일어난 듯하다. 더불어 살아가야 할 공동체 안에 '바퀴벌레' 라는 부정적인 대상들이 나타나고 이는 미디어시대의 정의로운 측면을 파괴한다는 이미지가 무겁게 나타난다. 다시 세탁할 수 없는, 바로 잡을 수 없는 세계는 정전이 되어 존재와 존재의 내부가 결속을 잃고 암흑에 갇히게 되는 이미지를 보인다. 비극적 고발로 암울하게 종결되는 시의 끝사락이 마냥 무겁다.

저 홀로 땅속으로
몸을 불려가는
청무우 같은 희망을
파종하고 싶다

시퍼런 이파리 죽죽 뻗으며
통통하게 살 올라
뿌리째 뽑아보면 밭을 통째로 들고 일어서는

근육질의 희망을 무공해 재배하고 싶다

햇살 흐린 어느 날
마음을 놓고 사는 사람들이 모여
잇몸 해지도록 베어 물고
찔찔 헤픈 웃음을 흘려 보는 일도 좋을 일이다

슬픔도 버적버적 침 튀기며 씹다가 보면
입 안 가득 단물 고일지 모를 일이다
가슴 안으로 고인 것들을 모아
척박한 묵정밭 하나 갈아엎고
청무우 같은 희망 하나 파종할지
모를 일이다.

—〈청무우 같은 희망〉

그러나 그렇지만 그럼에도 불구하고 시인은 파종을 꿈꾼다. '근육질의 무공해 희망' 을 꿈꾸는 것이다. '흐린 날도, 슬픔도, 가슴에 고인 것들 다 모아' 그 슬픔과 고뇌의 씨앗으로 건강한 삶의 테두리를 일궈갈 결의를 척박한 환경이나 소박한 모습으로 다지고 있다.

Ⅳ. 맺으면서

지금까지 김시탁 시인의 시를 부족한 안목으로나마 살펴보았다. 갑작스레 받은 원고 청탁이었다. 오래된 그와의 친분을 두고 거절하기 어려워 글솜씨를 떠나 승낙하게 된 것이라 매우 글이 엉성할 뿐이지만 그의 시들은 한결같이 사람에 대한 희망과 기대, 사람 관계에 대한 따스한 열망들로 가득했다. 산업시대 이후 우리가 몸담고 있는 세상은 보다 더 대립을 부추기고 우리는 가장 위험한 경쟁 시대를 살아가는 국민이 되었다. 시가 사회적 거울이라면 시인의 눈은 병들어 짓물러질 만큼 안타까운 시선에 갇혀 있다. 그래서 더욱 시인의 시선은 사람 간의 관계 회복에로만 쏠리는 것이다.

인간은 자연 상태일 때보다 사회적일 때 더 강한 욕구를 가지게 되고 자본주의 사회에서는 더욱 다양한 사회적 관계를 맺게 된다. 그러나 생산적 사랑의 힘이 없는 한 사람들은 소외되고 고독해진다. 이는 밖으로 혹은 안으로 자기 학대나 불특정 다수에 대한 분노로 표출되기도 한다. 김 시인은 이런 현대를 살면서 우리가 찾아야 할 것이 바로 충만한 공동체적 인간 관계임을 작품 속에서 제언하고 있다. 그는 개인, 가족, 이웃, 그리고 인간과 자연을 모두 아우르는 공동체적 관계의 망을 주문하는 시적 태도를 견지했다. 그리하여 그는 전체적인 시의 분모가 되는 모티프를 모성적 사랑을 통해 이룰 수 있는 소망이라며 판도라의 상자에는 아직 희망이 남아 있다고 말한다.

그는 시력詩歷이 그리 길거나 반대로 짧다고도 할 수 없다. 그 가운데 두 권의 시집을 상재했고 꾸준한 작품 활동을 하고 있다. 그중 그가 보내준 몇 편의 시들만으로 작가와 작품을 논하기 부족하지만 그의 시는 장식 면에서 감각적 묘사가 현란하다는 인상이 컸다. 사실적 묘사와 진술적 묘사가 내적 구조를 튼튼히 하여 표현된다면 더욱 단단한 시가 되지 않을까 생각해보았다. 특히 사람을 사랑하는 그의 문운을 기대하면서 드넓은 시적 세계를 횡단하길 바란다. 하며, 좁은 안목의 감상문을 이만 접기로 한다.

김명희 시인

이 작가를 주목한다

경남문학 85 | 2008년 겨울호

1991년 《경남문학》 등단. 경남시학작가상 수상. 시집 《꽃의 타지마할》 등

반닫이 외 4

김명희

숨구멍 죄듯 짜 맞춘 목무늬
저 사각의 틀에 어머니 나를 가두네
백통장식 떨어져 나간 자리 기름걸레질하며
안방에서 주방으로 현관으로
내 목덜미 문지르네
어머니 손에 힘 실릴 때마다
발버둥치는 비명 아무도 듣지 못하네
젊은 오동 오동나무
소목장의 손을 떠나온 지 백 년
물관부 타고 오르던 보라 물소리 끊겼을까
귀 기울여 다가앉으면
모서리에 비치는 그 모습
내 가슴의 퓨즈 끊어버렸네
오래 전 닫혔던 생산의 몸 열어젖히고
반들반들 반닫이 매만지고 쓰다듬다
나를 팍팍 구기고 다지네
말 잘 듣는 아가 내 손발이 되어줄
큰아기 그림자 놓칠세라
허전한 자궁 쫙 벌리고 앉아
내 뒷덜미 닦고 또 닦네

둥근 집

사각의 유리 숲 속 문자메시지가 배달되었다
세탁기 소리 전자레인지 소리 얇은 햇살을 넘긴다
우우 시간을 몰고 닫힌 상처의 캡슐을 딴다
뼈대를 끼워 넣고 쟁여놓은 살점도 입었다
몸 밖으로 뻗은 생각 먼저 엘리베이터를 탄다
열다섯 기억 찾으러
330-9번지에서 바람 쌓인 골목 되짚어 간다
사각의 집 사각의 방 사각의 식탁
사각사각 다 먹어치우기 전
두레밥상에 앉아 긁던 양푼이 소리
빨갛게 가지 휘는 감나무가 있는
그 집에 당도하리라

꽃시계

키 재기 하던 나무에 걸었던 시간이 있다

듣지 않고 바라보지 않아도 느낄 수 있는 사랑이여

불같은 하루도 이제 제 몫의 각질을 벗겨낸다

아직 어둠은 덜 여물었고

멀리서 페달을 밟고 오는 둥근 그대

바람은 밥냄새 흐르는 쪽으로 몰려간다

우리 서로의 등을 밀며 오르던 무늬진 꽃자리

그 속을 수천 수만 번 꿰뚫고 갔을 시간의 살

그 빛나는 상처의 파장을 추파라 하자

한때는 감옥이었던

한때는 피 튀기는 난장이었던

내 몸속에 꽃보다 붉은 시간이 흐르고 있다

괴 사

베란다에 방치한 양파에 싹이 돋았다
나일론 망을 뚫고 나온 푸른 독기가
허연 살집덩이를 물러 앉히고 말았다
방치한 것은 모두 괴사하는 것일까
환부를 들여다보지 못한 동안
당뇨가 발까지 점령했다
진물이 흐르는 상처를 헤집고
약을 바르다 독꽃을 보았다
양파 속 나이테같이 둥글게
잠식한 어머니의 발가락
핀셋으로 까뒤집어도 꿈쩍하지 않는다
바퀴에 짓이겨진 짐승을 보았을 때의
비명이 '욱' 하고 튀어 나온다
감각이 사라지면 기억도 사라지는 것일까
육 남매의 생명을 싹 틔우고 깃들이느라
가락가락 발가락이 다 닳아 뭉툭한 그곳
검은 상처 한 촉
괴괴하다.

불놀이

도공은 가마에 불을 가두기 바쁩니다
아궁이를 틀어막고 귀퉁이도 틀어막았습니다
벌거벗은, 요염한 불의 혓바닥이 접신한 환몽 속으로 빨려갑니다
번개가 뇌관을 건드린 듯 둘 또는 넷 셋씩 엉겨 붙습니다
능선과 능선의 경계도 무너졌습니다
어쩌다 보아버린 저 천기를! 굴착기가 제 몸을 찌릅니다
눈알을 뽑아 대밭에 버려야겠어요
최면에 걸린 고깃덩이들이 지글지글 익어가는 숭고한 시간
고장난 어머니와 술주정뱅이 아버지도 구워야겠어요
매주 목요일 저녁 은행 본점 옆 삼겹살 바베큐 차가 옵니다
놓쳐버린 사랑을 만나 피를 태우기에는 살이 너무 쪘으니까요
축축한 가을이, 말랑말랑한 살흙이 목 너머 옵니다
영혼이 닿은 골짜기로 시뻘건 꽃바람이 붑니다
초록 그늘의 비탈이 파도 타기를 합니다
아직 안도의 하얀 숨을 쉴 때가 아니리, 아니리
신의 호흡도 멈추어버린 일천이백오십도의 죽음 속에서
아직 태아인 아버지가 없는 듯 있습니다
아직 태아인 어머니가 있는 듯 없습니다

평설

기억의 골짜기에 핀 상처의 꽃송이들

—김명희의 근작시를 읽고

김우태 시인

인간은 누구나 살아가면서 크고 작은 상처를 받으며 산다. 그것은 상처가 인간관계의 필연적 산물이며 동시에 존재의 피할 수 없는 운명이기 때문이다. 그럼에도 사람들은 상처를 받으면 그와 관련된 기억조차 깡그리 지워버리고 싶어 한다. 기억을 지우면 상처도 따라 없어지겠지 하는 믿음에서다. 그러나 이는 의도적 착각이다. 착각을 빙자해서 상처로부터 빨리 벗어나도록 자기 보호 본능이 일시적으로 위장술을 부린 탓이다. 상처의 기억은 그리 호락호락 하질 않다. 우리가 무수히 경험했듯, 치유되지 않은 상처는 시간이 감에 따라 잠시 희미해질 뿐 결코 없어지지 않는다. 무의식의 한 켠에 없는 듯 자리하고 있다가 그와 유사한 상처를 받으면 용수철처럼 튀어나와 더 센 강도로 자신을 후려친다.

상처가 치유되지 않고 지워질 때, 상처를 준 자나 받은 자가 그것을 상처로 인식하지 못할 때, 존재는 황폐해지고 사회는 타락의 길로 접어든다. 오늘날 우리가 경험하는 인간과 세계의 타락상은 어쩌면 상처를 상처로 받아들이지 않는, 즉 '상처 수용' 과 '상처 공유' 의 빈곤에서 비롯한 바 적지 않을 듯싶다. 오래 전 독일 시인 휠덜린은 '이 궁핍한 시대, 시인은 무엇을 위한 시인인가?' 라는 절규에 가까운 질문을 던진 바 있다. 오늘날 우리는 이 물음을 거의 이해하지 못하고 있다. 여전히 궁핍한 시대를 살아가고 있는데도 말이다. 시인은 숙명적으로 '상처받은 자' 이며, 또한 그 상처로부터 '존재를 보호하는 자' 이다. 시인은 자기의 상처를 통해 세상의 상처를 느끼고, 세상의 상처를 자기의 상처로 끌어들임으로써 자아와 세계의 관계를 더욱 풍부하고 친밀하게 결속시킨다. 이는 우리 시대 시인에게 긴급히 요청되는 사명 중의 하나이다.

김명희 시인의 근작시를 읽어 나가면서 나는 새삼, 시인이란 내면에 수없이 많은 상처를 키우면서 그것을 끝내 꽃으로 피워내는 존재라는 생각이 절실해졌다. 그가 피워낸 상처의 꽃에는 여성적 정체성의 훼손에 대한 예민한 자각과 인간으로서 유지해야 할 원형의 존재감을 지키려는 고투의 흔적들로 아로새겨져 있다. 그 꽃에는 상처에 소금을 뿌리는 고통을 스스로 감수하면서도 결국 상처의 기억들마저 발효시키려는 절절한 가슴이 녹아 있다.

먼저, 그가 기억의 어둔 골짜기를 헤맬 때, 언젠가는 "찬란한 향기" 로 일어설 것을 예고하는 옛 시 한 편을 읽어보자.

> 나를 죽인다 한 됫박의 소금을 끼얹은 짜디짠 가슴팍에서 거듭 태어나기 위해 처절히 무너진다. 말없이 갈앉은 기억의 골짜기 찔레꽃 하얗게 떠 간다 뒤돌아 보지 마라 장독 위에 날을 갈고 있는 햇살 언젠가 폭

죽으로 터진다 생의 가장 어두운 밤 불꽃으로 피어나듯 묵은 오지그릇 에서 곰팡이 홀씨 아프게 눈을 감는다 찬란한 향기로 일어설 때까지.

—〈간장의 말〉 전문

시인의 대표작으로 비교적 많이 알려진 이 시는 메주가 간장이 되는 과정을 빗대어 시인의 내면을 비장한 어조로 묘사하고 있다. 이 시에서 시인은 "거듭 태어나기 위해 나를 죽이"는 혹독한 시련을 자발적으로 수행한다. 지금은 "생의 가장 어두운 밤"이지만 "언젠가 폭죽으로 터"지기 위해 "한 됫박의 소금"을 가슴팍에 끼얹고 "곰팡이 홀씨"로 "아프게 눈을 감는다."

젊은 시절 문학의 꿈을 잠시 접었다가 다시 펼치고 있는 문단의 늦깎이인 시인은 유재천이 지적한 바 있듯 "생활의 억압을 뚫고 나오기 위한 사투, 즉 '제 빛깔 찾기'를 감행"하고 있는 것이다. 그의 예전 시 〈의림사〉나 〈소금〉에서도 이러한 정황은 절절하게 표출된 바 있다. 이를테면 풍경 소리를 듣고 "제 빛깔의 소리가 날 때까지/ 쟁그렁 쟁그렁/ 하북골 가득 쏟아 붓는다/ 부서진 뒤의 더욱 푸른 꿈처럼/ 낡은 단청에서 흘러넘치는 고요"(〈의림사〉)라든가, "한줄기/ 푹 절은 세월의 깊이만큼/ 투명하게 쌓이는/ 저 말없는 힘"(〈소금〉)에서 보듯 그는 단순히 억압된 일상에서 벗어나려는 것이 아니라 내적으로 '설익은 존재'에서 '충만한 존재'로 거듭나려는 강한 의지를 보이고 있다.

그러나 지금까지 김명희 시가 "제 빛깔 찾기" 또는 "충만한 존재"를 갈구하는 하나의 지향점을 제시했다면, 이번 시편에서는 그 지점을 향해 길을 나서고 있다는 점에서 중요한 변화를 보이고 있다. 그는 길을 떠나기에 앞서 자신과 주변을 한 번 더 되돌아보며 결기를 다지고 지도까지 준비한다. 물론 지도는 아직 완성되지 않았다. 주요 지점에 방점만 몇 개 듬성듬성 찍혀 있거나 점 몇 개를 희미하게 이어놓은 상태이다. 우리는 시인이 찍어놓은 방점을 따라 가면서 그가 완성할 내면의 축도를 어렴풋 짐작할 수 있다. 이번 시편에서 시인이 찍어놓은 방점을 찾기란 그다지 어렵지 않다. 그의 삶이 굴곡진 곳, 상처의 자리가 바로 그곳이기 때문이다.

숨구멍 죄듯 짜 맞춘 목무늬
저 사각의 틀에 어머니 나를 가두네
백통장식 떨어져 나간 자리 기름걸레질하며
안방에서 주방으로 현관으로
내 목덜미 문지르네
어머니 손에 힘 실릴 때마다
발버둥치는 비명 아무도 듣지 못하네
젊은 오동 오동나무
소목장의 손을 떠나온 지 백 년
물관부 타고 오르던 보라 물소리 끊겼을까
귀 기울여 다가앉으면
모서리에 비치는 그 모습
내 가슴의 퓨즈 끊어버렸네

—〈반닫이〉 부분

그의 수많은 상처의 시 중에서 가장 직접적이고 내상이 깊은 상처를 다루고 있는 이 시는 존재가 어떤 틀에 '가두어져서' 외부와 전혀 소통할 수 없고, 그러한 상황이 지속적으로 이어지고 있음을 보여준다. 반닫이는 과거 혼수품 목록에 빠져서는 안 되는 가구의 일종인데 여기서는 화자(시인)를 억압하는 기제로 등장하고 있다. 시어머니가 반닫이를 "반들반들" 닦을수록 시인은 "가슴의 퓨즈가 끊어"지는 상처를 경험한다. 여기서 굳이 봉건적 유교사회의 구습을 들이대지 않더라도 '출가외인' '여필종부' '칠거지악' 같은 성어들을 통해 우리는 여자가 한 집안의 며느리가 된다는 것의 의미를 충분히 짐작할 수 있다.

시에서는 비록 '여성에 의한 여성의 억압'이란 형태를 띠고 있지만 시인이 전적으로 시어머니이기 때문에 상처받는다고 생각되지는 않는다(뒤이은 〈괴사〉라는 시에서는 친어머니에게서도 상처를 받는 대목이 나온다). 우리가 역사인식에 좀 더 솔직해진다면, 남성들이 여성들을 통제하고 억압하기 위해 축조한 봉건적 가부장제란 '틀'이 여성으로 하여금 여성을 억압하도록 강제한 측면을 부인하기 어렵다. 따라서 며느리를 억압하는 직접 행위자는 시어머니지만 며느리는 여기에 몇 곱절 역사적 무게까지 얹어서 억압받고 있는 셈이다. 중요한 것은 한국사회에서 여성은 오랜 가부장제의 전통 아래 종속적이고 주변부적인 삶을 살아왔다는 점이다. 또한 주체로서의 여성의 존재감을 끊임없이 훼탈해 온 이 '주변부성'은 시대 변천에도 불구하고 강력한 기제로서 우리의 통념과 일상을 관통하고 있다. 그러므로 시인은 여전히 '존재의 낭떠러지'를 가까스로 딛고, 주변부적 존재로 살아가야 하는 현실에 숨막혀 하고 상처받고 있는 것이다. 그리고 상처는 일상 곳곳에 도저하다.

베란다에 방치한 양파에 싹이 돋았다
나일론 망을 뚫고 나온 푸른 독기가

허연 살집덩이를 물러 앉히고 말았다
방치한 것은 모두 괴사하는 것일까
환부를 들여다보지 못한 동안
당뇨가 발까지 점령했다
진물이 흐르는 상처를 헤집고
약을 바르다 독꽃을 보았다
양파 속 나이테같이 둥글게
잠식한 어머니의 발가락

—〈괴사〉 부분

시인은 곪은 양파에서 삐져나온 "푸른 촉"과 어머니 발에 도진 당뇨의 "검은 독꽃"을 보고 '방치한 것은 모두 괴사한다'는 섬뜩한 진리를 깨닫는다. 여기서 '독꽃'이란 단어는 상처가 가장 절정에 도달했음을 알려주는 표징으로 이 시의 주제인 소외를 압축적으로 나타낸다. "기억의 골짜기/ 찔레꽃 하얗게 떠간다"거나 "생의 가장 어두운 밤/ 불꽃으로 피어나듯"(〈간장의 말〉)에서 보듯, 시인은 가장 깊고, 가장 어둡고, 가장 아픈 자리에 어김없이 '꽃'이란 단어를 놓는다. 왜일까? 이는 병립 또는 화해 불가능한 두 갈등요소를 순간적으로 결합시켜 섬광 같은 진리를 발견하는 '역설'의 기법이 소외와 존재의 두 측면을 더욱 잘 도드라지게 하기 때문이다. 이런 예는 이번 시편 전반에 골고루 나타나는데, 이를테면 '독꽃' '매운 꽃' '밥풀꽃' '꽃물' '열꽃' '꽃시계' 등이 그것이다. 이들 꽃들이 대동하는 감각은 그래서 아프거나 쓰리거나 맵거나 찌들거나 외롭거나 배고픈 것들이면서 동시에 끈질기고 뜨겁고 간절한 그 무엇들이다.

여기서 눈여겨볼 점은 시인이 상처를 서둘러 치유하려고도, 애써

지우려고도 하지 않는다는 점이다. 오히려 상처와 끝까지 대면하고, 그 속으로 들어감으로써 상처를 발효시키고 승화시키고자 한다. 이는 존재의 긴장을 최대한 증폭시켜 빛나는 각성에 가닿으려는 시인의 시적 태도가 반영된 것으로 볼 수 있다.

> 키 재기 하던 나무에 걸었던 시간이 있다
> 듣지 않고 바라보지 않아도 느낄 수 있는 사랑이여
> 불같은 하루도 이제 제 몫의 각질을 벗겨낸다
> 아직 어둠은 덜 여물었고
> 멀리서 페달을 밟고 오는 둥근 그대
> 바람은 밥냄새 흐르는 쪽으로 몰려간다
> 우리 서로의 등을 밀며 오르던 무너진 꽃자리
> 그 속을 수천수만 번 꿰뚫고 갔을 시간의 살
> 그 빛나는 상처의 파장을 추파라 하자
> 한때는 감옥이었던
> 한때는 피 튀기는 난장이었던
> 내 몸속에 꽃보다 붉은 시간이 흐르고 있다
>
> —〈꽃시계〉 전문

상처가 기억의 골짜기에 피는 꽃무리들이라면, 기억은 상처를 갈무리해주는 좋은 능선이다. 능선이 어둠이 짙게 깔리기 전에 가장 또렷이 그리고 가장 아름답게 스스로의 곡선을 드러내듯이 기억 또한 세월의 옷을 입을 때 상처를 결로 드러낸다. 이 시가 옛사랑을 잊지 못하는 고통을 노래하면서도 아름답게 다가오는 것은 역설적이게도 '상처의 기억'이 만든 결 때문이다. 시인이 이 시에서 행간을 띄운 것도 기억의 통로를 넓히려는 의도로 읽힌다. 그런데 시인은 왜 "그 빛나는 상처의 파장을 추파라 하자"고 했을까? 추파는 은근히 다른 마음을 품고 이성에게 던지는 타락한 시선이 아닌가. 열쇠는 그 위 "바람은 밥냄새 흐르는 쪽으로 몰려간다"에 있다. 즉, 순수했던 사랑이 '밥 냄새'로 상징되는 현실논리로 인해 깨어진 이후부터 사랑은 빛을 잃고 상처(의 파장)만 빛나게 됐기 때문이다(여기서 현실논리란 부모가 자식 결혼을 반대할 때 흔히 하는 '사랑이 밥먹여 주느냐'는 식의 논리쯤으로 봐도 좋을 듯하다). 또 하나, "한때는 감옥이었"고 "한때는 피 튀기는 난장이었던" 고통을 겪어야 했던 것으로 봐서, 시인 자신 또한 그러한 현실논리를 뛰어넘지 못하고 받아들인 데서 오는 자책감을 우회적으로 표현한 것일 수도 있다. 이 시는 외관상 순수한 사랑과 이루지 못한 사랑의 고통을 노래한 듯 보이나 이면에는 타락한 현실논리와 이를 추인한 자신을 비판하고 있다.

그러나 역설적이게도 상처야말로 시인이 멈추지 않고 존재의 원형을 갈구하게끔 하는 동력으로 작용하고 있음을 보여준다. 시인은 이러한 갈구를 "갯벌에 발 묶인/ 지우지 못한 마음 한 척/ 힘껏 밀고 싶다"(〈배를 보면〉)고 토로하고 여전히 "상처의 자리엔 꽃물이 볼록하다"(〈부부〉)고 고백한다. 그의 실존의 훼손은 우울한 음화처럼 시편 여러 곳에서 포착된다. 예컨대, "포획된 한 마리 짐승"(〈부부〉)이다가 "말라붙은 씨눈을 빼내며/ 시간을 파먹"(〈해바라기 접시와 컵이 있는〉)고 "놓쳐버린 사랑을 만나 피를 태우기엔 살이 너무 쪘"(〈불놀이〉)으며 "앞만 보고 간 길이/ 어느새 옆길이 된 노을길을/ 부부는 뒤뚱뒤뚱 가고 있다"(〈옆길〉)고 자탄하는 모습이 그것이다.

일상에 산재한 억압과 소외, 그리고 사랑의 부재로 인한 상처를 경험한 시인은 마침내 상처의 캡슐을 따고 기억 속 존재의 원형이 간직된 '둥근 집' 한 채를 찾아 나선다.

사각의 유리 숲 속 문자메시지가 배달되었다
세탁기 소리 전자레인지 소리 얇은 햇살을 넘긴다
우우 시간을 몰고 닫힌 상처의 캡슐을 딴다
뼈대를 끼워 넣고 쟁여놓은 살점도 입었다
몸 밖으로 뻗은 생각 먼저 엘리베이터를 탄다
열다섯 기억 찾으러
330-9번지에서 바람 쌓인 골목 되짚어 간다
사각의 집 사각의 방 사각의 식탁
사각사각 다 먹어치우기 전
두레밥상에 앉아 긁던 양푼이 소리
빨갛게 가지 휘는 감나무가 있는
그 집에 당도하리라

―〈둥근 집〉 전문

시는 표면적으로는 일상의 틀을 벗어나 오랫동안 가보지 못했던 시인의 옛집을 찾아가는 것으로 되어 있지만 좀 더 자세히 들여다보면 다층적인 의미를 도출해낼 수 있다. 그동안 시인은 상처에 방점만 찍었을 뿐 상처의 진앙지를 찾아나서는 적극적인 행동을 보여주지 않았다. 문자메시지가 배달됨으로써 닫힌 상처의 캡슐을 따고 길을 나설 채비를 하는데 여기서 '문자메시지의 배달'이 무엇을 의미하는 것인지 유추해볼 필요가 있다. 문자메시지는 어머니가 아프다거나 무슨 일이 있다고 알리는 일상적인 것일 수도 있다. 그러나 그것만으로는 시인이 길을 나선 이유가 충분히 설명되지 못한다. 그렇다면 무슨 일이 있었을까? 이 물음에 답하기 위해 다른 시 〈불놀이〉를 주목할 필요가 있다.

도공은 가마에 불을 가두기 바쁩니다
아궁이를 틀어막고 귀퉁이도 틀어막았습니다
벌거벗은, 요염한 불의 혓바닥이 접신한 환몽 속으로 빨려갑니다
번개가 뇌관을 건드린 듯 둘 또는 넷 셋씩 엉겨 붙습니다
능선과 능선의 경계도 무너졌습니다
어쩌다 보아버린 저 천기를! 굴착기가 제 몸을 찌릅니다
눈알을 뽑아 대밭에 버려야겠어요
최면에 걸린 고깃덩이들이 지글지글 익어가는 숭고한 시간
고장난 어머니와 술주정뱅이 아버지도 구워야겠어요
매주 목요일 저녁 은행 본점 옆 삼겹살 바베큐 차가 옵니다
놓쳐버린 사랑을 만나 피를 태우기에는 살이 너무 쪘으니까요
축축한 가을이, 말랑말랑한 실흙이 목 너머 옵니다
영혼이 닿은 골짜기로 시뻘건 꽃바람이 붑니다
초록 하늘의 비탈이 파도타기를 합니다
아직 안도의 하얀 숨을 쉴 때가 아니리, 아니리
신의 호흡도 멈추어버린 일천이백오십도의 죽음 속에서
아직 태아인 아버지가 없는 듯 있습니다
아직 태아인 어머니가 있는 듯 없습니다

—〈불놀이〉 전문

이 시는 자기 검열로부터 훨씬 자유로워진 상태 또는 그동안 시인

을 옭매고 아프게 했던 온갖 상처의 기억들이 한층 방일하게 놓여난, 다소 혼몽한 상태에서 쓰여진 작품이다. 이상한 것은 화자인 도공, 즉 시인이 가마에 불을 지피는데 그릇이면 그릇과 같이 딱히 무엇을 빚겠다는 의도는 은폐한 채 불놀이에 여념이 없다는 것이다. "벌거벗은, 요염한 불의 혓바닥"을 보며 "접신한 환몽 속으로 빨려 들어가"면서 "번개가 뇌관을 건드린 듯" 어쩔 수 없는 힘에 이끌려 자신마저도 불 속에 빨려 들어가는 엄청난 환상체험을 하고 있는 것이다. 불은 "둘 또는 넷 셋씩 엉겨붙"으면서 어느새 관능적인 육체로 변하고 "능선과 능선의 경계도 무너"진다. 이런 접신한 상태에서 시인은 "어쩌다 보아버린 저 천기" 때문에 "눈알을 뽑아 대밭에 버"리고 내친김에 "고장난 어머니도 술주정뱅이 아버지도 굽"고 "살이 너무 찐" 자신마저 "바베큐"처럼 굽겠다고 한다. 그런 시간을 시인은 "숭고한 시간"이라고 말한다. 왜일까? 그것은 최면에 걸린 고깃덩이들이 지글지글 타는 시간이기 때문이다. 어머니와 아버지 그리고 자신, 즉 상처를 준 자나 상처를 받은 자 '모두' 최면에 걸렸다고 시인은 진단하고 있다. 때론 억압으로, 때론 소외로 타인에게 상처를 입히고서도 상처를 입힌 줄 모르는 자나, 상처를 입고서도 그 상처를 수인함으로써 상처의 확대재생산에 기여하는 자 모두 우리 현실사회가 부린 최면에 걸렸다는 통찰이 돋보이는 부분이다. 그렇다면 최면에 걸렸다는 것은 무엇을 의미할까?

가장 기본적이고 본질적인 차원에서 인간 왜소화와 파편화는 근대적 산업과 생산양식, 현대적 소비문화와 인간의 사회적 존재방식에서 연유한다. 그러나 현존의 생산/소비 양식 이외의 양식은 상상할 수 없는 사회의 개인들은 기존의 사회적 존재방식들을 유지하고 정당화해야 한다. 이것이 이 사회에서의 생존의 절대명령이다. 그러나

이 절대명령에 복종하면 할수록 자기존재의 부분성에 대한 현대인의 증오와 불만은 심화되어 〈존재의 불안〉으로 발전한다. 여기서 존재의 불안이란 개인의 사회적 운명에 대한 불안이 아니라 존재의 부분성에 대한 불만에도 불구하고 그 불만을 해소할 방법이 없는데서 오는 불안이며, 모순을 느끼면서도 그 모순의 집단적 사회적 해결방식은 주어지지 않는 데서 발생하는 불안이다. 시인은 어쩌면 '세상의 일이 이와 같다' 는 천기를 알아차리고 '불놀이' 를 감행하는지 모를 일이다. 앞서 지적했듯이 도공이 무엇을 빚겠다는 의도를 밝히지 않은 것은 그 '무엇' 이 중요한 것이 아니라 최면에 걸린 것들을 태우는 것 자체가 중요하기 때문이다.

시인은 이러한 불놀이 과정을 거치면서 "말랑말랑한 살흙이 목 너머" 오고 "영혼이 닿은 골짜기로 시뻘건 꽃바람"이 불어오며 "초록 그늘의 비탈이 파도타기를 하"는 행복감을 느낀다. 그러면서 시인은 아직 안도할 때가 아니라고 다짐한다. 왜냐면 "신의 호흡도 멈춰버린 일천이백오십도의 죽음 속에서"도 현실사회의 존재방식은 죽지 않고 끈질기게 되살아날 것임을 알고 있기 때문이다. 그래서 시인은 마지막에 "아직 태아인 아버지가 없는 듯 있습니다/ 아직 태아인 어미니가 있는 듯 없습니다" 라며 다소 애매한 말을 하고 있는 것이다.

여기서 다시 〈둥근 집〉으로 돌아가자. 상처를 만들고 입힐 수밖에 없는 "최면에 걸린 고깃덩이들"을 태운 바 있는 시인은 사각의 유리숲 속을 떠나 존재의 원형이 간직된 (또는 간직되어 있을 것으로 믿는) '둥근 집' 을 찾기 위해 기억여행을 떠나는 것이다. 문자메시지는 〈불놀이〉를 감행한 이후 아버지와 어머니의 복원된 모습을 확인하기 위한 의도된 호출일 수도 있고, 〈불놀이〉 이전, 그러니까 상처를 주지도 받지도 않던 존재의 원형을 간직하고 있을 마음속 〈둥근 집〉에서의 부름일 수도 있다. 어쨌던 이 문자메시지가 의미하는 호출/ 부름은 시인에게 자신의 실존을 확인할 중요한 단초로 보인다. 그리고 이 메시지는 "사각의 집 사각의 방 사각의 식탁/ 사각사각 다 먹어치우기 전"에 당도해야 할 만큼 긴박한 사정을 담고 있음을 알 수 있다. 그곳에 무슨 일이 있는가? 시인은 이 정보를 주지 않고 있다. 정보를 주지 않음으로써 읽는 이의 상상력을 발동시킨다. 짧은 시가 긴 여운을 주는 것도 이 때문이리라. 다만 기억을 되짚어 찾아가는 그곳은 "두레밥상에 앉아 긁던 양푼이 소리"가 들리고 "빨갛게 가지 휘는 감나무가 있는" 아직 손상되지 않은 채 아름답고 마음의 여유가 있는 공동체라 확신하고 있다.

유년의 고향은 가스통 바슐라르가 말한 "생애 최대의 풍경"이면서 나와 세상이 아무리 변해도 "나"임을 확인해주는 장소이기도 하다. 그러나 시인은 '아직' 그곳에 당도하지 못했다. 그곳에 당도하기 위해서는 도심의 〈횡단보도〉를 건너야 하고, 옛적에 젓가락을 두드리며 함께 불렀던 노랫가락을 〈뽕짝으로〉 부를 줄 알아야 하고, 앞섶에 언제나 밥풀꽃이 말라 있는 〈장미〉 파는 할머니와 공판장 귀퉁이에서 싸구려 과일을 파는 그녀의 친구 〈등외품〉에게도 인사를 해야 한다. 존재상실과 결핍이라는 상처와 생애 최대의 풍경에서 함께 놀았던 공통의 기억을 가진 사람들은 시인이 〈둥근 집〉으로 가는 길을 잃지 않게 해주기 때문이다.

김명희 시인의 이번 시편에는 상처를 지속적으로 생산해내는 구조, 이를테면 가부장제적 가족제도라든가 자본주의적 생산/ 소비 양식, 자유/ 억압 또는 드러내기/ 감추기의 이중기제가 작동하는 일상적 삶에 대해서 거창하지 않되 날카롭게 착목하는 것이 또 다른 특징으로 읽힌다.

들기름 바른 김 경전처럼 쌓으며
잠깐 희망이라는 낱말을 떠올린다
한 장씩 먹을 수 있는 희망
부엌 창과 길 건너 희망 교회 사이
밥이 끓고 있다
죽음처럼 휴식하는 식구들 위해
죽음에서도 벌떡 일어나는
아침.

—〈일요일〉 부분

수많은 발바닥을 단숨에 읽어내는
횡단보도
저 큰 바코드를 읽어내느라 숨찬
발바닥

지구 귀퉁이 엄지의 지문 같은
바코드를 읽기 전에는
우리 모두 진열대의 물건일 뿐이다

—〈횡단보도〉 부분

지금까지는 시인 내면의 상처가 도드라져 보였다면 이 두 편은 공간적으로 보다 확장된 범주에서 상처의 변형태들—죽음·물신화에 주목하고 있는 점이 눈에 띈다. 〈일요일〉은 가족들이 휴식을 취하는 일요일 아침 집안 풍경을 일상성에 매몰되지 않으려는 여성의 눈으로 묘사하고 있고, 〈횡단보도〉는 바코드와 횡단보도의 유사성에 착안해 물신화가 진행되고 있는 도심의 한 장면을 빠르게 포착하고 있다. 사람들은 횡단보도를 바쁘게 지나가듯 자본주의 사회의 일원답게 빠르게 바코드를 찍으며 상품을 소비하길 반복한다. 시인은 이러한 일상성에 감추어진 죽음과 물화에서 인간 존재의 긴장을 예민하게 포착한다.

주지하다시피, 일상성은 반복성을 지배적 특징으로 갖고 있는데 이 반복성의 가장 큰 힘은 '죽음' 을 가리고 '죽음의 공포' 를 눌러준다는 데 있다. 즉 일상의 되풀이는 그 되풀이를 무한히 계속할 수 있다는 믿음을 유발시킴으로써 그 속에 감춰진 존재의 불안이나 삶의 모순을 둔감하게 느끼도록 하는 함정이 있다. 시에서처럼 '솥을 씻고, 된장국을 끓이고, 김에 들기름을 바르면서' 오늘과 같은 하루가 계속 이어질 것이란 '희망' 을 가지기도 하지만 동시에 언제까지 이런 삶을 되풀이해야 하는지 알 수 없는 '불안' 를 불러오기도 하니까 말이다.

시인은 시 곳곳에 상처와 억압과 그로 인한 존재의 불안을 심어놓고 있다. 그리고 그 상처를 처절하게 아파하면서 '상처의 꽃' 을 피워내고 있다. 그렇다면, 시인이 이번 시편에서 '상처의 반복' 이라는 회로를 집요하게 설치한 의도는 무엇일까? 그것은 반복해서 상처를 생산해내는 사회적 틀의 존재방식과 각 개인의 내면 속에 은폐되어 있는 존재의 모순과 불안이 작동하는 원리를 역으로 차용함으로써 존재의 원형이 파괴되는 현실에 경종을 울리려는 의도로 풀이된다. 상처와 기억이 갖는 강력한 정서적 소구력은 우울한 음화 또는 통증을 수반하는 성찰을 요함에도 불구하고 그의 시가 상처를 아름다운 꽃으로 피우는 것은 상처를 진정성 있게 받아들이고, 이를 타자와 공유하는 미덕 때문이다.

이상에서 살펴보았듯이, 시인의 정직한 육성과 진솔한 자기표현은 때때로 파열음을 드러내기도 하지만 일상에 매몰되지 않으려는 깨어 있는 현실인식과 억압된 여성성을 복원하려는 내적 고투에서 일정한 정신의 빙점을 유지하고 있다. 늦깎이로 문단에 나와 왕성한 시작활동을 한 바도 아니고 문단의 이런저런 행사에도 좀체 얼굴을 내비치지 않던 그인지라 이번에 발표된 일련의 시편들은 숨은 공력의 일단을 엿보게 한다. 그러나 듬성듬성 방점을 찍듯 피운 상처의 꽃은 〈둥근 집〉의 길목을 밝혀주긴 하지만 아직도 피워내야 할 꽃과 헤집어야 할 기억의 골짜기, 그리고 넘어야 할 능선이 많음을 암시해주고 있다.

최미선 아동문학가

이 작가를 주목한다

경남문학 86 | 2009년 봄호

1993년 《경남신문》 신춘문예 동화 당선. 경남아동문학상, 이주홍문학상(평론), 이재철아동문학평론상 수상. 동화집 《가짜 한의사 외삼촌》 등

민들레의 햇꿈

최미선

꽃샘바람이 갓 돋아난 꽃다지, 냉이, 보리뺑이를 깜짝 놀래켜주고는 언덕을 넘어 가버리자 햇살이 부챗살처럼 펼쳐졌습니다.

"아휴, 눈부셔."

꽃샘추위 때문에 움츠렸던 민들레가 큰 숨을 토하며 기지개를 켰습니다. 잎사귀 끝에 차고 딱딱한 것이 닿았습니다.

"민들레로구나."

소리가 난 쪽에는 네모꼴의 길쭉한 바위가 비석처럼 서 있었습니다.

"왜 그렇게 가만히 서 있기만 하니?"

민들레가 고개를 갸웃하며 물었습니다.

"길을 알려주고 있는 거야. 이정표라고도 불러."

"근데 넌 너무 차고 딱딱했어."

민들레는 잎사귀 끝에 닿았던 느낌을 말해주었습니다.

"그건 내가 영원하기 때문이야."

"영원하다고? 난 부드럽고 따뜻한 꽃을 가졌어. 꽃이 피면 내 기쁨이 네게도 전해질 거야."

민들레는 금방이라도 활짝 열릴 듯한 꽃봉오리를 자랑스레 흔들었습니다.

"난 꽃을 좋아하지 않아."

바윗돌은 고개를 살래살래 저었습니다.

"왜 꽃을 싫어하니?"

민들레는 바윗돌에게 다시 물었습니다.

"꽃은 잠깐일 뿐이야. 난 영원히 시들지 않아."

바윗돌의 무뚝뚝한 말투에 민들레는 기쁨이 와르르 무너지는 소리를 듣는 듯하였습니다.

"그럼 나도 너처럼 영원할 수는 없겠니?"

민들레는 용기를 내어 다시 물었습니다.

"글쎄, 네가 영원할 수 있을지는 나도 잘 모르겠는걸."

민들레는 '흡' 하며 숨을 깊이 들이마셨습니다.

'나도 영원해지고 싶은데……'

가만히 혼잣말을 했습니다.

따뜻한 바람이 민들레의 꽃봉오리를 어루만져 주었습니다. 보리밭을 지나온 바람결에는 보리 내음이 묻어 있었습니다. 향기로운 바람이었습니다.

민들레는 다디단 바람을 가슴속 깊이 들이켜며 영원하고 싶다는 생각에 골똘히 빠져들었습니다.

그 사이에 민들레의 꽃이 하늘을 향해 방긋 피었습니다.

다음 날 풀을 뜯으러 나가던 아기염소가 민들레 곁으로 다가왔습니다.

'금 큼' 냄새를 맡으며 활짝 핀 민들레에게 코를 비볐습니다.

"이마에 솟은 건 뭐니?"

민들레가 아기염소에게 물었습니다.

"뿔이야."

"무엇에다 쓰려고?"

"나를 지키는데 필요하지."

"뿔을 가지면 좋아?"

"그럼 뿔은 언제나 내 편이니까."

아기염소는 막 돋기 시작하는 뿔을 자랑스레 흔들었습니다.

"그렇다면 나도 뿔을 가지고 싶어. 오래도록 나를 지킬 수 있도록 말야."

"흥흥, 민들레가 뿔을 가지겠다고? 그건 꿀벌에게 물어보는 것이 좋겠다. 꿀벌과 얘기해 보렴. 안녕. "

아기염소는 콩당콩당 까불며 뛰어가 버렸습니다.

민들레도 "잘 가"하며 아기염소에게 인사하고 꿀벌이 오기를 기다렸습니다. 초록별이 서쪽 하늘에 떠오를 때까지 기다렸지만 꿀벌이 오지 않았습니다.

다음 날 아침, 민들레는 일찍 눈을 비볐습니다. 이슬방울에 얼굴을 닦고 꿀벌을 기다렸습니다.

한낮 즈음에 모시나비가 팔랑팔랑 날아왔습니다.

비단실만큼 가느다란 모시나비의 다리가 민들레꽃에 살짝 닿았습니다.

"뿔을 가져도 돼?"

민들레가 가만히 물었습니다.

"뿔을 무엇에다 쓰려고?"

모시나비는 놀란 듯이 날개를 파르르 떨며 물었습니다.

"나를 지키려고. 나도 영원해지고 싶어."

"뿔을 갖게 되면 영원해질까?"

모시나비는 다시 민들레에게 물었습니다.

"나를 지킬 수 있으니까."

민들레가 모시나비에게 대답했습니다.

"뿔보다는 다른 방법을 찾아보는 게 어때?"

"방법을 알려줘."

민들레는 나비에게 부탁하였습니다.

"네 이웃들이 너를 기억하도록 해보렴. 뿔을 가지는 것보다 네게 더욱 어울릴 텐데."

모시나비는 민들레에게 조용히 타일렀습니다.

"그럼 넌 이 민들레를 기억해주겠니?"

"너의 꽃이 피어 있는 동안만."

모시나비는 나지막하게 대답하였습니다.

"나중에는?"

"글쎄, 난 항상 새롭게 피는 꽃을 생각해야만 해."

모시나비는 딱 잘라 말했습니다. 그리곤 꽃가루를 듬뿍 안고 훌훌 날아 가 버렸습니다.

민들레는 주위를 둘러보았습니다. 마침 쇠똥구리가 지나가고 있었습니다. 제 몸보다 두 배나 더 큰 쇠똥을 굴리며 끙끙대고 있었습니다.

"얘, 나를 기억해주겠니?"

"글쎄요, 기억은 할 수가 없죠. 내가 가장 좋아하는 일은 공 굴리는 것 뿐이죠. 헤헤"

쇠똥구리는 여전히 쇠똥 굴리기에만 열중해 있었습니다.

민들레는 쇠똥구리가 지나기를 기다리면서 제비꽃을 바라보았습니다.

제비꽃은 고개를 떨구고 얌전하게 서 있었습니다.

쇠똥구리가 길을 비켜난 뒤 민들레는 제비꽃을 불렀습니다.

"나를 영원히 기억해주겠니?"

"먼저 나를 기억해준다고 약속하면 나도 민들레를 기억해줄게."

제비꽃의 대답도 민들레에게는 충분하지 않았습니다.

해처럼 밝은 꽃과 톱니처럼 선명한 잎사귀를 영원히 기억해주겠다는 말을 듣지 못해 민들레는 섭섭했습니다.

민들레는 멀찍이 떨어진 곳에 묵묵히 서 있는 점박이 나무를 바라보았습니다. 나무의 무릎쯤이 움푹 패인 점박이 나무였습니다.

나무의 눈이 어디인지 찾을 수가 없을 만큼 키가 컸습니다. 또 아무런 얘 기도 건네 오지 않았기 때문에 벙어리 나무가 아닐까 하는 생각도 해보았습니다.

들에서 일을 마친 황소가 여물을 씹으며 비스듬히 기대어도 나무는 가만히 있기만 하였습니다.

짐수레도 충분히 끄는 황소가 점박이 나무 곁에서는 송아지만큼 작아 보이는 것이 재미있었습니다.

봄비가 다녀가고, 못자리를 하려고 물을 잡아둔 무논에서 엉머구리가 요란하게 울어댄 밤이 지나고 햇살이 유독 밝은 날이었습니다.

점박이 소나무의 잎눈이 톡톡 틔었습니다.

황소보다 몇 곱절 더 큰 점박이 나무에서 돋아난 잎이 겨우 참새의 혓바닥만큼 작은 것을 보고 민들레는 곧 실망하고 말았습니다.

"애개개! 너무 어울리지 않아."

민들레는 보리밭으로 고개를 돌렸습니다.

지나가는 제비에게라도 부탁해볼까 하는 생각도 하였습니다.

하루하루 더욱 푸르러 가는 보리밭을 바라만 보던 민들레가 어느 날 보리 내음 그득한 바람에 마음까지 실어서 고개를 살짝 돌렸을 때, 그만 깜짝 놀라고 말았습니다.

민들레가 보리밭을 바라보고 있는 동안 점박이 나무는 울창한 숲으로 변해 있었습니다.

햇살이 점박이 나무 잎사귀에 부딪혀 출렁출렁 연두색 물결이 일어났습니다.

"키가 엄청나게 크네요?"

민들레는 점박이 나무를 올려보며 말했습니다.

"그래, 이 자리에서만 200년, 아니 300년인가……. 하여간 그렇게 서 있었거든."

"네에? 그렇게나 오래…… 그렇다면 도대체 몇 살이에요?"

민들레는 너무 놀랐습니다.

"몇 살이냐고? 흐흐흐, 나이를 잊은 지 오래됐어."

민들레는 점박이 나무를 다시 올려보았습니다.

"음…… 그럼, 점박이나무는 영원한 거네요?"

"영원?"

"한 곳에서 그렇게 오래 살았다면 영원하다고 할 수 있지 않나요?"

민들레는 다급하게 물었습니다.

점박이 나무는 민들레를 가만히 내려보다가 잠시 입을 다물었습니다. 그리곤 조용하게 말을 했습니다.

"오래 살았다고 해서 영원한 것일까?"

점박이 나무의 말을 듣고만 있던 민들레가 다시 물었습니다.

"그럼, 영원한 건 뭔가요?"

잠시 생각에 잠겨 있던 점박이나무는 고요하게 말했습니다.

"영원하다는 것은 진실하다는 것이 아닐까?"

"진실이라고요?"

민들레는 작은 목소리로 진실이라는 말을 되뇌어 보았습니다.

'진실?'

하늘을 날던 새들이 집으로 돌아가고 있었습니다.

민들레는 빈 하늘을 가만히 바라보면서 진실에 대해 생각해보았습니다.

'진실…'

민들레는 마냥 서 있기만 하였습니다. 밤이 되어도 꽃잎을 닫지 못했습니다.

달빛이 은가루처럼 부서져 내렸습니다.

민들레는 자신을 기억해달라고 부탁했던 일이 부끄러워졌습니다.

이제 길경이에세 사신의 꽃을 뽐내는 따위는 하지 않겠다고 생각했습니다.

지나가는 바람결에 눈도 닦고 마음도 닦았습니다.

그동안, 민들레는 하얗게 바래어져 가고 있었습니다. 하지만, 생각은 나날이 깊어졌습니다.

하얗게 바래어지기만 하던 민들레꽃은 어느새, 공처럼 동그랗게 되고 말았습니다.

민들레꽃은 이제 먼 길 떠날 채비를 서둘렀습니다.

가장 진실한 모습으로 다시 피어나기를 간절히 바라면서 민들레꽃은 조용히 밤을 맞았습니다.

햇살이 밝은 아침이 되었습니다. 잔잔했던 오전이 지나면서 바람이 조금씩 일어났습니다.

하얗게 바래어진 민들레꽃씨는 이리저리 바람에 흔들거리다가 폴폴 날려 하늘로 떠올랐습니다.

'가장 진실한 모습으로 다시 태어나고 싶어요.'

민들레꽃씨는 어느새 마음속으로 간절히 기도하고 있었습니다.

조금씩, 조금씩 바람결에 떠밀려 가던 민들레꽃씨는 살그머니, 조심조심 내려앉았습니다.

민들레꽃씨가 내려앉은 곳은 어느 방의 창문 틈이었습니다.

창문 틈에 간신히 자리잡은 민들레꽃씨는 주위를 살펴보았습니다.

얇게 쌓여 있는 흙먼지 위에 겨우 자리를 잡은 것이었습니다. 마음대로 움직이기조차 어려운 아주 비좁은 틈이었습니다.

"어! 이게 뭐야."

한 줌도 안 되는 흙먼지에 겨우 내려앉은 사실을 알고 민들레꽃씨는 실망하고 말았습니다.

'이렇게 비좁고 거친 곳에서 어떻게 꽃을 피워?'

가장 진실한 모습의 꽃을 피우겠다는 소망이 산산이 부서지는 것 같았습니다. 소망을 이룰 수 없을 것 같아 불안하기도 했습니다.

"이건 아냐, 이건 아니라고 봐."

민들레는 자기도 모르는 사이에 불평을 툭 내뱉고 말았습니다.

"이건 아냐, 이건 아니라고 봐."

누군가 민들레의 말을 따라했습니다.

좁은 창문 틈새에 누군가 숨어 있었습니다.

민들레는 이리저리 둘러보았습니다.

"여기가 어때서? 여기가 어때서?"

민들레꽃씨는 소리가 나는 쪽을 보았습니다. 목소리의 주인은 창문 틈에 있는 귀뚜라미였습니다. 거무튀튀하게 못생겼습니다.

"내가 생각했던 곳이 아냐."

민들레는 쏘듯이 대답했습니다.

"네가 생각했던 것은 어떤 곳인데? 네가 생각했던 곳은 어떤 곳인데?"

두 번 씩 반복해서 묻는 습관을 가진 이상한 귀뚜라미였습니다.

"가장 진실하게 아름다운 꽃을 피울 수 있는 그런 곳을 생각했단 말야."

"여기가 어때서? 여기가 어때서?"

귀뚜라미가 다시 물었습니다.

"움직일 수도 없는 이런 곳에서 어떻게 진실한 모습의 꽃을 피울 수 있겠니?"

민들레꽃씨는 푹신푹신하고 부드러운 흙, 편안하고 넓은 땅을 생각하며 대답했습니다.

"진실이란 마음을 담는 것이지! 진실이란 마음을 담는 것이지!"

귀뚜라미는 자신 있게 말했습니다.

"마음을 담는 것?"

민들레꽃씨는 정신이 번쩍 들었습니다.

"진실이란 마음을 담는 것이라고?"

"그럼, 그럼."

'마음을 담는 것!'

민들레꽃씨는 어렴풋이 뭔가를 알 것 같은 기분이었습니다.

귀뚜라미의 말 때문에 민들레꽃씨의 마음이 조금 열렸습니다.

민들레꽃씨는 눈을 크게 열었습니다. 거칠고 비좁은 곳이었지만 주변을 둘러볼 마음이 생겼습니다. 창문 안에는 누가 살고 있는지 들여다보고 싶어도 졌습니다.

거기에는 놀라운 광경이 있었습니다.

민들레꽃씨는 눈을 비비며 방 안을 들여다보았습니다.

방 안에는 소녀가 입으로 그림을 그리고 있었습니다.

손발을 움직이지 못하는 소녀가 입에 붓을 물고 그림을 그리고 있었던 것입니다. 소녀는 안간힘을 다해 그림을 그리고 있었습니다.

붓을 한 번 움직이려면 온몸이 비틀어졌습니다. 겨우겨우 조금씩 조금씩 그림을 그려가고 있었습니다.

얼굴은 땀과 물감으로 온통 뒤범벅이 되어 있었습니다.

민들레꽃씨는 숨을 죽여 소녀를 바라보았습니다. 소녀는 쉬지 않고 그림을 그렸습니다.

창가에 어둠이 점점 밀려들었습니다. 소녀의 방에는 어느새 전등불이 켜졌습니다.

민들레꽃씨는 비좁고 거친 틈새에 간신히 자리잡은 자신의 모습을 내려다보았습니다. 푹신하고 넓은 장소를 욕심 내지 않기로 했습니다.

민들레꽃씨는 조용히 눈을 감았습니다.

'가장 진실한 모습으로 꽃피우게 해주세요.'

민들레꽃씨는 어느새 마음속 깊이 간절한 목소리로 기도하고 있었습니다.

온 마음을 담아서 꽃을 피우겠다는 낮은 기도였습니다.

제법 긴 시간이 흘렀습니다. 어느 맑은 아침, 화창한 햇살이 유리창에 반사되어 눈부셨습니다.

민들레꽃은 꽃잎을 활짝 피웠습니다.

"엄마, 엄마 보세요. 저기 좀 보세요. 놀라운 일이에요. 창문 틈에 민들레꽃이 피었어요.

소녀의 목소리가 들려왔습니다.

민들레꽃은 자신의 모습을 좀 더 잘 보여주고 싶어서 한껏 목을 뽑았습니다.

엄마가 달려오는 소리가 들렸습니다.

"그렇구나! 참 이렇게 좁은 틈에서 꽃을 피웠다니… 음~ 정말 대견한 민들레구나."

"엄마, 나 저 민들레꽃을 그릴래요."

민들레는 소녀의 목소리를 분명히 들었습니다.

소녀의 그림 속에서 영원히 시들지 않는 한 폭의 그림으로 태어나는 꿈을 간직하고 민들레는 한껏 아름답게 피어났습니다.

평
설

치열한 작가의식이 이룬 진중한 퍼즐의 세계

—동화작가 최미선의 작품세계

정혜원 아동문학평론가 · 한경대 출강

동화작가 최미선은 《경남신문》 신춘문예에 당선되면서부터 동화 창작을 시작했다. 뒤이어 《아동문예》 문학상과 《아동문학평론》 신인상, 경남아동문학상 등의 수상은 작가의 실력을 검증받게 했다. 또 동화 창작뿐만 아니라 대학원에서 계속 공부하여 대학에서 강의도 하고 있다. 아동문학의 이론과 창작을 겸비하기 위한 고투苦鬪라 할 수 있다.

작가라면 누구나 자신의 작품에 혼신의 힘을 기울인다. 최미선 작가 역시 작품에 대한 대단한 열정을 가지고 있다는 것을 발견할 수 있다. 무엇보다 큰 장점으로 작용하는 것이 작가의 고향이다. 고향은 동화의 배경이 되며 그것은 도심의 작가들이 감히 흉내 낼 수 없는 동화의 원천源泉이며 보고寶庫이다. 또 우리 사회에서 벌어지는 일들에 대해서도 예민한 안테나를 세우고 있다. 자라나는 어린이는 다음 세대를 짊어지고 갈 임무를 띠고 있기 때문이다. 그들이 원하지 않아도 숙명적으로 받아들여야만 한다. 작가는 다음 세대들에 대한 남다른 애정과 감성을 가지고 있으며 그릇된 사회적 시각에 대해서는 시퍼렇게 날선 비판의식과 교정을 시도하기도 한다. 한 조각씩 맞추면 완성 그림이 되는 퍼즐처럼 그가 이루어낸 작품 세계를 살펴보려 한다.

1. 故鄕 정서와 자연친화적 감성

고향故鄕과 자연自然은 결코 동의어가 아니지만 비슷한 감성이 맞닿아 있는 어휘이다. 고향이란 한 사람이 태어나서 자란 원산지이다. 태어나서 처음 대면하는 고향의 모습은 평생을 두고 한 사람에게 각인되는 것이며 그것은 자연이란 어휘 속에 내포된 의미처럼 그야말로 자연스럽게 느끼게 해준다. '고향'이란 말은 듣기만 해도 가슴이 설레고, 많은 사람들과 희로애락喜怒哀樂의 추억을 공유하던 곳으로 우리 삶의 원천이라 할 수 있을 것이다. 유년시절 술래잡기, 연 날리기, 썰매타기, 수박서리, 메뚜기 잡기, 처마 끝에 달린 고드름 따먹기 등의 즐거운 경험과 인간관계에서 최소한의 사람 된 도리와 예의를 배우게 해주는 곳이다. 또 태어난 고향의 자연환경은 한 사람의 성격과 인격, 감성을 좌우하기도 한다. 자연에 동화되어 사는 삶은 각박한 세상에서 인간임을 잊지 않고 더 인간답게 만드는 감성을 자극하기도 한다. 이렇듯 고향은 꾸미지 않은 천연의 아름다움을 간직한 곳이다. 작가들에게 있어 고향은 작가의 인격형성은 물론이거니와 작품세계에도 지대한 영향을 끼친다. 이 작품도 고향과 자연이라는 쌍곡선을 그리며 작가의 감성을 맘껏 품어내고 있다. 여기에 속하는 작품으로 〈은빛 고래 마중〉과 〈생일선물〉, 〈종이배〉가 있다.

〈은빛 고래 마중〉에 창이는 학교생활에 정을 못 붙이고 외삼촌을 따라 배를 타러 가고 싶어 한다. 은빛 갈매기와 푸른 파도, 작은 집들이 옹기종기 붙어 있는 어촌마을과는 어울릴 것 같지 않은 따돌림의 문제가 이 작품에서도 주요 사건으로 포착된다. 사실 따돌림의 문제는 도시와 지방의 문제가 아니라 관계를 형성하는 곳이라면 어디서나 발생할 수 있는 문제이다. 물론 그 문제의 심각성에 따라 가감은 있을 수 있을 것이다. 여기서 따돌림의 문제를 확대해석하거나 부각시키기보다 창이의 동심童心으로 문제를 해결해나가는 방식을 채택하고 있다.

> 두 척의 배는 방파제를 향해 나란히 달려오고 있었다. 창이는 배를 향해 팔을 크게 흔들었다. 기관실에 있을 외삼촌이 볼 수 있도록. 외삼촌이 뱃머리로 나오더니 창이를 향해 밧줄을 멋지게 던졌다. 창이는 밧줄을 집어서 방파제 닭머리돌(방파제에 배를 묶기 위해 만들어 둔 닭머리 모양의 돌. 한자 말로는 '계선주', '비트' 라는 외래어도 있다)에 걸었다. (16쪽)

주인공 창이는 바다와 고래를 더 좋아한다. 창이란 캐릭터는 이 작품에서 고향의 정서를 가장 염두에 두고 있다고 할 수 있다. 작가는 푸른 바다가 수채화처럼 선명하게 드러나 있는 바닷가 마을을 작품 속에 그대로 담아내고 있다. 곳곳에 표현된 어부들의 모습과 위에 인용문에서 보는 방파제에서 볼 수 있는 풍경을 상세하게 묘사하고 있다. 작가들이 모든 경험을 하고 작품을 창작할 수는 없지만 '바다' 라는 공간을 창작의 터전 가까이에 두었기 때문에 도심의 한복판에서 바라보는 바다하고는 달리 제대로 된 자연의 바다를 묘사할 수 있는 것이다. 이것은 단시일에 경험된 것이 아니라 그간의 경험이 축적되고 작가의 삶 속에 융해되었기에 가능한 것이라 하겠다.

창이가 고래를 좋아하듯 따돌리던 반 친구들이 함께 은빛 고래를 마중 가는 것으로 작품을 마무리하고 있다. 관계 속에서 발생하는 소소한 문제보다 창이가 고래를 좋아하는 동심童心과는 비교될 수 없으며 그에 감동한 친구들이 함께 행동한다는 스토리 전개가 자연스럽게 다가온다.

〈생일선물〉이란 작품에는 어려워진 경제상황 때문에 주인공 영우는 할머니 집에 산다. 생일날 오기로 한 엄마는 오지 않고 그리움과 기다림으로 얼룩져 영우의 생일은 엉망이 되어 간다. 비슷한 처지의 석준이는 오리알을 찾아준다며 영우를 꼬여서 조수보호구역에 들어가지만 아무것도 찾지 못하고 돌아온다. 어느 날 조수보호구역에서 돌팔매를 하다가 어떤 아저씨에게 걸리게 된다. 아저씨는 우연히 12,000㎞를 난다는 좀도요새에 대해 알려준다. '작은새도 때로는 사람에게 힘이 되어준단다' 란 말에 힘을 얻게 되어 엄마에게 희망의 메시지를 전한다.

여전히 경제 한파는 걷히지 않고 가족과 어린이의 삶을 위협하고 있다. 영우 역시 그런 면에서 피해자다. 흔한 생일선물 하나도 받지 못하고 기다리는 엄마조차 볼 수 없는 현실은 영우에게 매우 어둡고 답답한 상황이다. 작가는 이러한 상황을 그대로 묘사하는 것만이 아니라 조수보호구역이라는 특정한 곳을 배경무대로 삼는다. 이것도 역시 그의 고향의 일부 모습이다. 단순히 새를 보호하는 내용으로 끝났으면 어떤 작가나 내놓을 수 있는 작품이 되고 말았을 것이다. 그런 수위에 그치지 않고 그곳에서 만난 아저씨를 통해 아주 작은 새 한 마리가 무려 12,000㎞나 날아간다는 사실에 영우는 어떤 생일선물보다 큰 선물이라고 생각한다. 이것은 작은 선물의 차원이 아니라 인생의 깨달음과 미래 삶의 방향을 제시하는 것이다. 혹자들은 요즘 동화에서 어린이가 성인들을 이해하려는 모습이 많이 보인다고 말한다. 이것 또한 처참한 현실이 아닐 수 없다. 그들이 처한 현실에서 살아남으려는 몸부림으로 해석할 수 있다. 그들이 처한 삶을 살아내려면 스스로 자구책이 있어야 하기 때문이다. 이 작품에서도 영우가 엄마에게 희망을 주려는 메신저로 나선다. 작가가 이러한 삶을 독자들에게 종용하려는 의도는 아니지만 독자에게 깨달음을 주고 나아가 희망을 잃고 헤매는 엄마에게도 다시 일어설 수 있는 희망을 준다면 그것 또한 의미 있는 일이라 할 수 있을 것이다.

〈종이배〉도 바닷가 마을이 그 배경으로 묘사되어 있고 이 배경을 풍성하게 할 방파제, 이충무공의 유적, 과수원 등이 그 배경을 세밀하게 나타내고 있다.

주인공 훈이와 민수는 무척 절친한 사이다. 어느 날 바닷가 마을에 공장이 들어서게 되는 것에 대해 찬성과 반대로 첨예한 대립이 시작된다. 고향과 자연 즉 마을의 환경을 보존하려는 측과 환경보다는 성장·발전을 내세운 실리를 추구하는 측의 대립이 만만치 않게 된 것이다. 훈이와 민수의 부모가 상반된 쪽에 서서 팽팽한 대립을 하는 바람에 절친한 사이인 훈이와 민수의 관계마저 갈라놓으려 한다. 사실 두 사람은 어른들의 대립에는 관심이 없다. 훈이는 민수와 예전처럼 과수원에서 달(탱자)을 따며 즐겁게 놀고 싶고 마음뿐이다. 이 마을에서 벌어지는 거대담론 때문에 피해를 입는 쪽은 아동들이다. 현실의 실리하고는 무관하기 때문이다. 이것은 훈이와 민수로 대표되는 아동의 마음과 현재의 실리를 추구하는 어른들의 마음이 서로 상충하고 있는 것이다. 즉 동심과 성인들의 욕망이 상충하는 지점이라 할 수 있다.

민수와 나는 이 다음에 잠수부가 되기로 약속하였습니다. 잠수부가 되어 용궁도 찾아보고, 바다 깊은 곳에 있을 충무공 화살도 찾아보기로 하였습니다. 우리 마을 앞바다는 충무공이 왜적을 크게 이긴 바다입니다. 그 바다 깊은 곳에서 충무공의 화살도 있을 테지요. (중략)

서쪽 하늘에 노을이 엷게 펼쳐지고 방파제 안에는 배들이 콜콜 잠에 빠져있습니다. 나는 하얗고 노을이 엷게 펼쳐지고 방파제 안에는 배들이 콜콜 잠에 빠져 있습니다. (중략)

바닷가는 현대인의 고향으로 대표되며 고향을 지키려고 하는 작가 의도는 바로 자연을 지키고자 하는 것이다. 작가는 쟁탈전이 벌어지는 장소인 마을 앞바다가 충무공이 왜적을 물리쳤던 유서 깊은 곳이란 사실을 독자들에게 인식시키고 있다. 그것을 바라보는 작가의 분노와 안타까움이 그대로 표현된 것이기도 하다. 한편 현실적으로 힘이 없는 훈이는 자신의 소망인 마을의 안녕을 위해 빈 바다에 종이배를 접어서 떠나보낸다. 우연인지는 몰라도 마을회관에서 박수 소리가 터지는 길 보며 나시 평온했던 일상으로 돌아갈 수 있을 것을 꿈꾸며 좋아한다.

2. 다음 세대를 위한 성찰과 비전

작가는 우리 사회에 일고 있는 과잉 교육열에 대해 날선 비판과 질타를 가하고 있다. 교육은 예부터 백년대계百年大計라 할 만큼 그 중요성에 대한 언급은 두말할 필요도 없다. 그러나 과잉 교육열로 돌아오는 사회적인 파급은 대단한 것이다. 엄청난 가정경제의 손실은 곧 국가적 손실이고 그 속에서 견뎌내야 하는 어린이들의 감성이나 인격 또한 사회적인 문제로 시사되고 있다. 여기에 대표되는 작품으로 〈가짜 한의사 외삼촌〉과 〈사과꽃보다 달콤한 향기〉이다. 이 두 작품은 과잉 교육열에 대해 언급하고 있는데 그 방식이 사뭇 다르다. 전자의 작품은 과잉 교육열 속에서도 독자의 마음을 위로하고 보상해 주려는 입장이고 후자의 작품은 여전히 우리 사회의 이슈가 되고 있는 해외유학에 대한 문제를 치밀하게 다루고 있다.

〈가짜 한의사 외삼촌〉에 등장하는 캐릭터들은 모두 부모들의 과잉 교육에 시달리고 있다. 외삼촌은 엄마가 운영하는 척척학원의 수학 강사이다. 가짜 한의사란 별명은 수업시간에 재미있는 처방전을 학생들에게 내리기 때문에 붙여진 것이다.

> "얼굴색을 보니 수정이는 병이 중하시군요. 이런 병을 흔히 대뇌 긴장성 안색 창백증이라고 하지요. 으흠. 그러니 앞으로 공부는 그만하고 노는 일을 더 많이 해야겠군요." (26쪽)
>
> "그대는 수학 문제 중독증에 걸렸습니다. 수학문제만 보면 풀지 않고는 못배기는 무서운 병입니다." (중략)
>
> "이런 사람에게는 초록색 결핍증이라는 병이 생깁니다. 또 산소 결핍증도 따라옵니다. 이 병을 낫게 하는 약은 민들레 잎사귀뿐입니다. 민들레 잎사귀를 입곱 번 뜯어먹고, 5분 정도 물구나무서기를 하고 난 뒤 산을 쳐다보면서 심호흡을 해야 합니다." (32~33쪽)
>
> 나도 외삼촌에게 처방을 받은 적이 있다. 외삼촌은 나에게 학원 도깨비 병에 걸렸다고 했다. 하루 종일 학원 안에서 뱅뱅 돌고 밖에 나갈 줄 모른다고 붙인 병명이었다. (중략) 그 병을 고치는 데는 돈 한 푼 없이 혼자서 시장을 돌아다니는 게 특효약이라고 외삼촌이 말했다. (34~35쪽)

지루하고 어렵게만 느끼지는 수학시간을 외삼촌은 즐겁게 이끌어 나간다. 아이들의 상태를 보고 아주 재미있고 기발한 병명을 지어주고 그에 따른 처방도 해준다. 수학강사인 외삼촌은 아이들의 숨통을 조금이나마 트이게 해주는 유쾌한 캐릭터이다. 그러나 이것도 오래 가지 않는다. 학원의 학부모들이 이런 사실을 알게 되어 원장에게 항의했기 때문이다. 외삼촌은 하루 아침에 학원 기사로 전락했지만 가짜 한의사 노릇은 계속된다. 주인공 나는 외삼촌 대신 원장인 엄마의 병을 '신경성 점수 집착증'으로 처방한다. 척척학원의 가짜 한의사는 계속 나올 것이다. 작가는 이 작품에서 과잉교육열에 대해 우회적으로 비판을 가하고 있으며 아울러 힘겹게만 느껴지는 교육현장에서 외삼촌과 같은 캐릭터를 등장시켜 아동들을 위로하고 보상해주려는 의도가 엿보인다.

〈사과꽃보다 달콤한 향기〉란 작품은 치열한 우리 교육현장의 현주소를 보여주고 있다. 자식을 위해서라면 어떤 수단과 방법까지 불사하는 우리 사회의 단면을 보여주고 있다.

> 바로 한 달 전에 엄마의 친한 친구인 영숙 아줌마가 아들 유학을 위해서 외국으로 가 버렸다. 영숙 아줌마의 아들은 필수보다 한 살 아래였다. 그 뒤부터 엄마는 거의 모든 희망을 잃은 사람 같았다.(83쪽)
>
> "그래. 외국서 지내려면 영어 이름은 하나 가져야 하지 않겠니?"
>
> 필수와 할머니와 아빠의 놀란 눈길이 모두 엄마의 입으로 쏠렸다. 영어 이름이 뭐냐고 채 묻기도 전에 엄마가 먼저 말했다.
>
> "프랭클린, 벤자민 프랭클린의 프랭클린. 어때 좋지?" (88~89쪽)

학부모들이 과연 누구를 위한 것인가를 생각하고 있는지 모를 정도로 교육과잉열이 심각하다. 주변에서 유학붐이 일면 내 자식이 어떤 개성과 어떤 수준인가를 고려하기보다 가고 보자는 식의 경쟁의식이 발동한다. 이 작품의 필수 엄마도 마찬가지다. 주변 때문에 점점 조급한 마음이 들고 자신의 정체성에 대해 생각하지 않고 영어 이름을 짓고 유학이 최선이라고 생각한다. 경쟁해야 할 대상인 학생보다 뒤에서 보살펴야 할 부모들이 더 치열성을 보여준다.

필수 엄마는 필수의 유학을 강박적으로 받아들이고 경제적인 능력 때문에 필수에게 '입양유학' 이라는 극단적인 방법을 내린다. 필수 아빠와 할머니는 '입양유학' 을 '극단적인 방법' , '편법' 이란 과격한 말로 필수 엄마를 자제시키려 하지만 소용이 없다. 자식을 위해서라면 부모의 자리마저 내주어야 한다는 것이 필수 엄마의 입장이다. 필수도 유학 때문에 스트레스를 받고 있지만 그보다 동네 축구에 더 관심을 쏟고 있다. 필수 아빠는 30년 전 먹고살 일이 막막해서 딸을 입양 보내야만 했던 오산댁 할머니의 사연을 통해서 입양의 심각성을 말하고 있다. 그러나 필수 엄마는 자신의 뜻을 굽히지 않는다. 또 다른 방법으로 필수 할머니는 필수 엄마의 중학교 국어공책을 가지고 온다. 숙제 내용은 '내가 좋아하는 아름다운 우리말' 이란 것이다. 이것도 필수 엄마의 욕망을 억제시키지 못한다. 입양 가야 하는 바로 그날 필수가 엄마에게 전화를 했지만 엄마는 '너를 위해서' 라는 것을 강조한다. 필수는 방황을 하다가 축구팀 연습장으로 간다. 날도 저물고 고민에 빠져 있을 때 친구 채영이와 부모님이 온다. 일단 입양유학은 안 가게 되었지만 아직 엄마는 또 다른 방법을 모색하겠다고 한다. 필수는 오랜 만에 엄마의 품에서 사과꽃보다 더 달콤한 엄마의 향기가 난다고 생각한다.

우리 사회의 교육과잉열을 필수 엄마란 캐릭터를 통해서 단적으로 보여주고 있다. 자신의 정체성마저 잃고 무조건 외국 유학을 선택하는 것은 위험한 방법이라 할 수 있다. 주변과 과도한 경쟁력이 아니라 진정으로 자식을 먼저 생각하고 고려해서 결정해야 한다. 단순히 유학의 문제뿐만 아니라 다음 세대를 이끌어 가야 할 아동들에 대한 올곧은 성찰과 비전을 제시해야 한다.

3. 정체성 찾기와 철학적 성찰

동화에서 쉽게 접할 수 있는 소재 중 한 가지가 자아정체성에 대한 것이다. 흔하지만 아주 중요한 것이기에 작가라면 누구나 심각하게 고민하는 것이다. 자신이 누구인지에 대한 고민은 아주 당연한 것이며 특히 어린 시절부터 이러한 고민은 자신의 정체성을 찾는데 많은 도움을 줄 수 있을 것이다. 또 우리 삶의 갈피갈피에서 만나는 사건사고를 통해 철학적 물음을 가능하게 하고 또 다른 성찰을 갖게 한다는 것도 매우 중요한 것이라 할 것이다. 이 두 가지 측면은 이론적으로도 결코 쉽지 않은 것이며 특히 창작에서 이 문제를 어떻게 다룰 것인가는 더 어렵게 만든다. 잘못하면 누구나 간 길을 되짚는 것이며 상투석으로 빠지기 쉽기 때문이다. 여기에 해당하는 작품으로 〈들고양이 도툴이〉와 〈민들레의 햇꿈〉이 있다.

〈들고양이 도툴이〉에 등장하는 들고양이 도툴이는 세상에 지대한 관심과 호기심을 가지고 있는 캐릭터이다. 어느 날 만난 하얀 고양이는 자신과 달리 사람의 손에 의해 자라고 있었다. 그리고 자신을 도둑고양이라고 폄하하기도 한다. 도툴이는 하얀 고양이와 친구가 되고 싶었으나 자신을 무시하고 친구가 되어 주지 않는다. 숲속에 돌아와 친구들에게 자문을 구하니 진심을 보여주라고 조언을 해준다. 어느 날 하얀 고양이가 불독에게 공격을 당하자 도툴이가 자신의 몸을 사리지 않고 구해준다. 남의 일에 적극적으로 나서서 도와준 도툴이를 하얀 고양이는 진정한 들고양이로 인정하고 친구가 된다.

> "나랑 친구해 줄 거니?"
> 하얀 고양이가 도툴이를 향해 살며시 물었습니다.
> "나 도둑고양이 아닌 거 맞지?"
> 하얀 고양이는 더 이상 말을 하지 못했습니다.(중략)
> "그런데 너 아까 보니 엄청 용감하더라."
> 하얀 고양이가 도툴이에게 말했습니다.
> "보통이야."
> 도툴이는 어깨를 으쓱했습니다.
> "넌 불독이 무섭지 않았니?"
> "난 들고양이잖아."
> 도툴이는 다시 한 번 어깨를 우쭐거렸습니다. (142~143쪽)

하얀 고양이는 세상에 대해 호기심만 가득차고 천방지축인 도툴이가 정체성에 대해 깊게 사고할 여지를 주는 캐릭터이다. 전면에 나타난 성격으로는 도도하고 남을 무시하는 것처럼 보이지만 실상은 도툴이의 사고 확장과 정체성을 찾게 해주는 지대한 역할을 하고 있다. 또 도툴이란 캐릭터는 자신이 도둑고양이가 아니라 들고양이임을 인식하고 그 면모를 찾음으로써 하얀 고양이에게 자신의 정체를 확인시키고 진정한 친구가 된다. 스스로 자신의 정체성을 찾아가려는 노력이 자연스럽고 적극적이어서 독자들에게 적극적으로 자신의 삶을 살아가는데 도움을 줄 것이다.

〈민들레의 햇꿈〉이란 작품에 등장하는 민들레는 많은 만남을 통해 '영원' 과 '진실' 이란 것에 의문을 품게 된다. 사실상 동화를 통해 독자로 하여금 철학적인 물음을 갖게 한다는 것이 그리 수월한 일은 아니다. 작가가 자신의 문학관을 가지고 치열하게 창작을 한다고 해도 일차 대상인 어린이 독자들이 그것을 읽어내기가 힘들기 때문이다. 그렇다고 늘 접할 수 있는 소재나 주제만을 가지고 창작한다는 것도 독자나 작가들에게 식상한 일일 것이다. 그러기에 작가가 다른 주제보다 심혈을 기울일 필요가 있다.

작가는 작은 민들레를 통해 과연 '영원' 과 '진실' 이 무엇인지에 대해 끊임없이 갈급한 갈증을 느끼게 한다. 민들레가 이 물음에 대한 여행을 마친 후 꽃씨가 되어 흩어지기 전 '가장 진실한 모습으로 다시 태어나고 싶어요.' 라고 간절히 기도하지만 결국 비좁은 창틈에 내려앉는다. 민들레가 철학적 물음에 대한 답을 얻고 좋은 곳에 뿌리를 내려서 예쁜 꽃으로 피어났다고 결론을 지었다면 그동안의 철학적 물음도 상당히 일차원적으로 전락할 위험이 있다.

그러나 우리가 만나는 현실은 냉혹한 곳이란 것을 작가는 다시 한번 인식시키고 있다. 하고많은 장소 중에 창틈에 뿌리를 내리게 되는데 이것은 험난한 여정이 새로 시작됨을 알리는 것이다. 창문 안에 붓을 입에 물고 그림을 그리는 소녀를 발견하게 된다. 소녀가 불편한 몸을 이끌고 안간힘을 다해가며 그림 그리는 모습에서 민들레꽃씨는 새로운 깨달음과 소망을 갖게 된다. '가장 진실한 모습으로 꽃피우게 해주세요.' 라고 다시 간절한 기도를 한다. 창틈에 피어난 민들레를 보자 소녀와 소녀의 엄마가 기뻐한다. 소녀는 그 모습을 자신의 화폭에 그리겠다고 한다. 비로소 민들레가 소망하던 '영원' 과 '진실' 이란 물음에 대한 해결과 함께 소녀의 그림 속에 영원히 시들지 않는 모습으로 살게 된다.

민들레가 가진 철학적 물음은 독자들에게도 똑같은 의문을 품게 할 수 있을 것이다. 또 민들레가 떠나는 여행을 통해 독자들도 각기 다른 생각의 조각을 맞추며 스스로 깨달아 갈 것이다. 작가는 동화문학에서 쉽지 않은 작업을 하고 있다는 생각이 든다. 이러한 작업에 더 엄밀하고 심혈을 기울인다면 앞으로 발표될 작품에 점점 기대치가 높아진다.

작가 최미선은 세상의 어린이들에게 많은 질문과 사회현상들에 대해 넌지시 말 걸기를 시작한다. 천연의 자연이 있는 고향은 그로 하여금 도심의 작가들이 흉내 낼 수 없는 작품의 보고寶庫를 가지게 하였고 그것을 자신의 것으로 소화하여 작품 속에 담아놓게 되었다. 고향과 자연은 그의 작품에서 비슷한 쌍곡선을 그리며 작품에 드러나고 있다. 그의 고향은 작가의 인생관과 문학관에 지대한 영향을 끼치고 있다는 것을 발견하게 되었다. 또 사회적인 문제도 외면할 수 없기에 적나라하게 비판하며 독자들을 위로하기도 한다. 사람에게 있어 정체성을 찾고 확립한다는 것은 매우 중요한 일이다. 다양한 캐릭터들을 통해 정체성 찾기에 주력하였고 다소 어렵다고 느껴질 수도 있지만 철학적 물음을 통해 독자들을 한층 성장시킬 수 있는 계기를 마련하였다. 이제 파편처럼 산재되어 있는 많은 퍼즐 조각들이 작가의 의식 속에서 나와 더 구체화된 물음과 말걸기를 시도하길 소망한다.

* 이 글에서 언급한 대부분의 작품들은 작가의 《가짜 한의사 외삼촌》(문원아이, 2007)이란 동화집에서 가져온 것임을 밝힌다.

손영희 시조시인

이 작가를 주목한다

경남문학 87 | 2009년 여름호

2003년 《매일신문》 신춘문예, 《열린시학》 등단. 오늘의시조시인상, 이영도시조문학상 신인상, 경남시조문학상 수상. 시집 《소금박물관》 등

오동나무는 오늘도 징징거린다 외 4

손영희

아버지가 우는 아이를 마당으로 던진다
허공에 우뚝 솟은 기와집 한 채 떨고 있다
뻥 뚫린 대청마루와 백사의 허물 같은 집

그대여! 기억하는가, 오후의 깊이를*
아직도 살아남아 빈 사기그릇 두드리며
마당에 납작 엎드려 울고 있는 저 여자

햇살이 한 뼘 더 가까워진다, 그늘 쪽으로
목마른 천수답 하늘 물꼬를 기원하는
아버지, 또 우는 아이를 허공으로 던진다

무너진 돌담 틈새 봉숭아 꽃씨로 숨겨논
찢어진 교복치마가 어디로 사라졌는지
내 살 속 오동나무가 오늘도 징징거린다

* 페데리코 가르시아 로르카, 〈메아리〉 중에서.

부레옥잠이 핀다

1.
그 여자, 한 번도 수태하지 못한 여자
한 번도 가슴을 내놓은 적 없는 여자
탕에서, 돌아앉아 오래
음부만 씻는 여자
어디로 난 길을 더듬어 왔을까.
등을 밀면 남루한 길 하나가 밀려온다
복지원 마당을 서성이는
뼈와 가죽뿐인 시간들

2.
부레옥잠이 꽃대를 밀어 올리는 아침
물속의 한 여자가 여행을 떠난다
보송한 가슴을 가진 여자
잠행을 꿈꾸던 여자
푸른 잠옷을 수의처럼 걸쳐 입고
제 몸속 생의 오독을 키우던 그 여자
누군가 딛고 일어서는
기우뚱한 생의 뿌리

맨홀

—버스 정류장에서

한 여자가 두 무릎을 끌어안고 앉아서
화들짝 피어나는 연꽃을 보고 있다
어둠은 지는 게 아냐 피는 거지, 저 우물처럼

늘 혼자여서 공명이 된 여자의 가슴으로
피다 만 꽃잎들이 검은 건반을 두드리고
빗물은 흘러넘쳐서 누구의 발 적시며 가나

뚜껑 없는 내 몸의 수로를 따라 떠내려온
오래된 우물에서 길어 올리는 몽유
시간이 악취를 풍기며 내 흔적을 지우고 있다.

달밤

1.
내 영혼이 떠나가는 밤풍경을 보네
울먹이는 파도의 빛깔도 저물고
별빛의 정갈한 노래도 은빛 속으로 사라지네

옆에 앉은 그 사람의 적막함을 보네
모래는 한줌씩 내 발밑에 뿌려지고
홀연히 떠오르는 길만이 빛나는 밤이네

2.
중문간채 골이 패인 문지방을 지나
오동나무 몸을 푸는 대청마루 지나
꿈속의 솟을대문 열고 건너가는 노둣돌이여

소금 냄새 진동하는 염전이 나루터
천년을 펴 올린 고가의 달빛 속으로
노櫓 하나 부고도 없이 길 떠날 채비하네

책방 앞에서

인공의 불빛 속에서 비 냄새를 맡는다
구름 속 너를 쫓다가 자명한 길을 놓친다
어딘가 집으로 가는 오래된 문이 있을 것이다

차들은 떼를 지어 사막을 찾아 떠나고
꽃집 점원이 수선스런 과거를 수소문하듯
창문 밖 내 뒤통수를 끈질기게 훔쳐본다

너는 저 조급한 빗소리 안 들리고
내 상처가 너의 내장인 듯 몽글린
먹구름, 먹장구름 몰려와 상점마다 문이 닫힌다

저공으로 날아와 책 속으로 스며드는
내 몸속 습지를 건너온 검은 새
아, 집은 행간 속으로 숨고 초원의 빛도 꺼진다

물의 꿈, 공명의 시학

정미숙 문학평론가

물은 항상 흐르며, 물은 항상 떨어지며
그리고 항상 수평적인 죽음으로 끝난다.
물의 고통은 끝이 없다.
—Gaston Bachelard

1. 물의 여자, 우울의 처소處所

손영희의 시는 물의 꿈을 안고 흐른다. 물은 낮고 약하여 어디든 스미고, 높고 강하여 어디에서고 솟구친다. 물은 순종과 저항의 리듬을 타며 흐른다. 추락과 상승의 윤회를 거듭하며 스스로를 경신更新하는 물의 매혹은 죽음의 고통을 생의 리듬으로 승화하는 시적 몽상으로 변주된다. 역동적 리듬의 물은 손영희 시에서 몽유夢遊로 차용되어 그녀 시를 관통하는 우수憂愁와 지평地平으로 열린다.

아버지가 우는 아이를 마당으로 던진다

허공에 우뚝 솟은 기와집 한 채 떨고 있다
뻥 뚫린 대청마루와 백사의 허물 같은 집

그대여! 기억하는가, 오후의 깊이를*
아직도 살아남아 빈 사기그릇 두드리며
마당에 납작 엎드려 울고 있는 저 여자

햇살이 한 뼘 더 가까워진다, 그늘 쪽으로
목마른 천수답 하늘 물꼬를 기원하는
아버지, 또 우는 아이를 허공으로 던진다

무너진 돌담 틈새 봉숭아 꽃씨로 숨겨논
찢어진 교복치마가 어디로 사라졌는지
내 살 속 오동나무가 오늘도 징징거린다

* 페데리코 가르시아 로르카, 〈메아리〉 중에서

—〈오동나무는 오늘도 징징거린다〉

손영희의 물은 '물의 여자'에서 기원한다. 물의 여자는 물을 얻기 위해 아버지에게 버려진 여인이다. 여자의 아버지는 '목마른 천수답 하늘 물꼬를 기원'하며 우는 아이, 우는 여자를 허공을 향해 던진다. 아버지는 제사장이고 딸은 희생공희의 '제물祭物'인 셈이다.

아버지에 의해 버려지고 부정된 여자는 허공을 돌아 '아직도 살아남은', 허허로운 '빈 사기그릇'이다.

하나, 마치 석고대죄를 하듯이 마당에 납작 엎드려 울고 있는 여자의 울음, 울음이 품은 속뜻은 폭압적 상황을 기만하듯 다른 곳에 있다. 여인의 울음은 자신이 놓친 상실, '봉숭아 꽃씨' 처럼 숨겨놓은 '까만 교복' 의 묘연한 행방을 울고 있는 것이다. 일테면 여자의 울음은 상황의 순응을 가장假裝한 저항인 셈이다. 가냘프고 무력한 여자가 생사의 허방을 짚으면서 차마 놓칠 수 없었던 것은 까만 '봉숭아 꽃씨' 로 숨긴 '검은 교복' 의 한 점에 있었다. 봉숭아 꽃씨처럼 위장僞裝한 '검은 꽃씨' , 감쪽같이 숨긴 교복 하나가 있었기에 여자는 견딜 수 있었다. 여자는 봉숭아 꽃씨로 숨은 '찢어진 교복 치마' 를 입고 아버지로부터 달아나고 달아나다, 마침내 검은 새처럼 훨훨 날아오르리라 믿었던 것일까. 비상의 상상은 추락의 상실을 낳았다. 여인은 두 번 허공을 짚은 것이다.

이 '여자' 는 아버지의 버려진 딸이자 우리 시대의 타자, 곧 앗긴 꿈의 실체인 여성의 상징으로 해석될 수 있다. 검은 꽃씨가 까마득한 죽음의 공포를 넘게 한 희망의 심지라면 복숭아 꽃씨 안에 숨긴 붉음은 생명이었으리라. 봉숭아 꽃씨를 놓친 여인의 상실감은 간단한 애도로 끝나지 못한다. 여인의 울음은 깊은 상실의 체현體現으로 여자와 합체incorporate되며 우울의 근원이 된다. 죽음 같은 우울은 비를 몰아오기 위해 허공에 하얀 소복처럼 펄럭이고 꽃잎처럼 흩어졌던 여인의 운명과 함께 섞이고 흐른다. 물의 여자는 슬픔의 심연深淵으로 잠행한다.

> 그 여자, 한 번도 수태하지 못한 여자
> 한 번도 가슴을 내놓은 적 없는 여자
> 탕에서, 돌아앉아 오래
> 음부만 씻는 여자

어디로 난 길을 더듬어 왔을까.
등을 밀면 남루한 길 하나가 밀려온다
복지원 마당을 서성이는
뼈와 가죽뿐인 시간들

부레옥잠이 꽃대를 밀어 올리는 아침
물속의 한 여자가 여행을 떠난다
보송한 가슴을 가진 여자
잠행을 꿈꾸던 여자
푸른 잠옷을 수의처럼 걸쳐 입고
제 몸속 생의 오독을 키우던 그 여자
누군가 딛고 일어서는
기우뚱한 생의 뿌리

—〈부레옥잠이 핀다〉

아직도 살아남은 빈 사기그릇의 여자는 〈부레옥잠이 핀다〉에서 '한 번도 수태하지 못한 여자', '한 번도 가슴을 내놓은 적이 없는 여자'로 '남루한 길'을 더듬거리면서 산다. 여자는 뿌리내리지 못하고 떠도는 '부레옥잠'과 자신을 동일시하며 스스로를 '제 몸속 생의 오독을 키우던 여자'로 호명하며 자학적 삶을 고백하기에 이른다. 여자의 고백은 자신 혹은 자신의 삶을 객관적으로 인식하기 시작한 증거이자 우울 혹은 잠행과의 결별선언과 다르지 않다. 〈오동나무는 오늘도 징징거린다〉의 울음이 순응을 가장한 저항의 체현이었듯이 부레옥잠과의 동일시는 부레옥잠과의 차별화, 곧 이별선언과 같은 것이다.

상실의 슬픔을 견디지 못하고 우울의 심연으로 잠행하여 자학의 시간을 보냈으나, 훨훨 날기 위해 꽃씨를 품었던 여인의 옹골찬 본성을 지울 수는 없었던 것일까. 언제부터인가 저 멀리 파란 대문의 출구를 더듬는 여자의 타오르는 시선 아래 뿌연 물속은 더 이상 처소일 수 없다. 수태하지 못했으나 사실은 '보송한 가슴'을 가진 여자는 아직 젊고 아름다워 꿈 찾기가 타당한 가능의 여자이다. 애초에 차별과 처벌의 희생양으로 삭제됨을 거부하듯이 허공을 뱅그르르 돌아 착지着地한 산뜻한 여자는 강한 생명력의 질긴 목숨을 지녔다. '붉은 양수'와 출입구 없는 '알 속의 작은 내 방'(〈비탈진 잠〉)은 여자와 오래 어울릴 수 없다.

봉숭아 꽃씨를 잃고 잠행한 여자는 이제 끝없이 흐르며 죽는 듯 다시 사는 진정한 물의 여자로 솟구쳐 어디든 자유롭게 흐르고자 한다. 다시, 출입구를 찾으려는 여자의 몸부림은 부레옥잠의 '기우뚱한 생의 뿌리'처럼 허방 짚을 듯 위태로우나, 가능할 것이다.

2. 여자와 몽유夢遊, 오래된 집의 주소住所

우울의 심연을 벗어나는 여자의 길은 '몽유夢遊'로 포장되어 있어 긴딘하지 않나. '봉숭아 꽃씨'가 그러했듯이 '부레옥잠의 뿌리' 역시 감추어져 은밀히 시도되어야 꿈일 수 있는 까닭일까. 쉽게 포착되지 못하게 '위장'하고, 그 위장 안에서 가만히 자신의 은밀한 꿈을 키우는 것은 손영희의 여자가 사는 방식이다.

꿈인 현실과 현실인 꿈속의 경계를 넘나들며 여자는 '복지원 마당'과 '남루한 길'인 현실의 시간을 지우고 새로운 '집'과 '길'인 꿈의 시간을 세우고자 한다. 여러 시편에서 빈번하게 반복되는 '오래된 문' '고가' 는 아버지에게 버려지고 수태하지 못한 타자인 여성의 역사와 현실을 부정하며 온전한 내 것을 바로 되찾고자 하는 시인의 열망을 드러내는 지수指數이다. 새로운 집과 길은 여자가 늘 꿈꾸며 갖고 싶어 했던, 소망의 지속에 놓인 '오래된 집' 임을 알게 한다.

'출입구' (〈비탈진 잠〉), '떠오르는 길' (〈달밤〉), '집으로 가는 오래된 문' (〈책방 앞에서〉)의 꿈속 지표는 '복지원 마당' · '남루한 길' (〈부레옥잠이 핀다〉), '우는 아이' (〈오동나무는 오늘도〉)의 기억을 배반한 듯 대비적이다. 이를 '몽유' 의 장치를 빌려 산뜻하게 분리해 내는 시인의 기교가 이젠 낯설지 않다. 하나, 이 길에 이르는 길이 결코 쉬운 것은 아니다. 새로운 집을 찾아나서는 길은 나를 넘어선, 나의 슬픔을 씻어낸 새로운 나만이 갈 수 있는 길인 까닭이다.

화자가 도달할 오래된 문, 떠오르는 길, 솟을대문으로 드러나는 고가古家의 창연함은 시인의 지향점이기도 하다. 이에 시인은 아버지와 여자를 맞세워 겨루었듯이 다시 한 번 현실적/ 이상적 자아로 나뉜 두 여자를 맞세운다. '나' 와의 이별은 쉽지 않다. 상실의 슬픔과 한 몸으로 지냈던 우울한 '나' 는 여자를 뚫고 불쑥 치솟아 집으로 가는 길을 흐릿하게 한다. 그래도 가야만 한다. 시인은 슬픈 자아의 넘치는 물기, 그 잉여의 수분을 빨아들일 듯 소금밭〔鹽田〕을 길가에, 나루터 옆에 환하게 배치하며 투명한 여로에 응원을 보탠다.

1.
내 영혼이 떠나가는 밤풍경을 보네
울먹이는 파도의 빛깔도 저물고
별빛의 정갈한 노래도 은빛 속으로 사라지네

옆에 앉은 그 사람의 적막함을 보네
모래는 한 줌씩 내 발밑에 뿌려지고
홀연히 떠오르는 길만이 빛나는 밤이네

2.
중문간채 골이 패인 문지방을 지나
오동나무 몸을 푸는 대청마루 지나
꿈속의 솟을대문 열고 건너가는 노둣돌이여

소금냄새 진동하는 염전의 나루터
천년을 펴 올린 고가의 달빛 속으로
노櫓 하나 부고도 없이 길 떠날 채비하네

—〈달밤〉

인공의 불빛 속에서 비 냄새를 맡는다
구름 속 너를 쫓다가 자명한 길을 놓친다
어딘가 집으로 가는 오래된 문이 있을 것이다

차들은 떼를 지어 사막을 찾아 떠나고
꽃집 점원이 수선스런 과거를 수소문하듯
창문 밖 내 뒤통수를 끈질기게 훔쳐본다

너는 저 조급한 빗소리 안 들리고
내 상처가 너의 내장인 듯 몽글린
먹구름, 먹장구름 몰려와 상점마다 문이 닫힌다

저공으로 날아와 책 속으로 스며드는
내 몸속 습지를 건너온 검은 새
아, 집은 행간 속으로 숨고 초원의 빛도 꺼진다

—〈책방 앞에서〉

〈달밤〉과 〈책방 앞에서〉 화자는 자신을 '나'와 '너', '보는 자'와 '보이는 자' 둘로 구분하여 대화적 상황을 연출한다. 〈달밤〉에서 화자는 달밤의 청아한 밤풍경 속에 자신의 슬픈 영혼을 떠나보내려 한다. 이는 '오동나무 몸을 푸는'에서도 암시된다. 앗긴 꿈과 사무친 한을 '오동나무가 징징거린다'로 우회적으로 드러낸 것을 상기할 때 몸을 푸는 오동나무는 지난 응어리를 풀고 내려놓으며 새로운 꿈을 꾸는 전환의 발상으로 해석된다.

〈달밤〉에 포착된 풍경은 이같이 고고孤高하다. 오동나무가 몸을 풀고 솟을대문이 서 있는 집의 밤풍경은 화자가 갖지 못한 완전한 '집'의 풍경이다. 이 집에 이르는 길에, 과잉의 수분, 습기를 다 빨아들이나 전혀 흐트러짐이 없는 결정結晶인 아득한 소금밭이 함께함은 여전히 인상적이다.

〈책방 앞에서〉에서 화자는 이제 자신의 슬픔과 작별하려 하나 작별은 용이하지 않다. 아직도 징징거리는 '나'는 '구름 속에 있고', 불쑥 눈물 같은 비, 우레를 동반하며 비를 쏟을 듯한 '나'와의 조우로 나는 길을 잃을 위기에 처한다. '내 몸속 습지를 건너온 검은 새'는 차마 눈 감을 수 없었던 '찢어진 교복 치마', 앗긴 꿈의 또 다른 환유가 아닐까. 훨훨 날아오르기 위해 나는 내 몸속을 건너온 검은 새를 저편으로 날려 보내어야 한다. 이처럼 도저한 역설은 바로 물을 사는 물의 윤리이다.

손영희의 오래된 집은 여자의 집이 아닌 우리가 사는 집이다. 나를 넘어서야 우리가 보이고 내 슬픔을 흘려보내야 우리의 슬픔을 건널 수 있다. 자신을 버리고 끝없이 흐르는 물의 비움이 곧 가는 길마다 열리는 생성의 장임을 손영희는 여자의 귀환을 통해 보여주고 있는 것이다. 여자는 이제 슬픔에 갇힌 자신을 넘어서 우리에게 오는 출입구를 찾을 수 있을 것이다. 물과 물의 여자가 이르는 길은 진정한 이해와 공감의 지점, 공명共鳴의 성소를 향해 흐르고 흘러야 한다.

3. 물의 꿈, 공명共鳴의 성소聖所

한 여자가 두 무릎을 끌어안고 앉아서
화들짝 피어나는 연꽃을 보고 있다
어둠은 지는 게 아냐 피는 거지, 저 우물처럼

늘 혼자여서 공명이 된 여자의 가슴으로
피나만 꽃잎들이 검은 건반을 두드리고
빗물은 흘러넘쳐서 누구의 발 적시며 가나

뚜껑 없는 내 몸의 수로를 따라 떠내려온
오래된 우물에서 길어 올리는 몽유
시간이 악취를 풍기며 내 흔적을 지우고 있다.

—〈맨홀–버스 정류장에서〉

새장 속 새 한 마리 땅으로 스며드네
어릴 적 처음 본 죽음처럼 가볍네

큰길 쪽 파란 대문이 나를 끌고 가는 거기
덩치 큰 버스가 아이를 밟고 가네
아이가 그리다가 만 뿔난 세상이 가네
가슴에 성호를 긋고 가는 눈부신 자루 하나
곧 비가 내리려고 소리 없이 천둥 치고
소리 없이 쏟아지는 슬픔의 우레 같은 것
새장 속 울새 한 마리 귀소하는 하늘 문 성소

—〈새와 귀머거리의 기억〉

여자는 책을 불사르는 아버지의 환영을 떠올리며 오래된 집에 이르지 못하게 하는 진정한 장애는 정작 남을 위해 흘릴 눈물이 애초에 말라버린, 눈물샘의 고갈에 있다고 역설한다. 그것은 과히 '굳게 닫혀 버린 문' (〈몸 · 1〉)의 절망에 봉착하게 하는 사막의 길이다.

손영희의 물은 자신을 위해 자신의 앗긴 꿈을 위해 우는 눈물에서 우리를 위해 우는 눈물, 흐르고 흘러 더 큰 만남을 이루는 공감으로 나아가고자 한다.

〈맨홀-버스 정류장에서〉와 〈새와 귀머거리의 기억〉의 여자는 사물을 있는 그대로 응시하는 한층 성숙해진 시선을 가졌다. '맨홀'을 흐르는 물에서 우물을 떠올리고, 어둠은 지는 게 아니고 피는 것이며, 물의 리듬을 '피다 만 꽃잎' 들이 검은 건반을 두드린다고 말하는, 현상 너머 시원始原을 꿰뚫고 있는 심원한 통찰을 갖춘 성숙한 여인이다. 맨홀에서 우물로, 흐려진 우물에서 자신의 기원과 흔적을 발견하고 지우는 여자는 현실의 자아를 부정하고 이상적 자아로 자신을 몰아가던 투쟁 중의 여자도 아니다. 어느새 물을 꽤 닮아 있는 진정한 물의 여자이다. 흐르고 흐르며 끝없이 자신을 새롭게 하는 물의 순수와 정화, 물의 모랄moral을 여자는 내면화한 것이다.

손영희의 시에서 물은 강렬하게 울린다. 이제 여자는 더 이상 자신을 위해 울지 않는다. 조카의 죽음과 검은 새의 죽음 그리고 그 죽음을 함부로 맞게 했던 폭압적 질서를 지우며 우레 같은 격정으로 슬픔의 기억을 애도한다. 공명이 잘되는 시인의 가슴을 가진 여자는 유폐의 시간을 지나 우리에게로 왔다. 여자가 수로를 따라 떠돌며 찾고자 한 지평은 결국 뜨거운 소통, 공명共鳴의 성소聖所에 이르고자 한 시인의 오랜 바람과 다를 바 없다.

고통스럽게 자신을 토로하고 또한 자신을 지우고 넘으며 어렵게 우리에게로 돌아와 큰 공감의 대해로 나가고자 하는 것은 진정 시를 살고 시인으로 사는 방식이다. 손영희는 물의 여자와 함께 고통을 넘어 우리에게로 왔다. 손영희가 더 넓고 뜨거워진 가슴으로 나를 너머 우리를 향해 뜨겁게 흐르는, 우리를 위해 우는 물의 여자, 어디든 스미고 어디에서고 솟구치는 강렬한 물의 생명력을 가진 우리 시대의 시인으로 영원히 함께하길 바란다.

최석균 시인

이 작가를 주목한다

경남문학 88 | 2009년 가을호

2004년 《시사사》 등단. 김달진창원문학상 수상. 시집 《유리창 한 장의 햇살》 등

연가시 외 4

최석균

모르고 사마귀를 밟았는데
툭 터진 배에서
지렁이보다 가늘고 길고 까만 것이 꾸물댔다
장난삼아 밟아도 꾸물대는 것이 신기해
막대기로 끌고 감고 놀다가 버렸다

그것이 잊힐 만하면 나타났다
길목을 지키고 선 모습이 장난이 아니었다
눈과 입이 무서웠다
지레 피해간다는 것이
사마귀 다리가 가리키는 쪽으로 가고 있었다
잔인한 날이 줄줄
걸어온 길만큼 가늘고 길게 따라다녔다

망각의 틈 속에 숨어든
가늘고 긴 생명체가 있다
그런 이름이 있다
한때 내가 짓밟은 생명체가
내 몸통을 숙주로 자라나
어디론지 끌고 가고 있다

창원 용지

귀 씻을 소리도 없고
발 담글 여울도 없는데
밤낮 발길을 끈다

물이 모여 연못이 된 것이 아니라
한 마디 두 마디 떨어뜨린
꽃과 새와 바람의 말
아이의 말 어른의 말 남녀의 말들이 모여
출렁이고 있는 것이다
물결같이 많은 말 중에
가장 깊이 가라앉아 있는 것은 침묵이고
가장 가까이 들리는 것은 웃음이다
그 많은 말을 다 풀어 녹이면
사랑이다

그 출렁이는 힘으로
뱀 몸통 같은 산책로를 돌다가 나오면
귀와 발이 깨끗하다

늪의 사랑

이별이 싫어서 덥석
걸음을 낚아채는 것이리라
단번에 온몸을 받아 껴안고
혼백까지 빨아들이는 것이리라

명경같이 단장한 몸
슬쩍 버들가지도 당겨보고
잔물결 언 손길로 기러기도 안아보고
푸른 가슴에 무심한 달을 품을 때면
미풍에도 깊이 흔들렸던 것이리라

출렁이던 몸에 물기가 빠질수록
하나 둘 발길 돌리는 빽빽한 세상
발목이라도 붙잡고 싶었던 것이리라
야트막한 숨을 몰아쉬며
달아나고픈 생각까지 빨아들여
속을 채우고 싶었던 것이리라

푸른 간

고둥을 잡은 날은
고둥을 솥에 푹 삶아
원추형 껍데기를 방향대로 돌려서
속은 쏙 빼먹고 껍데기는 버렸다
우려낸 푸르스름한 국물은
짭짤하니 간을 해서 마셨다
오그라든 간이 펴지는 건지
독이 풀리려고 그러는지
출렁 물소리가 들렸다

고둥을 잡은 날 밤에는
수없이 빼먹은 껍데기에서
회오리바람이 돌며 지나가고
핏속으로 푸르스름한 강물이 돌았다
고향 뒷개울에서 간간이
고둥을 잡는 고모님의 굽은 등 위로
간질 앓는 누이의 모습이
하얀 달처럼 넘어가곤 했다

장작더미

가지런한 길이로 잘려
이등분 사등분 쪼개진 몸들
어느 골짜기 주름살을 감았을까
어느 등성이 나이테를 안았을까
뒤꼍 담벼락에 쌓여 있다

옹이 진 속
팅팅 튕긴 몸일수록 상처가 많다
힘없는 도끼질에 나뒹굴다가
찢긴 살점 덜렁덜렁 달아맨 몸도 있다
팔다리 잘리고 등 찍힌 사람과 닮았다
굽고 시린 허리를 찌지고 있는
바짝 마른 사람과 닮았다

얼마나 많은 상처를 태워야
따뜻한 새벽이 올까
재 한 줌 남기고
하늘로 가는 길이 뜨겁고 멀다

평설

자연과 사랑의 언어

강동우 문학평론가

1.

문학이나 예술을 규정하는 데에는 여러 가지가 있겠지만, 표현하는 대상을 그 기준으로 한다면 두 가지 태도로 나눌 수 있을 것이다. 하나는 자연이나 대상 등 보이는 세계를 재현하는 잘 훈련된 기술로 규정하는 태도이고, 다른 하나는 눈에 보이지 않는 세계, 즉 이성의 통제를 벗어나는 신비의 영역을 현현하는 것으로 규정하는 태도이다. 전자의 태도는 문학이나 예술이 세계의 모습 혹은 실상을 어떻게 제대로 모방하고 구현하는가에 목적이 있을 것이고, 후자의 입장에 선다면 보이지 않는 세계와의 교감과 소통이 중요한 문제로 작용할 것이다. 여기서 전자의 태도를 중요시하는 작가들은 보이는 세계에서 진실을 찾기 원하고 후자의 작가들은 보이지 않는 세계에서 진실을 찾는다.

이런 점을 염두에 두고 최석균의 작품을 접한다면, 그가 전자의 문학적 태도에 속하는 작가라는 사실을 쉽게 파악할 수 있다. 그러니까 최석균 시인은 신비와 초월적인 영역에 대한 느낌을 전달하기보다는 인간의 삶에 드러나는 진리나 본질의 문제를 밝히는 데에 능한 시인이다.

최석균 시인의 시는 맑고 투명하다. 최근의 시적 경향이 서정시의 형식과 문법에서 일탈한 파격적인 언어와 불필요한 이미지 혹은 초현실적 이미지들이 난립하는 가운데, 최석균의 시는 잡다한 수사로 얽히지도 않고 자폐나 유폐로 스스로를 옥죄는 것도 없다. 최석균 시인의 시는 어조가 격앙되어 있거나 호흡이 거칠지 않다. 화자의 고뇌를 드러내면서도 자아와 세계와의 관계를 성찰하고 있어서 서정시의 품격을 유지하고 있다. 시인이 풀어내는 하나하나의 말씨들은 우리 가슴에 잔잔하게 와 닿는다. 서정시가 가지고 있는 대부분의 특징을 잘 살리고 있는 최석균의 시는 그래서 더욱 친근하게 다가온다.

주지하듯이 서정시는 자아와 세계의 합일을 지향하는 속성을 지닌다. 서정시의 상상력은 본질적으로 인간과 자연의 조화로운 화해라든가 자연에 대한 헌신적 사세 능을 기반으로 발현되는 경우가 많다. 그러나 최석균은 단순히 자연과의 조화로운 화해를 추구하지 않는다. 그의 시에서 주목할 만한 것은 생태주의적 상상력이다. 가령, 최석균 시인이 사용하는 시어들을 살펴보면, 연못, 꽃, 새, 바람, 늪, 버들가지, 고둥, 연가시, 수세미, 낙엽, 나무 등 거의 모두 자연의 풍경을 담아내고 있다. 그러나 그는 선악의 이분법으로 문명을 부정하거나 자연의 생명력만을 예찬하지 않는다. 오히려 시인은 인간(문명)의 폭력성을 그대로 인간에게 되돌리는 방식으로, 조화로운 자연을 파괴하는 인간의 폭력성에 맞서려 한다. 이 부분이 최석균의 시가 생태주의적 상상력과 만나는 지점이다.

지난해던가 만물이 생장하는 유월부터 팔월에 걸쳐
꼭 내가 아침 먹는 시간에 줄줄이 티브이에서
농약 광고 문구들이 배달되어 밥상을 차렸다

알알이 일렁이는 가을 들녘을 지나가는 풍성한 여자 하나, 보릿대 모자 쓴 남자 둘 입을 맞추어 우아! 잘 익었는걸! 토실토실한데! 논브라 덕에 쌀도 좋고 밥맛 좋고! 논브라? 도열병 예방에 '논브라'
내가 누구게? 난 암메이트야! 담배나방 파밤나방 배추좀나방 나방이란 나방은 나한테 걸리면 끝장이지! 나방 전문약 '암메이트'
작물 깊숙이 침투해 병원균을 파괴합니다! 작물 표면에서도 병원균을 차단합니다! 사과 고추 탄저병에 '벨리스플러스'
깨끗한 배의 꿈 깨끗한 단감의 꿈 깨끗한 고추의 꿈! 탄저병에 '카브리오에이'
튼튼한 벼 품질 좋은 쌀! '키타진 입제'
역병 노균병 방제약 '미리카트', 살충제 '모스피란', 제초제 '주먹탄'

밥상을 받고 중얼중얼 버무리다가
나도 모르게 꿀꺽꿀꺽 넘기고 말았다
같이 살자 붙드는 생명 다 뿌리치고 아주 멀리서
숨 막히는 유혹과 충동과 협박의 길을 뚫고서
나 하나만 보고 달려온 모진 얼굴들을
하루아침에 그만 아득한 길로 보내고 말았다
토실토실한 쌀을 깔고 싱싱한 채소를 덮고 건실한 고추를 넣어 비빈 밥상
달그락 소리가 설거지통에 쌓여갔다

—〈농약비빔밥〉 전문

최석균의 시는 생명의 본질을 파악하는 시인의 직관과 그것을 시로 형상화하는 생태주의적 상상력이 돋보인다. 이 시는 우리가 먹는 밥과 채소 등이 모두 농약 덩어리임을 노래한 것이다. 우리의 식생활과 관련된 음식들이 알고 보면, 논브라, 암메이트, 벨리스플러스, 카브리오에이, 키타진 입제, 미리카트, 모스피란, 주먹탄 등 농약의 집합체라는 발상에서 출발한다.

그러니까 시인의 촉수는 자연의 아름다움과 생명의 힘이 아니라 자연과 인간의 관계를 새롭게 인식하는 데에 맞추어져 있다. 사람들은 눈앞의 이익만을 생각하지 타인의 생명, 자연계의 생명은 별로 염두에 두지 않는다. 그러나 그것은 결과적으로 생태계를 파괴하여 인간의 생존에 심각한 위협을 가하는 결과를 가져온다. 즉 사람들을 유혹하기 위해 좀더 먹음직스럽게 포장된 농식물에서 눈앞의 이익만을 추구하는 우리들의 모습을 보여주고, "같이 살자 붙드는 생명 다 뿌리치고 아주 멀리서/숨 막히는 유혹과 충동과 협박의 길을 뚫고서" 화자에게 배달된 음식들을 꿀꺽꿀꺽 삼키는 모습에서 자연의 엄청난 보복을 연상케 한다.

이처럼 자연이 자연 외부의 요인들로 인해 본성을 파괴당하는 지점에서 최석균 시인의 시적 상상력은 빛을 발한다. 이 시에서 보여주는 생태주의적 상상력은 인간과 환경 문제를 바라보는 넓은 시야를 유지하고 있기 때문일 것이다. 그러니까 최석균 시인의 생태적 상상력은 자연이 지닌 생태적 질서를 근거 없이 절대화하거나 종교적 숭배의 대상으로 삼지 않는다. 최석균은 기계론적 세계상에 의해 지탱되는 현대 문명의 물질주의적 속성과 비인간화를 향해 철저하게 냉소적인 시선을 던진다. 특히 자연을 단순히 관조의 대상이나 이해의 대상으로 보지 않고 인간에게 의미를 부여하는 관계적 존재로 파악하는 것은 생태

문제를 바라보는 우리의 발상 전환을 유도한다는 점에서 가치가 있다.

이와 같이 최석균 시인은 자연을 매개로 하면서도 자연을 단순히 감상이나 예찬의 대상이 아니라 자연의 파괴로 인한 보복을 중요한 모티프로 등장시킨다.

모르고 사마귀를 밟았는데
툭 터진 배에서
지렁이보다 가늘고 길고 까만 것이 꾸물댔다
장난삼아 밟아도 꾸물대는 것이 신기해
막대기로 끌고 감고 놀다가 버렸다

그것이 잊힐 만하면 나타났다
길목을 지키고 선 모습이 장난이 아니었다
눈과 입이 무서웠다
지레 피해간다는 것이
사마귀 다리가 가리키는 쪽으로 가고 있었다
잔인한 날이 줄줄
걸어온 길만큼 가늘고 길게 따라다녔다

망각의 틈 속에 숨어든
가늘고 긴 생명체가 있다
그런 이름이 있다
한때 내가 짓밟은 생명체가
내 몸통을 숙주로 자라나
어디론지 끌고 가고 있다

—〈연가시〉 전문

인용된 시에서 시적 화자는 모르고 밟은 사마귀의 배에서 툭 터져 나온 연가시를 "장난삼아" 가지고 놀다가 버린다. 이것이 단순하게 여겨지지 않는 이유는 자연에 대한 인간의 억압과 수탈을 의미하기 때문이다. 자연에 대한 인간의 억압과 수탈은 그것이 "장난삼아" 이루어진 것일지라도 어떤 임계점을 지나면 자연의 보복으로 전환된다. 이러한 점은 연가시의 길이만큼 "잔인한 날이 줄줄/ 걸어온 길만큼 가늘고 길게 따라다녔다"라는 구절을 통해 알 수 있다. 기생하는 연가시가 "내 몸통을 숙주로 자라나" 어디론가 화자를 끌고 가는 모습에서 자연(생명체)의 파괴에 대한 경각심과 시인의 성찰이 돋보인다.

그러니까 최석균 시인은 "장난삼아" 밟은 연가시를 통해 인간의 모습을 보고, 다시 그 고통을 받는 자신을 통해 '연가시'를 떠올린다. 따라서 연가시는 "망각의 틈 속에 숨어든" 시인 자신이며 우리들이기도 하다. 시인은 짓밟힌 '연가시'를 물끄러미 바라보며 장난을 치는데, 그 '장난치는' 주체는 일차적으로 시인 자신이겠지만, 시인이 "어디론지 끌"려 가고 있는, 장난을 당하는 '연가시'이기도 한 것이다. 이처럼 최석균의 시적 방법론은 주체와 대상의 통합적 묘사, 그리고 그 한 몸의 세계를 한없이 융화시킨다. 이것은 그가 서정시의 기본 바탕인 주체와 자연의 비분리 혹은 통합적 감각에서 비롯된 것이라 할 수 있다.

2.

자연에 대한 인간의 폭력성을 내세우고 있는 시인은 기계론적 세계상의 필연적인 결말로서 인간의 죽음을 엿보고 있는지도 모른다. 그러나 역설적으로 그 파국의 순간은 결국 자아와 세계, 인간과 자연, 삶과 죽음의 비대칭성이 극복되고, 만물이 평형과 조화를 회복하는 순간이기도 하다. 최석균의 시는 삶과 생명의 바탕을 이루는 드넓은 터전에 관심을 기울이고 그것에 대한 사랑을 표현하고 그것이 이루어지지 않을 때에는 극기의 정신으로 황폐한 시대를 견뎌야 한다는 것을 말하고 있는 듯하다. 때문에 사랑의 정감을 찾는 것은 이 시대를 견디는 중요한 요인일 수밖에 없다.

귀 씻을 소리도 없고
발 담글 여울도 없는데
밤낮 발길을 끈다

물이 모여 연못이 된 것이 아니라
한 마디 두 마디 떨어뜨린
꽃과 새와 바람의 말
아이의 말 어른의 말 남녀의 말들이 모여
출렁이고 있는 것이다
물결같이 많은 말 중에
가장 깊이 가라앉아 있는 것은 침묵이고
가장 가까이 들리는 것은 웃음이다
그 많은 말을 다 풀어 녹이면
사랑이다
그 출렁이는 힘으로
뱀 몸통 같은 산책로를 돌다가 나오면
귀와 발이 깨끗하다

—〈창원 용지〉 전문

이 시에서 시인은 '용지 연못' 을 꽃과 새와 바람이 서로 어울리고 아이와 어른과 남녀가 서로 소통하고, 더불어 자연과 인간이 조화로운 곳으로 묘사한다. 연못 주위의 이 모든 현상을 시인은 '사랑' 으로 귀결시킨다. 용지 연못이 "귀 씻을 소리도 없고/ 발 담글 여울도 없는데/ 밤낮 발길을" 끄는 이유는 바로 사랑 때문이다. 그것이 자연의 아름다움이든 어린아이의 순수함이든 남녀 간의 애정이든 상관없다. 시인은 그 사랑의 힘으로 "귀와 발이 깨끗"해지듯 몸과 마음을 정화시킨다.

여기서 사랑의 정감을 확인하는 것은 자기 내부의 자연성을 회복한다는 것을 의미한다. 그것은 극복해야 할 어떤 결핍의 상태가 아니라 인간의 보편적인 존재조건 혹은 존재원리로 우리를 감싸안는다. 최석균 시인에게 '사랑' 은 에로스나 아가페 같은 특정 층위의 사랑이 아니라 인간과 인간 사이 혹은 주체와 대상 사이에 개재하는 모든 친화적 정서나 행위의 총체적 표상으로 다가온다. 그래서 그것은 '증오' 의 반대편에 서는 어떤 것이 아니라 인간존재를 규율하는 가장 근원적인 에너지이자 존재원리로 작용한다.

이별이 싫어서 덥석
걸음을 낚아채는 섯이리라
단번에 온몸을 받아 껴안고
혼백까지 빨아들이는 것이리라

명경같이 단장한 몸
슬쩍 버들가지도 당겨보고
잔물결 언 손길로 기러기도 안아보고

푸른 가슴에 무심한 달을 품을 때면
미풍에도 깊이 흔들렸던 것이리라

출렁이던 몸에 물기가 빠질수록
하나 둘 발길 돌리는 뻑뻑한 세상
발목이라도 붙잡고 싶었던 것이리라
야트막한 숨을 몰아쉬며
달아나고픈 생각까지 빨아들여
속을 채우고 싶었던 것이리라

—〈늪의 사랑〉

이 작품에서 시인은 '늪' 을 사랑의 화신으로 비유한다. 모든 것을 흡수하는 늪의 생리를 빌려 사랑의 의미와 가치를 노래한 이 작품은 아름답고 슬프다. 사랑이라는 주제가 서정시의 영역에서 그리 신선하거나 충격적일 수는 없다. 그러나 슬픔 자체를 심미화하지 않고 슬픔 속에서 희망의 원리를 내포하는 최석균의 시작법은 그 초월과 미학의 공간에서 의미를 지닌다.

'늪' 은 슬쩍 버들가지도 '당겨보고' , 기러기도 '안아보고' , 무심한 달도 '품는다' . 심지어는 이별이 싫어서 '혼백' 까지 빨아들인다. 이 '사랑' 은 "출렁이던 몸에 물기가 빠질수록/ 하나 둘 발길 돌리는 뻑뻑한 세상"을 "달아나고픈 생각까지 빨아들"이는 흡입력과 결합함으로써 무한한 생명력을 갖게 된다. 마르면 마를수록 더욱더 강한 흡입력 혹은 사랑으로 이겨내는 '늪' 은 그래서 더욱 역설적인 존재라 할 수 있다. 물기 없는 뻑뻑한 세상을 혼백까지 빨아들이는 '늪' 은 자기 부정을 통해 생성과 완성에 도달하는 존재이다. 이처럼 최석균 시인은 자연에 맞서는 존재로서의 인간 대신에, 자연의 질서를 자기 내부로 받아들이는 인간상을 선보인다.

자연을 매개로 인간 내부의 자연성을 회복하는 모티프는 최석균 시의 다른 시 〈푸른 간〉, 〈수세미〉에서도 발견된다.

고등을 잡은 날 밤에는
수없이 빼먹은 껍데기에서
회오리바람이 돌며 지나가고
핏속으로 푸르스름한 강물이 돌았다
고향 뒷개울에서 간간이
고둥을 잡는 고모님의 굽은 등 위로
간질 앓는 누이의 모습이
하얀 달처럼 넘어가곤 했다

—〈푸른 간〉 부분

하늘로 올라간 줄기와 잎이
깨끗한 하늘의 마음 담아내어
주렁수렁 달아놓은 열매
늙은 이머니 젖가슴처럼 늘어져
바람결 따라 서걱거린다

새카만 씨앗을 싸안고 말라가는
껍질 속 촘촘한 섬유
삼실 얽힌 듯이 헝클어진
어머니의 억센 품 같은 수세미

물에 담가놓고 매만지니
말랑말랑 실타래 뭉치가 된다
어머니 품에서 점점 멀어져온
새카만 세월의 땟자국이
올마다 묻어나는 듯하다

자식을 위한다는데
얽히고설키지 못할 일이 뭐 있으며
닦지 못할 묵은 때가 어디 있느냐는 듯이
질긴 속을 말리고 있는 수세미
그리운 이름이 줄기를 타고
맑은 하늘에서 내려온다

—〈수세미〉 전문

고둥을 잡은 날 고둥 껍데기에서 회오리바람과 강물을 연상하고 다시 그것을 "간질 앓는 누이의 모습"으로 치환시키는 것(〈푸른 간〉)이나, 하늘로 올라간 수세미의 줄기와 잎이 '어머니'의 이름으로 다시 하늘에서 내려온다는 발상(〈수세미〉)은 '자연'이 단순히 객관상관물이 아니라 자연의 본성과 존재원리에 대한 체득이 인간 존재의 보편적 삶과 우주적 교감의 영역으로 확산되는 면모를 보여준다는 점에서 흥미롭다. 그러니까 최석균의 시는 자연의 표면을 그리는 풍속화가 아니라 인간 내면의 흐름을 쫓아가 그 음영까지 그려내는 음각의 그림에 가깝다. 그 음영의 한가운데에 자리잡고 있는 것은 잊혀지는 것에 대한 연민과 사랑이며, 버려지는 것에 대한 공감일 것이다.

3.

최석균 시인의 시에서 나타나는 또 한 가지 중요한 특성은 버림의 미학이다. 이는 자연과 인간의 조화 혹은 소통의 관점에서 인간의 삶을 파악하려는 서정적 초월의 정신과 관련이 있다. 그러니까 이 버림의 미학은 있음과 없음, 주체와 객체, 나와 타자, 삶과 죽음의 분별이 사라지고 서로의 차이와 이질성이 존중되면서 서로 하나로 어울리는 한 몸의 세계에 대한 열망을 보여주는 것이라 할 수 있다.

냄새나고 삭은 것부터
걷어내기 시작했다
돼지우리 다음 닭장 다음
개집을 치웠다
이태 전만 해도
두어 마리는 거뜬했는데
올봄 송아지 한 마리만 남겼다

홀쭉해진 집은
더 홀쭉해질 데를 찾다가
살갗을 파내고 머리카락을 뽑고
이를 뺐다 그리고
훌쩍훌쩍 울리기 시작했다
하나둘 불러들여
훌쩍훌쩍 울리는 날 있었다

—〈홀쭉해지는 집〉 전문

이 시에서 홀쭉해지는 집은 하나씩 하나씩 버려서 생을 완성해가는 인간의 모습과 닮아 있다. "살갗을 파내고 머리카락을 뽑고/ 이를 빼"듯이, 그가 완성해가는 인간 혹은 삶의 모습은 존재의 무게를 덜어내는 방식, 존재를 지워가는 방식을 통해 비로소 완성된다. 이런 점은 그의 시 〈옷〉에서도 그대로 나타나는 바, "나무들은 왜 다투어/ 자기 몸의 옷을 홀랑 벗어/ 땅을 먼저 덮어주나 본다/ ……/ 생사의 거리를 재며/ 입고 벗는 옷 본다"에서와 같이, 자신의 희생을 통해 삶과 죽음의 경계를 무화시킨다. 그리고 이 존재의 무화, 혹은 버림(죽음)은 새로운 생명(존재)을 잉태하는 터전("입고 벗는 옷")이 된다.

아픔이나 고통, 슬픔 자체를 심미화하지 않고 그 고통 속에서 희망과 사랑의 원리를 내다보는 최석균의 작법과 안목은 다음의 작품에서도 그대로 관철된다.

가지런한 길이로 잘려
이등분 사등분 쪼개진 몸들
어느 골짜기 주름살을 감았을까
어느 등성이 나이테를 안았을까
뒤꼍 담벼락에 쌓여 있다
옹이 진 속
팅팅 튕긴 몸일수록 상처가 많다
힘없는 도끼질에 나뒹굴다가
찢긴 살점 덜렁덜렁 달아맨 몸도 있다
팔다리 잘리고 등 찍힌 사람과 닮았다
굽고 시린 허리를 찌지고 있는
바짝 마른 사람과 닮았다

얼마나 많은 상처를 태워야
따뜻한 새벽이 올까
재 한 줌 남기고
하늘로 가는 길이 뜨겁고 멀다

―〈장작더미〉 전문

이 시에서 '장작더미'는 무한의 세계로의 초월을 꿈꾸다가 꿈이 좌절된 존재를 표상한다. 나무는 대지의 무한한 중력에 뿌리를 박고 있지만, 하늘을 향해 끝없이 뻗어가려는 속성을 지니고 있다. 그러나 '장작더미'는 대지의 중력과의 힘겨운 싸움도 하기 전에 인간에 의해 잘리고 깎여진 존재이다. 말하자면, 자신의 의지나 욕망이 제거된 더 이상 초월을 꿈꿀 수 없는 버려진 존재이다.

그러나 이 시에서 직접적으로 제시하고 있지는 않지만, 우리가 주목해야 할 점은 장작을 태우는 '불'이다. '불' 혹은 '빛'은 상승의 이미지로서 가장 아름다운 미적 경지를 표상한다. 그러니까 '장작더미'가 의미를 지니는 것은 이 '불'과 결합됨으로써 상승의 꿈이 실현된다는 점이다. 그 상승은 단순한 아름다움이 아니라 자신의 고통을 불사르며 성취하는 아름다움이다.

'장작더미'는 자신이 가진 모든 것을 버리고 그 상처마저 태워서 따뜻한 방을 만든다. 아무것도 소유하지 않고 자신의 모든 것을 태워 없앰으로써 장작더미는 한없이 가벼운 존재로 거듭날 수 있으며, 이 가벼움으로 인해 "따뜻한 새벽"을 만들고 하늘로 갈 수 있다. 이렇듯 자신을 태우며 희망을 만드는 장작의 이미지는, 인간 존재 근거 자체가 자신을 소멸시킨 끝에 얻어지는 것이라는 사실, 곧 '삶/죽음', '생성/소멸', '희망/슬픔'의 뿌리가 대립적인 것이 아니라 한 몸을 이루고 있는 것임을 말해준다. 그 장작의 이미지는 난폭성이나 차가움보다는 정신적 고양을 나타내는 승화의 의미를 띤다.

이처럼 자기가 생성한 것을 스스로 향유하는 것이 아니라, 타자의 향유를 위해 자신을 내던지는 존재. 시인은 역설적인 사랑을 완성하는 장작더미를 통해 유한한 인간존재와 현실에 대한 내적 초월의 원리를 실현하고 있는 셈이다.

4.

자연을 매개로 시적 성취를 이루고 있는 최석균 시인의 시는 버려지는 것에 대한 소통과 잊혀지는 것에 대한 연민을 기초로 한다. 그것이 생태주의적 상상력으로 발현되든, 사랑의 지향으로 나타나든, 이는 최석균 시인이 가진 장점 중의 하나일 것이다.

서정시에서 '자연' 과 '사랑' 을 시화하는 방법에는 여러 갈래가 있을 것이다. 그것을 범박하게 도식화하자면, 우선 '자연' 에 대한 예찬과 '사랑' 의 범람으로 인한 감상주의가 가능할 것이고, 다음은 자연과 사랑을 역사적 원근법에 투사하는 방식으로 일종의 초월의 미학으로 승화시키는 것이고, 세 번째는 사랑 자체를 물질화 혹은 심미화하는 방법이고, 마지막으로는 '사랑' 을 인간 존재의 보편적 삶의 원리로 파악하고 그 안에서 희망의 변증법을 읽는 태도이다. 최석균의 시적 태도는 마지막에 있다.

그러나 실제 작품들 속의 자연 이미지들은 의외로 상당히 표면적인 수준에 머물고 있다는 것들 알 수 있다. 요컨대 그 이미지들은 거의가 상징의 수준이 아니라, 알레고리의 수준에 머물러 있다. 그것은 진정한 의미의 상징들과는 달리 작가의 의도를 투명하게 드러내어

보임으로써 오히려 시적 울림을 축소시키는 결과를 낳게 한다. 물론 서정시가 소통의 형식을 통해 언어적 메시지의 자장 안에서 자기 존재를 입증할 수 있는 것이지만, 최석균의 시가 좀더 생산적이 되려면 전통적이고 교술적인 서정시의 상투화를 자계自戒해야 하지 않을까 생각해 본다. 유사한 작법과 시적 아우라의 병렬적 축적은 결국 고단함과 매너리즘을 가져다 줄 수 있기 때문이다. 그것은 시인 자신의 고단함이자 독자들의 그것이기도 하다. 분명 최석균의 시는 궁극적으로는 소통성을 강화하면서 의미론적 질서를 그 안에 견고하고 풍요롭게 착근시키고 있다. 하지만, 그의 시에 요청되는 방법적 전환은 현대적 삶의 유동성을 더욱 섬세한 경험유형과 지적 사유를 통해 시적으로 수용하는 데에서 이루어지지 않을까 생각한다. 앞으로 그가 어떻게 변모된 모습으로 우리에게 다가올지 기대해 본다.

김진희 시조시인

이 작가를 주목한다

경남문학 89 | 2009년 겨울호

1997년 《경남신문》 신춘문예, 《시조문예》 천료. 한국문협작가상 수상. 시집 《바람의 부족》 등

팝콘 외 4

김진희

저 불을
확확 당겨
내 삶을 태워볼까

탱글한
젊음의 껍질
하얗게 벗겨질 때

와르르
터지는 환희
여름 밭의 망초꽃.

가시연꽃

뿌리째 흔들리는
네 삶은 저 깊은 늪

홍등가의 여인처럼
썩어가는 등창에도

사랑에
몸져누운 잎
가시 세워
부르는 절창

新劵

새로운 도전 앞에 가지마다 불 밝혀라

푸른 잎새 한장 한장 숨결을 불어넣고

새 역사 매듭 풀어갈

그대는 꿈꾸는 자

바람아 힘껏 불어라, 절망의 문턱까지

갈구의 푸른 눈빛 점정의 시간 오면

작도날 무녀의 칼춤

욕망을 잠재워라

중독

—시에게

가뭄 끝 솔숲에는 눈바람이 흩날립니다
한올 한올 드러눕는 산 경계마저 허물고
한 생의 불티 같은 것 다 못 탄 꿈의 혼입니다
밑둥에 마른 잎새 밤새도록 흔들리는가
헛가지 칭칭 감겨 목덜미 옥죄어도
사위는 어둠의 계곡 잠귀를 열어둡니다
한밤 내 달려오던 결빙의 새벽별이
하나 둘 뽑어내는 속엣말 죄다 풀어
봉우리 언 땅에서 틔울 새 촉 하나 기다립니다.

의자

이제는 네게 맘껏 자유를 주고 싶다
뜯어낸 실밥으로 고봉밥상 차리던
어머니 빈자리에는 재 냄새가 배어 있다.

마음도 문패인 양 지워진 빈집에는
육남매 학비 걱정 밤새우던 의자가
깡마른 그림자 끌고 뚜벅뚜벅 걸어온다.

재봉틀 앞 창가에도 철없이 봄은 와서
바람 따라 괴발개발 꽃피운 개발선인장
의자 위 올려놓은 분盆 푸른 잎을 키운다.

평설

전통의 창조적 계승과 절제의 시학

—김진희의 시조 세계에 대하여

이연승 문학평론가

1. 시조, 새로움에의 타진

고대의 제사 의례에서 시는 집단의식과 율동 안에서 자연 발생적으로 존재하는 것으로 신비스러운 주문呪文이자 폭발적 정서의 집약체였다. 이러한 시는 수많은 세월 동안 정서적으로 순화되어 개인적 서정시에 이르게 되는데, 시에 있어 리듬이란 인간을 영적인 세계로 이끌어내 일종의 도취 상태를 경험하게 하는 힘을 발휘[1]했다. 리듬은 살아 있는 인간의 몸은 물론이거니와 자연과 우주, 생태계 전체와도 관련되는 것이기 때문에 인간의 서정에 활력을 부여하는 역할을 한다. 그러다가 근대 사회로 들어서면서 복잡한 삶의 양식을 담아낼 새로운 장르인 소설이 싹트게 되고 시의 호흡이 점점 길어지면서 리듬으로서의 기능, 노래로서의 시의 기능은 서서히 자취를 감추게 된

1) 김현자, 《서정시와 수사》, 민음사, 2009, p.205.

다. 우리 근대시의 흐름을 일별해도 이 과정은 거의 그대로 적용된다. 시대가 산문화되고 문명사회가 세분화되면서 주술적인 리듬을 타고 노래로 불리워지는 시의 자취는 거의 찾아볼 수 없게 되었다.

시조를 정형화된 틀에 필자의 사유와 관념을 담아내는 압축적 형태의 시가로 인정하는 것은 이미 오래된 문학적 전통이다. 발생학적으로 본다면 창唱으로 불려진 청각적 문학의 전통 속에 쓰여진 것이라고 한다. 짧고 압축된 형태 속에 절제된 언어와 시정신을 보여준다는 점에서 시조는 일본의 하이쿠와 비교되기도 한다. 일본의 하이쿠가 전세계적으로 널리 알려진 반면, 아쉽게도 시조의 세계화는 아직 요원한 일로 보인다.

일본의 하이쿠가 거울처럼 모든 것을 받아들이면서도 동시에 그 어떤 것에도 사로잡히지 않은 공허를 가지고 있다면, 시조는 유교의 이념에 바탕을 두면서 붓끝처럼 뾰족하게 하나의 중심으로 모여 있는 엄격한 이념의 축 위에서 펼쳐[2]진다고 한다. 그러다 보니 관념적이고 논리적 전개인 이데올로기 지향적인 문학 형식에 잘 어울린다는 것이다. 노래로서의 기능과 리듬의 역할이 점점 줄어들고 전통적인 것에 대한 모색이 희박해지는 요즈음, '전통의 창조적 계승'이라는 문제를 어떻게 풀어 나가야 할 것인지는 많은 시조 시인들의 화두일 것이다.

이미 첨단 문명과 테크놀로지의 위력이 세상을 장악한 지는 오래되었고 사람들은 더 새로운 것, 더 빠른 것에 몰두하거나 소비 지향적인 후기 자본주의의 삶에 길들여져 가고 있다. 또 시공간을 초월한 인터넷이라는 매체는 우리의 생활에 혁명적인 변화를 가져왔다. 이러한 21세기의 문화적 상황에서 시조 시인들의 역할은 작지만 새

2) 이어령, 《하이쿠의 시학-하이쿠와 시조로 본 한일 문학》, 서정시학, 2009, p.318.

롭고 참신한 가능성을 열어 보이고 있다. 특히 최근 시단의 난해시나 실험시들은 독자와의 소통이라는 측면에서 결정적으로 불리한 점을 가지고 있는데, 짧고 간결하며 읽기 쉬운 형식인 시조 장르에 대한 탐색은 우리 것에 대한 새로운 각성과 서정시의 안이한 정신을 꼬집는 역할을 하고 있다고 본다. 특히 새롭고 전위적인 것에 대한 강박이 심화된 우리 현대시에도 적지 않은 지침이 되리라고 본다.

2. 묘사의 원리와 사물성의 세계

김진희 시인의 시조들은 복잡하고 세분화된 현대 문명 사회에서 사물과 문화를 접하는 새로운 가능성을 타진하고 있다. 특히 그녀의 작품들은 대상을 응시하는 집중과 관찰의 힘이 강렬하게 느껴진다. 그녀의 시조는 최근의 현대시가 쉽게 도달할 수 없는 압축과 절제의 미학 속에서 자신의 정체성을 인식하고 이를 풀어 나가는 기법과 불가해한 삶의 숙명에 대한 인간적 고뇌가 진하게 깔려 있어 읽는 이에게 강한 여운을 남겨준다. 그녀의 시는 우선 대상에 대한 정밀한 묘사와 더불어 시조라는 제한된 형식의 밀도를 최대한 살리고 있는 데서 출발하고 있다. 시조의 핵심은 각 장마다 4개의 음보를 효율적으로 배치하는 일인데, 절제의 원리를 바탕으로 의미를 중층적으로 배치시켜 놓은 다음의 작품을 보도록 하자.

저 불을
확확 당겨
내 삶을 태워볼까

탱글한

젊음의 껍질

하얗게 벗겨질 때

와르르

터지는 환희

여름 밭의 망초꽃

—〈팝콘〉 전문

뜨거운 불에 닿은 옥수수 알갱이가 팝콘으로 변모하는 순간의 집중을 시인은 이렇게 표현하고 있다. 김진희 시인의 시조는 시인의 창조적 열정이 사물과 마주치며 사물의 숨겨진 비밀을 캐내는 다분히 응시적인 이미지의 시조라는 생각이 든다. 시인의 창조적 개성이 사물의 이면을 보여주고 그 이미지들의 연결에 의해 상상력을 발전시키다가, 종장의 형식적 제한으로 그것을 압축시키는 이미지의 흐름과 형식을 보여준다. 원관념과 보조관념을 "A=B"로 놓고 볼 때 위의 시는 "팝콘= 망초꽃"이다. 팝콘의 의미와 망초꽃의 의미인 두 개념의 상호작용에 의해 시적 의미가 생성되고 있다. 하얗게 터지는 옥수수 알갱이들을 시인은 "와르르 터지는 여름 밭의 망초꽃"에 비유하고 있다.

우리는 이 시가 절제된 언어를 통해 정관적靜觀的이며 차분한 분위기를 살리고 있음을 어렵지 않게 느낄 수 있다. 쉽게 접하는 일상의 사물과 자연에서 새롭고 고유한 의미를 발견해 냄으로써 그것의 존재를 빛나게 만드는 시인의 눈은 현상이 드러내는 하나의 형상에 구속받지 않는다. 또 이 시에서 시인이 시조의 정형적인 음수율을 거의 그대로 유지함으로 인해 시조 고유의 형식미를 살리고 있음도 확인할 수 있다. 그러나 단연에 해당하는 시조의 기본 형식을 연시조로 발전시켜 배치함으로써 시적 호흡을 이완시키고 있을 뿐 아니라 시각적으로도 정관적인 분위기를 더 강조하고 있음을 확인할 수 있다. 비슷한 맥락에서 읽을 수 있는 다음의 시들을 보도록 하자.

① 뿌리째 흔들리는
네 삶은 저 깊은 늪

홍등가의 여인처럼
썩어가는 등창에도

사랑에
몸져누운 잎
가시 세워
부르는 절창

—〈가시연꽃〉 전문

② 언덕 위 은행나무
무성히 잎만 자라

수태 못한 은행잎
난간 아래 떨어진다

나무는

가슴이 타는

노을빛 꿈만 꾼다

—〈가을 나무〉에서

①의 시에서 늪에 서식하는 멸종 위기의 식물인 "가시연꽃"을 시인은 "사랑에 몸져누운 잎"이라고 묘사한다. 가시연꽃은 아름답고 밝은 곳에 자라는 식물이라기보다는 어둡고 습한 곳에 사는 식물로 그려진다. 그러나 시인이 그리는 "가시연꽃"은 단순한 식물이 아니다. 뿌리째 흔들리는 이 식물은 "썩어가는 등창"에도 "사랑에 몸져누운 잎"을 피워 올린다. 꽃나무 가지에서 힘들게 피워 올린 그 잎은 가시연꽃 자신의 생명이며, 세계를 끌어안는 필사적인 힘이다. "깊은 늪" 같은 삶과 싸우는 생명의 강인한 정신이 "가시 세워 부르는 절창"을 만들어내고, 오염된 세상에 저항하는 힘을 만들어낸다. 시적 화자의 주관적 감정은 작품 이면에 은폐되어 있지만, 시인이 지향하는 사랑은 평화와 공생共生의 장을 만들기 위한 정신의 산물임을 유추할 수 있다.

②의 시는 가을의 은행나무를 소재로 하고 있는 작품으로 나무의 생태적 특성에 대한 묘사만으로도 하나의 시적 방법론이 될 수 있음을 보여준다. 전통적으로 시인들이 상상하는 자연 즉 꽃, 나무, 산, 동물 등은 인간에게 삶의 지혜와 이치를 가르쳐주는 존재로 자주 등장한다. 때문에 불완전한 존재인 인간은 자연을 통해 풍요로운 삶의 진리를 배우게 된다. 이 시에서 시인은 "수태 못한 은행잎"을 떨어뜨리는 나무의 생명력과 생태에 관해 묘사하고, 동시에 이를 사색한다. "콩알이 탁탁 튀듯/ 줄줄이 생을 터"는 나무의 모습에서 사계절을 견디고 열매를 맺는 자연의 영원한 생명력을 느끼고 있을 뿐 아니라,

유전流轉하는 우리네 인간사를 "가을 나무"에 빗대어 표현하고 있는 것이다. 이렇게 시인은 감정을 최대한 절제하면서 묘사의 시학이 구현하는 사물성의 세계를 지향하고 있음을 알 수 있다.

또 지금까지의 분석을 통해 알아보았듯이 자연이나 사물을 소재로 하는 시편들에서 시인 자신의 주관적 진술이나 감정의 노출은 극도로 절제되는 양상을 보인다. 그렇다면 시인은 시조라는 절제된 형식 너머 생의 비의秘義와 자신의 정체성을 찾아가는 작업을 어떻게 전개하고 있는 것일까? 혹은 담론 지향적인 사회학적 주제를 외면하고 있는 것은 아닐까? 짧고 절제된 형식에 산문적인 주제를 담아내는 작업에 대해 시인은 의도적으로 거리를 두고 있는 것이 아닐까?

3. 질주하는 욕망과 시 쓰기의 정체성

김진희 시인은 여러 가지 주제를 놓고 다양한 의미 구현과 형식 실험을 하고 있다. 짧고 절제된 묘사의 시학으로 사물의 정념과 응축된 이미지의 집중을 담아내고자 하는 의도가 있다면, 다른 한편으로 이 시대의 현실적 삶과 욕망의 흐름을 시조 형식에 담고자 하는 시인의 의도를 다음의 시에서 찾아볼 수 있다. 특히 필자의 관심을 끈 작품은 다음의 시 〈신권新卷〉이다.

새로운 도전 앞에 가지마다 불 밝혀라

푸른 잎새 한장 한장 숨결을 불어넣고

새 역사 매듭 풀어갈

그대는 꿈꾸는 자

바람아 힘껏 불어라, 절망의 문턱까지

갈구의 푸른 눈빛 점정의 시간 오면
작도날 무녀의 칼춤

욕망을 잠재워라

―〈신권新卷〉 전문

시조와 화폐. 얼핏 어울리지 않는 소재일지 모르나 시인은 과감하게 화폐를 소재로 이 시대의 욕망의 흐름과 자본의 위압적인 힘을 비판하고 있다. 자본주의 시대에 욕망이나 자본과 연관되지 않은 것은 아무것도 없을 것이다. 문학 예술도 이미 상품이 되는 시대를 맞이했고, 욕망은 자본의 증식을 가능케 하는 힘이자, 인간의 정체성을 부풀리거나 복제할 수 있는 키워드가 된 지 오래다. 인터넷으로 표상되는 가상 공간에서 많은 사람들은 개인의 정체성이 분열되거나 다중화되는 새로운 문제와 직면하고 있다.

이미 많은 시인들이 자본주의 시대의 욕망을 규정한 바 있다. 1990년대 신세대 시인으로 주목받던 유하는 《바람 부는 날이면 압구정동에 가야 한다》에서 압구정동이라는 공간이 상징하는 자본주의의 물결과 함께 자본의 움직임에 편승하는 인간 욕망의 구조를 그린 바 있다. 그는 압구정이라는 공간을 하나의 문화적 아이콘으로 설정하고 이를 우리 문학사의 지형 위에 겹쳐 놓았다. 유하 이후에도 자본의 비정상적인 증식과 인간 욕망의 추악한 이면을 해부하는 작품들은 수없이 양산되어 왔다.

시인은 새로 발행된 "신권"을 소재로 하고 있지만 그 이면에는 욕망이 지배하는 현실에 대한 예리한 인식을 바탕으로 하고 있다. 그러나 이 작품에 나타나는 욕망은 구체적인 형상성을 띤다기보다는 다소 관념적인 모습으로 나타나고 있다. 시인이 마지막 행에서 말하는 "욕망"이란 헛된 배금주의이거나 도덕성이 결여된 비정상적인 소비 행태일 것이다.

우리 역사에서 신권이 발행되는 시기는 늘 역사적인 격동기이거나 정치·사회적으로 엄청난 지각 변동을 겪은 때이다. 시인은 신권의 의미를 "새 역사 매듭 풀어갈 그대는 꿈꾸는 자"로 규정한다. 2연의 초장 "바람아 힘껏 불어라, 절망의 문턱까지"라는 다소 선언적인 진술을 주목해 보자. 시인이 인식하는 바람이란 도덕성이 결여된 상업주의의 물결과 비주체적인 문화, 그리고 인간적 온기와 인문학적 소양이 증발해버린 세태를 통틀어 명명하는 것이다.

김진희 시인의 작품에서 인간의 욕망이나 시대의 갈등이 구체적인 사건을 수반하며 시적 주체의 갈등이나 비판 의식을 텍스트의 표면에 드러내는 경우는 아직까지 거의 없는 듯하다. 그러나 시인은 이 작품을 통해 우리 사회에 팽배한 배금주의와 물질 만능주의의 세태를 꼬집으면서 시조라는 양식의 틀 속에 현실적인 감각을 담아내는 시도를 보여주고 있다.

이러한 우리 시대의 부정적 현상에 대한 날카로운 인식과 함께 김진희 시인의 작품에서는 자기의 정체성을 시쓰기에서 찾고자 하며, 존재론적인 인격의 균형을 유지하고자 하는 탐구의 흔적을 발견할 수 있다. 그것은 시와 나의 관계를 탐구하고자 하는 본질적 문제로 이어진다.

가뭄 끝 솔숲에는 눈바람이 흩날립니다
한올 한올 드러눕는 산 경계마저 허물고
한 생의 불티 같은 것 다 못 탄 꿈의 혼입니다
밑둥에 마른 잎새 밤새도록 흔들리는가
헛가지 칭칭 감겨 목덜미 옥죄어도
사위는 어둠의 계곡 잠귀를 열어둡니다
한밤 내 달려오던 결빙의 새벽별이
하나 둘 뽑어내는 속엣말 죄다 풀어
봉우리 언 땅에서 틔울 새 촉 하나 기다립니다

—〈중독—시에게〉 전문

시의 제목이 "중독"이란 점은 사뭇 의미심장하다. 그리고 부제도 "시"가 아닌 "시에게"로 말건넴의 방식을 취하고 있다는 점도 흥미롭다. 시인은 시쓰기가 우주와 자연의 상징으로서의 언어가 들려주는 비의적인 세계임을 감각적 진술 방식으로 전달한다. 시쓰기는 자기 구원의 작업이자, 이에 교감하고 순응하는 모든 이들의 경배의 메시지이기도 하다. 끊임없이 되풀이되는 과정을 겪고 손에서 놓을 수 없는 업보業報라는 점에서 다분히 중독적인 예술 장르이기도 하다.

이 작품은 시조의 가장 일반적인 구성인 귀납식의 방식으로 시상이 전개된다. 초장에서는 자연 풍경에 관한 묘사와 시상의 덩어리를 제시하고, 중장은 초장에 제시된 "꿈의 혼"을 전환시켜 "어둠의 계곡 잠귀를 열어둔"다는 시쓰기의 험난한 과정을 제시하고, 종장에서는 시상의 내용을 압축하면서 동시에 텍스트의 중요한 메시지를 전달하고 있다.

초장에서 시인은 "한 생의 불티 같은 것 다 못 탄 꿈의 혼"을 불러들이는 일을 시작詩作의 작업으로 삼고 있다. 김진희의 시는 최초의 언어가 탄생하는 순간을 포착함으로써 언어를 둘러싼 현실적 관계와 갈등을 소거시킨다. 시인은 "꿈의 혼"을 위해 필사적으로 몰입하며 자아의 내부에 웅크렸던 절망과 어둠마저 그 과정에 편입시킨다. "밑둥에 마른 잎새 밤새도록 흔들리는가/ 헛가지 칭칭 감겨 목덜미 옥죄어도"가 보여주는 선명한 감각적 진술은 절망적 상황에서도 단 하나의 언어를 캐기 위해 혼신의 힘을 불사하는 시인의 창조적 열정을 느낄 수 있다.

종장에서는 시와 대면하기 직전의 시간이 생의 고양된 순간으로 타오름을 형상화한다. 삶에 대한 감각이 최대치에 이르는 이 시간적 팽창 속에서 시쓰기의 욕망과 죽음이 서로 부딪치며 날카로운 섬광을 만들어낸다. "한밤 내 달려오던 결빙의 새벽별이" 뜨는 시간적 팽창은 시를 탄생시키기 위한 잉태의 시간이기도 하다. "하나 둘 뽑어내는 속엣말 죄다 풀어"내는 황홀한 절정은 이성의 눈으로는 투시할 수 없는 절대의 순간을 환기한다. "봉우리 언 땅에서 틔울 새 촉 하나 기다립니다"라는 구도자적인 자세는 어둠과 죽음의 시간을 관통하여 그 고양된 의미를 획득한다. "새 촉 하나 기다리"는 이 시간 속에서 시쓰기의 생성과 소멸, 삶과 죽음이 드라마틱하게 교차한다. 그래서 이 순간에 자신을 투사하고 시에 몰입하는 시인은 생의 절정과 소멸을 동시에 살고 있는 존재이기도 하다.

김진희 시인의 시조에서 이러한 시쓰기의 파장은 감각적 전이를 통해 육체성의 세계로 유입되기도 한다. 죽음과 삶이 맞닿는 순간 감각의 밀도는 최대치에 이르게 된다.

한여름 길목에서 그녀와 한 몸 되다
해바라기 숨소리만
거칠게 들렸을 뿐
먹구름
비릿한 내음
잉걸불이 타고 있다

핏물 뚝뚝 흘리며 몇 생을 돌았을까
수만 리 길을 찾아
하나 둘 별이 돋는 시간
껍질을
툭 까고 나온
석류 알이 쏟아진다

—〈관계—해와 달〉 전문

시인의 의식 속에는 자연이 단지 하나의 수단이 아니라 독립체라는 사실과 자연 자체에 변화와 생성의 과정이 존재한다는 인식이 자리잡고 있다. 시인은 자연의 관찰을 통해 자연의 역동성과 유기성을 발견하고 새로운 생명의 원리를 깨닫게 되는데, 그것은 도시의 삶에 찌들고 반복적 일상에 파묻힌 시인에게 삶에 관한 새로운 인식의 전환을 마련한다.

해와 달의 우주적 조응을 소재로 한 이 작품은 에로티즘적 상상력을 동원하고 있다는 점에서 흥미롭게 읽힐 뿐 아니라, 감각적인 묘사의 시학을 충실하게 구현하고 있다고 생각된다. 대상에 대한 거리두기를 유지하고 있지만 독자는 이 시를 통해 생명의 경외감과 드라마틱한 통합의 순간을 만나게 된다. "핏물"로 나타내는 생명감과 "석류 알"로 비유된 생명의 파장은 우주적 만다라의 세계로 독자를 안내하고, 자연이 주는 신성감은 "석류 알이 쏟아지"는 듯한 희열을 맛보게 한다. 시를 통해 자기 정체성을 찾고자 하려는 시인의 의도는 자연을 통해 새로운 생명력과 에너지를 감지함으로써 생명력이 충만한 우주에 가까이 다가가고자 한다.

이렇게 생명력과 순수성이 파괴된 시대에 자연과 에로티즘적 상상력을 동원한 시도는 잃어버린 근원과 자연성을 복원시키려는 시인의 의도적 소산이다. 그래서 그녀의 시에 등장하는 자연과 에로티즘은 도시적 삶의 반대편에서 우리의 의식을 달래주고 정화시키는 것 이상의 의미를 갖는다. 원시적인 생명력과 자연의 숨결이 피어나는 시의 세계. 그 세계는 삶에서 주어진 고통을 자신의 것으로 체화하면서 진정한 생명력을 깨달은 시인이 온갖 인위적인 것을 거부하고 자연성의 회복을 통해 도달하려는 열망의 세계라 할 수 있을 것이다.

무릇 시쓰기는 자기 자신과의 지난한 싸움이며 보다 가치 있는 삶을 향해 매진하는 영혼의 작은 기록이다. 김진희 시인이 보여준 다양한 시세계의 스펙트럼이 보다 내실 있는 언어로 육화되어 아름답고 풍성한 시어들로 자라나길 바란다.

이주언 시인

경남문학 90 | 2010년 봄호

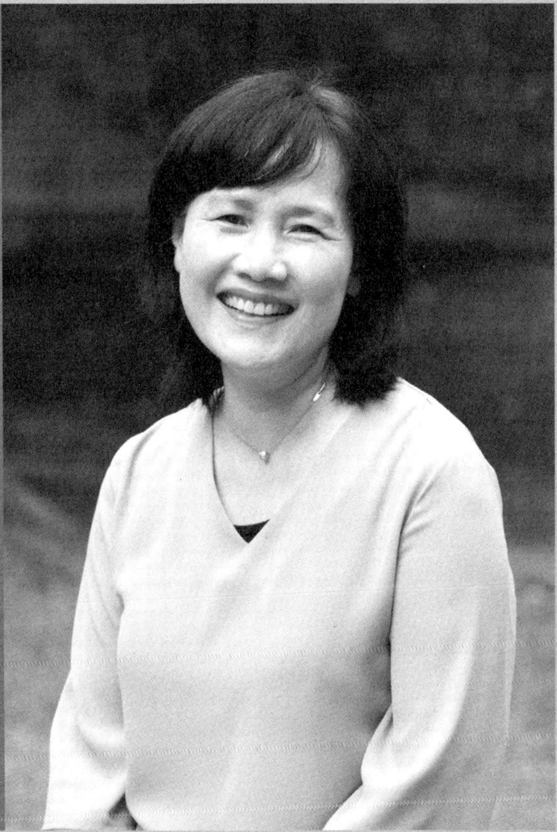

2001년 《경남문학》, 2008년 《시에》 등단. 창원문학상 수상.
시집 《검은 나비를 봉인하다》 등

봄, 사생아를 낳는 외 4

이주언

봄은 정말 냄새나는 동물이야. 기어이 내 심장으로 기어들어 사생아를 낳게 만들어.

풍문으로 시작되는 그의 체취를 맡으면 현기증이 나. 네 아비는 80년대 봄이다가 90년의 봄이었다 이천 년대 염치없는 한량이야. 이별의 문신 아로새긴 향기로운 얼굴로 나를 들여다보며 웃고 있어. 한때 나였고 그였던 퍼즐조각 같은 너를 사랑아, 하고 부르면 모니터 켜고 전자음악을 튼 네 작업대에서 광양자와 전파와 메탈이 목을 조르며 꽃피우는 세상. 이런 날 내 목소리 온전히 지켜낼 수 있을까? 너는 아비였다 아들이었다 어쩜 해마다 다른 붕어빵이니? 똑같은 술수로 꽃피우며 꽁지깃을 세우는 수탉이니? 나는 해마다 환호하며 속는다. 화면 가득 매화꽃이 피었어. 안경 너머 차창 너머 컴퓨터 너머 티브이 너머 굴절될수록 아름다워 보이는 세상을 이제 더 믿고 싶어. 그런 시선들이 너를 위대하게 만들었다고 언명하는, 음흉한 낭만마저 없어진 이 시대의 봄이 한껏 몸을 부풀리고 있어.

그 여자의 출산예정일은 4월이래, 너무 빠른 실연이지 않아?

버*

—새들의 후예

새가 되려다 만 남자. 어둠의 품에서 날개 꺼내 입는다. 고비사막 건너 울란바토르 지나 순록의 뿔에서 일렁이는. 아버지의 전생과 후생이 몰려드는. 프랙탈 물방울로 여기까지 튕겨와 울 아버지 벽만 보고 앉아 계시네. 손차양하고 멀리서 봐도 현미경 들이대도 비루한 길목. 먼 기억 끌어당겨도 태양의 배를 갈라도 유사하게 타는 생애들. 신의 말씀 끌어내리는 당신의 날개. 난해시로 서정시로 표현되기도 하는. 때론 억지 때론 강신으로 해석되어진. 당신이 쓴 묵시록엔 곰팡이꽃 피었습니다. 누더길 입고 머릴 흔들며 북채를 후려치는. 고산의 어둠이라야 날개 가벼워지는. 퍼덕퍼덕 떨어져 내리는 깃털 혹은 천형. 흔해빠지거나 알아들을 수 없는 처방전 난무하는 세상. 노출되지 않은 말씀 찾아 헤매는 유사 버와 삼류들. 기준이 모호해 다시 알타이 지나 다클라마칸 시나 소로아스터에 이르는 당신. 불가해한 인간 행적을 차마 떠나지 않는. 먹은 음식이 쉽게 흘러내리는 내장. 속 뒤틀리는 움막이 신의 유일한 안식처. 몸의 멜로디에 절로 흔들리는 신전과 발바닥. 소가죽 북소리에 민감한 당신의 견고한 벽을 뜯으려 다 닳은 날갯짓. 벽 속의 울음이 떼지어 날아오르면 고통이 사라질까요? 외로이 접신 중인 아, 버지.

* 버: 몽골의 박수.

갈비뼈 구름

폭우의 꼬리가 문틈에 걸려 퍼덕이고 있어요

젖은 새들은 나무의 늑골 사이로 숨어들었고 언뜻 내비치는 검은 하늘에 갈비뼈 구름 한 짝 떠 있네요 갈빗대 같은 빗줄기를 머금고 있어요

소강상태를 틈타 흰 나비 두 마리가 나선형 실타래를 풀며 날고 있어요 붉은 피를 뽑아내면 우리 몸도 저리 환한 갈비뼈무늬 날개로 하늘에 오를지도 몰라요

갈비뼈 구름 사이로 은행잎을 '텃' 이라고 명명한 아이들이 보여요 지상의 색채를 모두 뽑아 올린 곳에서 하얀 손으로 무채색 노래를 덧칠하고 있어요 아이들의 갈비뼈는 허약하지만 그들의 노래는 힘센 사내의 갈비에서도 혈액을 제거하지요 그들의 열망은 구름처럼 가볍고 구름처럼 무거워요

꾹 다문 아이들의 입술, 잠시 비 그치자 흰 울타리 위로 선홍빛 줄장미가 흘러내려요 아이들이 내던진 핏덩이인지도 몰라요 무채색의 세계에서 쫓겨나온 붉은색을 보면 원초적 식사를 하고 싶어져요 혈액을 벌컥벌컥 마시던 선조들의 제의祭儀를 받들고 싶은 유전자가 우리의 갈비뼈 속에 숨어 있었던 거지요

또다시 소낙비 퍼부어요 저수지가 터져 TV화면을 넘쳐흐르고 있네요 툭툭 터지는 대지의 정맥, 농부들은 긴 장대를 밀며 배를 타고 논을 건너고 있어요 지상엔 무뚝뚝한 황톳빛만 남았어요 떠내려가는 나무둥치의 비명도 초록을 잃었고 사람들은 떠내려가지 않으려고 난간을 붙잡고 있어요 그들의 건축물도 이제는 갈비뼈만 남았어요

아이들이 그리는 도화지는 점점 태초의 색으로 칠해지고 있겠지요 다 지우고 나서 그들은 맑은 물 뚝뚝 떨어지는 정육점을 차릴 것 같아요 그곳의 천장에서 갈고리에 걸린 채 조용히 흘러가는 갈비짝이라도 되면 좋겠어요

월 식

달을 베어 먹는다
점점 불러오는 아랫배

네모난 창틀 안에서
아기의 전설이 상영되는 보름밤

발가락 문드러진 늑대들이
강강수월래
꼬리를 물고 탑을 돌고 있을 동안
사하촌 아낙들 함지박 이고
젖은 발로 산길을 헤쳐 가는 동안

창가에 기대어
천.천.히.
세상의 빛을 씹어 삼킨다

뜨거워진 속을 어쩌지 못해
신들린 무녀처럼 칼을 빼어들지도 몰라
어둠의 뱃속에서 자라는 너는
무력한 빛의 씨앗이니
단칼에 목이 잘려 나갈지도 몰라

형체가 서서히 지워지는
나무와 나무
너와 나의 경계를 지우며
어둠의 거대한 입속으로

사라지는
한때

누드

그녀는 거대한 성이다
누구도 쉽게 들어설 수 없는 성문 앞에는
물푸레나무 상수리나무 단풍나무
생목들의 욕망이
무거운 공기 속을 떠돌아다니고
견고하게 닫힌 생명의 문, 모호한
음모에 싸여 있다
나무와 풀, 나무와 새, 사람과 사람
경계가 사라지는 원시의 시간 오면
숲의 정령 깨어나 횃불을 든다
한 줄기 달빛 쏟아져 들어오고
그녀의 심장에 불이 켜지고
대리석 같은 허벅지가 열린다
발끝까지 환해지는 몸
새들이 늑골 사이로 날아가 알을 낳고
사람들은 편견의 외투를 벗으며 손을 내민다
알에서 꽃이 부화하고
풀벌레 소리 떡갈나무 가지에 열린다
성의 깊은 곳에서 울려오는
아득한, 혹은
선연한 북소리 들으며
지층이 한 번 두텁게 흔들리고
작은 풀씨 하나 땅에 묻힌다

죽음을 딛고 승천하는 뼈

김석환 시인 · 명지대학교 문창과 교수

이주언 시인의 시를 읽는 중에 "시는 모든 지식을 다 포괄하며 또한 모든 지식의 궁극적 원천이 된다. 그것은 모든 사상체계의 뿌리이며 동시에 꽃이다"라는 셸리Shelly의 말을 다시 상기하였다. 이 시인은 급변하는 우리 사회의 흐름을 직시하면서도 역사와 전통을 의식하며 참다운 인간적 문화가 꽃피는 미래로 가는 길을 은밀하게 제시하고 있다. 이 시인의 시는 매우 다양한 이미지들이 등장하고 독특한 비약과 상징들이 읽는 이를 긴장시키며 시정신의 깊이에 감동을 받게 한다. 이 시인은 산업화시대를 지나 정보화시대로 접어든 우리 사회의 중심에 서 있으면서도 그 둘레로 벗어나 시대의 어둠을 바라보고 자신의 존재를 성찰하면서 늘 새로운 부활을 꿈꾸고 있다.

> 봄은 정말 냄새나는 동물이야. 기어이 내 심장으로 기어들어 사생아를 낳게 만들어.

풍문으로 시작되는 그의 체취를 맡으면 현기증이 나. 네 아비는 80년대 봄이다가 90년의 봄이었다 이천 년대 염치없는 한량이야. 이별의 문신 아로새긴 향기로운 얼굴로 나를 들여다보며 웃고 있어. 한때 나였고 그였던 퍼즐조각 같은 너를 사랑아, 하고 부르면 모니터 켜고 전자음악을 튼 네 작업대에서 광양자와 전파와 메탈이 목을 조르며 꽃피우는 세상. 이런 날 내 목소리 온전히 지켜낼 수 있을까? 너는 아비였다 아들이었다 어쩜 해마다 다른 붕어빵이니?

—〈봄, 사생아를 낳는〉 부분

“광양자와 전파와 메탈”이 목을 조르는, 멀티미디어의 시대인 이천 년대의 봄은 80년대와 90년대의 봄과 달리 “염치없는 한량”이다. “냄새 나는 동물”이 되어 정신을 점령하고 “사생아”를 낳게 하니 그 체취를 맡으면 생의 의욕은커녕 “현기증”이 일어난다. “봄”은 자연의 순환원리에 의해 도래하는 게 아니라 컴퓨터와 티브이 너머로부터 굴절되어 찾아온다. 그러나 그 사이버 공간에 디지털 기술로 조립되고 왜곡된 채 전달되는 봄, 그 하이퍼 리얼리티Hiper-Reality는 실제보다 더 강력한 위력을 행사한다. 그러나 사람들은 굴절된 그것을 “더 믿고” 더 아름답다고 여기니 디지털 기술이 사람은 물론 신보다 더 위대한 힘을 행사하게 되었다.

“내 목소리 온전히 지켜 낼 수 있을까”라고 염려를 하지만 전자 비트로 전달되고 빠른 정보통신망을 통해서 확산되니 불가능하다. 산과 들이 아니라 “화면 가득 매화꽃이 피”는 멀티미디어 시대의 봄은 출산예정일을 가늠할 수 없다. 우리가 사랑의 끈을 이미 자른 이전의 봄은 잔인한 4월에 마른 땅에서 잠든 씨앗들을 깨워 싹을 틔웠으나 사이버 공간 속의 봄은 아무 때나 꽃을 피우고 사생아를 낳을 뿐이다. 이 시인은 이처럼 이천 년대 이후 급속히 확산되는 멀티미디어 물결이 미치는 피해를 우려한다.

이 시대는 디지털 기술이 만든 색채가 홍수를 이루고 있다. 집, 가구, 옷에는 물론 거리엔 온통 화려한 색채들이 사람들의 시선을 자극하고 나아가 의식과 행동에 영향을 미친다. 그러나 사물을 존재하게 하고 삶을 유지시키는 것은 외피를 장식한 색채의 화려함이 아니다. 마치 인간의 형상이 살갗이나 살보다는 뼈에 의해 유지되듯 근원적이고 본질적인 것이 어떤 존재를 유지시키는 힘이다. 그래서 시인은 첨단 기술문명 시대를 맞이하여 외적인 화려함과 물질에 대한 탐욕으로 인간성의 본질을 잃어 가는 현실을 우려하고 비판한다. 또, 이의 회복을 위한 열망을 "아이들"을 내세워 보여 주고 있다.

> 또다시 소낙비 퍼부어요 저수지가 터져 TV화면을 넘쳐흐르고 있네요 툭툭 터지는 대지의 정맥, 농부들은 긴 장대를 밀며 배를 타고 논을 건너고 있어요 지상엔 무뚝뚝한 황톳빛만 남았어요 떠내려가는 나무둥치의 비명도 초록을 잃었고 사람들은 떠내려가지 않으려고 난간을 붙잡고 있어요 그들의 건축물도 이제는 갈비뼈만 남았어요
>
> 아이들이 그리는 도화지는 점점 태초의 색으로 칠해지고 있겠지요 다 지우고 나서 그들은 맑은 물 뚝뚝 떨어지는 정육점을 차릴 것 같아요 그곳의 천장에서 갈고리에 걸린 채 조용히 흘러가는 갈비짝이라도 되면 좋겠어요
>
> —〈갈비뼈 구름〉 부분

아이들은 "지상의 색채를 모두 뽑아 올린 곳에서 하얀 손으로 무채색의 노래를 덧칠하고 있"다. 그리고 "힘센 사내의 갈비뼈에서도 혈

액을 제거"할 만큼 힘이 세며 "그들의 열망은 구름처럼 무겁고 가볍다". 그 구름에서 퍼붓는 소낙비 때문에 지상엔 대홍수가 일어나 황톳빛만 남고 "나무둥치의 비명도 초록을 잃었"다. 그런 중에 사람들은 겨우 난간을 붙잡고 있으며 거대한 건축물은 "갈비뼈"만 남았다. 이는 마치 구약 성서에 기록된 타락한 소돔과 고모라가 신의 노여움을 사서 홍수로 멸망하게 되는 '노아의 홍수'를 연상하게 한다.

홍수로 폐허가 된 후 아이들은 도화지에 "태초의 색"을 칠하고 "맑은 물 뚝뚝 떨어지는 정육점"을 차릴 텐데 그 "천장에 갈비짝"이라도 되어 새로운 세상을 꿈꾸고자 한다. "맑은 물"은 모든 색채와 불순물이 제거된 무채색의 생명수로서 새로운 생명을 키울 것이다. 정육점 "천장의 갈비짝"은 물질적 탐욕으로 비만해진 인간을 인간답게 존재하게 할 본질을 대신한다. 그리고 대홍수를 일으켜 새로운 세상을 연 아이들은 어떠한 삶의 자세가 타락한 세상을 태초의 낙원으로 바꿀 수 있는지를 암시해 주고 있다.

한편 시 〈월식〉에서는 구름이나 홍수 대신 '어둠'으로 세상이 지워지고 새로운 모습으로 거듭나기를 원한다.

형체가 서서히 지워지는
나무와 나무
너와 나의 경계를 지우며
어둠의 거대한 입속으로

사라지는
한때

—〈월식〉 부분

태양과 달 사이에 지구가 들어가서 태양빛이 달에 닿지 않아 달이 보이지 않게 되는 게 월식이다. 월식이 되면 자연히 달빛이 지구에 내려오지 않는데 이를 오히려 "세상의 빛을 씹어 삼킨다"고 한다. "어둠의 뱃속에서 자라는 너", 달이 "단칼에 목이 잘려 나"가면 나무나 인간은 어둠에 잠겨 그 형체는 물론 서로의 경계가 지워질 것이다. 스스로 태양빛을 가려 "어둠의 거대한 입속으로 사라지"는 지구의 종말을 미리 본 것이다. 그 월식이 진행되는 보름밤에도 무모한 "늑대들이 꼬리를 물고 탑을 돌"고 사하촌 아낙들은 "함지박 이고 젖은 발로 산길을 헤쳐" 간다. 그 종말의 때는 또한 살아 있는 모든 존재가 형체를 갖지 못하고 너와 나의 구별이 없는 태초의 시간이요 다시 새로운 삶을 준비하는 부활의 시간이다.

인간의 비극이 너와 나의 경계를 긋고 각자 형체의 차이를 고집하면서 시작되었음을 깨달은 이 시인은 죽음의 시간과 공간에서 부활을 꿈꾼다. 시 〈옹관묘〉에서 시인은 주검이 들어 있는 옹관묘를 보며 "이제껏 너의 무덤이라고 생각했던 곳이/ 내 미래가 실눈 뜨고 있는 집"이었다고 한다. 그리고 "껍질을 뚫고 다시 태어나야 하는" 꿈을 꾸는 것이다. 시 〈누드〉에서 "나무와 풀, 나무와 새, 사람과 사람/ 경계가 사라지는 원시의 시간이 오"기를 기다린다.

> 발끝까지 환해지는 몸
> 새들이 늑골 사이로 날아가 알을 낳고
> 사람들은 편견의 외투를 벗으며 손을 내민다
> 알에서 꽃이 부화하고
> 풀벌레 소리 떡갈나무 가지에 열린다

성의 깊은 곳에서 울려오는
아득한, 혹은
선연한 북소리 들으며
지층이 한 번 두텁게 흔들리고
작은 풀씨 하나 땅에 묻힌다

—〈누드〉 부분

그 원시의 시간에 숨은 "견고하게 닫힌 생명의 문"을 열고 새로운 부활의 축제를 벌인다. "달빛, 불, 알 ,꽃, 풀벌레 소리, 풀씨" 등은 누드의 그녀, 즉 숲의 "대리석 같은 허벅지"가 열리면서 새롭게 부활하는 생명을 구체적으로 대신하는 계열체들이다. 이처럼 시인은 어떻게 상실한 낙원의 문을 다시 열고 새로운 생명의 나라를 건설할 수 있나를 보여 준다.

시 〈洛花〉에서 역시 "영안실" 또는 "비누처럼 다 써버린 신의 프로그램"에 따라 주검 위에 "흙 한 삽 던지"는 하관의 상황이 묘사된다. 그 죽음의 현장에서 화자는 "바닥에 엎드려" "대지의 귓불에 입김을 쏟아 붓는다". 죽음을 거울로 삼아 진정한 삶의 의미를 깨달으며 주검이 묻힌 대지에서 새로운 생명이 부활하기를 바라는 것이다. 시 〈동그라미 세모, 그리고〉에서는 6·25 전쟁 때 미군의 총격으로 양민들이 억울하게 숨져 간 노근리 "학살 현장"이 시적 배경이 된다. "송사리와 올갱이"처럼 순수하고 평화롭게 살던 그들의 영혼은 "시멘트 깊이 파인 의문부호"가 되어 하얀 페인트로 그려 놓은 동그라미와 세모에 갇혀 있다. 그 역사적인 비극의 현장에서 한 마리 새가 되어 "노근리 사람들 가슴에 앉"아 추모하며 부활을 기원하는 것이다.

이처럼 시인은 역사와 사회에 대하여 깊이 통찰하며 죽음이 새로운 생명으로 부활하기 위한 통과의례로 인식하고 있다. 그러한 시각은 비인간적인 현실에 대한 비판 의식과 평화와 생명력이 넘치는 세계에 대한 갈망에서 비롯된 것이다. 그런데 거대한 역사의 흐름과 전통의 창조는 사회의 최소 단위인 가정에서 부모와 자식의 관계를 통해 구체적으로 이루어진다. 부모가 자식을 낳고 기르는 것은 역사의 흐름을 이으며 전통을 계승하고 새롭게 꽃피워 가는 과정이다. 그러나 한국 사회가 산업화 시대를 지나 첨단 전자통신 기술이 이끄는 멀티미디어 시대로 접어들면서 가정의 중심인 부모의 위상은 급격히 추락하였다.

그러한 사회적 또는 문화적 변화는 전통에 대한 부정과 전복, 중심의 해체와 파편화를 핵심적 요소로 하는 포스트모더니즘이란 새로운 사조가 일어나게 하였다. 부모는 오히려 낡은 전통의 전수자요 개체의 욕망과 개성을 억압하는 부당한 권력의 소유자로서 저항의 대상이 되기도 한다. 그러나 시인은 이러한 시대의 흐름에 대하여 비판적 시각을 갖고 지상에서 인간 생명의 근원이요 역사와 사회의 희생자인 부모를 그리고 있다.

시 〈다시, 목련〉에서 시인은 "링거병 달고 여린 햇빛을 투여하다가/ 이 악물고/ 병실을 나서는 어머니"를 그리고 있다. 그 어머니는 차디찬 구들장 견디며 꺼질 듯 숨을 몰아쉬며 아랫목이 얼 때마다 불구의 아이들을 위해 식어버린 아궁이에 입김을 불어넣었다. 시인은 그런 어머니의 메마른 팔에 핀 저승꽃을 "막 태어날 목련 꽃눈"이라 여긴다.

시인은 시 〈뼈가 떴다〉에서 도읍지의 겨울 "나무들의 뼈"를 보고 "삭정이 같은 두 발로 아랫목 더듬는 사람들"을 연상한다. 또한 시인은 그것이 "생을 지탱시킨 힘"이라 여기며 할머니와 아버지로 이어지는 누대의 고통스런 가계를 떠올린다. 그리고 그 뼈는 다시 "천년 고도의 발가락 뼈 같은 삼층석탑"에 비유되는데 그것이 "날렵한 꼬리를 튕기며" 떠올라 겨울 하늘로 날아들어 간다고 한다. 화자는 그 역사적 현장을 둘러보고 잠시 밥집에 들러 고등어자반을 뜯어 먹으며 엄마로부터 어렵게 가계를 이어온 할머니와 아버지에 대한 이야기를 듣는다. "더 이상 알고 싶지 않아요"라는 걸 보면 그들이 얼마나 쓰디쓴 삶을 살며 살은 다 내주고 "뼈만 남"겼는가를 짐작하게 한다. '나무의 뼈, 발가락뼈, 삼층석탑, 고등어자반의 뼈'로 변주되며 이어지는 데에 이 시의 미학이 있다. 그 뼈의 이미지가 선인들의 고통스럽고 희생적인 삶을 구체화하고 강조하며 감동의 깊이를 배가시킨다.

시인의 시에서 아버지 역시 어머니처럼 고통과 희생을 감당하는 모습으로 등장한다.

고산의 어둠이라야 날개 가벼워지는. 퍼덕퍼덕 떨어져 내리는 깃털 혹은 천형. 흔해빠지거나 알아들을 수 없는 처방전 난무하는 세상. 노출되지 않은 말씀 찾아 헤매는 유사 버와 삼류들. 기준이 모호해 다시 알타이 지나 타클라마칸 지나 조로아스터에 이르는 당신. 불가해한 인간 행적을 차마 떠나지 않는. 먹은 음식이 쉽게 흘러내리는 내장. 속 뒤틀리는 움막이 신의 유일한 안식처. 몸의 멜로디에 절로 흔들리는 신전과 발바닥. 소가죽 북소리에 민감한 당신의 견고한 벽을 뜯으려 다 닳은 날갯짓. 벽 속의 울음이 떼지어 날아오르면 고통이 사라질까요? 외로이 접신 중인 아, 버지.

—〈버〉 부분

시인은 "고비사막 건너 울란바토르 지나" 만난 몽골의 박수무당 "버"를 아버지와 동일시한다. 비루한 길목을 지나온 아버지는 벽 속, "고산의 어둠" 속에 스스로 갇혀 접신을 꿈꾼다. 그러나 그 견고한 벽은 허물어지지 않아 "새가 되려다 만 남자", 아버지의 날개는 다 닳고 "벽 속의 울음이 떼지어 날아오"를 뿐이다. 화자는 그런 "당신이 쓴 묵시록"에 핀 곰팡이 꽃을 보며 "난해시로 서정시로" 간절한 사부곡을 쓰고 있다. 이처럼 시인은 이국의 공간을 배경으로 하여 아버지의 외로운 고통과 꿈을 참신하고 다양한 이미지로 형상화하여 보여 주고 있다.

한편 이 시인이 형상화하여 보여주는 아버지는 가부장적인 권력을 갖고 식솔들을 억압하지 않고 외롭고 고통스러운 환경을 이기며 희생하는 모습이다. 시인이 어머니는 물론 아버지의 모습을 이처럼 거의 절대적인 희생자로 형상화하며 그리는 것은 역으로 자신의 존재 의미를 확인하려는 노력이다. 존재의 좌표는 시간과 공간의 두 축에 의해 설정되고 그것에 의해 의미를 갖기 때문이다. 인간은 누구나 부모로부터 전대의 "뼈"를 물려받아 이어가며, 그들의 애정과 희생으로 양육되었기 때문일 것이다. 그리고 그들이 묵시적으로 가르쳐 주고 물려 준 전통을 바탕으로 새로운 문화를 창조할 수 있기 때문이다.

이상에서 살펴보듯 이 시인의 촉수에 감지된 현실은 밝지만 어둡고, 화려하지만 아름답지 않다. 시인은 그런 현실을 보며 현기증을 느끼고 어린아이가 되어 무채색을 칠하며 홍수가 난 상황을 그린다. 대홍수로 모든 게 지워지고 무너진 후 정육점을 차려 천장의 갈비짝이라도 되고 싶은 것은 곧 새로운 인간적 문화가 꽃피는 유토피아에 대한 갈망 때문이다. 시인이 죽음의 시공간을 즐겨 찾고 그리는데 이는 그 속에 자주 등장하는 '뼈'가 상징하는 생명의 본질을 지키고 더 건강한 생명으로 거듭나기 위한 예비요 통과의례이다. 그것은 어두운 시대에 타락해 가는 문화를 비판하며 밝고 맑은 미래를 가꾸고자 하는 의식의 치열함과 진정성을 보여 준다. 그리고 헌신하며 살아온 어머니와 아버지의 모습을 그리며 그들이 하늘로 승천하기를 바라는 것은 자신의 존재를 확인하며 시대의 무질서를 초월하려는 시인의 내면을 암시한다. 누드의 숲에서 울리는 북소리 들린다. 고산의 어둠 속에서 접신을 꿈꾸며 날갯짓하는 "버" 처럼 어지러운 시대를 박차고 더 높은 시의 하늘로 날아오르길 기원한다.

유행두 아동문학가

경남문학 91 | 2010년 여름호

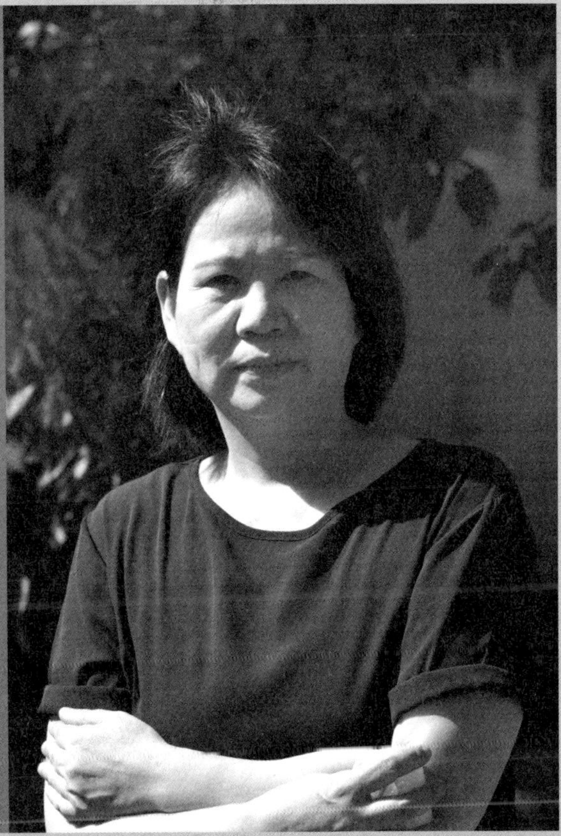

2007년 《한국일보》 신춘문에 동화, 《경남신문》 신춘문예 시 등단. 동화집 《독립군이 된 류타》 등

무스탕 마네킹

유행두

오늘도 나는 동그라미가 많은 옷을 입고 있다. 민지누나가 요란스럽게 전화하는걸 보니 또 녀석이 올 모양이다. 내 팔을 우악스럽게 잡아당겨서 옷을 벗기는 녀석, 나는 녀석 때문에 마네킹 병원을 두 번이나 다녀왔다. 그래도 녀석의 엄마는 아무렇지 않은 표정이었다. 녀석이 올 때마다 기분 나쁘다.

잘난 척은 얼마나 하는지 모른다. 눈도 쭉 찢어지고 뚱뚱해서 볼에 욕심보까지 그득히 쌓인 녀석이다. 녀석의 엄마는 입에 찰떡을 붙인 것처럼 '우리 왕자님, 우리 왕자님' 하고 부른다. 녀석은 진짜 왕자라도 된 것처럼 민지 누나한테도 '아줌마, 옷 관리를 잘 해야죠! 뭐가 묻었잖아요!' 라든지 어쩌다 제 맘에 들지 않는 옷을 누나가 입어보라고 하면 '아줌마는 왜 그렇게 촌스러워요?' 라는 말을 서슴지 않고 한다.

조그만 녀석이 어른한테 하는 말버릇이란……, 쯧쯧. 말이야 바른 말이지 내가 이 유리벽 안에서 밖을 내다보면 녀석보다 훨씬 더 잘생

긴 아이들이 얼마나 많은지 모른다.

"아이고, 우리 왕자님만 딱 어울리는 옷이네."

내 옷을 벗긴 녀석의 엄마가 이렇게 말했을 때 하마터면 나는 큭큭, 웃음이 터지려는 걸 참느라 혼난 적이 많다.

피아노학원, 태권도학원, 무용학원…….

아이들이 가방을 메고 지나가고 노란 차들이 많이 지나가는걸 보니 녀석도 학원을 마칠 시간이 되어 가나보다. 유리문 밖에 새까맣고 커다란 차가 한 대 끼익, 멈춘다. 녀석의 엄마 차다. 꾸벅꾸벅 졸던 민지누나는 벌떡 일어나 차 문 앞에까지 가서 허리가 기역자로 부러질 것처럼, 인사를 한다.

하기야 누나도 안됐다. 녀석 엄마같이 남을 은근히 무시하고 눈을 아래를 향한 채 꼬치꼬치 까다롭게 구는 아줌마들에게 언제나 싹싹하게 웃으면서 말해야 한다. 그래야 이 집에서 오래 일할 수 있다는 걸, 누나보다 3년이나 먼저 이 집에 온 나는 잘 안다. 그동안 더러워서 못해먹겠다고 그만둔 누나들이 몇 명이나 된다.

차에서 내린 녀석이 문을 획 밀치고 들어온다.

"미스 주, 새로 온 무스탕이 이거야?"

녀석의 엄마가 내 팔을 사정없이 돌린다. 팔이 또 떨어지는 줄 알았다.

"에이……, 가죽이 별론데?"

"아이고, 사모니임, 이 무스탕 구하기 얼마나 어려운지 아세요? 정말로 여우털이라니까요! 부영이한테 입혀볼까요, 사모니임?"

누나도 주인아줌마에게 거짓말하는 걸 많이 배운 것 같다. 녀석의 엄마는 옷을 반쯤만 벗기고서 뒤집었다가 긁어봤다가 당겨본다.

"내일 가지러 올 테니까 손질 잘 해 놓고…"

"사모니임 그러세요, 부영이 건데 누구한테 팔겠어요? 제가 잘 손질해 놓을 테니 걱정 마세요, 사모니임."

녀석의 엄마가 지갑에서 수표를 끄집어내더니 민지누나한테 준다. 그동안 녀석은 가게 안 여기저기를 들쑤셔놓는다. 지난번에 왔을 때 녀석은 아이스크림 묻은 손을 코트 속에 집어넣기도 하고 바지에 슬쩍 닦기도 했다. 그런데 녀석의 엄마는 녀석이 묻힌 자국을 핑계로 코트만 달랑 벗겨놓고 가버렸던 적도 있다. 오늘은 녀석이 몇 번이나 나를 쿡쿡 찔렀다. 내가 입고 있는 이 옷을 요 녀석이 입고 다닐 거라 생각하면 무지 기분 나쁘다. 녀석과 녀석의 엄마가 가고, 민지누나는 냉장고에서 물 한 컵을 따라 꿀꺽꿀꺽 단숨에 마시고 얼음까지 와자작 깨어먹는다.

사람들은 내가 입은 옷이 가볍고 따뜻하다고 하지만 나는 무스탕을 입고 있을 때 제일 무겁다. 상표에 동그라미가 많이 붙어서 그런 것 같다. 오늘은 눈이 내리려는지 건너편 빌딩 위에 하늘이 뿌옇다. 아침에는 옷을 몇 번이나 갈아입었다. 민지누나가 내 팔을 들어 올렸다가 오므렸다가 접었다가 온갖 포즈를 잡는 바람에 몸이 멍든 것처럼 아프다.

아함! 졸려. 졸면 안 되는데…. 주인아주머니가 문단속을 하고 나서 자야 할 텐데.

어? 머리를 한 묶음 묶은 여자애가 내 앞에 서 있다. 나를 본다.

아예 쪼그리고 앉아 턱까지 괴고서 쳐다본다. 그러고 보니 얘는 며칠 전 무스탕을 입고 있을 때도, 어제 옷을 막 갈아입었을 때도 나를 유심히 바라보고 간 것 같다.

"형, 저 누나 우는 것 같아."

내 옆에 있는 다리 없는 스웨터 마네킹이 말한다. 또르륵 눈물이 발등에 떨어진다. 신발끈도 풀어져 너덜거리고 있다. 여자애가 깔끔하지 못하고서는…. 그렇게 나를 한참을 보다가 옆 골목으로 힘없이 걸어간다.

주위의 가게들이 불빛을 뱉어낸다. 어지러워! 어떤 불빛은 도깨비 불처럼 휙휙 돌아다닌다.

깜빡 졸았는지 가게 안은 시계만 부지런히 어둠 속을 걸어 다니고 있다. 눈앞에 희미한 게 있다. 어? 아까 그애…, 웅크려 누워 있다. 거리에서 가끔 술 취한 아저씨들이 토악질을 해 놓고 잠든 건 보았지만…. 그렇게 자다가 큰일 난 아저씨도 있었다는데…. 옆 스웨터 마네킹도 잠이 든 모양이다.

여기 오기 전에는 혼자서 잘 걸었는데 걸어본 지가 오래되어서 그런지 다리에서 삐그덕거리는 소리가 난다. 혼자 팔을 올려 문을 열기가 쉽지 않다. 스웨터 마네킹을 깨워 볼까 생각했지만 나보다 키가 작아서 소용없을 것 같다. 문고리는 돌아가는 듯하면서 멈추고 열릴 듯하다가 제자리로 돌아간다. 그 여자애는 여전히 누워 있다. 있는 힘을 다해 고리를 비틀었다.

철컥.

아야!

집게손가락이 움푹 접어졌다.

여자애가 누운 곳까지 가는 동안 머릿속이 왜 콩닥콩닥 뛰는지 모르겠다. 여자애는 부르르 떨고 있는 것 같다. 어떻게 해야 할지 모르겠다. 발등으로 여자애의 팔을 건드려 본다. 가만히 눈을 뜬다. 얼굴에 눈물 자국이 얼룩얼룩 묻어 있다.

"여기서 자면 어떡해?"

"……."

허리를 접어 보았다. 내 허리에서도 삐그덕거리는 소리가 난다. 어깨를 건드렸더니 움찔한다.

"일어나란 말야! 눈이 올 것 같단 말야."

"……."

"이런 데서 자면 큰일 나! 이 바보야!"

손을 조금 움직인다. 여자애의 손을 잡았다. 내 손보다 더 차갑다. 민지누나가 내 팔이나 손을 잡았을 때는 참 따뜻했었는데….

와당탕 쿵!

여자애를 일으키다가 내가 그만 넘어져 버렸다. 그러고 보니 내 속은 텅 비어 있어서 많은 힘을 쓰지 못한다는 걸 깜빡 잊었다. 넘어져 버렸으니 큰일이다. 가만! 다치지 않았을까? 여자애 뒤에 벌러덩 누운 셈이다. 내 허리도 더 많이 굽어 있을 것이다.

"그러니까 일어나라고 했잖아!"

무릎관절이 없어서 나 혼자 일어날 수 있을는지 모르겠다. 손을 바닥에 짚어본다. 힘의 반사를 이용해서 일어나야 한다.

얍!

핏!

안 되는군! 무슨 방법이 없을까?

나도 그냥 누워 버렸다.

"야! 너 왜 여기 누워 있어? 그리고 아까 왜 내 앞에 앉아 있었니? 네 이름이 뭐야?"

"내…이…름……은 지수야……"

지수는 많이 떨려서 제대로 말을 잇지 못하는 것 같다.

"지수야! 나 좀 일으켜 줘봐."

얼굴에 차가운 것이 살짝 부딪힌다. 눈, 눈이다. 눈이 온다. 지금까지 구경은 많이 했지만 눈을 맞아보긴 처음이다. 내 몸은 차갑기 때문인지 눈이 잘 녹지 않는다. 기분이 참 좋다. 그런데 참!

가게를 나올 때 무스탕을 그대로 입고 나왔지? 무스탕에는 물이 묻으면 안 된다는데…, 녀석의 엄마가 내일 가지러 온다고 계산까지 하고 간 옷인데….

"지수야! 나 좀 일으켜 줘봐, 눈이 오잖아?"

한참이 지나서야 지수는 겨우 일어난 것 같다. 나를 일으켜 준다. 지수는 아직도 온몸이 떨리고 있다. 눈이 제법 많이 쌓였다. 무스탕에도 눈이 희끗희끗 쌓인다. 지수 머리 위에도 눈이 쌓여 할머니 머리 같다. 입술은 새파랗게 얼어서 덜덜덜덜 달달달달 자꾸만 떨고 있다. 골목도 하얗게 변해가고 있다. 여전히 지수는 떨고 있다. 안 되겠다. 가게 안으로 데리고 가야겠다.

민지누나는 정리정돈을 잘 하지 못하는 편이다. 그래서인지 민지누나가 퇴근하기 전에 꼭꼭 주인아주머니가 와서 가게를 말끔히 정리해 놓고 간다. 오늘은 내가 피곤해서 잠이 든 사이에 주인아주머니가 문단속을 하고 간 모양이다. 차곡차곡 잘 정리된 옷을 하나 끄집어내어 지수에게 덮어 준다. 지수의 얼굴은 창백하고 파리하다. 따뜻한 물 한 잔 주고 싶지만….

지수가 주머니를 뒤적거린다. 꼬깃꼬깃한 천 원짜리 몇 장을 내민다.

"고마워, 이거 너 줄게, 대신 이 옷 내가 가지면 안 돼?"

"이 무스탕 말이야?"

"응, 나 이 옷 꼭 있어야 돼."

"이게 얼마나 비싼 건데! 안 돼!"

"우리 오빠가 많이 추울 텐데…"

"저녁에 팔렸단 말야!"

"전기장판에는 아빠가 술에 취해서 주무시고 계실 텐데…"

"에이, 방 따뜻하게 온도 올려놓으면 되지!"

"……."

갑자기 지수가 훌쩍거린다.

"엄마가 계실 때는 따뜻했는데…. 혹시나 엄마 돌아오시면 이 옷 돌려줄게. 우리 오빠는 추워도 어디 갈 수가 없어. 움직이지도 못한단 말야!"

금방이라도 눈물 콧물이 흘러내릴 것만 같다.

"우리 오빠는 말도 못해. 태어날 때부터 많이 아팠었대."

술에 취해서 오빠와 지수를 때리고 자주 쫓아내는 지수아버지. 오늘은 일을 할 곳을 찾지 못해서 아침부터 술에 많이 취해있었다고 한다.

"사실 아빠도 많이 속상하실 거야."

이 무스탕을 덮어주면 오빠는 춥지 않을 것이라고, 그래서 몇 번이나 내 앞을 기웃거렸다고.

밖에는 계속 눈이 오고 있다. 날이 새면 녀석의 엄마가 무스탕을 가지러 올 텐데….

스웨터 마네킹 쪽에서 딸꾹질 소리가 난다. 잠이 깨서 다 들어버린 모양이다. 우리 마네킹들은 눈물은 나오지 않는데 가슴이 찡하면 가슴에서 곧장 딸꾹 딸꾹 소리가 난다. 나는 지금까지 추운 것이 어떤지 한 번도 느껴보지 못했었다. 겨울에도 이 유리문 안에서 무스탕을 입고 따뜻하게만 지냈기 때문에. 그리고 이 무스탕은 내 것도 아니다. 지수한테 무스탕을 주고 나면 나는 쫓겨날지 모른다.

"형, 줘버려! 어차피 부영 엄마는 저 무스탕 안 가져갈 거야. 형이 눈을 많이 맞아버렸잖아!"

스웨터 마네킹이 울먹이며 말한다.

"미안해, 나중에 꼭 갚을게."

"그래! 꼭 갚아야 돼!"

어떻게 말을 해야 어색하지 않게 잘하는 건지 민지누나한테 좀 배워놓을 걸 그랬나 보다.

"울지 않고 잘 견뎌야 하는 거야. 알았냐? 10년은 거뜬히 입을 수 있을걸!"

스웨터 마네킹이 내 팔을 들어 올려 무스탕을 벗기고 지수에게 준다.

지수가 유리문 앞에서 손을 흔든다.

'고 · 마 · 워! 꼭 갚을게'

손나발을 만든 입에서 입김이 모락모락 피어오른다.

골목에는 어젯밤 쌓인 눈이 꽁꽁 얼어 있다. 햇살이 콧등에 살포시 앉는다. 민지누나가 노래를 흥얼거리며 문을 밀고 들어선다.

"어?, 어어, 으악!"

온통 들쑤셔져 있는 가게를 보고 있는 민지누나의 눈동자가 밖에 쌓인 흰 눈처럼 하얗다. 허둥지둥 전화기를 집어 든다.

"여보세요? 여보세요! 사모님! 어제 가게 문 안 잠그고 가셨어요?"

나는 모른 척 유리문 밖을 보고 있다.

평설

낮은 세상, 희망의 상상력

—유행두 동화 작품론

박종순 문학박사 · 아동문학평론가

마음 울리는 작품을 쓰고 싶어

문학 작품이란 작가의 내적 삶에 대한 객관적 상관물이며 감지할 수 없는 전혀 사적인 내적 체험에 대해 감지할 수 있는 투사물이다. 따라서 그것들은 각각 독립된 예술 작품이면서도 총체적으로 놓고 보면 영혼의 자서전을 그 안에 갖추고 있는 것이라고 할 수 있다. 그래서 작가가 가치 있는 어떠한 정황이나 국면을 선택해 상상의 옷을 입혀 놓은 형상물을 통해 우리는 그 작가의 가치 의식을 가늠하기도 한다.

유행두는 어릴 적 어머니가 들려주던 이야기를 들으며 때로는 겁에 질려서, 때로는 가슴이 아파서 울었던 것처럼 '마음을 울릴 수 있는 시' 를 쓰고 싶다고 했다. 필자가 보기에 최근 몇 년간 발표한 유행두의 시는 그가 살아온 삶의 체험이 시로 형상화되어서 그의 영혼의 자서전적 영역을 감상하기에 충분했다. 부재중인 어머니를 늘 그리워하며 힘겹게 살아온 세월만큼이나 시적 세계가 절실했기 때문이다. 〈태양의 뒤편〉 연작시가 보여주었던 것처럼 연속적으로 이어지는 고통 가운데 시적 자아는 무너져 내리는 아픔을 삼켰고, 그 고통을 견뎌내는 힘에서는 아름다울 정도로 따스한 바람을 보여 주었다. '이 어둠 한 바퀴만 도려내고 나면 근심을 기웠던 재봉틀 소리가 돌아가고 가시나무 덩굴에도 봄이 피어오를 것이라는 걸' 그는 잘 알고 있기 때문이다.

유행두의 동화를 논하는 자리에 왜 그의 시를 들먹이나 하겠지만 그가 울음을 토해내듯 세상에 내놓은 시 작품과 같은 맥락으로 그의 동화를 대했기 때문이다. 어머니 없는 삶에서, 세상의 어둡고 낮은 자리의 어려움을 견디어온 작가의 내적 삶에 대한 성찰이 시에서뿐만 아니라 동화에서도 드러나고 있다. 어둡고 낮은 세상 사람들의 삶이 울음과 웃음으로 승화될 수 있는 시를 쓰고자 했던 것처럼 소외된 아동의 삶에 희망의 상상력을 불어넣어 따스하게 읽히는 동화를 쓰는 작가의 모습을 엿볼 수 있었다.

그는 하동에서 태어나 일찍이 어머니를 여의고 홀아버지와 살았기에 어머니의 빈자리를 문학으로 채우려 했다. 시로 세상에 이름을 알렸고 시집을 먼저 출간하였으나, 동화를 쓰고자 하는 열망을 늘 갖고 있었던 작가는 2007년 《한국일보》 신춘문예 동화부문에 당선되면서 동화 쓰기에 더욱 정진하겠다는 뜻을 품게 되었다. 그의 동화 세계는 주로 순수한 동심의 환영幻影과의 만남이며, 가난의 체험과 어머니 부재에 따른 현실 체험에서 일어날 수 있는 가능한 경험들을 시적 환상으로 이룩한 것이다. 곧 유행두의 동화는 현실에서 체험한 가치 있는 정황을 동화의 공간으로 끌어들여 상상력에 질서를 부여하며 어린이 독자들을 경이로운 상상적 경험으로 인도한다. 물론 동화의 캐릭터는 마네킹으로도, 4·5학년 남자 아이로도, 느티나무와 봄으로도 나타나지만 주 등장인물이 처한 상황은 어려운 삶의 한가운데 놓여 있으며, 그곳에 사랑이라는 희망의 상상력을 불어넣고 있다.

낮은 곳으로 가는 시선의 따스함

유행두가 세상에 처음 선보인 동화 〈무스탕 마네킹〉(2007년 《한국일보》 신춘문예 당선작)에서는 옷가게에서 값비싼 무스탕을 걸치고 서 있는 마네킹이 이야기를 끌어간다. 엄마에게 늘 왕자 대접을 받으며 잘난 체하는 녀석, 그리고 엄마가 없어 힘들게 살아가면서도 움직이지 못하는 추운 오빠를 위해 애를 쓰는 여자아이 지수, 이 둘 사이에서 마네킹은 가난한 아이의 편이 되어 따뜻한 사랑을 전한다. 그 녀석과 여자 아이에 대한 마네킹의 생각이 크게 대비를 이루는 것에서도 마네킹의 마음을 읽을 수 있다.

> 잘난 척은 얼마나 하는지 모른다. 눈도 쭉 찢어지고 뚱뚱해서 볼에 욕심보까지 그득히 쌓인 녀석이다. 녀석의 엄마는 입에 찰떡을 붙인 것처럼 '우리 왕자님, 우리 왕자님' 하고 부른다.
>
> 지수의 얼굴은 창백하고 파리하다. 따뜻한 물 한 잔 주고 싶지만….
>
> 그동안 녀석은 가게 안 여기저기를 들쑤셔놓는다. 지난번에 왔을 때 녀석은 아이스크림 묻은 손을 코트 속에 집어넣기도 하고 바지에 슬쩍 닦기도 했다. 그런데 녀석의 엄마는 녀석이 묻힌 자국을 핑계로 코트만 달랑 벗겨놓고 가버렸던 적도 있다. 오늘은 녀석이 몇 번이나 나를 쿡

쿡 찔렀다.

지수가 주머니를 뒤적거린다. 꼬깃꼬깃한 천 원짜리 몇 장을 내민다.

"고마워, 이거 너 줄게, 대신 이 옷 내가 가지면 안 돼?"

뚱뚱한 욕심보에 잘난 체까지 하는 녀석과 창백하고 파리한 지수, 늘 왕자님이라고 불러주는 엄마가 있는 녀석과 엄마가 계시지 않아 추위에 떨어야 하는 지수가 서로 대비된다. 그런데 둘의 행동을 보면 더욱 많은 차이를 보인다. 녀석은 남을 배려하는 마음도 버릇도 없어 옷을 망가뜨리고 마네킹을 못살게 굴지만, 지수는 꼬깃꼬깃 모아둔 천 원짜리 몇 장이라도 내밀며 마네킹에게 무스탕을 달라고 한다. 물론 자신이 입고자 하는 것이 아니라 움직이지 못해서 더 많이 추운 오빠를 위해서 옷을 부탁하는 것이다. 술에 취해 오빠와 지수를 자주 때리는 아버지에 대해서도 지수는, 일할 곳을 찾지 못해 속상하실 거라며 걱정하는 아이이다. 마네킹은 그 아이에게 무스탕을 주고 싶다. 하지만 새까맣고 커다란 차를 타고 나타난 그 버릇없는 녀석의 엄마가 지갑에서 수표를 끄집어내어 값을 계산하고 간 옷이다. 내일 다시 가지러 올 테니 잘 손질해 놓으라고 한 무스탕이기에 그럴 수는 없다. 어떻게 할까?

작가는 여기에서 '눈'을 등장시킨다. 진눈깨비처럼 흩날리는 눈은 어렵게 살아가는 사람을 더욱 힘들게 하지만 하얗게 내리는 눈은 사람의 마음을 정화시키며, 힘든 고통을 덮어 위안을 주기도 한다. 이 동화에서는 '눈'이 가지는 두 기능이 다 작용하고 있다. 눈 때문에 아이 가족은 더 힘들 수밖에 없지만, 이 눈으로 인해 무스탕 마네킹과 여자 아이가 만나 소통을 할 수 있게 되었다. 시인 고은은 〈눈길〉이라는 시에서 그것을 '지난 것이 다 덮여 있는' 즉 지난날의 고통과 고뇌를 정화시켜 포근히 감싸 안는 평온한 상태의 표현이라고 했다. 그리고 이 상태를 '온갖 것의 보이지 않는 움직임'이 보이고 '대지의 고백'이 들리는 듯한 새로운 적신 세계가 열리는 것으로 말했다. 이 동화에서도 눈은 따뜻한 옷이 필요한 가난한 아이에게 무스탕을 주는 일이 용이하도록 만든다. 마네킹이 밖으로 나왔다가 눈을 맞았으니 그 버릇없는 녀석의 엄마는 그 옷을 가져가려 하지 않을 것이므로 여자 아이에게 주는 것이 낫게 되었다.

여자 아이를 일으키려고 나왔다가 맞게 된 눈이 '보이지 않는 움직임'을 보이게 했고 '대지의 고백'이 들리게 했다. 추운 바닥에 쓰러져 누워 있는 여자 아이를 일으키지 못한 마네킹이 바로 옆에 같이 누워버렸을 때, 이미 그들의 마음은 소통할 수 있었다. 마네킹은 그 여자 아이의 이름을 물었고, 그렇게 둘은 이야기를 나누며 서로를 알게 된다. 눈을 같이 맞으며 대지에 나란히 누웠으니 마음의 움직임도 서로에게 전해질 수 있었다. 지금까지 추운 것이 어떤지 한 번도 느껴보지 못했던 마네킹이 지수를 이해하게 되었고 지수는 자신의 처지를 말하며 꼭 필요한 옷을 부탁할 수 있었던 것이다. 이렇게 보면 어렵고 소외된 곳으로 향하는 작가의 마음이 결국은 포근한 눈으로 내려와 서로 소통하는 희망의 상상력도 줄 수 있었다.

〈풍선껌〉(《경남문학》 2010 여름)에 나오는 지미 역시 힘들게 살아가는 서민 아동이다. '아빠는 몇 달이나 밀린 월급을 안 주는 회사 사장님을 사정없이 패 버리고 교도소에 갔'기 때문에 엄마와 산다. 그래서 엄마가 일하러 가는 시간에 같이 나와 학교에 오기 때문에 늘 빈 운동장에 혼자다. 여기서 '맨날 껌을 질겅질겅 씹고 다니'는 철현이와 만나 풍선껌을 얻게 되고 이 껌 때문에 지미는 오해를 받고 억울한 일을 겪으며 여러 가지 피해를 입게 된다.

억울해. 나는 왜 이렇게 재수가 없담. 정말 교실에서는 처음 씹는 건데…. 입 속에 껌이 있었으니 내가 아니라고 변명도 못하잖아. 안 그래도 말을 더듬어서 손해 볼 때가 많은데 이건 더 말할 수 없게 생겼다.

지미는 철봉 앞에서 철현이한테 껌을 받아서 처음 씹었는데 늘 껌을 씹고 책상 밑에 붙이는 아이로 오해를 받으니 억울하다. 지미는 눈물이 나오려고 하면 늘 철봉 아래로 뛰어간다. 철봉까지 뛰면서 지미의 눈물이 떨어진 만큼 마음은 풀리게 되고 운동장을 돌고 나면 마음이 씻긴다. 아침에도 아무도 없는 학교에 와서 철봉을 하고 운동장을 뛰고 나면 기분이 좋아진다. 그 철봉은 철현이가 철봉대 옆에 껌을 푸우, 뱉고 간 것도 안다. 철봉만이 지미에게 위안의 대상이 되어준다. 그러면 그 '철봉' 이 지미의 갈등을 풀어줄 수 있을 것인가?

철봉에 허리를 받치고 거꾸로 보는 하늘이 흐리멍텅하다. 빙그르르 한 바퀴 돌고 나니 친구들 얼굴이 뱅글뱅글 돌아간다. 철현이 녀석 비웃는 모습도 눈물 뒤로 놀아가 숨는다.

운동장을 뛴다. 운동장을 뛰다보면 생각이 많아진다. 그래, 다른 사람 앞에서 당당해지려면 나 스스로 정직하면 된다고 예전에 아빠가 그러셨어. 나는 아니야. 내가 안 그랬어. 그럼 됐잖아.

아무도 없다. 눈물이 쉬지 않고 뚝 떨어진다. 철봉을 잡고 앞뒤 구르기를 한다. 매달리기하고 허리를 걸친다. 철봉에 다리를 걸쳐놓는다. 흔든다. 하늘도 흔들리고 버짐나뭇가지도 흔들린다. 거꾸로 보이는 세상은 사진에서 보는 것보다 깨끗해 보인다.

"너 요즘에도 아침마다 달리기하고 철봉연습 열심히 하고 있지? 올 가을에 도내 체전을 하는데 우리 학교도 출전한다더라. 그래서 선생님이 지미를 추천했지. 열심히 해서 우리 학교 빛내 줘. 알았지? 아침마다 일찍 와서 꾸준히 운동하고 있으니까 잘할 수 있을 거야. 선생님은 지미 믿는다!"

철봉을 잡고 구르는 일이, 운동장을 몇 바퀴 도는 일이 시간의 경과와 함께 지미의 마음을 달래 주고 갈등을 풀어가는 역할을 한다. 철봉에 거꾸로 매달렸을 때 흐리멍텅하던 하늘이, 철봉을 몇 바퀴 돌고 나니 철현이 비웃는 모습도 숨게 해준다. 철봉을 잡고 앞뒤 구르기를 하고 나니 거꾸로 보이는 세상이 깨끗하다. 그리고 아침마다 철봉에 매달리고 달리기 연습을 많이 한 지미에게 도내 가을체전에 학교를 대표해서 출전할 수 있는 기회가 오고, 지미는 선생님과 반 아이들로부터 격려를 받는다. 결국 철봉에서 철현이와 부딪치면서 갈등을 빚어왔던 것이 철봉으로 풀 수 있었다. 마침내 지미는 하늘을 한 번 올려다보고 철봉대 옆에 철현이가 뱉어 놓은 껌을 쓰레기통으로 가져감으로써 갈등을 씻게 된다.

결핍 속에서 스스로 희망을 찾아가는

유행두가 이야기를 이끌어가는 장점이 여기에 있다. 그것은, 아이들이 일상에서 겪게 되는 갈등을 딴 데서 찾는 것이 아니라 그들 가운데에서 스스로 풀어갈 수 있도록 이끄는 힘이다. 교도소에 간 아빠를 둔 말더듬이, 늘 자신감 없어 큰 소리로 대들지 못하는 아이지만 정직하게 고독한 그 아이의 인내심이 철봉을 하고 운동장을 힘껏 도는 일로 나타나고, 그것으로 자신의 자리를 당당히 찾으려는 상상력으로 독자를 안심하게 한다. 교도소에 간 아빠지만 무조건 나쁜 사람이라고 생각하는 다른 사람들의 시선을 부정하고, 아빠를 떠올리며 힘을 얻는 지미는 아이들로부터 손가락질을 받지만 외롭지 않은 아이다. 작가는 이렇게 소외된 곳에 마음을 줌으로써 스스로 이겨낼 수 있는 용기를 갖게 한다. 작중 인물은 대인관계에서의 소외와 불신, 그리고 아버지 부재라는 환경에 놓임으로써 고립감에 휩싸인 아이지만 자신의 존재를 수긍하는 자세로 긍정정인 결말을 이끌어낼 수 있었던 것이다.

이러한 마음은 〈느티나무〉(《김해문학》 22집)에서도 그대로 보인다. 사랑받지 못하고 늘 소외받으며 살아온 느티나무가 이제는 역으로 주인에게 힘이 되어준다. 효동이는 감나무를 보며 어머니에게 연시를 줄 수 있어 기뻐했고, 뽕나무를 보며 오디도 따드릴 수 있고 누에를 쳐서 고운 옷을 만들어 드릴 수 있어 기뻐한다. 복숭아나무, 앵두나무, 자두나무, 포도나무 모두를 보면서 어머니 이야기를 했지만 느티나무에게는 눈길 한 번 주지 않는다. 긴긴 세월을 외로움에 떨며 빨리 자라고 싶었다. 키가 자라고 나서야 느티나무는 그늘을 만들어 동네 사람들이 쉬었다 가게 할 수 있었고, 효동이가 앞을 못 보는 어머니 때문에 바빴다는 것을 알게 되었다. 그때부터 느티나무는 효동이를 위해 자신이 할 수 있는 일을 찾는다. 그렇게 깨달은 것은 효동이의 어머니를 기쁘게 해드리는 것인데, 그것은 바로 효동이가 결혼할 수 있도록 돕는 일이었다. 마침 이웃 마을에 예쁘고 착한 순심이가 홀어머니를 모시고 살고 있어 바람을 나르면서 그 둘의 끈을 이어준다.

느티나무는 한 번도 효동이의 사랑을 받지 못해 외로움에 떨었지만 자신의 처지를 비관하지 않고 긍정적인 힘으로 자라 스스로 할 일을 찾았다. 다른 곳에서 자신의 처지를 알아주고 손길을 보내 주기를 바라지 않고, 자신이 가진 것을 베풀면서 스스로의 존재를 인식하며 자아를 찾아가는 모습을 보인 것이다. 지미가 결핍 속에서 스스로의 존재를 찾아갔던 것처럼, 소외 받으며 자라난 느티나무 역시 자기를 기꺼이 줌으로써 진정한 자기를 찾을 수 있었다. 그러나 절실한 개연성의 장치들이 마련되지 못함으로써 밋밋한 서사를 가지게 된 것은 아쉬움으로 남는다. 그리고 '순심'이나 '효동'이라는 교훈성을 드러내는 이름이라든지, 효를 다해서 부모님과 행복하게 잘 살았더란다, 라는 서사가 전래동화를 읽는 느낌을 갖게 하는데, 여기에 등장인물이 시련의 상황을 극복해 나가는 과정을 좀 더 실감나게 장치하였더라면 재미와 감동은 배가되었을 것이다.

풍부한 상상력으로 부상하는 이야기꾼

유행두는 이야기에 환상성과 리얼리티를 함께 녹여내어 어린이 독자들에게 동화를 읽는 재미를 더해주고 있다. 〈무스탕 마네킹〉에서 마네킹에 생명력을 부여하여 결핍한 아동에게 손길을 내밀게 하고, 〈장군님을 만났어요〉(《아침햇살》 2007 봄호)에서는 지갑을 주운 아이가 내면적 갈등을 하고 있을 때 나타난 장군이 그와 함께 문제를 해결해 나가게 했다. 그리고 〈아기봄이 바쁘대요〉(《경남문학》 2010년 봄호)에서는 소라엄마가 겨울 달력을 뜯는 것을 보고 '봄'이 꽃들을 깨우러 다니면서 온갖 자연과 이야기를 나눈다. 동화는 우화적 상상력과 초자연적 세계관이 자연스럽게 통용되는 특수한 세계를 공유한다. 그러나 환상은 허황된 망상이 아닌, 세계를 보고 그 세계를 넘어선 다른 것까지를 보려는 폭넓은 의식의 작용이다. 즉 환상적 서사를 통한 경이로움이 있어야 하며 또한 현실을 재현하는 모방적 서사를 가짐으로써 리얼리티를 가지는, 즉 상호보완적 관계를 유지하는 것이 바람직하다 하겠다. 단순한 현실 모방을 넘어선 세계를 보여줌으로써 희망의 상상력을 심어줄 수 있는 그곳에 개연성과 필연성으로 질서를 지켜 나가는 장치라든지, 생태적인 문제에 세심한 관심을 기울여야 하는 것은 당연하다.

유행두는 동화를 쓰기 시작한 지 오래되지 않았지만 노력하는 뚝심을 가진 작가이며, 특히 작은 눈으로 보았던 어둡고 낮은 세상 사람들의 삶을 긍정적으로 바라보고 따스한 시선을 보낼 줄 아는 힘을 가진 작가이기에 믿음이 간다. 그의 작품을 보면 인간에 대한 믿음을 소중히 간직하고 있다는 것을 알 수 있기 때문이다. 무스탕 마네킹이 부자 아이보다 가난하지만 자신보다 힘든 오빠를 위해 추운 길바닥에 쓰러져 있는 아이 편을 들어주는 것에서, 결핍과 소외로 힘들어하던 아이가 철봉을 하고 운동장을 뛰면서 어려운 상황을 오히려 적극적으로 활용하는 힘을 갖는 것에서, 한 번도 효동이의 사랑을 받지 못했지만 홀어머니를 모시고 살아가는 효동이를 위해 자신의 능력을 다 쓰는 느티나무에게서 작가의 마음은 오롯이 전해져 온다. 상처받은 인물이 위로와 희망을 통해 화해에 이르는 일련의 과정들은 동화가 지향하는 이상적인 세계관을 내포하고 있기 때문에 그의 작품을 읽으면 마음이 따뜻해진다.

신화학자인 조셉 캠벨에 따르면 오늘날의 예술가들은 초기 자연문화시대의 샤먼의 역할을 한다고 한다. 샤먼은 남자든 여자든 소년기 후반, 혹은 청년기 초반에 심리적 격동을 경험하고 이를 내면화해 버린 사람으로서 자신이 경험한 특별한 체험을 민중에게 이야기함으로써 민중이 이에 반응하도록 하고, 그 반응의 상호작용에 따라 문화가 빚어지도록 한다는 것이다. 그렇게 보면 작가는 자신의 내적 삶에 대한 객관적 상관물로서의 문학작품으로 독자와 만나 상호작용을 한다. 아동문학은 특히 아동이 주 독자층을 이루기 때문에 이야기꾼의 역할이 크다 하겠는데, 작가는 재미와 감동을 통해 깨달음으로 가는 상상력을 불어넣어줄 수 있어야 한다. 다양한 소재와 새로운 형식을 끊임없이 찾아갈 때 그것은 가능한 일이다. 그리고 현실 너머의 또 다른 세계를 보여주는 환상성의 장치를 통해 아동에게 희망의 상상력을 불어넣어줄 때 샤먼으로서의 진정한 이야기꾼이 될 수 있을 것이다. 어린이가 가진 그 무한한 가능성의 힘을 믿으며, 풍부한 상상력의 세계로 비상하는 동화를 써줄 것이라 믿는다. 그러려면 살아 있는 캐릭터를 만드는 일에도 집중하는 것이 필요하겠다.

이창하 시인

경남문학 92 | 2010년 가을호

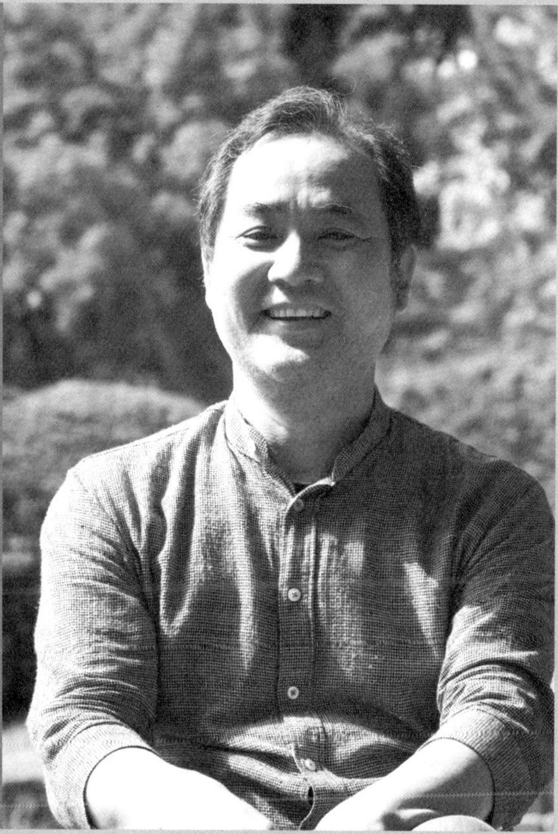

2010년 《현대시》 작품활동 시작. 시집 《그리움을 프린트하다》 등

대표작

케이코 요시다의 노래를 듣다가 외 4

이창하

쿨럭이는 바람이 시월의 마지막 하늘을 찌르고 있었다

COMO A PLANTA의 음률에 따라
호주머니 속에서 움츠린 손은 작아져 가고
서글픈 여가수의 눈물이 심장을 누른다.

늙은 남편이 남루한 지팡이를 두드리며
TAI를 따라 부르는 동안
텅빈 바이올린 케이스는 여전히 큰 입만 벌린 채
검은 눈을 껌벅거렸고 몇 개의 동전만이 나뒹굴고 있었다.

세상의 슬픔을 모두 마시던 거리의 나무들이 누렇게 물든 잎을 뿌리는 동안
푸른 노래는 공허한 하늘만 찌르고
라틴 풍의 COMO A PLANTA에 따라
여가수의 음률에 귀를 기울리던 장님 같은 벤치는 쿨럭거리다가
바람과 함께 원을 그리기도 했다.
예술은
형용사 같은 예술은 어디로 갔는가
가로수
은행잎
그리고 거리의 악사 몇

정말 음악이
현실과 천국을 연결해 주는 존재일까

늦가을(Ⅱ)

늦가을이 거리의 은행잎 속으로 들어왔다
누렇게 구운 돼지 껍질들은 자꾸만 바람에 감겨왔고
그럴 때마다
겁탈당한 가로수들은 연거푸 붉은 바람을 퍼마시고 있었다
서쪽으로
뚝뚝 떨어지는 저 붉은 선혈들
누이의 처녀가 그렇게 흘러가고 있었다

한동안 동안거를 준비해야 할 때
때때로
젊은 비구니의 푸른 울음이 허공을 가른다
이젠
요란한 장신구들을
하나 둘
벗어야 할 때
머지않아 다가올
험난한 세월에 거추장스럽다

누른 돼지껍질과 한잔의 바람이 속을 울렁거리게 하는 늦은 오후가
붉게 물들어갔다

역전 골목길을 걸으며

밤이 지겨운 날은 뾰족한 송곳으로 어둠을 뚫는다
풀벌레들이 갈지자걸음으로 오줌을 갈기기도 하는 골목에서
가끔 잊었던 과거의 창녀들을 생각하며
차창에 붙은 낯선 연애편지를 향하여 허리를 굽히거나
기차역전 사이 골목으로 허연 허벅지를 드러낸 입간판들이
다리를 꼰 채 어둠을 씹으며 연신 시간을 사른다

철벅거리는 가을비가 무당벌레 같은 영혼을 구원한다

7막7장의 연극장면 그 기억들을 찔러보자
플레이보이 최신호에서 봤던 사진들이
황홀히 고통스런 기억들을 씻어내면
그 어둠
유곽 같은 붉은 액자 속의 고통이 유혹으로 바뀌었다가 금방,
똥구멍 같은 주둥아리에서 죽으라고 수음을 즐기는
퇴역 복싱선수의 자지처럼 풀이 죽었던 것처럼

저놈의 어둠
저 오입 같은 어둠을 향해 송곳을 찌르는 밤이다.

전봇대

그동안
아버지는 뼈와 가죽만 남았다.
세상의 짐들은 여전히 아버지의 어깨를 짓누르고 있었고
낡은 아파트는 바람이 불 때마다
창문을 흔들었다.

얽힌 전선을 메고 있는 전봇대는
겨드랑이 사이로 붉게 녹슨 갈비뼈를 보였고
복잡한 전선만큼 며칠 동안 머리를 감지 않으신
아버지의 머리카락은 거미줄 같은 비듬이 쌓였다.

아버지는 전봇대로 환생하셨다 수십 년을 이어온
의식은 힘에 겨우신 듯
세상의 무게가 되어 있었다.
아버지는
아흔아홉 날 찬바람 부는 언덕에
열 가지의 상처가 흉하게 남아 있는
전봇대로 환생을 하셨다.

한때
바람이 불어오는 바다를 향해 세상의
기세를 몰며
불룩한 근육에 힘이 솟았던 시절의 어깨는

철 지난 바람에도 힘겹게 버티시는 듯
낡은 잠바가 간신히
덮어주고 있었다.

바람이 남긴 세월의 흔적들이
아버지의 어깨 쪽으로는 지나가지 않으리라는 생각을
말도 안 된다는 듯 낡은 전봇대가
비웃고 있었다.

멀리서 날아오르는 황사黃砂가 시야를 흐리게 했다.

첫 단추

은행잎 우수수수수
귓가를 때리는 늦은 가을바람
나뭇가지가 초라하게 피리를 분다

듬성듬성 옥수수수염
털갈이하는 강아지 털이 날린다.

출렁거리는 아랫배
허옇게 눈 뒤집힌 붕어빵이 춤춘다.

자꾸만 유혹하는 수직 상승
『한번만…,』

아찔하게 먼 흰 구름이 눈앞에서 빙빙 돈다.
위험한 선택

『딱 한번만…,』

붉은 저녁의 시, 가을의 시, 그 가장 무서운 무기

—이창하의 시세계

김이듬 시인, 국문학 박사

#1. 이윽고 그가 불쑥 말했다

정말 내가
나일까
덥수룩한 수염에 짧은 머리카락의 사나이가
자꾸만 뭐라고 말을 걸었지만, 전혀
알아들을 수가 없었다

—〈거울을 보면서〉 부분

"이윽고 그가 불쑥 말했다" 는 〈거울을 보면서〉의 첫 시행이다. 이 문장은 시인 이창하와 세계와의 대면 방식을 설명하고 있다. 이 짧은 문장은 '거울'에 비친 '그'가 누구인지 '정말 내가 나일까?' 하는 자기동일성과 정체성에 대한 근간을 흔들리게 된 계기이자 자아탐색의 출발을 부추기는 원동력으로 작용한다. 동시에 타자화된 자신과 외부세계로 나아가는 과정이기도 하다. 그러나 문제는 '이윽고'와 '불쑥'이라는 부사들이 일으키는 당황스럽고 다소 난감하기까지 한 국면이다. 어느 날 갑작스러운 '그'의 출현에 일상의 삶을 살아가던 '덥수룩한 수염에 짧은 머리카락의 사나이'는 깜짝 놀랐을 것이다.

시인 이창하, 그는 폭우가 쏟아지던 날, 전화를 걸어왔다. 이튿날 계절학기 강의를 마치자마자 나는 폭염 속을 뛰어갔다. 그는 나보다 일찍 와 있었다. 나는 멍청하게도 그 음식점 이름을 잘못 가르쳐주었고 그는 근처를 빙빙 돌다가 틀린 상호명에도 불구하고 들어가 기다렸다고 했다. 미안해서 난 그저 냉면그릇이 다 비워질 때까지 머리를 들지 못했다. 얼마쯤 시간이 흘렀다. 이윽고 그가 불쑥 말했다. "원고 청탁을 받았는데, 자기가 선정한 비평가에게 평문을 받으라고 해서……"

알다시피 나는 비평가가 아니다. 비평가가 될 생각도 실력도 없는 사람이지 않은가? 우리는 나란히 몇 걸음 걸었다. 찾는 사람도 별로 없는 답답한 커피숍 구석에 마주앉았다. 옛날에 들었던 '오, 데니보이'가 흘러나와 애잔하게 마음을 파고들었다. 그는 말수가 많지 않은 사람이었고 드문드문 웃었다. 자신이 썼던 《국어와 독서·논술지도 자료집》에 관해 이야기했고 그로 인해 머리가 딱딱해져 시쓰기에 어려움이 있다고 했다. 그는 경주에서 태어나 고교 입학할 즈음 대구 누나 집에 갔다고 했다. 이후 계명대 한문교육과를 졸업하여 고성고등학교에서 교편을 잡기 시작했으며 이곳으로 와서 살기 시작한 지 스무 해가 다 되어 간다고 했다. 무엇보다 이곳 진주로 오게 된 경위가 사랑하는 사람(아내)과 떨어져 생활하기 싫어서였다는 말을 하며 그는 얼굴을 붉혔다. 그는 단란한 가정의 가장으로 좋은 선생으로 생활하는 사람임에 분명해보였다. 천성적으로 거짓말을 잘할 줄 모르며 음악과 책을 좋아하는 수수하고 선량한 사람이라는 느낌이 들었다.

"어떻게 해서 시를 쓰게 되신 거예요? 어릴 때부터 글쓰기를 좋아하셨나요?" 나의 질문에 그는 고개를 저었다. 1998년에 경제적 사정으로 2년 가까이 산청에서 식구들과 살았다고 했다. 그즈음에 시집도 많이 읽고 시상에 잠기기도 했다고. 퇴근을 해도 사방이 숲과 골짜기라 적적하고 무료했는데 어떤 날은 그 집에 다니러 온 그의 어머니가 우셨다고 했다. 지리산과 경호강, 홍화원휴게소 노천카페, 오월의 밤꽃 향기, 시월 저녁놀 등, 그는 진주까지 장시간 국도로 출퇴근하며 접했던 풍광이 굉장히 인상적이었다고 했다. 가난하고 쓸쓸한 마음에 시가 내려앉았으리라. 그는 당시에 썼던 시를 보여주겠다며 찻잔 옆에 놓여있던 시집 《케이코 요시다의 노래를 듣다가》를 펼쳤다. 밝은 초록색 표지의 신작 시집이었다. 손가락으로 목차를 더듬어 〈지녁 강가에서〉를 가리켰다. "이것이 제가 쓴 처녀작입니다만…."

#2. 남자의 시조인 산과 여자 시조인 호수가 사랑을 나누는 것

강이 죽으면 불길이 된다.

굵은 핏줄이

마지막 심장을 박동하면

강은 서둘러

얼마 남지 않은 희열을 뿌린다.

커다란 활에다 살을 꽉 재우고

힘껏 하늘을 향해 당기자
그리하여
남은 희열이 슬픔이 되고
슬픔이 홀가분한 기쁨이 되면
힘줄 속은
시커먼 불기둥이 환생하고
딱딱한 남근이 되어
쿡쿡쿡쿡
저놈의 하늘
시커먼 똥구멍을 찌르자
강이 죽으면 붉은 남근이 된다.

저 붉은 저녁놀이,

—〈저녁 강가에서〉 전문

앞서 말했듯이, 위의 시는 이창하 시인이 쓴 첫 번째 시이자 시집 앞표지에 실려 있는 시이다. 그는 길을 가다가 "저 붉은 저녁놀이" 번지는 "저녁 강가에서" 멈추어 서성였을 것이다. 이 '저녁놀' 을 동반한 '저녁' 이라는 한정된 시간에 그가 종종 이끌리는 것을 볼 수 있다. 그는 오후부터 초저녁을 지나는 이 불그스레한 시간대에 시적 감수성이 예민해진다. 굳이 시적 화자 뒤로 숨지 않는 그의 시에서는 이 시간이야말로 고백을 하기 좋은 때이다. 그는 이와 같이 "어수선한 늦가을 오후에 심한 오한으로 사타구니가 오그라들었"(〈가로수〉)고 "노을 진 심장이 주르륵 흐르는 늦은 오후, 육체를 대신한 영혼이 편안해져"(〈구형 스포티지를 폐차하다〉)가는 자신을 인식한다. "초승달이 힘겹게 어둠을 지피는 초저녁"(〈알라 빛 달밤〉) 늦가을이 "서쪽으로 / 뚝뚝 떨어지는 저 붉은 선혈들 / 누이의 처녀가 그렇게 흘러가"(〈늦가을Ⅱ〉)는 것을 본다.

그의 대다수 시에서 '저녁'은 '가을날'의 이미지와 연결되어 나타난다. "밑둥치가 비어가는 고목의 / 마지막 숨을 몰아쉬는 가을 저녁 무렵"(〈중년에 들다〉) "주홍빛 햇살이 / 마른 나뭇가지 같은 아픔 사이로"(〈가을〉)와 같은 시행들이 드러내는 바와 같이 그가 인식하는 '저녁'과 '가을'은 '중년' 혹은 '병고'의 무게를 갖기도 하고 "얼마 남지 않았구나 / 저 하늘 / 붉게 녹슬어 가는 늦가을 저녁나절"(〈노인과 담배〉)과 같이 체념과 죽음의 색채를 띠기도 한다. 이와 같이 이창하 시집 속 다수의 시가 '저녁의 시' '가을의 시'로써 '붉은 노을'을 드리우고 있다. 이는 시인 스스로가 처한 현실과 '중년' 의식을 반영한다고 할 수 있겠다. 그럼에도 불구하고 그의 시에 나타난 '저녁' 혹은 '가을'의 이미지는 단순하지 않다. 그러니까 체념이나 패배의식으로 귀결되지 않는다는 뜻이다.

〈저녁 강가에서〉를 보면 저녁은 강으로 하여금 "슬픔이 홀가분한 기쁨이 되"고 "시커먼 불기둥이 환생하고 / 딱딱한 남근이 되어 / 쿡쿡쿡쿡 / 저놈의 하늘 / 시커먼 똥구멍을 찌르"는 거대한 생명체로 거듭나게 하는 힘으로 작용한다. 다시 말해, 그는 '붉은 저녁놀'로 변한 '저녁 강'을 보고 "강이 죽으면 불길이 된다"고 "강이 죽으면 붉은 남근이 된다"고 말하고 있다. 즉, 모든 것이 저물며 어둑어둑해지는 시간, 사물의 경계가 흐려지는 시각, 이 해질녘에 강과 산은 '불길'이 되고 '붉은 남근'이 되는 것이다.

이런 혼동의 시간에 그는 새로이 떠오를 별을 기다린다. "어둠이 흐르면 / 또 / 어린 별이 반짝이다 / 첫 걸음이 될 그대의 희미한 길을 /

비춰줄"(〈가을〉) 것이다. 또한 "그럴 때면/ 남자의 시조인 산과 여자 시조인 호수가 / 사랑을 나누는 것"(〈산과 호수에 대한 이론〉)이라고 그는 뉴질랜드 마오리족 전설을 빌려 말한다. 이와 같이 이창하 시인의 눈은 하루 중 '저녁'에, 일 년 중의 '가을'에 초점을 맞추면서 그 너머를 바라본다. 그는 거기서 '희망'을 읽고 '부활'을 꿈꾸며 '환생'을 생각한다. 그가 지향하는 것은 '공즉시색, 색즉시공'의 세계일까?

#3. 구름이 배가 고프던 날

이창하 시인은 할아버지의 오랜 병환과 그것이 보여주는 '자연의 섭리'를 통해 '공수래공수거의 원칙'을 말하고자 한다.

빈손이었다.
그것은
부끄러움이라고는 없는 겸허한 나체의 향연이었다.
공수래공수거空手來空手去의 원칙,
할아버지께서는 그렇게 자연의 섭리를 보여주고 계셨다.

—〈늦가을 I〉 부분

그는 할아버지를 비롯한 모든 인간의 삶이 공허하고 허무하다고 인식한다. 그가 말하는 불교적 사유는 그의 그가 나아가려는 방향일까? 그가 일상에서 체험하는 무력감은 이러한 종교와 철학을 통하여 극복될 수 있을 것인가? 불교가 지향하는 공空 사상이 보이는 다른 시를 읽어보자.

어느 날
바람이
색즉시공 공즉시색의 방정식을 풀었다
허공으로 길게 뻗은 선線 사이로
들려주는 음률音律이
세월 너머로 남긴 발자국을 남기는데…,
지금
말티고개 꼭대기 시립화장장에서
누군가 바람이 되어
오르고 있다. —〈바람 I〉 부분

'보이지 않는 존재의 방식' 에 대한 그의 질문은 '바람' 으로 "세월 너머로 남긴 발자국"으로 옮겨간다. 그는 인간과 그들이 남기는 흔적에 관해 질문하며 고뇌한다. '지금' '시립화장장' 에서 뼈와 살이 불타는 장면을 목격하는 그가 "누군가 바람이 되어 오르고 있다"고 표현할 때 그의 존재론적 질문은 극에 달한다. '색즉시공 공즉시색의 방정식' 은 살아 있는 인간이 풀 수 있는 '방정식' 이 아니다. 그래서 그의 사유는 "어느 날 / 바람이 / 색즉시공 공즉시색의 방정식을 풀었다"라고 하는 깊이 있는 발언에 이르는 것이다. 여기서 인간은 어디서 와서 어디로 가는지, 운명은 무엇인가에 대한 본질적 질문은 계속된다. "나는 또 어떤 우연을 기다리기에 여기에서 운명 같은 기다림을 꿈꾸는 것일까"(〈기다림에 대하여〉) 그는 '우연 같은 운명' 에 대하여, '운명 같은 우연' 에 대하여, 그 찰나와 영생에 관해 말하고자 한다. 그렇다고 잔뜩 어깨에 힘을 주거나 짐짓 고매한 학자풍의 언변을 흉내 내지는 않는다.

글쎄
내 생각에는 말이지
사흘 밤낮 눈이 내렸으니 구름이 몹시 배가 고프지 않을까 생각돼
어쩌면
굶주림에 지친 구름이 더 이상 힘을 쓸 수 없어
스러지거나
저렇게 짙은 햇살로 신음을 하지 않을까 생각돼

(중략)

어느 강가에서
너는 나에게 나는 너에게
더 이상 기대는 사라지고
사나흘 굶주림으로 스러지거나
한때
서슬 퍼렇던 칼날들이
가벼운 영혼이 되어버린 갈대를 만날 때면
그 절망이나 슬픔 사이로
한 사나흘 눈을 뿌리고 있는 구름을 보게 된다면
그러면
굶주림에 지친 구름 같은 너를 발견할 수도 있을 거야

—〈구름이 배가 고프던 날〉 부분

이 시를 통하여 그는 육체의 연장으로 '가벼운 영혼'을 만나고 있음을 보여준다. 확정을 유보하는 '글쎄'라든가 '어쩌면'이라는 어휘

를 사용하면서 건성으로 내뱉는 듯한 전략적 어투에서 진지한 사유에 지나친 무게감을 싣지 않으려는 시인의 겸손한 심성이 읽혀진다. 그는 정신과 육체가 안팎 없는 한패라고 생각하기 때문에 "굵주림에 지친 구름"에게서 "굶주림에 스러진 너를 발견할 수 있을" 것이다. '서슬 퍼렇던 칼날들' '가벼운 영혼이 되어버린 갈대'로 마주칠 때 그의 불교적 상상력은 물활론적 사유로 확장되는 것이다. 격렬했고 급한 물살과 같았던 청춘의 시기를 지나 이제는 '지친' 구름 같은 사람은 '어느 강가'에 있었을 것이다. 또한 그들은 "서녘 하늘의 붉은 노을" (〈기다림에 대하여〉)에도 있고 시시때때로 "아낙수나문 같은 공허한 환생이 생각나는 오후"(〈미라〉)에 나타나며 "부끄럽기도 명치끝이 찡하기도 그립기도 한 오래된 존재들이 부활하고"(〈회상〉) "열 가지의 상처가 흉하게 남아 있는 전봇대로 환생"(〈전봇대〉)하기도 한다.

이렇게 볼 때, 그의 시에 나타나는 '미라' '먼지' '전봇대' 등을 비롯한 모든 만물에는 생명이나 혼, 마음이 있다. 다음으로 읽게 될 시에서는 그러한 비루한 대상들이 '성자'로 나타나는 것을 볼 수 있다.

#4. 그건 언어에 대한 모독이 아닌가!

11월 어느 저녁 무렵
때 이른 추위로 모두들 옷깃을 세울 때였다

김장훈 헤어디자이너 출입문은
진작 닫혀 있었는데
문 앞엔 포개진 세 개의 빈 그릇과

잔반이 담긴 한 개의 짬뽕 그릇이
추위에 떨고 있었다

마침 지나던
거리의 성자가 겸허히 앉아서
시원스럽게 먹어 주었다
그제야
제 역할을 다하게 된
면발과
성자의 내장이
성대한 밤을 맞이할 수 있었다

—〈역할〉 부분

시인은 "11월의 어느 저녁 무렵"에 동네의 미용실 앞을 지나고 있었다. 머리를 깎으러 갔을지도 모른다. 하지만 그 가게 문은 "진작 닫혀 있"고 그 앞에 네 개의 "짬뽕 그릇"이 놓여 있다. 아마도 늦은 점심으로 혹은 저녁식사로 미용실에서 일하는 사람들이 시켜먹고 내놓은 그릇들일 것이다. 그는 "추위에 떨고 있"는 한 개의 그릇을 본다. 그것은 "잔반이 담긴 한 개의 짬뽕 그릇"이다. 다른 세 개의 그릇은 '포개진' 상태였고 '빈 그릇' 이었다.

그때 마침 걸인이 다가와 그 "추위에 떨고 있"는 그릇의 면발을 먹기 시작한다. 이 상황을 그는 "거리의 성자가 겸허히 앉아서 시원스럽게 먹어주었다"고 표현한다. 그리고 "그제야 제 역할을 다하게 된"것은 '면발' 과 '성자의 내장' 이라고 말한다. 마지막 행의 '성대한 밤' 이 내포하는 페이소스를 넘겨버린다고 하더라도 그는 인간과 타자와의 관계, 사물과 대응하는 방식, 더 나아가 각자가 지닌 역할에 대해 말하고자 하는 것이다. 또한 시인으로서의 자신의 '역할'을 성찰해보는 '성대한 밤'은 아니었을까? 불어터지고 끊어진 채 문 밖에 놓인 '면발'이나 이것을 "겸허히 앉아서 시원스럽게 먹어 주"는 길거리 '성자'나 추위에 떨며 이 광경을 지켜보는 '시인(그)'은 어떤 삼각구도에 있을까?

이 〈역할〉은 새삼스레 시인으로서의 자신을 돌아보게끔 하는 메타시적 경향을 띤다. 시인으로서 그는 자신의 '역할'을 탐색하고 규정하고자 하는지 모르겠다. 춥고 척박한 지상에서 시인은 걸인과 잔반이 남은 짬뽕 그릇과 같이 내던져진 존재일까? 이 말을 그는 하려는 것일까? 도대체 시인에게 주어진 '역할'과 임무는 무엇인지, 과연 그런 게 있는가?

"여보 거기서 밥이 나와요 떡이 나와요"(〈크산티페 같은〉) "당신 제발 쉬운 언어를 좀 생각해봐요 가까운 길 두고 왜 자꾸 둘러가려 해요!"(〈아내의 시론〉)라고 그의 아내는 말한다. 아내의 말이 맞을지도 모른다. 그러나 시는 맞고 틀리고의 문제는 아니지 않은가.

— 당신은 왜 자꾸만
이해할 수 없는 말만 되풀이하는 거요
— 하지만
누군가는 꼭 해야 할 말을 아무도 하지 않기 때문에 내가 하는 거요
꼭 해야 할 말을 정말 아무도 하지 않는다면 그건 언어에 대한 모독 아닌가!

—〈아내의 시론〉 부분

그는 〈아내의 시론〉이라는 제목하에 '자신의 시론'을 펼친다. "누군가는 꼭 해야 할 말을 아무도 하지 않기 때문에 내가 하는 거요"라고. "아내의 쉬운 언어"로 표상되는 일상적 언어가 질서정연하고 소통이 용이한 길을 택할 때 그의 시어는 "무질서하게 나열되"며 "자꾸 둘러가려"고 한다. 아니 아내에게는 그렇게 읽힌다. 이러한 비경제적 언어 행위는 이론이나 공식을 가지고 설명되는 일이 아니다.

> 이를테면
> 어느 늦가을 낙엽이 지는 것에 대해
> $\frac{GMm}{r^2}$ 이라는 법칙이나
> $V\sqrt{2gh}$ 라는 복잡한 공식을 빌려
> 뉴턴의 이론을 설명하기 보다는
> 그냥
> '왜 이렇게 가슴이 아프지' 라고만 했을 뿐이었어
> 그런 태도가 너무 좋았고
> 이야기 끝에서 묻어나오는 의문형에서
> 깊이 생각할 수 있는 기회를 얻게 되었다는 것이지
>
> 그런데
> 사람들은 왜 그렇게 어려운 규칙을 정하는지 몰라.
>
> —〈언어와 만유인력의 법칙〉 부분

그는 위의 시에서 "이야기 끝에서 묻어나오는 의문형에서 깊이 생각할 수 있는 기회를 얻게 되었다"고 말한다. 즉, 뉴턴의 이론과 같이 "단순한 것 같으면서 깊은 의문형으로 끝나는" 시를 쓰고자 하는 시인의 시론이 반영되어 있는 것이다. 그것을 그는 "뭔가 미묘한 뜻을 가졌거나 혹은 순수"한 시라고 말한다. "사람들은 왜 그렇게 어려운 규칙을 정하는지 몰라"라고 푸념하면서 그는 '아내'를 포함한 독자들이 요구하는 시의 형식을 거절하고 인생의 '해답'이 아니라 '의문'을 제기하는 쉽지 않은 길을 걸어가고자 한다.

#5. 세상에서 가장 무서운 무기

"이 말을 꼭 해주고 싶었어. 우린 정말 돼지처럼 먹기만 하는 종족일까? / 그런 것을 유토피아라고 한다면 난 거절하겠어" (〈미망인의 유산〉)

시인 이창하의 시는 때때로 단호하다. 그러나 그 속에는 "흐느끼는 울음"(〈미망인의 유산〉)이 있고 "70년대 흑백 티브이같이 오래된 고독을 안고 살아가는" 자의 슬픔이 있다.

> 그때서야
> 세상에서 가장 무서운 무기 중 하나가, 자식을 위한
> 엄마의 눈물이라는 것을 알게 되었고
> 결국
> 그녀의 내면에 있는 뭔가는 아마도
> 빼앗을 수 없었던 거지
>
> —〈세상에서 가장 무서운 무기〉 부분

그는 말한다. "세상에서 가장 무서운 무기 중 하나가, 자식을 위한 엄마의 눈물"이라고. 위에 인용하지 못한 부분-원고분량이 넘쳐-에

서 그는 '아프리카 암사자가 자기보다 서너 배 큰 덩치의 무소를 사냥하는 것은 귀여운 새끼들에게 젖을 먹이기 위한 엄마의 마음' 이라고 쓰고 있다. 그리고 "툰드라 지역 겨울 갈매기가 / 심한 진눈깨비를 맞으면서도 둥지를 떠나지 못하"는 것 또한 "태어날 새끼를 위해 / 알을 품고 있는 거룩한 의식"이기 때문이라고 말한다.

이러한 모성성은 비단 여성에게 국한된 특질이 아니다. '엄마의 눈물' 은 인간성의 심연에 자리 잡은 자질로서 "세상에서 가장 무서운 무기"에 해당될 수 있다. 다시 말해 그는 아니무스, 아니마로 양분되는 존재의 성별을 뛰어넘어 인간이라면 누구나 지니고 있는 페미닌적 요소의 발현에 주목하는 것으로 보인다. '여성적인 것은 타인의 얼굴에서 현시하는 신의 얼굴로서의 에피파니Epiphanie와 같고 인간성의 심연은 여성성' 이라 할 수 있다. 시인 이창하 또한 레비나스와 같이 이 지상 사람들에게서 천상적 존재를 찾고자 한다.

앞에서 살펴본 바와 같이 그의 시는 인생의 '어둠이 질 무렵' 에 초점을 맞추고 있다. 그것은 시집 후반부로 갈수록 '늙음' 과 '죽음' 으로 근접한다. 이는 "늙은 청소부의 노래" "늙은 창녀의 노래" "늙은 철학자는 백발을 날리고" "늙은 시인은 눈을 끔벅거리고" 등의 제목에도 반영되어 나타난다. 그러나 그러한 과정에서 시적 대상을 투시하는 사유는 '좌절' 과 '패배' '죽음' 으로 치닫지 않는다. 오히려 '상생' 과 '회귀' 를 꿈꾸고 있다. 그러한 점은 공空 사상과 물활론이 토대가 된 종교적 상상력에 기대는 바가 크다 하겠다. 그러나 무엇보다도 그가 '허무' 를 극복하고 나아가는 긍정적 에너지의 원천은 그가 지닌 페미닌적 자질에서 기인한다. 세상을 대면하여 "이윽고 그가 불쑥 말"할 때, 시인 이창하의 눈동자에서 마음 깊은 곳에서 "세상에서 가장 무서운 무기"가 진심으로 우러나 빛을 발하기를 믿고 바란다.

임성구 시조시인

이 작가를 주목한다 —— 경남문학 93 | 2010년 겨울호

1994년 《현대시조》 등단. 가람시조문학상, 오늘의시조문학상, 창원문학상, 경남시조문학상, 성파시조문학상 수상. 시조집 《복사꽃 먹는 오후》 등

시작詩作 외 4

임성구

너무도 오랜 시간 골목에 서 있었다

불안한 밤 추위에 떨며 달력을 뜯어낸다

별자리
더듬는 키 작은 바람
모로 누운 여러 날

가슴 졸이며 쓴 시詩가 빗물에 번지던 날

번득이던 부호마저 낙뢰로 묻혀 버리고

그런 날
낮도 밤 같아
이정표가 안 보인다

수렁을 빠져 나온
아프리카 난민촌에서
물기둥을 보았다,
까만 얼굴 환한 웃음도

한 됫박
별 물을 퍼올리면
갈증도 저리 빛난다

조장鳥葬

불온한 생각들이 지켜온 몸 버리려 하네

살과 가죽은 뜯어 굶주린 새 먹이로 주고

허공에 난蘭을 치겠네
깨끗해진 영혼으로

단풍무덤

마지막 달력 한 장 남겨둔 밤이었다

바람 불어 스산하게 단풍잎 쌓이는 정원

벼랑 끝,
두 그림자가
바람에 흔들렸다

오 디

새들이 신록으로 노래하는 우포에 와서
눈감고 까만 모유 입안 가득 넣어 보면
내 몸속
부화한 유충들이
어머니 숨결 더듬는다

묵언으로 일생을 꿈꾸며 사는 누에여
푸른 피 한 사발에 몸이 자라 창을 열면
자줏빛
물든 아랫입술에
나비 일곱
앉았다 난다

갈 치

도마 위에 누워 있는 제주산 은갈치

잘려나간 토막마다
소금꽃 뿌려 놓고

새까만
벌레들이 살다 간
뼈가 상한
빈집을 본다

출렁이는 푸른 노래가 살고 있던 집이었지

벌겋게 달아 오른 프라이팬 위에서

악어를 닮은 아가리가
비취색 악보로 탄다

길 끝에서 시작되는 시의 힘, 기억과 회상의 저편

강동우 문학평론가

1.

미학의 문제가 윤리학이나 학문적 진리의 영역과 무관하다고 보는 것은 편협한 미의식의 산물이다. 자연이 아름다운 것은 단순히 윤리학이나 진리의 영역을 배제한 개념으로 이해될 수도 있으나 인간의 삶을 형상화한 예술미의 경우에는 보다 폭넓은 미의 개념이 요구된다. 미적 대상은 자연 대상과 예술 대상으로 나눌 수 있다. 자연미는 일차적으로 '감각' 에 호소하는 반면 예술미는 '감각' 과 '정신' 의 양자에 호소한다. 여기서 미적 대상이 실제 삶과 유리된다는 측면에 초점을 둔 것이 칸트의 '무목적의 목적성' 원리이다. 그러니까 어떤 행선지를 정해놓고 기차를 탈 경우, 우리는 별반 재미를 느끼지 못한다. 하지만 뚜렷한 행선지가 없이 기차를 탈 경우, 즉 기차를 타는 목적이 외부에 있지 않고 그 자체가 목적이 될 때, 편안한 안락감과 쾌감을 맛보게 된다. 그러니까 놀이공원에서 놀이기구를 탈 때 그 목적이 외부에 있는 것이 아니라 놀이기구를 타는 그 자체에 있을 때 어떤 쾌감을 느끼는 것과 같은 이치다.

예술 작품도 마찬가지이다. 외부의 어떤 대상이 아니라 그 자체로 대할 때 미적 쾌감을 가질 수 있다. 가령, 보석이 아름다운 것은 외부적인 요소가 아니라 그 자체 내에 어떤 세밀하고 정밀한 내적 구조를 지니고 있기 때문이다. 즉 미적 대상은 일종의 내적 구조의 완결성을 환기시키기 때문에 아름다움을 느끼게 한다. 그러나 이것만으로는 뭔가가 부족하다. 왜 우리가 기차 여행을 떠날 때, 기차 여행 자체가 좋은지는 그 대상의 내용적 측면과 긴밀히 연관되어 있기 때문이다. 그러니까 비행기, 자동차, 여객선을 이용하는 것보다 기차를 이용하는 것이 더 좋은 것은 어떤 대상의 형식적(감각적) 측면이 아니라 기차만이 가지고 있는 '내용적' 측면이 자신의 정서(감정)와 긴밀하게 연결되어 있음을 암시한다. 헤겔이나 루카치 같이 인식적 측면을 중시하는 미학자들은 그 작품들이 '진실하기 때문에 아름답다' 고 말하겠지만, 인간의 삶은 수정이나 꽃잎, 별처럼 아름답지만은 않으며 오히려 우리를 괴롭고 슬프게 만든다. 아름다운 미담보다 고통스러운 삶을 진실하게 형상화한 작품이 더 감동을 주는 것은 이 때문이다. 인간의 삶을 미학적으로 가공해 예술작품을 만들 때, 실재하지도 않는 아름다운 모습만을 그린다면, 그것은 단지 공허할 뿐이며 결국 미적 형상화에도 실패하고 만다. 이처럼 예술미는 감각을 통해 정신에 호소하고 그것이 현실의 진실성과 상호작용할 때 마치 일그러진 보석조차도 아름다운 것처럼 가치를 지닐 수 있는 법이다.

내가 미학의 문제를 이렇게 장황하게 늘어놓은 이유는 임성구의 시가 지닌 미적 특성 때문이다. 임성구의 시는 '감각' 과 '정신' 에서 발현하지만 '현실'과 역동적으로 상호작용하여 현실의 진실성을 담아낸다. 그는 시적 형상의 감각적 표현에 주력하는 한편, 정서나 감정을 감각적으로 표현하는 방법을 사용한다. 그러니까 임성구의 시에서 사용되는 이미지는 단순한 자연을 매개로 이루어지지만, 그 이미지는 정서를 환기하는 것과 연결된다. 그의 시에서는 감정 그 자체의 진위보다도 감정을 감각적 등가물로 변형시켜 표현하는 것이 더 중요하게 작용한다. 이런 현대적 시인식을 보여주는 임성구에게 '정서'나 '감정'은 경험이며, 감각에 변화를 부여하는 힘이 된다. 그에게 감정은 추억과 기억을 매개로 이미지를 감각적으로 표현하는 매개인 셈이다. 그러니까 임성구 시의 특성은 과거의 기억을 현재적 감정적으로 개조하는 일이며, 그 속에 삶의 진실성을 내포한다는 데 있다.

2.

임성구의 시는 어떤 이미지를 있는 그대로 제시하는 동시에 그로써 사실 이상의 것을 표현케 하여 그 이미지를 최고도로 강렬하게 제고提高시키는 방법을 취한다. 그의 시들에서 사용되고 있는 '길', '벼랑', '골목' 등의 이미저리는 현대인의 고달픈 삶을 예각적으로 형상화한 것이나. 그것은 시인이 인식하고 있는 현실의 모습이 부정적 측면이 강하다는 점에 기인한다. 그러나 임성구는 현실의 부정적 인식을 직설적인 어조로 드러내지 않기 때문에 그가 인식하고 있는 현실 세계의 모습을 쉽게 파악할 수 없다. 그는 현실의 부정적 인식을 시 속에 직접적으로 토로하지 않고 다양한 비유적 장치를 통해 내면화된 상태로 표현한다. 예를 들어 그의 시 〈갈치〉를 보면,

도마 위에 누워 있는 제주산 은갈치

잘려나간 토막마다
소금꽃 뿌려 놓고

새까만
벌레들이 살다 간
뼈가 상한
빈집을 본다

출렁이는 푸른 노래가 살고 있던 집이었지

벌겋게 달아 오른 프라이팬 위에서

악어를 닮은 아가리가
비취색 악보로 탄다

—〈갈치〉 전문

"새까만/ 벌레들이 살다간/ 뼈가 상한/ 빈집"과 같이 그가 인식하고 있는 현실의 모습을 비유적으로 묘사하기 때문에 우리는 그의 현실인식이 어떠한가를 직접적으로 알 수는 없다. 다만, "잘려나간 토막", "뼈가 상한 빈집", "벌겋게 달아 오른 프라이팬 위" 등의 언술을 통해 내면화된 그의 심리 상태를 짐작할 수 있다. 즉 과거에는 "출렁이는 푸른 노래가 살고 있던 집"이 현재는 "뼈가 상한 빈집"으로 변모된다. 부정적 의식을 직접적으로 드러내지는 않지만, 세계를 바라보는 그의 시각이 부정의식을 크게 벗어나지 않음을 알 수 있다. 이것은 그의 일상적 삶이 그렇게 편안하고 행복한 것이 아니었다는 사실을 암시해 준다.

그러나 생활에 찌들고 황폐화된 것이 그의 내면이라면, 이 내면을 더욱 고통스럽게 만드는 요소는 외부적 현실이다. 그러니까 그는 지금 "벌겋게 달아오른 프라이팬 위"에 있다. 참혹한 상황이다. 이런 참담한 상황에서 그가 취하는 태도는 현실의 모순에 민감한 반응을 보이거나 적극적으로 대항하는 것이 아니다. 오히려 "악어를 닮은 아가리"를 벌이고 절규하듯이, 그 상황을 담담히 받아들이고 "비취색 악보로 탈"뿐이다. 그러나 이것은 역설적이다. 참혹한 현실 속에서 살아가는 자아를 억압하고 고문하며 고통스런 자의식에 시달리게 하지만 그것이 "악보"가 된다는 것. 이 악보는 "출렁이는 푸른 노래"가 고스란히 담겨 있는 악보일 것이다. 그러니까 그의 노래는 신산스런 삶에 따뜻하고 포근한 힘을 간직하고 있는 셈이다. 황폐한 현실에 삶의 위안이 되는 노래, 그것은 그에게 시詩이며, 시를 쓰는 과정을 통해 현실을 푸월超越한다. 이러한 과정을 집약적으로 보여주고 있는 시가 〈시작詩作〉이다. 다음은 그의 시 〈시작〉의 전반부(1연~6연)이다.

> 너무도 오랜 시간 골목에 서 있었다
>
> 불안한 밤 추위에 떨며 달력을 뜯어낸다
>
> 별자리
> 더듬는 키 작은 바람
> 모로 누운 여러 날

가슴 졸이며 쓴 시詩가 빗물에 번지던 날

번득이던 부호마저 낙뢰로 묻혀 버리고

그런 날
낮도 밤 같아
이정표가 안 보인다

—〈시작詩作〉 전반부

한편의 시를 만들어 내는 과정을 그리고 있는 이 시는 시작詩作 과정과 삶의 과정을 교묘하게 접맥시킴으로써 자신의 삶의 가치와 방향에 대한 지향점을 내포한다. 우선 이 시에서 "골목"과 "불안한 밤"을 배경으로 시작하는 시인의 현실인식은 그다지 밝지 않다. 오랜 시간 추위에 떨며 아주 작은 바람에도 모로 누워 있을 만큼 시인의 삶은 여리고 가냘프며 황폐하다. 심지어 "가슴 졸이며 쓴 시가 빗물에 번지던 날// 번득이던 부호마저 낙뢰로 묻혀 버리고" 낮도 밤과 같이 깜깜한 어둠만이 있을 뿐이다. 그러니까 이 시에서 화자는 생활에 지쳐 환멸을 느낀 고독한 인간으로 묘사된다. 여기서 시인은 황폐한 현대인의 정신적 상황을 묘사하기 위해 '불안한 밤', '추위', '골목', '수렁' 등의 이미지를 사용한다. 그러나 심리적으로 연속되는 불안한 이 밤이 오히려 시인을 수렁 밖으로 건져주는 힘이 된다. 후반부 7연, 8연, 9연을 보자.

수렁을 빠져 나온
아프리카 난민촌에서

물기둥을 보았다,
까만 얼굴 환한 웃음도

한 됫박
별 물을 퍼올리면
갈증도 저리 빛난다

—〈시작詩作〉 후반부

전반부에서 어둡고 불안하고 고달픈 시인의 내면을 묘사하다 갑자기 등장하는 "아프리카 난민촌"은 약간 당혹스기까지 하다. 그러나 이는 고통과 어둠을 묘사하려는 시인의 독특한 상상력에 기인한다. 시인은 자신의 깜깜한 내면 심리를 "아프리카 난민촌"으로 전환시킴으로써 어둠에서 가지는 갈망과 가치를 더욱 배가시킨다. 아프리카 난민촌에서 가장 필요한 것은 다름 아닌 '물' 일 것이다. 수렁을 빠져나오면서 보게 된 "물기둥"은 이정표가 보이지 않는 깜깜한 어둠의 밤에서 환하게 웃는 '별' 과 같다. 그러니까 시인에게 '시' 는 수많은 고통과 어둠의 시간을 지나고 쏟아오르는 '물기둥' 같은 '별' 이다. 근본적으로 어둠이 없다면 별도 있을 수 없다. 시인에게 어둠은 '물기둥' 과 '별' 을 생산해 내는 기제이다. "갈증도 저리 빛"날 수 있는 이유는 바로 여기에 있다. '밤' 과 '추위' 로 표상되는 "골목"이 역설적으로 창조적 생기를 불러일으키는 셈이다. 다시 서두에서 언급했던 미학의 문제를 들여다 보자.

앞서 자연미는 일차적으로 '감각' 에 호소하는 반면 예술미는 감각과 정신의 양자에 호소한다고 했다. 물론 자연미도 완전히 감각에만 의존하는 것은 아니다. 감각적 형상이 어떤 내용을 환기시키며 형상적 아름다움은 그 내용과의 연관성 속에서 나타난다. 그러나 일차적으로는 어쨌든 감각적으로 아름다워야 한다. 따라서 자연미의 입장에서 볼 때, 일그러진 보석(이 시에서 나타나는 "골목"으로 표상되는 황폐한 현실과 내면)은 결코 아름다울 수 없는 일이다. 그러나 '예술미'는 이런 감각을 통해 정신에 호소하는 것이기 때문에 일그러진 보석조차도 아름다울 수가 있다.

인간의 삶이 별이나 꽃, 보석보다 외형적으로 더 아름다운 것만은 아니다. 그러나 고통스럽고 황폐화된 삶을 진실하게 형상화한다면 그것도 아름다울 수 있다. 현실을 진실하게 그리려면 현실의 모습을 충실히 묘사하는 한편 그 형상 속에 이상으로 나아가려는 열망을 담아내야 해야 한다. 현실의 진실성이란, 현실속의 주인공인 인간주체의 가치지향(이상으로서의 현실)이, 현실과 역동적으로 상호작용할 때 얻어지기 때문이다. 임성구 시인의 〈시작〉은 그런 면에서 아름답고 가치 있다. 고통과 고뇌 속에서 자신의 삶을 반추하고 그 속에서 찾아내는 시인의 가치 지향이 적절히 조화되어 있기 때문이다. 이런 상황은 그의 〈낙엽의 시〉에서도 마찬가지로 드러난다.

석류알 같은 한 줌 빛 와르르 쏟는 시월 오후
붉은 발자국 찍는 노란구두 한 켤레가

바스락
땅 위에 시를 쓴다
태곳적 붓을 들고

폭풍이 몰아치는 얼음의 강을 지나

벌나비 춤추던 알싸한 초원도 지나
매미가 목청을 돋우던 통증 멀리 사라진 언덕

은행나무가 줄지어 레일을 만드는 동안
불면의 밤은 또 얼마나 깊고 깊었던가

이 가을
낙엽을 굴리며
열차는 득음에 든다

—〈낙엽의 시〉 전문

〈시작〉에서 임성구 시인이 시작詩作 과정과 삶의 과정을 교묘하게 접맥시켰다면 〈낙엽의 시〉에서는 낙엽이 떨어지는 모습을 시를 짓는 과정과 결합시킨다. 이 시에서도 시인은 감각적 이미지를 통해 자신의 정서와 사상을 연결시킨다. 가령, 붉게 물든 단풍잎 사이로 은행나뭇잎이 떨어지는 순간을 "붉은 발자국 찍는 노란구두 한 켤레"로 묘사하는가 하면, 시월 오후의 붉게 물든 노을을 "석류알 같은 한 줌 빛"으로 노래한다. 다시 말해 감각적 대상을 이미지화시키는 과정('낙엽=시'의 과정)에서 시인의 상상력은 발현된다. 중요한 것은 그것이 단순히 감각적 묘사로만 그치지 않고 체험과 정서적 동질성 속에서 그의 사상과 내면을 드러낸다는 점이다.

이 시에서 낙엽지는 모습은 "땅 위에 시를 쓰"는 모습으로 묘사된다. 그러므로 은행나뭇잎이 줄줄이 떨어지는 과정("은행나무가 줄지어 레일을 만드는 동안")은 고스란히 시를 창작하는 과정을 드러내는 셈이다. 시인이 밝히고 있는 시를 창작하는 과정은 단순히 물리적 시간의 흐름만을 의미하지 않는다. 시가 탄생하는 순간은 "폭풍이 몰아치는 얼음의 강을 지나"〔겨울〕, "벌나비 춤추던 알싸한 초원도 지나"〔봄〕, "매미가 목청을 돋우던 통증 멀리 사라진 언덕"〔여름〕까지의 여정을 겪어야 된다. 그러나 이것이 단순하지 않음은 "불면의 밤은 또 얼마나 깊고 깊었던가"라는 언술을 통해 알 수 있다. 수많은 고통과 고뇌와 인내의 순간을 견디고 창조되는 것이 시이다. 즉 내면의 어떠한 고통과 고뇌가 없이는 "갈증도 저리 빛"(〈시작〉)날 수 없는 것처럼, 수많은 고통과 인내의 시간 속에서 삶을 반추하고 성찰할 때 시창작의 여정은 의미를 지닐 수 있다는 것이다("열차는 득음에 든다"). 그렇다면, 그가 이런 고통과 시련을 겪고 도달하고자 하는 이상적 지향점은 어디인가. 결론적으로 말하면, 시인의 이상적 지향점은 고고한 정신의 경지에 있다. 그의 시 〈조장鳥葬〉은 시인이 지향하고자 하는 이상적 열망이 무엇인지를 알 수 있게 한다.

불온한 생각들이 지켜온 몸 버리려 하네

살과 가죽은 뜯어 굶주린 새 먹이로 주고

허공에 난蘭을 치겠네
깨끗해진 영혼으로

—〈조장鳥葬〉 전문

이 시의 첫 구절 "불온한 생각들이 지켜온 몸"이라는 언술에서 "불온한 생각을"이 아니라 "불온한 생각이"(강조 필자)라고 표현한 것에 주목할 필요가 있다. 그러니까 시인을 지탱하는 힘은 육신이 아니라 정신에 있다는 점. 비록 그것이 '불온한' 생각들이라 할지라도 정신의 깊이가 시인의 삶에서 차지하는 비중을 느낄 수 있다. 그렇다면 시인은 왜 '불온한' 생각들이라고 표현했을까. 우리는 앞서 보아왔던 시들을 통해 그것이 불안하고 어두운 밤을 견디는 고뇌와 고통의 산물이라는 것쯤은 쉽게 짐작할 수 있을 것이다. 그러므로 "살과 가죽은 뜯어 새 먹이로 주"게 하는 조장鳥葬은 엄밀히 말하면 육신을 버리는 것이 아니라 불온한 정신을 버린다는 의미와 같다. 즉 불온한 정신을 버리는 것은 새로운 몸을 만드는 일과 다른 것이 아니다. 고통스럽고 고뇌하는, 불온한 정신을 버림으로써 시인이 도달하고자(만들고자) 하는 내면은 "깨끗해진 영혼"의 절대정신, 즉 '고고한 정신'의 경지이다. 그 모습을 구체적으로 형상화한 것이 "허공에 난蘭을 치겠네"이다. 새들에게 육신을 주고 새들이 뿔뿔이 흩어져 날아가는 모습을 '난을 치는' 것으로 묘사한 이 구절은 "깨끗한 영혼"의 모습이 고고한 난蘭의 모습과 연결된다. 그럼으로써 시인에게 "깨끗한 영혼"은 새롭게 태어날 육신과 함께 세상의 역경을 이겨낼 수 있는 어떤 지향점이 된다. 이렇듯 시인이 지향하는 이상적 가치는 자아의 내면에 도사리고 있는 지극히 맑고 순수한 영혼이며, 그것이 삶과 시에 비묘한 아름다움을 자아내는 요소로 작용한다.

3.

임성구의 시는 자연을 매개로 시적 정서를 담아낸다는 점에서 서정적이다. 그의 시에서 사용하는 시어들을 살펴보면, 별, 벌, 달, 구름, 갈치, 나무 등 거의 모두 자연을 매개로 하고 있다. 주지하듯이 서정시의 상상력은 본질적으로 인간과 자연의 조화로운 화해라든가 자연에 대한 헌신적 자세 등을 기반으로 발현되는 경우가 많다. 그러나 임성구의 시는 자연과의 조화로운 화해라기보다는 자연을 통한 이미지의 변용과 삶의 진실성을 모색하고 함유하는 데에 집중되어 있다. 가령, 아이들이 축구하는 과정에서 솟아오른 '공' 을 보면서 유년을 기억과 아버지를 떠올리기도 하며(〈공〉), 우포에 가서 '오디' 를 먹으면서 "묵언으로 일생을 꿈꾸며 살"아온 어머니의 따뜻한 숨결을 느끼기도 한다(〈오디〉).

한편 임성구의 시가 서정적이라는 데에는 '현재' 가 과거, 현재, 미래의 단순한 기계론적 시간 속의 현재가 아니라 과거가 축적된 충만한 현재형으로 재생된다는 점 때문이기도 하다. 이번의 시들에서 눈에 띤 것은 어머니, 아버지에 대한 회상과 과거의 추억들이 현재의 삶을 되돌아보게 하는 반성적 성찰의 계기로 작용한다는 점이다. 다음은 그의 시 〈해질녘 강가에 앉아〉이다.

미루나무 가지를 꺾어
회초리 만들었습니다

저 먼 길 끝,
아버지께서
내 종아리 내리치듯

오늘은
강가에 나와 앉아
강물 세게 내리칩니다

강물 금세 피멍 같은 노을로 물들고

야생 꽃들 소리 내어 나 대신 흠씬 웁니다

두 눈이

퉁퉁 부은 낙동강

종이배 띄워 놓고

—〈해질녘 강가에 앉아〉 전문

시인이 마주하는 "오늘"은 아버지와의 기억이 함께하는 "오늘"이다. 현재의 행위 속에서 과거의 기억, 아버지를 끌어들인다는 점에서 "오늘"은 축적된 현재형으로 재생된다. 과거의 기억과 현재의 상황이 유기적으로 연결되어 있는 이 시의 내용은 이렇다. 미루나무 가지를 꺾어 회초리를 만들어 해질녘 낙동강 강가에 나와〔현재〕 마치 옛날 아버지가 내 종아리 내리치듯〔과거〕 강물을 세게 내리치는〔현재〕 화자. 내 종아리가 붉게 물들 듯이〔과거〕 강물이 피멍 같은 노을로 물들고〔현재〕, 나 대신 야생 꽃들 흠씬 운다〔과거=현재〕. "눈이 퉁퉁 부은 낙동강"이라고 하지만 이는 곧 화자의 내면을 반영한다. 그렇다면 시인은 무슨 사연이 있어서 강물을 내리치는 것일까. 이 시에는 그 사연이 드러나 있지 않다. 화자는 그 감정을 직접 토로하지 않고 다양한 비유적 장치를 통해 내면화된 상태로 표현한다. 세상을 살면서 쌓인 응어리진 가슴 때문이라고 짐작은 가지만 과거의 상황을 통해 그 감정을 유추적으로 해석할 수 있을 뿐이다. 과거의 기억으로 돌아가자.

화자는 아버지께 심한 꾸중을 듣고 회초리로 종아리를 맞는다. 아마 그때에도 낙동강 강가에 나와 앉아 종이배 띄워 놓고, 울고 싶은 내 마음을 어딘가로 보내고 있었을 것이다. 표면적으로만 본다면 그 감정은 억울함과 분함이 섞여 있는 것처럼 느껴진다. 그러나 강물을 회초리로 내리치는 화자의 심정은 아버지를 실망시켰다는 자신에 대한 분노와 아버지의 마음을 아프게 만든 자신에 대한 자책이 더 크게 작용했으리라. 아버지의 회초리가 사랑임을 알기에 화자는 종이배 속에 그 마음(미안함과 자책감)을 담아서 강물을 세게 내리쳤으리라. 그러니까 아버지의 매질은 세상의 풍파에 시달리지 말고 더욱 자신을 되돌아 보아야 한다는 충고와 사랑이다. 어쩌면 해질녘 강가와 나와 있는 "오늘"은 아버지의 회초리가 더욱 그리운 저녁인지도 모른다. 한 없이 울고 싶은 심정. 삶을 살아가면서 새삼 느끼게 되는 "저 먼 길 끝" 아버지의 충고와 사랑, 그리고 세상살이에서 느끼는 자신의 어리석음에 대한 한풀이가 뒤섞인 저녁일 것이다. 저 먼 길 끝에서 시인이 느끼는 것은 아버지의 따뜻한 정이자 사랑이며, 그것은 현재의 자신의 삶을 반추하고 성찰하게 하는 기제이다. 이제는 갈 수 없는 "저 먼 길 끝"에 계시는 아버지를 회상하고 추억하고 기억하고픈 심정을 시인은 '종이배'에 띄워 놓고 갈구하는지도 모른다.

한편 우리는 이 시에서 "저 먼 길 끝", "해질녘 강가" 등의 시어에 좀 더 천착할 필요가 있다. 임성구의 시에는 유독 "밤"(〈시작詩作〉), "저 먼 길 끝"(〈해질녘 강가에 앉아〉), "벼랑 끝"(〈단풍무덤〉), "해질녘 강가"(〈해질녘 강가에 앉아〉), "뼈가 상한 빈집"(〈갈치〉) 등 '끝'이나 '마지막'을 표상하는 시어들이 자주 등장한다. 그러나 이런 시어의 대부분은 과거와 현재의 교차, 삶과 죽음의 경계, 소멸과 생성의 접점을 강조하기 시인이 선취選取한 시적 장치이다. 다음은 그의 시 〈단풍무덤〉이다.

마지막 달력 한 장 남겨둔 밤이었다
바람 불어 스산하게 단풍잎 쌓이는 정원

벼랑 끝,
두 그림자가
바람에 흔들렸다

—〈단풍무덤〉 전문

이 시에서 시인이 처해 있는 시간적 배경은 "마지막 달력 한 장 남겨둔 밤", 즉 한 해를 마감하는 12월의 마지막 밤이다. 여기서 이 시의 제목 '단풍무덤' 을 유의해서 보자. 스산한 바람 불어 쌓이는 '단풍' 에서 시인은 무덤을 연상한다. 한 해를 마감하는 12월은 모든 것이 소멸하는 지점에 놓인다. 그것을 시인은 '무덤' 과 '벼랑 끝' 으로 묘사한 듯하다. "벼랑 끝"은 "저 먼 길 끝"(〈해질녘 강가에 앉아〉)과 마찬가지로 삶과 죽음, 소멸과 생성의 경계를 강조하기 위한 시적 장치이다. 12월의 마지막 밤, 그러니까 '벼랑 끝' 은 두 가지 의미를 지닌다. 하나는 과거가 사라지는 소실점이기도 하고, 또 하나는 새로운 미래가 탄생되는 생성점이기도 하다. 따라서 "벼랑 끝/ 두 그림자가/ 바람에 흔들렸다"라는 언술은 소멸과 생성의 접점에 서 있는 화자의 두 모습을 형상화한 것이다. '단풍무덤' 이라는 제목이 암시하는 바, 비록 죽음의 의식이 더 강하게 드러나고 있지만, 그 인식의 밑바탕에는 다시 태어날 새로운 '삶' 에 대한 강력한 의지를 내포하고 있다. 소멸을 통한 재생산이라고 할까. 소멸이 없으면 새로운 탄생도 없는 법이기 때문이다. 이렇게 임성구 시인의 의식은 고통과 고뇌 속에서 새로운 가치를 찾고, 모든 사라지는 것에서 이상적 지향을 환기시킴으로써 아름다움을 느끼게 한다.

사실, 미적 대상은 현실의 진실성과 연관될 때, 이상적 지향을 환기시킴으로써 아름다움을 느끼게 한다. 왜냐하면 이상이란 우리가 인식하고 있는 실재보다 더 나아지려는 열망이기 때문이다. 따라서 현실을 진실하게 형상화하는 작업과 인간의 가치지향(이상)을 드러내는 일은 동시적으로 이루어져야 한다. 예술작품에서는 현실을 진실하게 드러내는 일과 이상을 지향하는 미적 정향이 불가피하게 얽혀있다. 이상을 상실한 채 어두운 현실을 암울한 그대로 드러내는 것은 결코 진실하지 않으며, 또한 아름답지도 않다. 반대로 현실을 무시하고 이상적인 모습으로만 치장하는 것은 절대로 아름다울 수 없으며 진실하지도 않다. 따라서 한 편의 시는 인식론적 측면(현실의 진실한 인식)과 가치지향적 측면(이상적 가치의 지향)이 긴밀하게 연관되어 있다. 그런 면에서 그의 신작시 〈푸른 경운기〉는 인식론적 측면과 가치지향적 측면이 긴밀하게 연결된 수작秀作이다. 특히 이 시는 그의 의식과 사상이 '죽음' 이나 '소멸' 을 넘어 새로운 삶의 생성과 상관있음을 구체적으로 드러낸다.

수술대에 몸 누이고 가만히 하늘을 본다

오늘처럼 허공에 뜬 많은 달 본 적 없다

등 뒤에
업힌 달도 본 순간
무너지는 고정관념

순백의 가운만 입고 있던 아버지
오늘은 나뭇잎색 가운 입고 메슬 들었다

흉부를
떨림으로 가르고
경운길 운전하신다

경운기 八자 발자국 찍힌 그 자리
한줌 빛이 입 벌린 채 석류알처럼 모여 들면

단풍든
심장을 어르고 달래
이랑마다 씨 뿌리신다

산간지방 폭설 그치고 푸른 잎 돋을 무렵
긴 잠에서 깨어보니 아버지는 이미 없었다

오래 전
느껴 본 그 체온에
피돌기가 시작된다

—〈푸른 경운기〉

경험과 감각이 육화되지 않은 의식은 공허한 관념과 상상을 넘어서기 어렵다. 그런 시들이 작위적인 구성과 의도에 함몰되어 관념의 형해를 노출하는 것은 당연하다. 임성구의 시는 경험과 의식, 사유와 상상이 밀착되어 단단한 바탕을 이루고 있다. 그의 시는 또한 경험에 기초한 시들이 흔히 머물기 쉬운 자잘한 일상사의 관찰이나 사색과도 거리를 둔다. 이 시에서 그의 경험은 '수술' 그러니까 삶과 죽음의 경계에 닿아 있다.

이 시에서 아버지에 대한 회상과 기억은 수술대와 오버랩되면서 드러난다. 어떤 수술인지 정확히는 알 수 없지만, 흉부를 가르고 심장을 어르고 달래는 것으로 보아 심장수술인 듯하다. 생사가 오갈 수 있는 큰 수술이기에 전적으로 의사를 믿어야 하는 상황이다. 본격적인 수술 전에 화자는 마취 주사를 맞았을 것이며, 마취 기운에 마치 수술대를 비추는 수많은 불빛을 '달'로 착각하고, 달이 비추는 밤인 것처럼 잠이 들었을 것이다. 수술을 집도하는 의사는 어느새 '돌아가신 아버지'("순백의 가운만 입고 있던 아버지")로 대체되고 아버지는 경운기로 밭을 경작하듯이 그렇게 조심스럽고 사랑스럽게 운전을 하셨을 것이다. 잠에서 깼을 때 비록 아버지는 없지만, 수술하는 과정에서 화자가 느낀 것은 아버지의 한없는 정이며 체온이다. 그러니까 현실 속의 주인공인 인간 주체의 가치 지향이 기억과 회상의 저편을 담보로 보여주고 있다.

여기서 또 하나 주목할 것은 사람을 살리는 과정을 농부가 농사를 짓는 과정으로 대치키고 있다는 점이다. 그러니까 세상살이는 농사를 짓는 것과 같이, 사람이 '땅'인 것처럼 그렇게 가꿔나가야 한다는 것. 이것이 이 시를 통해 시인이 우리에게 전달하고자 하는 비의秘意이다. 시인이 직접적으로 드러내고 있지는 않지만, 모순과 부조리로 점철된 현실을 이겨내고 앞으로 지향해야할 또 다른 현실은 흙과 땅과 사람이 함께 어울리는, 자연의 이법에서 삶의 이법을 찾아야 한다는 것을 암시한다. 이렇듯 임성구 시인의 상상력은 단순히 시적 이미지를 생산하는 정신 작용만이 아니라 인간의 의식이 현실과 만나는 접점 그 자체에서 발현된다. 따라서 그가 생산해 내는 시들은 현실의 외피를 그럴 듯하게 묘사하는 데에 그치지 않고 현실을 넘어선 현실, 그러니까 앞으로 있어야 할 현실의 모습을 창조하고 암시한다는 점에 의의가 있을 것이다.

4.

앞에서 살폈듯이, 자연을 단순히 관조의 대상이나 이해의 대상으로 보지 않고 인간에게 의미를 부여하는 관계적 존재로 파악하는 임성구의 시는 전통서정시에서처럼 자연찬양이나 자아와 세계의 합일을 지향하지 않는다. 임성구 시의 미학적 특징은 '현실의 이곳'을 적시摘示하는 기능과 '초월의 저편'을 암시暗示하는 기능의 통합에서 찾을 수 있다. 전자가 현실의 입법기능 혹은 비판기능을 수행하는 성격이라면, 후자는 심미적 이성에 의해 실재와 상상을 통합하면서 '근원'을 암시하는 기능으로 나타난다. 가령, 〈아카시아꽃〉, 〈오디〉 등에서 그는, 꽃과 나무를 매개로 달과 어머니를 연상하고 다시 이 연상에 고통 속에서 피어난 생의 이치를 찾아낸다. 또한 〈푸른 경운기〉에서는 수술을 하는 과정에서 아버지의 정과 새롭게 느끼며 현실의 이곳, 그러니까 인간의 삶에 대한 반성과 성찰을 이끌어 낸다. 그런가 하면 〈조장鳥葬〉, 〈시작詩作〉 등에서는 고통과 어둠의 시간을 지나면서 만나게 되는 환한 '별'과 "깨끗해진 영혼"의 절대정신으로의 갈망을 드러낸다.

이렇듯 임성구의 시들은 현재의 삶에 반추되어 있는 과거의 기억을 통해 자신의 삶을 압축할 수 있는 고유한 표상을 가지고 있다. 그 표상의 집적체가 바로 '시詩' 이다. 임성구 시인에게 '시' 는 단순히 예술적 대상으로 존재하는 것이 아니라 실제 삶과 역동적으로 작용하면서 얻게 되는 인간 주체의 가지지향을 드러내는 대상이기도 하다. '시' 는 시인에게 기억과 회상의 매개이자 현재를 살아가게 하는 힘이며, 동시에 앞으로의 삶을 인도할 심미적 대상인 셈이다.

고백건대, 나는 시조에 대해서는 문외한이다. 임성구 시인의 시를 이메일로 통해서 받아보기 전에 임성구 시인에 대한 간단한 이력을 조사해 보았다. 특이할 만한 것은 시조 시인이라는 점. 그러니까 임성구 시인의 작품론이 나로서는 처음 쓰는 시조 작품론인 셈이다. 나름대로 시조에 대한 책도 보고, 글도 읽는다. 그러다가 임성구 시인의 시를 받아보고서는 얼마간 당혹함을 멈출 수가 없었다. 시조의 형식에서 가장 중요한 것이 율격이라면, 임성구의 시는 이 율격에서 상당 부분 자유로웠기 때문이다. 그것은 아마도 내가 기존에 지니고 있었던 시조라는 형식에 대한 오래된 통념, 특히 음수율에 대한 강박 때문일 것이다. 그러나 임성구 시인의 시를 읽으면서 나의 시조에 대한 이 통념과 강박이 얼마나 편협되었던가를 곰곰이 깨닫는 계기가 되었다.

주지하듯이 시조는 정형시다. 정형시는 절제된 형식미와 음악성을 곁들인 시로서, 읊어서 음악이 되고 들어서 음악이 되고 의미를 따져서 곡진한 데가 느껴지는 시이다. 그러나 시조는 노래이기 이전에 시라는 사실을 나는 간과하고 있었다. 노래가사는 노래가 중심이니까 노래 부르는 것으로 끝나지만 시는 노래보다 시의詩意와 시흥詩興에 치중하고 그것을 기록으로 남겨 시의와 시흥의 어떠함을 후세에 남기려는 의도이므로 노래와 시는 근본적으로 다른 것이다. 700년이 넘게 지속되어 온 '시조' 가 형식적인 면에서 한시漢詩를 우위에 두는 병폐 때문에 소외되어 왔고, 내용적인 면에서는 현대시(자유시)의 다양성을 따라가지 못한다고 무시되어 왔던 측면이 적지 않다.

그런 점에서 임성구의 시는 자유로운 형식미(이 말은 역으로 현대시에 비해 훨씬 절제된 형식미를 지닌다는 의미와 같다) 속에서 내용의 현대성을 담아내는 특성을 지니고 있다. 임성구가 구사한 자유자재한 형식 범주는 현대시조의 형식적인 면의 창조적 수용이라는 점에서, 그리고 내용의 현대성은 앞으로 시조가 지향해야 할 하나의 방향이 될 수도 있다는 점에서 그의 시적 성취는 높이 평가할 만하다. 아쉬운 점이 있다면 내용이 너무 개인사적인 문제에만 치중되어 있다는 사실이다. 시조 시인 대부분의 공통된 과제이겠지만, 임성구의 시조가 미래시학의 하나의 방향점이 되고자 한다면 우선적으로 보완해야 할 점이 내용의 다양성 확보일 것이다. 예컨대 사설시조가 보여주었던 바와 같이 개인의 속물주의 경계 정신과 문명에 대한 비판과 풍자 등 개인사적 문제와 대사회적 적용의 문제를 다양하게 담아낸다면 그의 시가 훨씬 풍요로워질 것이다. 자연과 사물을 통해 삶의 이법을 통찰하는 혜안으로 이미지를 창조해내는 그의 시작 과정을 본다면 나의 바람이 그리 멀지 않으리라 믿는다.

민창홍 시인

이 작가를 주목한다

경남문학 94 | 2011년 봄호

1998년 《시의나라》, 2012년 《문학청춘》 등단. 경남올해의 젊은작가상 수상. 시집 《닭과 코스모스》 등

손금 외 4

민창홍

생각이 손금처럼 복잡하다
어디가 시작이고
어디가 끝인가
잔금이 새벽 서릿발처럼 반짝인다
이게 내 생인가
가지를 치고 뻗다가
다시 만나듯 합쳐지는 물줄기
어디쯤 흘러가는 것일까
갈라진 길 이어간 것이
칠성님 덕이라고 아직도 믿는 어머니
주름살 같은 텃밭의 고랑의 채소
싱싱하게 키워내는 재미가
당신이 살아가는 이유인 것처럼
나는 매연이 탁한 거리를 활보한다
손으로 햇빛을 가리다
거리에 어둠이 밀려오면
안부 되묻다 울먹이는 술잔
언제쯤 돌아가야 하는 것일까
아직도 할 일이 많은 손을 내려 본다

연필을 깎으며

여자의 얼굴에
그림을 그린다

맑고 투명한 눈이 필요할 거야
도톰한 입술 매력적일 거야
오똑한 콧날 세상의 기준이 되겠지
부드러운 턱선 살려야 아름다워지지

날이 선 칼
여자를 조각한다

날렵한 허리의 곡선도 만들고
탄력 있는 둔덕도 만들다보면
여자의 향기에 취해
칼질을 멈춘다

하얀 백지 위에 쏟아지는
검은 진실

삶의
부제를 달고 싶지 않다

뻥튀기

골목엔 흥부네 식구들이 모인다
변두리 텃밭에 심은 박씨
주렁주렁 열리도록 물을 주고 풀을 뽑았지만
몇 개 달린 조롱박
솥 걸고 삶고 하얀 속살 파내는
그들의 가을이다
앞 동네에 공사 중인 고층 아파트
놀부네 것이라고 해도
뻥 하고 복권 당첨된 사람 있다고 해도
둥근 솥에서 솟아오르는 김
신나는 아이들 또랑또랑한 눈 속으로
하얗게 쏟아지는 금은 보화
엿과 함께 버무려지는 쌀 튀밥
추석을 앞둔 흥부네 식구들
귀를 막고 행복하다

돌담

이웃의 인심 넘나들어
태풍이 와도 단단하게 견디는
폭설이 내려도 무너지지 않는
할아버지 아버지가 쌓아온 돌담 위
한숨 푹 자고 늘어져 있는 호박
팔자 한 번 늘어졌구나
담벼락 아래 대책 없이 머리 들고
세상 구경 삼아 오르던 시간
주렁주렁 열리는 자식들
담은 무너질 걱정을 하지 않았다
처음부터 누군가의 발에 채이는 신세였기에
무너져도 손해 볼 일 없는 돌이다
맨 아래 돌이 비뚤어져 있다 해도
대대로 쌓아온 땀의 가치가 지탱해주는
호박 무게만큼의 믿음이
가문을 지키고 마음을 이어가는 고향
돌담은 비를 맞고 있다

어머니

자반고등어 한 마리
청정해역 헤엄치던 날렵한 몸매
풀어헤치고 편안하게 누워 있다
침을 삼키는 아이들 따라
눈동자가 사팔뜨기처럼 돌고 돈다
아홉이나 되는 새끼들 끌고 다니던 젖 냄새
방 안 은은하게 퍼지고
일상의 밥상 앞에 모여든다
그물 안에서 부딪치는 고통이 삶이었고
소금에 절여지는 쓰라림이 삶의 전부였다
불판 위에서 구워지는 뜨거움이 사랑이었다
누군가에게 즐거움을 나눠주는 순간이다
젓가락으로 헤집고 파먹는 모습을 보는 것만으로도
즐거운 일이다
속으로 속으로 삼켜야 하는 아픔이 남아 있을진대
온화한 모습의 머리마저도
어두육미라며 주워든다
고소하게 부서지는 행복
뼈만 앙상하게 남은 접시 언저리
아, 당신이었구나.

평설

'믿음'이라는 시적 준거

손남훈 문학평론가

1.

인간은 어떤 원인에 의해 근심하는 존재가 아니라 항상 근심하는 존재라 한 것은 하이데거였다. 근심은 원인을 제거함으로써 없어지는 것이 아니라 다른 근심으로 대체될 뿐이며, 인간 존재가 필멸을 향해 나아갈 수밖에 없는 한, 근심은 사라지지 않는다는 것이 그의 전언이다. 하여, 인간은 땅에 발을 딛고 있으면서도 머리를 하늘로 두며, 육신의 늙음을 슬퍼하면서도 육신을 벗고 난 이후를 상상한다.

모든 믿음이 '~에 대한' 믿음, 다시 말해 타자에 대한 믿음이 되는 것은 이와 같은 존재의 슬픈 역설이 전제되기 때문이다.

존재가 소멸을 향해 나아가지 않는다면, 근심은 존재하지 않을 것이다. 존재가 언젠가 소멸될 것이라고 생각하지 않는다면 근심은 있을 수 없을 것이다. 그러나 근심이라는 '마이너스 감성' 은 존재를 압박하면서 동시에 존재의 질적 변화를 추동하게 한다. 진정으로 근심하는 자에게 믿음은 다가오기 때문이다. 근심이 없는, 소멸이 없는 어떤 타자성에 대한 믿음, 그것은 인간이 필멸의 존재일 수밖에 없는 한 보편적인 것이다.

초월적인 대상에 자신의 모든 것을 맡기는 경우에는 말할 필요도 없이 그 대상에 대한 믿음과 함께한다. 다만 어떤 누구도 믿지 않고 '나' 는 오직 '나' 자신만을 믿는다고 말하는 경우가 문제가 된다. 그러나 이때에도 뒤에 발화된 '나' 는 앞의 '나' 와 동일한 주체가 아니다. '나' 는 '나' 를 객관화 한 순수양태로서의 가정된 '나' 를 믿음의 대상으로 두기 때문이다. 그러니까 '근심' 이 절대적 타자성을 가진 '소멸' 에 대한 근심이라 한다면, '믿음' 은 그 반대급부에서 자라나 '나' 의 존재성을 증언하기 위한 또 다른 양태의 절대적인 타자성인 것이다. 그러므로 근심과 믿음은 서로 다른 얼굴을 가진 한 개체라 할 수 있다. 믿음은 근심을 먹고 자란다.

민창홍 시인의 이력서에는 종교적 색채가 강한 시편들이 두루 산재하고 있다. 그의 최근 시집 《마산 성요셉 성당》은 그의 내밀한 종교적 믿음이 담긴 시편들로 짜여 있다. 그러나 그의 믿음만을 들여다 보아서는 그의 시에 담긴 화자의 실존의 불안과 근심을 읽어내지 못한다. 그것은 그의 시편들에서 발견되는 다채로운 의미를 아무것도 전해주지 못하는 까닭이다.

> 생각이 손금처럼 복잡하다
> 어디가 시작이고
> 어디가 끝인가
> 잔금이 새벽 서릿발처럼 반짝인다
> 이게 내 생인가

가지를 치고 뻗다가
다시 만나듯 합쳐지는 물줄기
어디쯤 흘러가는 것일까
갈라진 길 이어간 것이
칠성님 덕이라고 아직도 믿는 어머니
주름살 같은 텃밭의 고랑의 채소
싱싱하게 키워내는 재미가
당신이 살아가는 이유인 것처럼
나는 매연이 탁한 거리를 활보한다
손으로 햇빛을 가리다
거리에 어둠이 밀려오면
안부 되묻다 울먹이는 술잔
언제쯤 돌아가야 하는 것일까
아직도 할 일이 많은 손을 내려 본다

—〈손금〉 전문

그는 지금 자신의 '생' 전부를 압축적으로 들여다보고 있다. 시인은 "어디가 시작이고/ 어디가 끝인"지 모른다고 말하고 있다. 그와 같은 방황 속에서 내가 "살아가는 이유"를 찾아가는 것, 그것이 "손금"을 들여다보는 이유라고 시인은 전하고 있다.

존재의 이유에 대한 확신이 없다는 것은 그가 현실적 삶의 가치에 크게 흥미를 갖지 못하고 있음을 뜻한다. "칠성님"에 대한 "어머니"의 소박한 믿음이 "살아가는 이유"를 제공해주는 것과 같은, 삶의 대상에 대한 믿음과 가치 부여가 그에게는 없는 듯 보인다. 그러니 그가 할 수 있는 것이란 "매연이 탁한 거리를 활보"하는 것과 "술잔"을 기울이며 "언제쯤 돌아가야 하는 것일까"를 자조스럽게 묻고 "울먹이는" 것밖에는 없으리라. 온통 가치 없는 "어둠"으로만 들어찬 허무적 세계 인식이 시인을 쉽사리 비애로 내몰고 있는 것이다.

그럼에도 시인은 '근심' 그 자체에 모든 시적 감성을 소비하도록 내버려두지 않는다. 그것은 기실 민창홍 시에서 자주 발견할 수 있는 그의 시적 미덕이다. 그렇지 않다면 그의 시에 나타나는 저 마지막 표현, "아직도 할 일이 많은 손"은 군더더기에 불과할 것이다. 왜냐하면, 시인에게는 아직 "살아가는 이유", 다시 말해 어떤 현실적 삶의 대상에 대한 믿음을 가지고 있지는 않지만, 역설적으로 그러하기 때문에 "할 일이 많"다는 고백도 나올 수 있는 것이기 때문이다.

앞서 언급했다시피, 민창홍 시인은 《마산 성요셉 성당》을 상재한 바 있다. 이미 시집의 표제에서 확인할 수 있는 바와 같이, 그는 종교적 믿음과 열정을 시적 감흥으로 표현한 시편들을 갖고 있다.

흔히 종교적 믿음을 가진 이에게는 허무적 세계 인식이 없을 거라 여겨진다. 모든 가치의 절대 우위를 지닌 신적인 가치는 결핍을 충만의 현재 상태로 바꾸고, 허무를 희망으로 선화하게 한다고 생각되기 때문일 것이다.

그러나 꼭 그렇지만은 않다. 이미 수천 년 전 전도자 솔로몬은 전도서에서 '세상 모든 것이 헛되다' 고 외치지 않았는가. 니체 역시도 종교적 믿음을 가진 이를 일컬어 '부정적 허무주의자'[1]라 했다. 허무주의가 세상의 어떤 가치에도 귀 기울이지 않는 태도를 뜻한다면, 종교적 열망은 허무주의적 열정이 된다는 것이다. 왜냐하면 종교는 현세적 가치를 부정하고 내세적 가치를 추종하기 때문이다.

시인은 지금 "언제쯤 돌아가야 하는 것일까"를 자문하면서, 현세

---

1) 질 들뢰즈, 이경신 역, 《니체와 철학》, 민음사, 2001, 261쪽.

적 삶에 '근심' 하고 있다. 그러나 그것은 단순히 표피적인 허무주의가 아니라 종교적 열정에 바탕한 허무적 세계 인식이다. 현세적 삶의 가치는 모두 허무한 것에 불과하지만(그러므로 근심하게 되지만) 그럼에도 더 나은 삶의 가치가 있을 것이라는 믿음이 스스로에게 "할 일"이 있음을 고백하게 한다. 그는 지금 현세-내세, 허무-믿음, 무가치-가치 사이에서 발생하는 분열의 내적 징조를 일상적 삶의 양식 속에서 읽어내고 있으며, 여기서 나타나는 내적 갈등을 시적으로 외화하고 있는 것이다.

2. 언어적 믿음과 그 가치

햇빛이 주차 중인 차 유리에 부딪쳐
메아리처럼 되돌아오는 베란다에서 차를 마신다
유자향이 시집을 읽는 동안

배 곯던 나무 물로 허기를 채우며
무성한 가지와 잎으로
욕망을 분출하고

성장의 미래를 보고
가지를 아낌없이 쳐주어야 된다고
음식점 주인, 창틀의 분재 쓰다듬는다

아, 그랬다 나는
지금까지 시를 쓰면서

가지를 버릴 줄 몰랐다

사족을 움켜쥐고
가지 사이에 돋아나는 가시처럼
본능적 방어를 하고 있었다는 사실을

집에 돌아와 유자나무를 본다
기가 살아 넘치는 가지를
칼과 가위로
잔인하게 잘라내기로 했다

아름다운 유자향으로 다시 태어나기 위해
나의 시를 자르고 버리기로 하였다
붉은 피가 쏟아져 흥건히 고이도록

—〈유자나무〉 전문

시인에게 언어는 단순히 시의 질료만으로 가정되지 않는다. 언어는 시의 질료이기에 앞서, 시인에게는 믿음의 대상이다. 언어에 대한 믿음이 없는 시인이 토씨 하나, 마침표 하나에도 고심하지는 않을 것이다. 때때로 시인들이 시쓰기를 구원의 가능태로 상상하는 것은 그것이 단순히 나르시시즘적인 자기 발로의 표현이기 때문이 아니라, 언어에 대한 믿음을 통해 존재의 가치 있는 자기 바꿈을 실현할 수 있을 것이라 믿기 때문이다. 더욱이 종교적 열정을 가진 시인에게 시쓰기는 신의 언어가 세상을 창조한 '로고스'와 동격으로 상상되며, 언어를 통해 세계를 창조하고, 언어를 통해 구원에 이르며, 언어를 통해 믿음의 가치를 증명하려 한다.

그러나 시인의 언어는 신의 로고스와 동격이 될 수 없다. 시인은 언어=로고스를 상상할 뿐, 언어=로고스로 착각하지는 않는다. 시인-신이 발음이 유사하다 하더라도, 결국 시인은 신이 될 수 없다. 유사함이 유사하지 않음에 의해 존재의 양태를 가른다고 한다면, 시인과 신은 결국 돌이킬 수 없는 심연의 거리에 있는 것이라고 말할 수 있다. 시인에게 언어는 종교적 믿음과 같은 것이지만, 시인은 신과 같은 완전태가 아닌 까닭이다.

그러므로 시인은 "성장"을 말한다. 성장은 완전함이 아니라 결핍에 상응한다. 시인이 신과 같은 완전함에 가 닿을 수 없음을 스스로 알면서도, '믿음' 의 힘을 통해 '성장' 할 수 있다는 사실을 역설하는 것은 "가지를 아낌없이" 치는 행위를 통해서 결핍된 존재의 현상들을 메우고 무가치한 현실의 가치를 넘어, 가치 있는 그 무엇을 향해 나아가는 과정으로 생각하기 때문이다. 다시 말해, "다시 태어나기 위"한 시인의 이와 같은 "자르고 버리기", 그것은 언어에 대한 믿음이 낳은 역설적인 존재론적 결단인 것이다.

이웃의 인심 넘나들어
태풍이 와도 단단하게 견디는
폭설이 내려도 무너지지 않는
할아버지 아버지가 쌓아온 돌담 위
한숨 푹 자고 늘어져 있는 호박
팔자 한 번 늘어졌구나
담벼락 아래 대책 없이 머리 들고
세상 구경 삼아 오르던 시간

주렁주렁 열리는 자식들
담은 무너질 걱정을 하지 않았다
처음부터 누군가의 발에 채이는 신세였기에
무너져도 손해 볼 일 없는 돌이다
맨 아래 돌이 비뚤어져 있다 해도
대대로 쌓아온 땀의 가치가 지탱해주는
호박 무게만큼의 믿음이
가문을 지키고 마음을 이어가는 고향
돌담은 비를 맞고 있다

—〈돌담〉 전문

그런데, 믿음이 주체와 타자 간의 관계를 정립시키는 조건적 전제라 한다면, 그것은 수직적 조응에 해당한다고 할 수 있다. 결핍–미완의 주체와 충만–완전의 (믿음의) 대상과의 관계에서 성립하는 수직적 조응은 흔히 '구원의 모티프' 로 묶여져 이야기된다.

그러나 민창홍 시의 미덕은 이와 같이 단순화된 구원의 시쓰기에만 한정되지 않는다는 데 있다. 비록 완전한 대상에 대한 믿음이 시적인 살구들 통한 숭고미의 전형을 제시한다 하더라도, 수직적 조응이 수평적 조응과 만나 입체적인 시적 양태를 띠지 않는다면 그것은 찬양 그 이상이 되지는 못할 것이기 때문이다.

시인이 하늘을 우러러 거기에 있을 것이라 가정되는 주체의 힘을 확인하고자 하는 욕망뿐 아니라, 땅을 내려다보며 그 세세한 결들에 관심을 기울이는 시적 태도를 보여주는 것은 그의 시쓰기가 단지 믿음이라는 가치에만 시적 역량을 모두 투입하고 있지 않음을 보여준다.

시인이 위 시에서 보고 있는 것은 보편적으로 믿음의 대상, 절대적 가치를 지닌 대상으로 승격될 수 있을 만한 것이 아니다. 그는 일상적으로 마주하는 "돌담"을 바라보고 있다. 그것은 "처음부터 누군가의 발에 채이는 신세"이기에 "무너져도 손해 볼 일 없는 돌"이다. 다시 말해 시인이 지금 보고 있는 것은 세상 가장 낮은 자리에서 흔히 무가치한 것이라 여겨지는 대상이다.

그럼에도 시인은 거기에서 "믿음"을 발견한다. 되레 가장 낮고 비천한 것이기에 거기서 "대대로 쌓아온 담의 가치"를 발견하고 있는 것이다. 그 순간, 일상적인 "돌담"은 그 일상성을 넘어 절대적인 가치를 지닌 것으로 전화轉化한다. 그것은 시인의 언어가 가진 힘, 시인의 시각이 가진 힘을 외화한다. 시인에게 언어는 무능력하고 형해화된 활자가 아니라, '말한 대로 이루어지리라' 는 주문呪文이나 기도로 믿어지는 까닭이다. 그의 시는 낮고 낮은 자리에 스미어 수평적 조응을 이루면서, 언어적 가능태의 조건들을 읽어내고 있는 것이다.

3. 신성함을 발견하는 '믿음' 의 시선

자반고등어 한 마리
청정해역 헤엄치던 날렵한 몸매
풀어헤치고 편안하게 누워 있다
침을 삼키는 아이들 따라
눈동자가 사팔뜨기처럼 돌고 돈다
아홉이나 되는 새끼들 끌고 다니던 젖 냄새
방 안 은은하게 퍼지고

일상의 밥상 앞에 모여든다
그물 안에서 부딪치는 고통이 삶이었고
소금에 절여지는 쓰라림이 삶의 전부였다
불판 위에서 구워지는 뜨거움이 사랑이었다
누군가에게 즐거움을 나눠주는 순간이다
젓가락으로 헤집고 파먹는 모습을 보는 것만으로도
즐거운 일이다
속으로 속으로 삼켜야 하는 아픔이 남아 있을진대
온화한 모습의 머리마저도
어두육미라며 주워든다
고소하게 부서지는 행복
뼈만 앙상하게 남은 접시 언저리
아, 당신이었구나.

—〈어머니〉 전문

시인이 하늘이 아닌 땅을 바라보는 것은 땅이 지닌 낮고 비천함을 그가 외면하지 않는 미덕을 가진 때문이기도 하지만, 또한 거기에는 낮은 것에서 되레 발견되는 '신성'이 깃들어 있기 때문이다. 소품 같은 위의 시, 〈어머니〉는 그와 같은 소박한 인상을 주기는 하지만, '신성함의 발견'이라는 테제를 잘 드러내는 시편이라 할 수 있다.

'어머니'라는 소재는 보편적으로 사랑, 희생, 헌신과 같은 종결어들을 흔히 동반한다. 그러나 이 시가 중요한 것은 그와 같은 테제가 보여주는 보편적인 의미상이 아니라, "고등어"라는 일상적 사물을 눈앞에 두고 시인이 '신성성'의 테제를 떠올렸다는 데 있다.

물론 이처럼 낮고 비천한 것에서 되레 가장 신성한 것이 발견된다는 역설은 이미 2000년 전 이스라엘의 한 목수의 아들에게서 확인된 바가 있다. 그러나 중요한 것은 그것을 확인하는 일반적인 과정이 아니라 그것을 발견하고 실행하며, 일상에서 긴장감 있게 유지하려는 시인의 시적 태도이다. 그것은 시인이 언어에 대한 믿음, 신성한 것에 대한 믿음, 내재적 가치를 들여다보려는 시적 감응으로 시를 쓰기 때문에 가능한 것이다. 그와 같은 신성성이 시인으로 하여금 수직적 조응과 수평적 조응의 상호 교차를 이루어내게 한다. 우리가 만나는 민창홍의 시는 그 교직의 과정들이 빚어내는 미세한 결이며 그 모든 결들을 아우르는 거대한 세계이다.

다만 우리는 그의 시가 보여주는 믿음의 양태들이 손쉽게 근심이라는 시적 어조를 무너뜨리지 않기를 바란다. 그의 시가 보여준 믿음의 가능태들은 근심이라는 필멸의 감수성 앞에서 마주할 때에야 비로소 시적인 긴장을 끊임없이 제시할 수 있을 것이라 생각되기 때문이다. 그것은 결국, 시인의 시쓰기가 믿음과 근심 사이에서 방황하고 있는 모든 필멸의 존재들을 향한 시인의 보편적 전언이 될 수 있을 것이라 조심스럽게 믿고 싶기 때문인지도 모른다.

이일림 시인

경남문학 95 | 2011년 여름호

2008년 《시인동네》 등단. 2021.현대시 올해의 좋은시 수상.
시집 《비의 요일은 지났다》 등

기마트리아* 외 4

—아 침

이일림

까치가 여명을 쪼고 있다
허공이 움찔하자
공기 한 움큼 귓속으로 배달된다
검은 굴 속에서 동공이 문을 연다

새벽이 배달한 깨알 같은 세상을 읽는다
어제 태어났던 진한 활자가 클로즈업된다
세상을 열어 볼수록 가파름이 깊다 순간,

심천心川에 돌 하나 풍덩 빠진다
우물은 이제 그의 깊이를 배달해 낼 것이다
바람이
엉성하게 매인 빈 두레박의 긍정을
끌어당긴다 꾸르륵,

고집처럼 생리현상이 배달되자
철가방 속에서 나비가 파닥거린다
환하다
사이와 사이를 잇는 날카로운 파동

뜸들이던 까치 날아오른다
나뭇가지가 생각을 흔들자
움츠린 하루가 뒷다리를 뻗친다
솨, 밝은 통증 일과 속으로 퍼져나간다

* 기마트리아Gimatria : 슈퍼기억력 연상법.

태양 음반 요리사

찰싹, 삼신三神의 신호를 받기 무섭게 붉은 떡잎이 고갤 내밀어요 눈망울 동글동글 숨골을 엽니다 저 산 너머에서 누군가 붉은 은반을 굴려요 기지개를 켜던 사람들 하나 둘 페달을 밟으며 찰랑찰랑 저만치 능선을 넘는 사이, 앗, 애드벌룬처럼 두둥실 떠올라요

오늘은 당신이 포기한 고비 사막을 가보고 싶어요 당신은 내게 사막에서 잃어버린 낙타에 대해 물어보겠죠 인도 뭄바이에서 날아오는 피비린내와 이 사막의 모래바람이 레이더 반경을 가로질러요 태양의 향은 너무 강렬해서 음악 노선이 자꾸만 무너져요 접혀 있던 당신의 사막이 내 사막을 덮치고 있어요 이봐요, 우리가 기다리는 낙타는 왜 오지 않죠? 오늘의 반죽도 표면이 거칠어요 로큰롤을 선호하는 도우미 요리사는 끝내 오지 않죠

바람이 미는 그네의 솜씨를 따라가면 그 여자 높은 곳에서 시소를 타요 때로 세상은 위험한 맛도 보여주지요 지루하고 까다로운 오늘의 완숙을 위해 이제 프라이팬을 벌겋게 달궈야겠어요 나는 근사한 해오름의 성숙을 꼭 한번 요리해 보고 싶거든요

찰칵, 아침의 씨앗이 떨어지자 누군가가 재빨리 카메라에 심어요 저 바다의 귀에 걸린 귀고리가 통통통, 이제 막 발화를 했어요 귀를 연 수평선이 붉은 턴테이블을 깔면 우리는 눈을 감고 군침을 삼키죠 요리를 먹는다는 것은 별의 씨앗을 오보에협주곡 D단조 1악장으로 심는다는 것,

자, 맛보세요 맑은 아침 한 장이 다 구워졌어요

기록에 없는 계절

빈 계절 하나를 거울 앞에 놓는다. 겨울이 춥다고 빨간 코트를 꺼내 입을 때 한층 빨라진 대기권 속으로 웃음이 말려들었다. 토마토 놀이터에서 아이들이 씨앗처럼 흩어졌다가 다시 빈 계절 안에 모이곤 했다.

희망이 놓고 간 마당가 웅덩이가 껴안는 절름발이 여름, 부르튼 상처를 기우며 가을은 세상으로 울음을 흘려보냈을 것이다.

담장과 담장 사이에 달이 차오르면 골목에는 붉은 거미집이 생기고, 바람이 갸우뚱 온도를 재는 동안 달은 제 그림자를 거미집 안에 가두었다.

사계절을 다 소모하였으므로 당신을 빈 계절로 추인함, 거울이 집행한다. 이제 계절이 아닌 날씨로 체재에 맞는 격자무늬를 짜야 하리. 돈움질하는 발들이 땅을 밟고 서서 어디로 머리를 올려야 할지 찾고 있다. 나침반이 가리키는 쪽은 N. 네 방위를 손 안에 놓고 구름마차가 달린다. 한바탕 그림을 그리던 채운이 마차의 바퀴살에서 빙빙 돈다. 참으로 나의 계절은 저 날카로운 빙하가 몰고 오리라. 거울 속에 유보된 달빛이 있다.

흰곰이 이끄는 마차는 12월의 그린란드에 도착했을까? 북극성은 한결같이 그 벽에 걸려 있다. 두려운 마음에 직선의 날실을 잡고 봄을 끌어당기자 빈 계절이 씨실로 기록됐다. 폴라리스 아 폴라리스, 우주 밖으로 행성 하나 떨어졌다. 이 계절에는 빈 계절만 산다.

新훈민정음

고개를 조금 숙이면 더 좋아요
웃자란 머리카락을 가위에게 맡기면
총총 걷기대회하는 글자들을 볼 수 있죠

하얀 커트복 위에서 신나는 글자들
가 나 다 라, 아이의 걸음걸이 따라

찰칵찰칵 훈계하는 붓끝을 따라
오리도 돼지도 줄 서지 않아
즐거운 가위 선생님

뜨거운 머리를 감싸 안던 방패 놀이
조금씩 조금씩 떨어져 나가는 당신
또렷하게 표현돼요 바닥체 가새표

흔들면 날아가는 바람놀이처럼
흘러내리는 모래 알갱이 따라
우리가 가장 좋아하던 처음의 장소는 어디였나요

한층 산뜻해진 미소로
우리가 설야의 거리에서 재회를 한다면

아기의 옹알이를 시작할 수 있나요

글자가 완성되기 전에 돌아가요 즐겁지 않은 아이들
고개를 숙이면
다시 태어나고 싶은 글자들

침묵 1
—원거리 통신

꽃이네
꽃도 너무 많이 피면 세상의 무덤이 되네
하늘의 길도 지상 길도 침묵 속에 갇히네
싸락싸락 내리는 눈은 너무 어두워
거리로 나간 연인들 하얗게 떠나네

널브러진 침묵의 팔뚝엔 햇살판 회로가 달려 있어

봄이고 겨울이네
하얀 눈을 흘기듯 팔을 뻗어 주파수를 돌리면
자갈밭이든 진흙뻘이든 음파가 감지되고
친절한 화가들은 다시 붓을 들고
발레단은 허공에 브이 자를 그릴 것이네

침묵은 아이엔지 속에서 행복하네
바지랑대의 고삐를 잡은 허공은
오늘과 내일의 맹세로 아름답게 말라가네
먼저 간 예술가들이 침묵하는 법은 드문 일
때로 사람은 죽은 자를 산 자로 각인시키는 통신通神
아— 하고 그리움이 멀리 전파를 내보내면
그는 어디서나 살아 답하지 뚜 뚜

휘이휘이 하늘을 날아다니는 흰 파동들
땅에 부딪혀 파멸을 즐기는 순간들처럼
그러나 모든 삶이 직유법으로 흐르는 것은 아니네
소나무 옷깃에 활엽수 손바닥에 앉아
땅의 기氣를 공기의 범위에서 서서히 느끼려는 안간힘
그들의 주저를 은유가 아니라고 할 수는 없네

침묵의 가치는 멀고 먼 거리의 텔레파시,

그 후로도 오랫동안 우리는
꽃의 근엄함과 난장판을
구름과 물결의 일시적 파장이라 여길 것이네
후미진 길 건너 전봇대가 보이는 구름다리에서
나는 오랫동안 꽃의 계절을 보네

평설

시의 참여, 생의 환한 몸서리

김익균 시인

2008년 《시인시각》 여름호로 등단한 이일림 시인의 시적 행보가 차근차근 결실을 맺어 가고 있다. 《경남문학》의 '이 작가를 주목한다' 에 선정된 것을 먼저 축하드린다. 이일림 시인은 자신의 대표작을 6편, 신작시 4편을 보내왔다. 첫 시집을 묶기 전 시인의 결절점으로서 자신의 세계를 구성하는 과정에 동참해 내는 것이 이 글의 과분한 과제가 될 것이다.

1. 자, 맛보세요 맑은 아침 한 장

이일림의 대표시 면면에서 두드러지는 것은 '아침' 이라는 시간에 대한 천착이다. 아침은 하루의 시작이고 빛으로 세계를 드러내는 시간이다. 아침에는 은폐된 세계가 자신의 실체를 모두 드러낸다. 물론 이러한 상식은 다분히 인간중심적 사고에 근거하고 있다. 아침에 대한 상식적 사고는 아침을 기준으로 하루를 설계해 온 인간에게서 나온 것이다. 하여 인간은 아침이 열어 놓는 세계의 개시에 참여하고 있다는 점을 기억할 필요가 있다. 시인이 아침을 시적 탐구의 대상으로 삼는 것은 우리 앞에 존재하고 있는 이 세계에 대한 관심이라는 근본적인 태도에 밀착해 있기 때문으로 보인다. 아래의 시를 보라.

까치가 여명을 쪼고 있다
허공이 움찔하자
공기 한 움큼 귓속으로 배달된다
검은 굴 속에서 동공이 문을 연다

새벽이 배달한 깨알 같은 세상을 읽는다
어제 태어났던 진한 활자가 클로즈업된다
세상을 열어 볼수록 가파름이 깊다 순간,

심천心川에 돌 하나 풍덩 빠진다
우물은 이제 그의 깊이를 배달해 낼 것이다
바람이
엉성하게 매인 빈 두레박의 긍정을
끌어당긴다 꾸르륵,

고집처럼 생리현상이 배달되자
철가방 속에서 나비가 파닥거린다
환하다
사이와 사이를 잇는 날카로운 파동

뜸들이던 까치 날아오른다
나뭇가지가 생각을 흔들자
움츠린 하루가 뒷다리를 뻗친다
솨, 밝은 통증 일과 속으로 퍼져나간다

*기마트리아Gimatria : 슈퍼기억력 연상법.

—〈기마트리아-아침〉 전문

하이데거는 '존재' 가 그것 자체로 있지 않다는 점을 강조하여 그것을 인식하는 인간에 의해서 드러나는 '현존' 이라는 개념을 내놓았다. 인간은 현존하는 존재자다. 우리는 인간이 아닌 존재자가 어떻게 존재하는지 아직 모른다. 하이데거가 인간만이 현존하는 존재로 규정하고 이를 기초존재론으로 정초한 것은 존재에 대한 인간의 탐구의 출발점을 명시한 것으로 볼 수 있다. 인간은 세계 내 존재로서 혹은 세계에 대한 이해의 운동으로서 현존하고 있음을 위의 시는 매우 명쾌하게 보여준다. 〈기마트리아-아침〉에서 객관적 세계는 항존하는 것이 아니라 밤에는 사라졌다가 아침마다 놀라운 기억력으로 다시 쓰이는 텍스트로 현현하고 있다. 시작품이 가리키는 현실은 여러 과학이 만들어내고자 하는 객관 세계의 현실이 아니라 지각되고 체험된 세계의 현실이다. "까치가 여명을 쪼"는 순간 어둠이 물러나 앉으며 아침이 성큼 다가온다. 시의 화자는 세계의 목격자가 되어 진술한다. "공기 한 움큼"이 화자의 "귓속으로 배달"되는 만큼, 화자가 "새벽이 배달한 깨알 같은 세상을 읽는" 만큼 아침은 진행되고 세계는 열린다. 시인은 이 세계의 창조에, 언어의 신비에 참여한다. "밝은 통증"이 퍼져 나가는 '생의 환한 몸서리' 는 주체와 세계 그리고 언어가 만나 이루는 지평 구조를 드러낸다.

찰싹, 삼신三神의 신호를 받기 무섭게 붉은 떡잎이 고갤 내밀어요 눈망울 동글동글 숨골을 엽니다 저 산 너머에서 누군가 붉은 은반을 굴려요 기지개를 켜던 사람들 하나 둘 페달을 밟으며 찰랑찰랑 저만치 능선을 넘는 사이, 앗, 애드벌룬처럼 두둥실 떠올라요

오늘은 당신이 포기한 고비 사막을 가보고 싶어요 당신은 내게 사막에서 잃어버린 낙타에 대해 물어보겠죠 인도 뭄바이에서 날아오는 피비린내와 이 사막의 모래바람이 레이더 반경을 가로질러요 태양의 향은 너무 강렬해서 음악 노선이 자꾸만 무너져요 접혀 있던 당신의 사막이 내 사막을 덮치고 있어요 이봐요, 우리가 기다리는 낙타는 왜 오지 않죠? 오늘의 반죽도 표면이 거칠어요 로큰롤을 선호하는 도우미 요리사는 끝내 오지 않죠

바람이 미는 그네의 솜씨를 따라가면 그 여자 높은 곳에서 시소를 타요 때로 세상은 위험한 맛도 보여주지요 지루하고 까다로운 오늘의 완숙을 위해 이제 프라이팬을 빌꿩세 날궈야겠어요 나는 근사한 해오름의 성숙을 꼭 한번 요리해 보고 싶거든요

칠킥, 아침의 씨앗이 벌어지자 누군가가 재빨리 카메라에 심어요 저 바다의 귀에 걸린 귀고리가 통통통, 이제 막 발화를 했어요 귀를 연 수평선이 붉은 턴테이블을 깔면 우리는 눈을 감고 군침을 삼키죠 요리를 먹는다는 것은 별의 씨앗을 오보에협주곡 D단조 1악장으로 심는다는 것,

자, 맛보세요 맑은 아침 한 장이 다 구워졌어요

—〈태양 음반 요리사〉 전문

〈태양 음반 요리사〉는 태양이 떠오르는 동안 주체에게 주어지는 감각적 인상들의 종합에 그치지 않는다. 이 시는 주체가 의식적으로 지향하는 주제로 간주하는 대상 이외에도 끊임없이 저변 의식에 깔려 있는 배후를 함축하며 생동하는 지평으로 감싸여 있다. "애드벌룬처럼 두둥실 떠" 오른 태양은 주체에게 "고비 사막"과 "인도 뭄바이에서 날아오는 피비린내와 이 사막의 모래바람이 레이더 반경을 가로" 지르는 체험으로 현상한다. "태양의 향은 너무 강렬해서 음악 노선이 자꾸만 무너" 지고 "접혀 있던 당신의 사막이 내 사막을 덮치"는 것이다. 내 의식 속으로 덮쳐 오는 고비 사막을 체험하듯이 선명한 "맑은 아침 한 장"을 맛보는 일은 시의 언어 구조를 넘어서 주체와 언어와 세계의 마주침의 경험이 되고 있다.

화이트 러브를 꿈꾸는 태양이
한 잔의 술을 먹고
발그레한 노을로 질 때

반도네온의 가슴에는 주름이 발갛게 접히는 것이다
바다의 무대는 청취의 본능으로 무르익어
푸른 행보들의 하얀 박수 속으로
파도는 쉼 없이 턴테이블을 돌리고

바람은 등 푸른 알레고리를 높이 쳐들고
올라는 가봤니 가봤니
쏴쏴 무대인 백사장을 잡고 흔든다

—〈바다의 모닝 FM〉 끝부분

위의 시는 바다의 일출과 일몰이라는 시각적 이미지를 클래식 음악이라는 청각적 이미지와 연결해 묘사하고 있는 깔끔한 시다. 하지만 앞의 두 시에 비해 〈바다의 모닝 FM〉은 아침 바다라는 시적 대상에 대한 감각적 인상을 알레고리화하는 데 그치고 있다. 그런 경우 이일림 시인의 시에서는 "한 잔의 술을 먹고/ 발그레한 노을"처럼 우의적 표현들이 긴장감을 잃는 경향이 있어 주의를 요한다.

2. 침묵은 아이엔지 속에서 행복하네

꽃이네
꽃도 너무 많이 피면 세상의 무덤이 되네
하늘의 길도 지상 길도 침묵 속에 갇히네
싸락싸락 내리는 눈은 너무 어두워
거리로 나간 연인들 하얗게 떠나네

널브러진 침묵의 필둑엔 햇살빤 회로가 달려 있어

봄이고 겨울이네
하얀 눈을 훑기듯 발을 뻗어 주파수를 돌리면
자갈밭이든 진흙뻘이든 음파가 감지되고
친절한 화가들은 다시 붓을 들고
발레단은 허공에 브이 자를 그릴 것이네

침묵은 아이엔지 속에서 행복하네
바지랑대의 고삐를 잡은 허공은

오늘과 내일의 맹세로 아름답게 말라가네
먼저 간 예술가들이 침묵하는 법은 드문 일
때로 사람은 죽은 자를 산 자로 각인시키는 통신通神
아— 하고 그리움이 멀리 전파를 내보내면
그는 어디서나 살아 답하지 뚜 뚜

휘이휘이 하늘을 날아다니는 흰 파동들
누구의 노래인가 수사修辭인가
땅에 부딪혀 파멸을 즐기는 순간들처럼
그러나 모든 삶이 직유법으로 흐르는 것은 아니네
소나무 옷깃에 활엽수 손바닥에 앉아
땅의 기氣를 공기의 범위에서 서서히 느끼려는 안간힘
그들의 주저를 은유가 아니라고 할 수는 없네

침묵의 가치는 멀고 먼 거리의 텔레파시,

그 후로도 오랫동안 우리는
꽃의 근엄함과 난장판을
구름과 물결의 일시적 파장이라 여길 것이네
후미진 길 건너 전봇대가 보이는 구름다리에서
나는 오랫동안 꽃의 계절을 보네

—〈침묵 1—원거리 통신〉 전문

이일림의 시세계에서 아침이 세계의 드러남에 대한 주체의 참여를 상징한다는 점은 앞에서 살펴보았다. 위의 시는 역으로 침묵이 주체의 참여를 상징하고 있어 흥미롭다. 일찍이 사르트르는 '의식'이 특정한 대상을 규명할 때 사물과 그 배후를 구별한다고 보았다. 의자가 의자로서 나타날 때 우리는 그 배후를 지워버림으로써 그것에 의미를 부여한다. 이른바 의자라는 것은 의식 활동을 통한 세계와 견고한 연관으로부터 형성되었거나 만들어진 것이다. 그런 의미에서 의식 활동은 이중의 상태에 있다. 첫째, 의식은 세계 내에 있는 특정 사물을 정의하며 거기의 의미를 부여한다. 둘째, 의식은 그 자체와 대상 사이의 거리를 두며, 그런 식으로 그 대상들로부터 자유를 획득한다. 의식적 자아는 세계 내의 사물로부터 이러한 자유를 얻기 때문에 사물에 다양하거나 택일적인 의미를 부여하는 것도 의식의 능력 안에서의 일이다. 의식 활동은 이른바 선택인 것이다. 어떤 것이 세계 내에서 가지려는 의미는 사람들의 선택에 달려 있다. 이른바 의식은 우리를 즉자(단지 거기에 있는 것)에서 대자로 옮겨 놓는 것이다. 사르트르의 의식의 이중성에서 '둘째' 논의를 참조해서 〈침묵 1원거리 통신〉을 설명하면 주체가 "꽃"이라는 대상을 "침묵"으로 옮겨 놓음으로써 자유를 읻는 시석 상황에 대해 말할 수 있겠다. 의식이 대상으로부터 거리를 둠으로써 얻는 자유는 "널브러진 침묵의 팔뚝에 햇살판 회로가 달려 있어" "주파수를 돌리면" 언제 어디서나 "음파가 감지"된다는 표현에서 발견된다.

또한 재치 있게 쓰여진 "사람은 죽은 자를 산 자로 각인시키는 통신通神"이라는 시행은 서정주가 일찍이 신라정신의 핵심으로 규정한 영통과 혼교를 새로운 세기의 시론으로 환기시킨다는 점에서 흥미롭다. 서정주가 "영혼은 영원히 살아서 미래의 민족 정신 위에 거듭 거듭 재림한다고 그들은 생각했다. '영통靈通' 한다든지, '혼교魂交' 한다든지 하는 것이 바로 그것이다"라고 했을 때 서정주의 신라정신은 현재를 살아가는 "영원인"들이 '되풀이 되풀이'를 통해 세계의 영과 혼을 만나는 능력에 관한 것이라고 할 수 있다. 이일림의 시는 서정주의 시론을 알고 썼든 모르고 썼든 '되풀이'를 통한 한국시사의 풍요로움을 드러내는 시적 현상인 것이다.

"꽃의 근엄함과 난장판을/ 구름과 물결의 일시적 파장이라 여"기는 이일림의 시세계의 자유는 "아이엔지 속에서 행복"해 보인다. 이러한 사물의 배후, 존재로부터 탈출하려는 무無의 운동에 대한 천착은 이일림 시의 중요한 특징이라는 점을 아래의 시에서 다시 한번 확인할 수 있을 것이다. "사계절을 다 소모"한 "빈 계절"의 세계는 무용함으로써 그 쓸모를 드러내는 예술의 세계에 다름 아닐 것이다.

빈 계절 하나를 거울 앞에 놓는다. 겨울이 춥다고 빨간 코트를 꺼내 입을 때 한층 빨라진 대기권 속으로 웃음이 말려들었다. 토마토 놀이터에서 아이들이 씨앗처럼 흩어졌다가 다시 빈 계절 안에 모이곤 했다.

희망이 놓고 간 마당가 웅덩이가 껴안는 절름발이 여름, 부르튼 상처를 기우며 가을은 세상으로 울음을 흘려보냈을 것이다.

담장과 담장 사이에 달이 차오르면 골목에는 붉은 거미집이 생기고, 바람이 갸우뚱 온도를 재는 동안 달은 제 그림자를 거미집 안에 가두었다.

사계절을 다 소모하였으므로 당신을 빈 계절로 추인함, 거울이 집행한다. 이제 계절이 아닌 날씨로 체재에 맞는 격자무늬를 짜야 하리. 돋움질하는 발들이 땅을 밟고 서서 어디로 머리를 올려야 할지 찾고 있다. 나침반이 가리키는 쪽은 N. 네 방위를 손 안에 놓고 구름마차가 달린다. 한바탕 그림을 그리던 채운이 마차의 바퀴살에서 빙빙 돈다. 참으로 나의 계절은 저 날카로운 빙하가 몰고 오리라. 거울 속에 유보된 달빛이 있다.

흰곰이 이끄는 마차는 12월의 그린란드에 도착했을까? 북극성은 한결같이 그 벽에 걸려 있다. 두려운 마음에 직선의 날실을 잡고 봄을 끌어당기자 빈 계절이 씨실로 기록됐다. 폴라리스 아 폴라리스, 우주 밖으로 행성 하나 떨어졌다. 이 계절에는 빈 계절만 산다.

—〈기록에 없는 계절〉 전문

3. 나오며

이일림의 대표시에서 발견되는 시적 세계는 주체의 언어적 참여에 의해 현현하는 것으로 보인다. 이 세계를 읽는 독자에게 그것은 아침이 열어 나가는 세계에 동참하게 한다. 이 세계를 읽는 독자에게 그것은 허공, 침묵, 빈 계절 등이 만들어내는 거리에 텔레파시로 참여한다. 이일림의 시는 이러한 의식의 이중성을 체험하게 하는 지평 구조로 놓여 있을 때 나를 가장 매혹하였음을 고백한다.

신작시를 충분히 논의하지 못한 아쉬움이 남지만 "적막 쪽으로 귀를 기울이면"(〈귀뚜라미 염곡艶曲〉) "죽음이 문을 열고 들려주는 퉁소 소리"(〈그랑블루〉)를 내 방의 거울에 담아 두는 것에 또 다른 기쁨이 있음을 이제는 알겠다. "침묵은 아이엔지 속에서 행복하"니까.

최혜인(최미희지) 소설가

이 작가를 주목한다 — 경남문학 96 | 2011년 가을호

2009년 《경남일보》 신춘문예 등단. 진주문학상 수상. 장편 소설 《소릿고》

풍접화

최혜인

> 얇은 사紗 하이얀 고깔은 고이 접어서 나빌레라
>
> 파르라니 깎은 머리 박사薄紗 고깔에 감추오고

어둠 속에 여자 하나가 엎드려 있다. 잡으면 한 줌일 듯 작은 몸집이다.

더는 낮아질 수도, 작아질 수도 없는 엎드림이다. 여자는 거기 그대로 무내의 일부가 되어버린 듯 꼼짝을 않는다.

장내는 완벽한 적요, 천지가 창소되기 직전, 만년 설산에 사태가 나기 직전의 적요다. 나는 깜깜한 객석에 앉아 무릎에 올려 깍지 낀 손가락에 힘을 준다. 손가락과 손가락 사이의 틈을 메우고 있던 어둠들이 납작해진다. 앞자리 연인의 밀착된 어깨와 어깨 사이, 머리와 머리 사이에도 얇은 어둠들이 틈입해 있다.

등이 가렵다. 땀이 배어난 손가락을 조심스레 푼다. 어둠이, 기다렸다는 듯 손가락과 손가락 사이를 메운다.

"긁어 주까?"

아이가 묻는다.

"쉿!"

왼쪽 손가락으로 아이의 입술을 누르곤 오른손을 등으로 옮긴다. 골반과 신장 쪽을 스쳐 손바닥이 척추를 더듬을 때, 겨드랑이에서 나는 싸그락 소리, 송구하다.

척추 마디마디를 더듬어 조심스레 손을 밀어 올린다. 진앙점 가장 가까운 곳에 손바닥의 볼록한 부분을 고정시키고 중지를 뻗어 본다. 손가락은 가려움의 진앙점에 가 닿질 못한다. 어깨 관절이 조금 더 꺾일 수 있게, 그래서 가려움의 진앙을 잠재울 수 있게 팔을 더 밀어 올린다. 신은 왜 사각지대라는 걸 만들어 놓았을까. 이마에 땀이 흥건하다.

천장 어디쯤에서 안개빛이 생겨난다. 안개빛은 곧 물방울처럼 모여서 여자의 등으로 떨어진다. 여자를 덮고 있던 어둠이 동그랗고 선명하게 물러난다. 동그란 물방울 속에서 여자는, 얇은 사 장삼 속에 감춰진 작은 몸으로 바닥을 붙들고 있다. 이제 음악이 나오면 여자는 바닥을 떼쳐 내고 일어나 뿌리고 제치고 엎어지고 신음하고 번민하다 비로소 열반으로 들 것이다. 이제는 태어나지 말게 하소서. 다시는 벗겨내어야 할 업장이 없도록 그 무엇으로도 태어나지 말게 하소서.

또도로로록…….

목탁 소리가 어둠을 몰아낸다. 무대가 점차 밝아진다.

미세하게 꿈틀거리던 여자의 등이 천천히 들려 올라간다. 가운데 마디를 중심으로, 말리듯 끌려 올라가는 곡선에서 전생의 비늘들이 파닥거린다.

생에도 채도가 있다면 저 전생의 비늘들은 어떤 빛들을 숨기고 있을까.

접안 머리에 앉아 코바늘로 끊어진 그물을 기우며 아버지가 피워내던 담배 연기의 막막한 빛일까. 작부집 안방, 막걸리에 젖은 리듬에 녹진녹진 절은 할아버지의 그 낭창한 놀림의 빛일까. 할머니의 짐승 같은 추궁과 아버지의 싸늘한 시선을 흠씬 받은 날이면 방바닥에 엎드린 엄마의 그 구질구질한 흐느낌의 빛일까.

늦은 하굣길이었다. 고개를 넘는데 접안 머리에 앉아 그물을 손질하는 아버지가 보였다. 절정으로 치닫는 노을이 빛을 모두 앗아간 듯 아버지는 거대한 붉음을 뒤로하고 하나의 검은 그림자가 되어 앉아 있었다. 그 뒤로 갈매기가 날고 있었다.

내리막길이 끝나고 산 그림자가 얼굴을 덮었을 때, 그물을 깁고 있는 사람은 아버지가 아니라 할아버지라는 것을 알았다. 순간, 나는 내 앞에 어떤 무서운 일이 일어났다는 걸 직감했다. 할아버지는 그 시간 작부집에 있어야 맞았다. 서울 변두리에서 댄서를 했다는 작부를 껴안고 그 낭창한 몸으로 원투, 원투, 원투 쓰리 포, 스텝을 밟고 있어야 맞았다. 우뚝 선 채로 작부집 지붕으로 눈을 쏘았다. 할아버지가 널어 말리는 뱅어포들이 지붕을 덮었고 그 위를 갈매기들이 날고 있었다. 새 주제에 날 생각은 않고 남이 잡아다 놓은 고기만 탐낸다며 악담을 퍼붓곤 하던 할아버지가 안주로 쓸 것들을 다 물고 가는데도 저렇게 태연한 것에는 필시 까닭이 있을 것이었다.

엄마….

할아버지를 지나 집으로 달리는 내 입에서 나온 소리는 그 두 음절이었다.

대문을 들어섰을 때, 다만 짐작이었던 불길함은 사실로 드러났다.

나를 반긴 건 엄마의 칙칙한 미소가 아니라 눈알이 빠져버린 것 같은 아버지의 텅 빈 시선과 마당 한쪽, 도라지 밭고랑에 퍼지고 앉아 사지를 늘어뜨린 할머니였다. 나는 늘어진 어깨를 끌고 마당으로 추적추적 들어섰다.

독한 것, 모질고도 독한 것, 아무리 그렇다고 생떼거튼 자슥을 두고….

할머니의 한탄조를 지나 열린 방문 안을 조심스레 들여다보았을 때, 완벽히 깨끗하고 믿을 수 없을 만큼 정돈된 한가운데 그리도 평화스럽게 잠든 어머니라니.

할머니, 저게 뭐야?

어머니의 잠 발치에서 뒹굴고 있는 찌그러진 물 대접과 하얀 알약 몇 개. 자꾸만 무서운 쪽으로 흐르는 짐작의 물꼬를 막아버리려고 나는 악을 쓰며 물었다.

아빠, 저게 뭐냐고!

아버지와 할머니는 등을 맞대고 앉아 각자 먼 곳을 허깨비 보듯 바라볼 뿐 대답이 없었다. 나는 미친 듯 달려가 아버지와 할머니의 어깨를 흔들었다.

말해! 엄마가 왜 저렇게 자고 있냐고! 말 좀 해 보란 말야!

나는 알고 있었다. 엄마는, 영감과 며느리가 붙어먹었다는 생각에서 벗어나지 못하던 할머니의 망집과, 의처증 걸린 노인네니 맘 쓰지 말라며 위로했지만 어느 틈엔가 할머니의 망발에 힘을 실어 주던 아버지의 싸늘한 눈빛을 이제 더는 견디지 못해 모든 것 떨쳐버리기로 작정했다는 것을.

아빠가 그랬어! 할머니가 그랬어! 엄마 죽인 거 아빠랑 할머니야. 그러니 살려내! 엄마 살려내란 말이야!

할아버지의 생신이나 집안의 큰일이 있을 때마다 머릿수건을 싸맨 엄마가 엎드려 캐내던 도라지, 나는 그 도라지 밭을 휘저으며 패악을 부렸다. 게거품을 물고 패악을 부리던 내가 지쳐 나자빠진 후 집안엔 무시무시한 적막감이 감돌았다. 그랬다. 언제부터인진 모르지만 그렇게 고요할 때마다 나는 등이 가려웠다. 그날도 아직 꺾이지 않는 도라지꽃들이 하늘을 향해 필사적으로 모가지를 치드는 곁에서 미친 듯 등을 긁어 댔다. 손톱 끝에는 피 묻은 살점들이 엉겨 나왔다.

> 두 볼에 흐르는 빛이 정작으로 고와서 서러워라.
>
> 빈 대臺에 황촉黃燭불이 말없이 녹는 밤에 오동잎 잎새마다 달이 지는데

붙들고 있던 바닥을 힘겹게 떨쳐낸 여자가 객석을 향해 등을 보이고 앉는다. 조그만 머리는 고깔 속에 숨었고, 푸른 등이 얇은 사 장삼 밖으로 은은하다.

피리, 대금, 해금이 동시에 첫소리를 낸다. 찐찐하나 찢어질 듯한 소리다. 여자가 놀란 듯 허리를 젖히며 두 팔을 쳐 올린다. 넓은 소매가 날개처럼 펼쳐진다. 허공에서 잠시 머물던 긴 소매가 너울지며 떨어진다.

여자가 다시 한 번 날아올랐다 내려앉는다.

반주음은 더욱 찐득거리고 여자는 소리가 유인하는 리듬에 맞춰 온몸으로 바닥을 끌어안는다. 미련이 남았는가. 또 한 번 등을 모아 바닥을 쓸고서야 어렵게 무릎을 편다. 접었던 무릎을 펼 때, 보일 듯 보이지 않는 세미한 움직임에 몸속 깊은 곳이 애달프다. 꺾어 든 발이 허공을 쓰다듬고 푸른 치마 위로 드러나는 허벅지. 입속이 흥건하다.

천천히 돌아선 여자가 객석을 향해 두 팔을 크게 벌린다. 합장한다.

박수가 터져 나온다.

끈끈하게 늘어지던 음악 소리는 이제 강하고 짧게 모였다 끊어진다. 박수소리에 아랑곳없이 여자는 다시 두 팔을 훌쩍 쳐올린다. 갈매기가 육지에서의 기억을 잊으려 날아오르는 듯 더욱 크고 더욱 가볍게 날갯짓한다.

새엄마가 온 건 인간에 대한 내 믿음이랄지, 애정이 황폐할 대로 황폐해지고 나서였다. 당시 우리 네 식구는 모두가 제각각이었다. 할아버지는 날이 갈수록 가벼워지는 스텝을 쉴 때마다 작부집 지붕 위에 더 많은 뱅어포를 널어 말렸고, 아버지는 터진 곳이 없어도 그물을 잡은 채 접안 머리에 앉아 알이 빠진 듯 시커멓게 비어버린 눈을 들지 않다가 뜬금없이 훌쩍 떠나서는 며칠이 지나서야 흐느적거리며 나타났다. 메누리 해 주는 밥 먹고 노인당 아랫목에 앉았을 나이에 이 무슨 고생이냐며 이불 홑청을 풀 먹이고 밟던 할머니는, 붙어먹던 년 하나만 죽었으면 되았지 또 어느 년 가랑이 찾아 하느작거리느냐는 할아버지에 대한 비난으로 신세타령의 1막을 내리곤 했다. 그런 가족들 사이에서 나는 오로지 갈매기가 되려는 연습에만 이를 악물었다. 가야 해. 날아가야 해. 멀리, 아주 멀리. 이 지긋지긋한 포구 따윈 잊고 아주 멀리 가 버려야 한다고 밤마다 두 팔을 훌쩍훌쩍 쳐들었다. 하늘을 날아 멀고 넓은 세상으로 가려면 날개를 펼쳐야 했다. 필연 날개 자리였을 툭 튀어나온 두 곳의 견갑골에서 다시 날개가 생겨날 수 있다면 등살을 모두 파내어서 자근자근 씹을 수도 있을 것 같았다.

시간은 악몽처럼 흘렀고 엄마가 죽고도 도라지 싹이 또다시 돋던

봄날 오후였다. 비상을 준비하던 내 날개가 접히는 사건이 발생하고 말았다. 깁던 그물을 던지고 나갔던 아버지가 스무 하루 만에 나타난 것이었다. 아버지의 얼굴에는 어찌된 일인지 자주색 도라지꽃이 만발해 있었다. 너무 싱싱하게 파래서 질려버리고 말 듯한 화색이었다. 아버지의 등 뒤에는 다소곳한 여자 하나가 서 있었다. 여자는 너무 작고 야위었다. 바람 많은 바닷가에서 살아가기엔 도무지 어울리질 않는 체구였다. 더구나 가뭇가뭇 자란 머리칼 아래로 파르라니 드러난 두피는 위태롭기까지 했다.

네 엄마다.

엄마의 자리를 대신하게 될 그녀를 그러나 나는 배척하지 않기로 했다. 대신 그녀를 내 비상의 디딤돌로 이용하자는 음모를 꾸몄다. 새엄마라는 존재는 사춘기 계집애한테는 호재 중의 호재다. 그러니 이 갑갑한 포구를 탈출하기엔 기가 막힌 사다리가 아니냐. 그런 내 계획은 머지않아 차질이 생기고 말았다. 그녀는 그 작은 몸으로 빈사 직전인 우리 집을 거뜬히 붙들었다. 밖으로만 도는 가볍기 그지없는 할아버지의 걸음새에 무게가 느껴지게 하더니 결국 집 안에다 묶었고 엄마를 죽음으로 몰고 간 할머니의 망발도 슬그머니 잠재웠다. 아버지는 여전히 말수를 늘리지 않았으나 나를 팔에 누이고 잠든 그녀를 보며 어울리지 않는 미소를 짓곤 했다. 작은 몸 어디에 그런 생산성이 숨어 있었을까. 그녀가 생산해 내는 놀라운 위력 앞에 내 비상의 시기는 자꾸만 늦어져 갔다.

그러던 어느 날 밤, 어쩐 일인지 아버지는 돌아오지 않았고, 나는 그녀의 팔을 베고 잠이 들었다. 그녀는 자장가를 불렀다. 꿀처럼 진득거리면서 달착지근한 그 가락을 들으며 나는 꿈을 꾸었다. 그러다 문득 잠이 깼는데 부엌에서 속살거리는 소리가 들려왔다. 그녀의 팔

대신 목을 받치고 있는 메밀 베개를 빼낸 나는 벽에 찰싹 달라붙어 그 속살거림을 들었다. 그런데 소리는 속살거림이 아니라 숨죽인 다툼이었다.

당신 대답해.

뭘요?

지금 빨고 있는 거 누구 옷이야?

잠시 말소리가 멈추었고, '아버님거네요' 그녀의 한숨 섞인 대답이 들려왔다.

아버님 속옷을 당신이 왜 빨아?

그건 아내에게 시집살이시키는 남편이 할 소리가 아니었다. 나는 아버지를 말리려 나가려다 이어 들려온 말에 흠칫 멈춘 심장을 부여잡았다.

오호라, 그러니까 당신도 죽은 애 엄마처럼 아버지랑 붙어먹었다는 이야기군.

잠시 침묵이 있은 후, '어서 들어가세요, 저녁 차려 드릴게요' 그녀의 단아한 말소리가 들려왔다.

피하는 걸 보니 어머니 말이 사실인 게로군.

그런 말이 어디 있어요?

변함없이 단아하던 음성이 흔들렸다.

뭐라고? 그래도 뻔뻔하게!

차지고 또렷한 마찰음이 짧게 울려왔다. 해풍에 단련된 아버지의 손바닥이 그녀의 작은 뺨을 가격하는 선명한 소리였다. 아버지는 부뚜막에 털썩 주저앉았을 그녀를 두고 그물을 매고 어둠 속으로 사라졌다. 나는 불안감에 몸서리쳤다. 이 작은 포구를 떠날 사람은 내가 아니라 그녀일 것 같았다. 그녀도 나를 낳은 엄마처럼 가 버릴지 모른다는 불안함에 벌떡 일어났다. 나라도 잡아야 했다. 그때, 들려오던 노랫가락, 찬바람 드는 부뚜막에 앉아 그녀가 부르던 노래는 필사적이었다. 온몸의 진액을 짜내며 기어가는 민달팽이 같은 가락이었다. 순간, 등이 가려워 오더니 두 개의 날개가 훌쩍 솟구치는 것이었다. 내 안에 내재되어 있는 춤꾼이 처음으로 행동하는 순간이었다. 하늘이여, 도와주세요. 새엄마가 가지 않게 도와주세요. 그녀에게 가는 대신, 나는 필사적으로 춤을 추었다. 단 한 번도 배운 적 없고, 단 한 번 연습한 적도 없는 사위였지만 사지는 신들린 듯 훨훨 날았다.

진혜…….

내 춤사위를 본 그녀가 뒷걸음질 쳤다.

너…….

그녀는 달빛처럼 파래진 낯빛으로 휘적휘적 집을 나섰다. 쓰러질 듯한 걸음을 움직여 방파제 쪽으로 가는 그녀를 보며 달이 서천으로 훌쩍 할 때까지 나는 추고 추고 또 추었다. 내 안엔 할아버지의 피가 흐르고 있었다. 신발 끄는 소리도 나지 않는 가볍기 그지없는 할아버지의 피. 사당패를 따라 다니다 작부집 안방이나 차지하고 앉은 천박하기 그지없는 할아버지의 피가 내 안엔 흐르고 있었다.

> 소매는 길어서 하늘은 넓고 돌아설 듯 날아가며 사뿐이 접어 올린 외씨 보선이여!
>
> 까만 눈동자 살포시 들어 먼 하늘 한 개 별빛에 모도우고

붉은 띠가 둘러쳐진 어깨 위에 긴 한쪽 소매를 걸친 여자가 틀 듯 말 듯 몸을 비튼다. 눌러놓았던 번민과 신음을 사위마다 흘려보내는 저 동작들, 예사의 수련이 아니다.

승무에서 연풍대 동작을 수행하는 과정을 비교해 보면 비숙련자들은 모든 동작의 움직임에 시간을 많이 소비한다. 그러나 숙련된 춤꾼들의 사위는 민첩하고 순간적이다. 또한 팔이 궤적을 그릴 때 비숙련자는 대각선 방향으로 그리지만 숙련자의 경우는 팔을 비틀면서 수직 궤적을 그린다. 정확한 팔 움직임과, 앉았다 일어서며 휙 돌아드는 동작은 숙련의 세월이 얼마일지 짐작케 한다.

훌쩍 던진 긴 소맷자락이 허공을 가르며 물결로 떨어진다. 치맛자락이 들려 올라간다. 버선에 싸인 조그만 발이 살포시 드러난다. 깃 속에 묻어 두었던 작은 발을 내밀고 힘껏 날아오르는 갈매기. 죽은 치어들을 쪼아 먹던 안락의 기억을 이제는 떨쳐버리리라. 버선코가 종종종종 걸어가다 무대 한쪽 어디쯤에서 훌쩍 솟아오른다. 부끄럽게 고개 숙인 버선코, 고개를 탁 치켜들어 하늘을 찌르는 모양새가 앙큼하다. 코끝에 하늘을 걸어내려 다시 까딱거리던 버선발이 사뿐히 바닥으로 내려앉는다. 종종종종 뒷걸음으로 물러난다. 한껏 물러나다가 천수북 앞으로 다가가 동작을 멈춘다. 북을 보는 듯 외면하는 듯 돌아선다.

아버지가 집을 비운 밤, 그날도 나는 그녀의 팔 위에 누워 있었다. 그날따라 그녀는 말이 없었다. 나는 아연 불안해져서 눈알을 굴려 그녀를 살폈다. 그녀는 북처럼 우뚝하니 천장을 바라보다 혼잣말인 듯 중얼거렸다.

어느 넓은 바다에 물고기 한 마리가 살았단다.

나는 눈을 감은 채 귀를 열었다.

어느 날, 물고기는 바다가 지루해지기 시작했어. 아무리 지느러미를 놀려 헤엄을 쳐도 보이는 건 하느작거리는 수초들뿐이었거든. 물고기는 물을 버리기로 했지. 그래, 산으로 갔단다. 밤이 되었어. 물고기는 오두막 처마 밑에 둥지를 털었어. 검푸른 하늘금 위로 총총한 별들, 밤새들의 갖은 파닥거림, 귀 작은 벌레들의 노랫소리가 들려왔어. 아, 여긴 정말 신비해. 물고기는 가슴이 벅차 잠들 수가 없었단다.

그녀가 말을 멈추었다. 나는 애가 탔다. 그래서 어떻게 되었느냐고 묻고 싶었다. 하지만 단 한 번도 내가 먼저 말을 걸어 본 적 없어 꾹 참을 수밖에 없었다. 다행이었다. 그녀가 다시 말을 이었다.

시간이 많이 흐른 어느 날이었어. 새벽이 되었어. 늙은 스님이 불당으로 들어가더니 촛불을 피우고 향을 피우는구나. 물고기는 향내가 너무 좋아 눈을 감았지. 스님의 염불 소리가 들려왔어. 염불 소리를 들으니 이번에는 새가 되고 싶은 거야. 열심히 염불을 따라 읊었어. 그러면 성불해서 새가 될 수 있을 것 같았거든.

거기까지 내쳐 중얼거린 그녀가 고개 돌려 나를 보았다. 나는 얼른 크르릉 코고는 소리를 내었다.

진혜야, 그 물고기가 누군지 아니?

그녀의 손이 내 이마를 쓸고 머리카락을 쓰다듬었다. 순간, 목구멍으로 뜨거운 덩어리 하나가 꿀꺽 넘어갔다. 나는 울음이 터지려는 것을 억지로 참으며 입술을 감쳐물었다. 그 물고기가 어쩐지 그녀일 거라는 생각이 들었다.

그런데 말이다. 어느 날 그 오두막에 바람이 불어왔단다.

이어지는 그녀의 목소리엔 물기가 젖어 있었다. 나는 넘어가려는 침을 흥건하게 문 채 그녀의 이야기에 귀 기울였다.

아주 거대한 바람이었어. 그때 난 알았단다. 파도가 산으로도 올라온다는 것을.

그녀의 독백은 곧 신음으로 들렸는데 힘든 우리 집 상황을 견디지 못하겠다는 백기로 느껴졌다. 초조했다. 내일 아침이면 그녀가 사라지고 없을 것 같았다. 맨 정신으론 그 허망한 아침을 맞을 자신이 없었다. 그래 그녀가 잠든 후 술을 마셨다. 아버지의 턱없는 닦달이 있고 나면 방파제로 나가기 전, 부뚜막에 걸터앉아 홀로 홀짝거리던 희고 투명한 액체가 어디에 숨어 있는지 나는 알았다.

달 없는 밤바다가 반짝거렸다. 방파제에 앉아 반짝거리는 바다를 보았다. 어릴 때 죽은 엄마가 읽어 주던 동화가 생각났다. 외로운 바위나리꽃의 친구가 되어 주기 위해 밤마다 하늘 문을 열고 바닷가로 내려오던 아기별이, 야행을 눈치 챈 하늘의 임금에게 쫓겨나 결국 바다로 빠져 죽었다는 이야기였다.

엄마…, 엄만 왜 죽었어?

엄마 생각에 이르자 그 밤물결이 생산해 내는 플랑크톤의 빛이 갑자기 깡말랐던 엄마의 몸에 드러난 뼈대처럼 느껴졌다. 나는 휘적휘적 방파제를 떠났다. 그리고 방파제 끝, 무덤처럼 쌓인 굴껍질 무더기를 지나려다 맞닥뜨린 그림자 하나. 누, 누구세요?

복사 꽃 고운 뺨에 아롱질 듯 두 방울이야
세사에 시달려도 번뇌는 별빛이라

여자의 춤사위는 무척이나 정교하고 정확하다. 느림과 빠름의 사위가 이어지는 가운데 꺾임과 휘어짐의 사위도 절묘하게 섞인다. 무의식적인 동작의 기억인 엔그램, 그러니까 춤동작을 연습할 때 잘못 습관을 들여 놓으면 그 기억으로 인해 교정이 어려워져 고생한다는 것을 여자는 애초부터 알고 있었던 거다. 처음부터 바른 동작을 연마하려는 흔적이 사위마다 흔연하다.

여자는 첫 동작 이후로 등을 보이지 않는다. 대신 치맛자락 밖으로 내민 버선코가 더욱 고혹적으로 느껴지도록 옆모습을 자주 보인다. 관객들의 미적 호감을 유발하기에 가장 좋은 각도를 가장 아름답게 보일 줄 아는 것이다.

측면으로 선 여자가 음악에 맞춰 허리를 훌쩍 꺾고는 두 팔을 쳐 올린다. 동시에 부리 같은 버선코가 고개를 치켜든다.

이윽고 천수북을 향해 나아가기 시작한다. 종종종종 달려간 여자가 두 손을 높이 들어 올리더니 합장한다. 천천히 모아 올려 이마를 받친 두 손이 떨린다. 무엇을 소원하려는 걸까. 여래여, 진이의 아름다움 앞에서 고고한 척 하나 약하기 그지없는 지족의 껍데기를 일격에 벗겨 주시옵소서. 보현이여, 큰스님의 버릇을 조롱하듯 따라하는 동자승 녀석의 무례를 어이 하오리까. 문수여, 팔선녀에게 미혹된 저 미량한 성진을 벌하여 주시옵소서. 지장이여, 파계하여 번민하는 이 영혼을 굽어 살피시옵소서. 짙은 화장으로 가린 눈에 어리는 물기를 나는 본다. 나도 손수건을 꺼낸다.

찐득하니 이어지던 음악이 빨라지기 시작한다. 여자가 사선으로 돌아가며 북을 떠난다. 도리질 친다. 무엇을 부정하고 싶은 걸까. 자신 앞에 있는 이 모든 것들을 부정하고 싶은 걸까.

음악이 휘몰아친다. 점점 힘이 실리는 음악에 맞춰 사위에도 힘이 붙는다. 박수가 터져 나온다. 나도 볼래 아이의 손을 더듬는다. 문득 멈춰선 여자, 고개를 숙인다. 아이의 손을 잡은 내 손아귀에 힘이 든다.

여자는 마지막인 듯 두 팔을 하늘 높이 쳐올리곤 고개를 빼내 숙인다. 하늘로 올라간 긴 장삼 자락은 힘을 모두 제거한 상태로 여울처럼 휘돌아 떨어진다.

객석의 깊은 어둠 속에서 아, 하는 탄성이 새어나온다. 나는 안다.

아, 다음에 생략된 의미가 무엇인지를. 얼마나 힘들까, 저 가벼운 몸짓을 위해 얼마나 힘들게 관절과 근육들을 제어하고 있을까 따위의 동정이다.

그러나 나는 안다. 장삼 속에 가려진 여자는 이런 객석의 안타까움을 오히려 조롱하리란 것을. 고요한 놀림일수록 무용수의 힘은 배가 될 거라는 상식에 함몰되어 안쓰러워하고 있는 객석을 보기 좋게 희롱하리란 것을.

또 나는 안다. 여자는 지금 황홀해 하리란 것을. 복면으로 가린 사내의 눈이 뚫린 두 개의 구멍 안에서 까치 독사처럼 빛날 때 내가 그랬던 것처럼.

벗어나려 발버둥치다가 곧 젖무덤 두 개가 사내의 손아귀로 들어갔을 때의 느낌을 나는 지금도 잊지 못한다. 낯설지만 기묘하게 떨리던 그 느낌을. 터질 듯 부푼 살덩이가 지르던 비명소리도 잊지 못한다. 혀라도 깨무는 척해야 해. 강간당한 대부분의 여자들이 그러는 것처럼 진창이 되고 말 내 생애를 예견하는 척이라도 해야 해. 소쿠리만 한 포구마을에서 나를 범한 이 사내는 평생 나의 이 순간을 기억하며 실실거릴 것이다. 넌 원래 그런 여자였어. 그러니 몸부림치는 척이라도 해야 했다.

젖무덤 하나를 포기한 손으로 사내가 내 두 볼을 꽉 눌렀다. 엄지와 검지에 눌려 해골처럼 벌어진 내 입에서는 끊어진 혀 대신 침이 질질 흘러나왔다. 사내의 혀가 내 입속으로 기어 들어왔다. 나는 침투하는 사내의 혀를 받았다. 사내의 혀는 부드러웠고, 내 혀도 사내의 입 속에서 뱀처럼, 꿀처럼 미끌거리며 요동쳤다. 꽁꽁 숨어 있던 어린 정욕이 대담하게도 풀려나왔다. 사내의 혀와 내 혀가 엉켜서 요동을 칠 때 느껴지던 짧고 날카롭던 통증, 아! 복부 깊숙이 침투한 사내를 나는 온몸으로 조이며 받아들였다. 참을 수 없었다. 맘껏 교성을 질러댔다. 누가 이렇게 황홀한 시간을 단죄하는가. 진실에 솔직하여라 여인들이여. 그 순간, 당신들의 몸과 영혼은 그 남자의 것이었다.

견딜 수 없을 만큼의 황홀에 이르렀을 때 사내가 흠칫했다. 사내는 복면의 뚫린 구멍 속에서, 미친 듯 행복해 하는 나를 까맣게 내려보았다. 나는 애걸했다. 좀 더 미끌거려 주기를, 좀 더 달콤해 주기를.

그러나 사내는 공격 후의 독사처럼 고개를 까딱하더니 슬슬 일어났다.

비린 액체를 뚝뚝 떨어뜨리며 멀어지는 사내, 사내의 체구는 작았고 걸음은 너무 가벼웠다. 내 혈관에는 요사스럽기 짝이 없는 뱀의 피가 흐르는 것일까. 바닷물로 가랑이를 씻어낸 후, 사내가 사라진 어둠 위로 깔리는 안개를 휘적거리며 집으로 돌아와 누운 나는 짜릿한 통증이 아직도 남은 가랑이를 아쉬워했다.

가랑이 사이에 남은 사내의 냄새가 지워져 갈 무렵, 나는 그녀를 새엄마라고 불렀다. 새엄마는 집을 떠나는 대신 이제는 도라지꽃이 피지 않는 묵정밭에 한 줌의 꽃씨를 뿌렸다. 밭고랑에 쪼그리고 앉아 모종삽으로 구덩이를 파는 것으로 나는 새엄마의 파종을 기쁘게 도왔다. 파종을 한다는 건 이집에 뿌리를 내리겠다는 의지의 또 다른 표현일 테니까.

봄이 갈 무렵, 묵정밭엔 발그레한 싹들이 터져 나왔다. 그 무렵 나는 새엄마에서 다시 '새' 자를 빼고 불렀다. 흰 알약 한 주먹으로 우리를 버린 엄마를 잊겠다는 내 내면의 의지였다.

엄마, 이게 뭐예요?

그 물음은 때맞춰 꼬물거리기 시작한 내 뱃속 것에게 '너 누구니?' 묻는 질문이기도 했다.

응, 거미꽃.

줄기는 참 잘도 자랐다. 하룻밤이 지나면 마디 하나가 생겨났고, 또 하룻밤이 지나면 마디 하나가 더 생겨났다.

참 잘도 자란다.

뱃속의 생명에게서 생겨나고 있을 머리와 팔, 다리를 상상하며 나는 입속말을 참아냈다. 비밀이 깊어질수록 사내가 그리웠다. 나를 범한 사내의 손길이 미치도록 그리웠다. 아무도 몰래 사내를 안았던 그 굴 무덤으로 나갔다. 그리고 요녀처럼 누운 달빛 위에 가만히 엎드리곤 했다.

진혜야, 방파제에 나가지 마라.

그런 나를 눈치 챈 엄마가 조심스레 말했다.

여름이 시작되던 즈음이었다. 줄기에서는 소담한 꽃잎들이 생겨났다. 방사각으로 쳐진 거미줄 같은 긴 수술, 그 가운데 걸린 듯 얹혀 있는 꽃잎은 천상 나비가 거미줄에 걸려 흔들리는 모습이었다. 이래서 거미꽃이라 하는구나. 바람이 불 때마다 육신의 쾌락이라는 거미줄에 걸려 흔들리는 나를 돌아보며 진저리쳤다. 그 꽃을 베어버리고 싶었다. 그러나 그건 위험한 일이었다.

진혜야. 이 꽃 진짜 이름이 뭔줄 아니?

하루가 다르게 생겨나는 꽃들을 노려보고 있는데 엄마가 물었다.

거미꽃이요.

아니야. 풍접화라는 꽃이야.

풍접…화요?

그래, 풍접화. 바람만 접해도 흔들리는 꽃이지. 꽃잎 모양을 잘 봐. 나비가 바람을 타고 있는 것처럼 보이지 않니? 저 나비는 꽃가루를 묻혀 옮기지. 그래서 열매가 열리는 거야. 그걸 수정이라고 한단다.

나는 입꼬리를 올려 자조의 웃음을 흘렸다. 거미꽃이든 풍접화든 상관없었다. 욕정이라는 거미줄에 걸려 거미꽃이라 불리거나, 바람만 접하면 흔들려 풍접화라 불리거나 오십보백보였다. 그 꽃은 누군지도 모르는 사내의 손길을 그리워하며 밤마다 방파제로 나가는 나처럼 요사스럽기 짝이 없는 꽃임에 틀림없었다.

휘어져 감기우고 다시 접어 뻗는 손이
깊은 마음 속 거룩한 합장인 양 하고

이제 여자는 억겁 전생으로부터 묻어온 온갖 인연과 한과 번뇌를 떨쳐낼 준비를 한다. 치맛자락을 사뿐 쳐올린 버선발이 한 자축, 한 자축 천수북을 향해 걸어간다. 저 북 앞에 서면 억겁 번뇌의 고리를 끊을 수 있을까. 온몸의 골수를 짜내 두드리고 두드리면 얽히고설킨 윤회의 고리를 끊고 해탈의 경지에 오를 수 있을까.

한때는 어미의 자궁 속을 빠져나와 눈부신 햇살의 축복을 받은 때도 있었다. 가장 따듯하고, 가장 달콤한 젖을 빨며 배부르던 시절도 있었다. 초원을 어슬렁거리며 봄이 생산해 낸 풀들을 뜯던 때도 있었다. 그러다 여름의 녹음에 실릴 즈음, 날카로운 코뚜레에 코가 꿰었다. 그때부터 산다는 것은 무거움을 견녀내는 노정이라는 것을 알았다. 내리쬐는 뙤약볕 아래 이랴, 자랴 소리에 맞춰 쟁기를 끌었고, 발정기에 들면 침을 질질 흘리며 종자를 심었다. 시간은 무겁게 흘렀고, 빛나던 털은 윤기가 사라졌다. 불거져 나온 엉치뼈가 삐그덕거릴 때야 알았다. 산다는 것은 어깨에 내려앉은 무게를 조금씩 벗어내는 과정이라는 것을. 무게가 완전히 덜어졌을 때, 그 순간이 바로 죽음이라는 것도 알았다. 생명 가진 모든 것들은 모두 죽는다. 죽어서야 가장 가벼워진다. 천수북 앞에 우뚝 선 여자, 두 팔을 크게 벌려 합장한 후 북을 쓸어내린다. 음악은 낮아질 대로 낮아지고 여자는 몸을 낮춘다.

바닥을 움켜잡듯 엎드린 여자, 천천히 고개 들어 일어선다. 훌쩍 솟구친다. 음악이 뚝, 멈춘다.

퉁!

여자의 손이 북을 때리자 울음이 터져나온다.

퉁! 투둥! 퉁!

북이 운다. 모든 것을 내려놓은 무게가 운다.

퉁! 투둥 퉁퉁!

어깨를 짓누르는 생의 무게를 꿋꿋이 견뎠을 늙은 짐승의 마지막 울음처럼 북이 운다. 북이 운다.

풍접화가 만개한 여름의 한복판에서 나도 저렇게 울었다. 엄마가 사라져 버린 것이다. 그건 배신이었다. 방으로 달려 들어간 나는 그녀의 물건들을 던지고 짓밟았다.

이럴 바엔 왜 왔어. 왜 왔냐구!

그녀가 입던 옷, 그녀가 덮었던 이불, 보았던 책, 들었던 라디오……. 좁은 방은 찢어지고 깨진 집기들로 아수라장이 되었다.

그래, 당신은 이런 여자였어. 얌전히 살림이나 할 여자가 아니었다구!

발바닥에선 피가 흐르고 목구멍에선 짐승의 울음이 터지고 입에선 침이 질질 흘렀다. 그러다 발견한 일기장과 상자 하나.

–가고 싶다, 포도밭으로. 저 광활한 대지를 덮은 포도밭으로 나는 가고 싶다. 풀 한 포기 나지 않는 사막, 그러나 지금은 마른목과 타는 갈증과 달콤함에 대한 본능을 충족시켜주는 축복의 땅이 되었다. 지

상에서 보면 한낱 웅덩이로밖에 보이지 않으나 그 아래로는 만리 물길이 흐르는 곳. 인간의 생존에 대한 본능과 번성하고 싶다는 내면의 욕망이 만들어 낸 땅, 나는 그 위대한 생산성의 땅으로 가고 싶다.

일기장에는 놀랍게도 고대 중국의 불가사의를 대표하는 인공수로 감아정에 대한 이야기가 적혀 있었다. 그 사실은 얽키고설킨 감아정의 물길만큼이나 불가사의한 일이었다. 새엄마에겐 무서운 비밀이 있는 것이 분명했다.

— 나는 욕망의 여자였다. 타고난 정욕의 여자로 불렸던 내 어머니의 딸이었다. 그 타고난 태생적 본성을 버리려고 어쭙잖게도 중이 되었고 끓어오르는 본능을 참을 길 없어 춤을 출 수밖에 없었다. 춤은 내게 본성을 떨쳐낼 수 있는 유일한 탈출구였다.

떨리는 손으로 다음 장을 넘겼다.

— 그러나 안간힘은 허사였다. 속세의 바람은 깊은 산속까지 불어왔고, 그 바람에 살짝 닿았을 뿐인데 나는 속절없이 흔들렸다. 지금 남편이라는 이름으로 불리는 사람은 아무 말도 하지 않았다. 축 처진 어깨를 늘어뜨린 채 내가 추는 춤을 숨어 지켜보다 돌아섰을 뿐이다. 등을 보는 순간, 내 안에선 광풍이 일었다. 나는 그 광풍을 잠재울 길이 없었다.

놀랍고 놀라운 일이었지만 정작 심장이 멈춘 것은 다음 장이었다. 볼펜 자국이 퍼져 글자를 알아볼 수 없을 정도로 우글쭈글해 진 종이를 넘기며 나는 어지러웠다.

— 그러나 내가 만난 바람 중에 가장 견디기 힘든 바람은 이 집에 부는 바람이었다. 어디에선가는 뿌리내리고 싶은 내 부유했던 삶은 결국 여기서도 뿌리를 내리지 못할 것 같다. 밤마다 등을 돌리는 남편은 괜찮다. 방파제 끝, 굴무덤을 지나다 만난 사내, 복면 속에 있는

그 눈이 다음 날 아침, 두레 밥상 맞은편에 앉아 있었다. 밥상 위에서 휘돌기 시작한 세찬 바람결에 다시 몸을 맡길 수밖에 없을 것 같다.

사지가 얼어붙은 듯 꼼짝 할 수 없었다. 그리고 열어 본 상자 속에는 얇은 사 푸른 속저고리와 소매 긴 하얀 장삼, 그리고 초혈인 듯 붉은 가사 한 벌이 가지런히 개켜져 있었다. 고깔 안에는 단아하게 접은 메모지 두 장이 있었다.

우선 한 장을 펼쳤다.

— 아가. 미안하다. 나는 내 자식이 내게서 받은 선물을 누군가에게 되돌려 주길 바랐다. 내 증조할아버지가 할아버지에게 주었듯, 내 할아버지가 아버지에게 주었듯, 내 아버지가 또 내게 주었듯 그렇게 돌려주기를 바랐다. 그것은 사내로 태어난 자의 의무이며 빚갚음이다. 그런데 나는 그 고귀한 생산력을 자식에게서 일찌감치 앗아버렸다. 그래서 너에게 뿌렸다. 죽은 며느리에게도 뿌렸다. 그러나 나는 짐승이었다. 나는 나를 용서할 수가 없다. 이제 떠나려 한다. 이 옷은 내가 입던 옷이다. 너에게 주마.

얼른 이해할 수 없는 편지글을 다시 읽고 나는 무너졌다. 편지는 할아버지가 엄마에게 쓴 것이었고 선물이란 다름 아닌 정자의 생산력이었다. 그럼 아버진 생산력을 잃었단 말인가? 그래서 자손을 얻으려고 할아버지가? 그렇다면 나는? 나는 대체 누구란 말인가. 소설이었다. 우습기 짝이 없는 삼류 소설이었다. 그럼에도 최면에 걸린 듯 나머지 메모지를 펼치지 않을 수 없었다.

엄마가 내게 남긴 편지였다.

— 진혜야, 할아버지를 원망 마라. 할아버지는 나를 범한 게 아니라, 너의 엄마를 범한 게 아니라, 종족을 이어야 하는 종마로서의 운명에 자신을 던진 것이다. 이해할 수 없겠지만 이해해 주길 바란다.

이야기 하나 해 줄게. 네가 아빠라 부르는 사람, 그러니까 정확히 말하면 오빠가 되겠구나. 어쨌든 아빠가 아주 어렸을 때란다. 할아버지는 금이야 옥이야 하는 네 아빠를 태우고 바다로 나갔다. 날씨는 너무 더웠고 어린 아빠는 고추를 내어 놓고 고물 위에서 잠이 들었다. 오죽이나 예뻤겠니. 이 앙증스러운 살덩이에서 요런 녀석이 생겨날 것이렷다? 장난기가 발동하신 게지. 할아버진 아빠의 고추 끝에다 푸른빛이 도는 새끼 전갱이를 매달아 두었단다. 그걸 갈매기가 쪼아 먹으리라고 생각이나 했겠니? 이제 너도 떠나거라. 너에겐 춤꾼의 피가 흐르고 있어. 이 옷을 너에게 주마.

그날 밤 나는 엄마가 남긴 장삼과 고깔을 쓰고 미친 듯 춤을 추었다. 아니, 정말로 미쳐버렸다.

이 밤사 귀또리도 지새우는 삼경인데
얇은 사 하이얀 고깔은 고이 접어서 나빌레라

그게 오르내리기를 반복하던 누 팔이 일순 작아진다. 간들간들 너울지는 어깨가 다시 출렁인다. 북소리가 빨라진다. 사방은 완벽한 적요. 오직 여자가 두드리는 북소리만 작았다 컸다, 빨랐다 느렸다 구래와 변죽을 유린한다. 관객석의 숨소리도 잦아들고 여자의 두 손에 들린 북채만이 구정놀이, 세산조시, 휘모리 가락을 만들어 내다 엇머리 장단을 넘어간다.

"아."

나도 몰래 탄성이 터진다. 내가 생산해 낸 엇머리 장단을 기막히게 만들어내는 저 춤꾼은 누구인가. 저이가 엇머리 장단을 구사할 수 있었단 말인가. 그러나 엇머리도 잠시, 두 손은 연이어 엇붙임, 잉엇

거리를 연속으로 만들어 낸다. 북채를 쥔 손은 신들린 듯하고, 표정은 무아경이다. 모든 것으로부터 완벽히 벗어난 듯한 몸짓과 표정이다. 스쳤던 모든 인연들이여, 뒤돌아보지 말고 가소서. 크고 작은 인연들, 맵고 짰던 인연들 모두 모두 돌아가서 성불의 세계로 드소서. 드소서. 소름이 끼친다. 두 개의 북채는 복판과 구레와 변죽을 미친 듯 넘나들며 자진모리에서 휘몰이로 다시 자진모리로 넘어간다. 우렁찬 박수 소리가 격랑을 탄다. 저이는 남자인가 여자인가. 할아버지인가 아버지인가. 오빠인가 남편인가. 나는 터지려는 가슴을 누르며 격랑의 허리를 붙든다.

투둥둥 퉁퉁.

이어지던 연타가 딱, 멎는다. 박수 소리도 멈춘다.

북채를 든 두 팔이 천천히 올라온다. 앞으로 뻗는다. 두 개의 북채가 합장한다.

……완벽한 적요다.

"긁어 주까?"

아이가 귓불을 당겨 잡고 묻는다.

"왜?"

"조용하면 등 가렵잖아."

"괜찮아."

북채를 내리고 엎드리는 얼굴을 따라 시선을 옮기며 아이의 입술을 가만히 누른다. 짙은 화장에 가려진 얼굴은 땀과 눈물로 범벅이 되어 있다. 박수소리가 작은 몸뚱어리를 휘감는다.

긴 박수 소리가 끝났지만 무대 위의 작은 몸은 동그랗게 만 등을 펼 줄을 모른다.

"자, 이제 나가야지."

나는 아이의 엉덩이를 살짝 밀어낸다.

"알았어, 엄마. 내가 할아버지 깜짝 놀래키고 올게."

"또!"

"아참, 할아버지가 아니랬지."

아이가 꽃다발을 안고 일어선다. 할아버진, 아니 저인 알아볼까. 저 아이가 그토록 바라던 당신의 분신임을.

희고 붉은 풍접화 한 다발이 무대를 향해 걸어간다. 어디선가 미풍이 불어오고 천만 마리의 나비 떼가 날아오른다. 원투, 원투, 원투 쓰리 포. 발뒤꿈치와 발허리, 발끝이 차례로 꺾이며 허공을 떠다니는 듯한 가벼운 걸음새의 아이가 무대 위로 올라간다. 나는 숨이 멎는다.

"아빠!"

동그랗게 말려 있던 등이 움찔한다.

"아빠, 이거 받으세요."

아이를 본 두 눈이 일순, 텅 비는 듯하다 곧 꽃잎처럼 터진다. 잔바람만 불어도 어찌할 수 없이 흔들리는 꽃, 벗어나려 하면 할수록 더욱 포박되고 마는 가없은 꽃, 그러나 지상에서 가장 아름답고 강한 꽃이다.

그녀, 소설 낳는 여자

이진숙 소설가

Ⅰ. 그녀, 소설 낳는 여자

어느 늦가을이었던가, 그녀와 둘이 낙동강 어귀 본포에 간 적이 있다. 강변 옛 나루터에 '알 수 없는 세상'이라는 허름한 찻집이 있었는데, 그 찻집 통유리 너머 보이는 풍경을 함께 보고 싶어서였다. 우리는 찻집 안에서 여주인이 내주는 차를 마시며 삼십여 분 앉아 있다 나왔을 것이다. 그리고 얼마 지나지 않아 그녀는 찻집과 여주인을 소재로 〈소금 볶는 여자〉라는 단편을 써냈고 《동양일보》 신인문학상을 받는다.

우리는 한 강의실에 앉아 시와 소설을 듣는 동기였다. 소설가이기 전에 시인이었던 그녀는 본격적인 문학 수업을 위해 대학에 들어왔다고 했다. 처음부터 그녀에게는 소설가의 뜨거운 피가 뼛속 깊이 배어 있었던 걸까. 정목일 수필가의 강의를 듣다가 홀린 듯 단숨에 써내려 간 작품이 〈결〉, 2007년 《경남일보》 신춘문예에 당선된 작품이다.

최혜인은 그렇게 소설가가 되었다. 하지만 지방에서 소설가로 생활한다는 것이 얼마나 남루한가를 누구보다 잘 안다. 두 해 연거푸 단편소설로 큰 상을 받은 그녀의 삶은 눈물겹도록 치열하고 한편 애처로웠다. 하지만 소설은 엉덩이로 쓰는 거라고 했다. 너무나 막막해서 무서웠을 것이다. 때론 허무했을 것이다. 사람들은 그 길은 함부로 나서는 길이 아니라고 말하며 망설인다. 하지만 최혜인, 그녀는 묵묵히 걸어갔고 마침내 작품집 《학이 날고》를 낳았다.

그녀의 첫 출산 소식을 전화로 들었다. 책을 내겠다고 썼던 글을 다듬는 중에 잠깐 만났을 때 대상포진과 안구건조증으로 고통을 호소하기도 했기에, 떨리는 목소리에 나도 온몸이 일렁거렸다. 그때의 해쓱한 모습이 산통처럼 생생하게 다시 떠올랐다.

II. 작품 속으로

《학이 날고》는 모두 11편의 단편을 담고 있다. 작품 대부분이 우리 전통문화를 이야기하고 있다. 현란한 소재의 작품들이 쏟아져 나오는 현실에서 자칫 케케묵은 소재라고 눈 밖에 나지 않을까 우려의 마음을 건넸더니 그녀의 답은 당찼다.

"사라져 없어지는 것일수록 간직하고 지켜야 한다. 당장 누가 알아주지 않더라도 언젠가는 후대에서 내 소설을 읽으며 '우리 것'을 이해하고 관심을 가질 것이다."

작가의 이 말 속에서 신념과 호기, 고집스런 작가의식을 보았다.

가장 먼저 실린 작품은 등단작 〈결〉이다. 앞서 정목일 수필가의 〈목리〉에서 동기를 얻은 작품이라고 소개한 바 있다. 전통 목공예를 하는 소목장이 주인공이며, 통영 시내 가구 전시장이 작품의 무대이다.

> 태풍 불고 폭우 퍼붓는 밤, 춥고 눈 내리는 겨울을 오직 제 몸 하나로 견뎌낸다고 생각해 보라. 춥고 가문 해는 폭이 좁은 나이테를, 풍요롭고 비 많은 해는 폭이 넓은 나이테를 그려 넣지. 이 산의 작은 이야기 하나도 놓치지 않으려고 가지가지 큰 잎을 달아 귀를 열고 숲 속의 소리에 귀 기울이지. 인두를 지져 낙죽장도에 낙각을 새기듯 그 소리와 풍경을 제 살 속에 새겨 넣은 게야. 거목이 쓰러질 때 나는 소리를 너도 들었겠지? 나는 그 소리가 나무의 살점 뜯기는 소리로 들린다. 처절하고도 경건한 소리, 제 한 몸 뜯겨서 영원의 길이 열리기를 염원하는 통한의 울음소리.
>
> —24쪽, 작품 〈결〉의 본문 중

유독 이 대목이 좋아서 몇 번을 반복해서 읽고 또 읽었다. 소목장인 무진이 나무를 자르며 마치 자신이 나무가 된 듯 엄숙하고도 담담하게 되뇌는 말이다. 작중 사건을 끌고 나가는 실질적 화자는 소목장의 며느리 주 여사이지만 그 속에 들앉아 있는 정신적 인물은 소목장이었던 그의 시아버지 무진이다.

소설은 그저 상상으로만 만들어지는 것이 아니다. 타인의 삶을 내 것인 양 영혼으로 승화시켜야 비로소 독자를 끌어당길 수 있는 작품이 빚어진다. 소목장 무진이 나무를 방에 들여 '목인동침' 하는 장면이 바로 그것이다. 나무에다 목수의 숨소리를 불어넣어 교감하려는 모습에서 작가가 어떠한 마음으로 글쓰기에 임하는지를 알고도 남았다. 교감하지 않은 사람에게는 아무도 마음을 열지 않는다는 신념은 남은 작품을 빚는 데 촉매제가 되었을 것이다.

〈소금 볶는 여자〉는 현실적으로 망가진 한 여인이 자신의 영혼을 정제시키며 재생의 길을 가기 위해 소금을 볶는 이야기다. 아홉 번씩이나 반복하는 소금 볶기에서 한 겹씩 과거를 청산해 나가는 여인에게 갑자기 한 통의 전화가 걸려온다. 자신을 망가뜨린 남자, 이혼한 전 남편이 중병에 걸려 사경을 헤매고 있다는 내용이었다. 여자는 그 남자를 위해 볶은 소금을 보내기로 한다. 그 소금이 남자를 살릴 수 없을지도 모르지만, 여자가 온 정신을 다해 볶은 소금이어서 의미가 크다. 여자가 보내는 소금은 화해이고 용서이다.

소설이 발표되고 얼마 후 한 독자에게서 전화가 왔다고 한다. "혹시 소금을 살 수 있나요?" 하더란다. 그 말을 듣는 순간 웃음이 터져 나왔지만 웃고 넘길 일만은 아니었다. 작품과 현실을 구분하기 힘들 만큼 작가의 형상화가 탁월했다는 증거이기 때문이다.

지금은 제방공사로 사라져버린 낙동강변 찻집 '알 수 없는 세상'이 소설의 무대이다. 최근에 다시 찾은 그곳은 키 큰 미루나무 한 그루만 서 있었다. 사라진 찻집의 표식인 양 가지를 활짝 펼치고 유유히 흐르는 강물을 내려다보며.

〈홍주〉는 전라남도 진도의 특산물 홍주에 관한 이야기다. 사라져가는 전통 홍주를 재현하려는 딸과 고단한 짐을 딸에게 짊어지게 하고 싶지 않다는 어머니, 그러나 결국 딸의 진정 어린 노력에 어머니의 고집이 꺾인다.

어머니는 지에밥, 즉 고두밥을 찌거나 누룩을 밟거나 불을 때면서 잠시 잠깐 삿된 마음 한번만 먹어도 물이 안 빠진다고 했다. ……(중략)

공기가 절구 속으로 떨어질 때마다 척! 척! 지초 으깨어지는 소리가

새벽공기를 가른다. 달빛도 가른다. ……(중략)

무쇠솥 바닥의 열을 손바닥으로 감지한 후 지장수 한 바가지를 퍼붓는다. 치직거리다 가장자리에 거품이 인다. 다음은 항아리 속의 덧술을 옮길 차례다. 한 바가지……, 김이 오른다. 또 한 바가지…… 김이 오른다.

—작품 〈홍주〉의 본문 중

홍주 만드는 과정이 처음부터 끝까지 하나하나 보여주듯 생생하게 묘사되어, 그대로 따라한다면 홍주를 빚을 수도 있겠다. 딸은 앓아누운 어머니를 대신해 밤을 새워 홍주를 빚는다. 전통 홍주를 재현하는 일이 화자에게는 일이 아니라 숭고한 의식 같은 것이었다. 그 많던 별들이 사라지고 먼동이 터 올 즈음, 선연한 붉은 액체가 술항아리에 채워진다. 어머니는 결국 딸을 홍주 전수자로 인정하게 된다. 피와 땀으로 공을 들여야만 제대로 된 빛깔과 맛을 얻을 수 있다는 홍주, 읽는 동안 그 알싸하고 달큼한 내에 취기가 오를 정도였다.

〈홍주〉의 무대가 전라남도 진도, 그러다보니 작품에 전라도 사투리가 이어져야 하는데 경상도 토박이인 작가에게는 난감한 일이었을 터. 작품을 마무리할 즈음, 전자우편으로 내게 사투리 교정을 부탁하기도 했다. 이번 창작집에 일조를 한 셈이라며 잊지 않고 그때 일을 챙겨준다.

〈메밀밭에 눈 내리고〉는 역시 전해져 오는 오랜 방식으로 메밀묵을 쑤는 이야기다. 평생 메밀묵을 만들어 팔던 어머니가 죽자 그 딸이 어머니 뒤를 잇는다. 옛것을 고집하다보니 찾는 사람은 많고 공급은 늘 딸린다. 그러자 사람들은 손쉬운 방법으로 대량 생산을 권하지만 여인은 고집을 꺾지 않는다.

> "이 맛이 어떤 맛인지 말해 볼까요?"
>
> "……?"
>
> "이별의 맛입니다. 먼 이별처럼 아련하게 그리워지는 그런 맛 말입니다."
>
> —작품 〈메밀밭에 눈 내리고〉의 본문 중

여인은 메밀묵 맛을 본 등산객의 말에 집을 나간 아들을 떠올린다. 어머니가 한평생 묵을 쑤며 누군가를 기다렸듯 여인도 묵묵히 아들을 기다린다. 어느 날, 여인은 우연찮게 찾아온 손님이 아버지가 다른 자신의 동생이라는 확신을 갖는다. 어머니가 그토록 기다리던 이가 누구였는지 알고는 마음이 바빠진다. 김이 술술 오르는 묵 함지를 들고 뛰듯 메밀밭으로 가며, 어두워지기 전에 눈이 더 내리기 전에 어서 묵을 식혀서 동생 편으로 들려 보내려고 애가 탄다. 어머니 생전에 하염없이 율티고개 너머에나 시선을 박고 있던 밭고랑을 따라 뛰다시피 달리는 여인을 떠올리다가 울컥 눈물을 쏟고 말았다. 메밀묵, 그 맛이 진한 그리움이라는 것을 알게 해 준 작품이었다.

〈딸·따알〉 이 작품은 프랑스에서 인정받는 디자이너가 고국으로 돌아와서 가장 한국적인 천연 염색물을 찾아다닌다는 이야기다. 지금까지의 작품에다 공간적 배경이랄까 감각을 넓힌 작품이라고 할 수 있다.

'따알' 은 인삼 줄기 맨 꼭대기에 열리는 열매를 말한다. 붉은 눈물 같기도 한 따알은 어머니에게 떠올리기조차 끔찍한 아픈 과거로 연결된다. 그런데도 딸은 따알을 염료로 쓰려고 어머니를 계속해서 조른다. 몸속 혈관을 따라 도는 피는 혈관을 벗어나면 선연한 핏빛을 잃고 만다. 딸은 인삼 열매가 그 빛을 대신해 줄 거라고 믿는다. 어쩌면 딸이 그리워하는 것은 한 번도 느껴보지 못한 아버지의 정情이었다. 어머니에게는 원망과 분노로 일렁거리는 대상이 딸에게는 죽을 것 같은 그리움의 빛깔로 흐르고 있었던 것이다.

또한 작가는 이 작품을 통해 우리 사회엔 오늘도 여전히 남성 중심 또는 남성 우월 사상이 남아 흐르고 있다는 말을 하고 싶다. 전통문화라는 넓은 틀 속에다 질긴 인간의 인간 삶의 현상적 특성까지도 함께 넣어 버무리는 능숙함을 보여준다.

〈학이 날고〉는 나전칠기장의 이야기다. 지금까지 소개한 작품의 소재나 주제가 전통의 맥이라고 한다면 이 작품은 전통의 맥을 잇기 위한 한 방법을 제시하고 있다고 볼 수 있겠다.

첫 작품부터 여기까지 쭉 읽어오다, 과연 작가가 우리 전통문화를 고집한 이유가 무엇일까 궁금했다. 그리고 작품 속 전통문화를 묘사하기 위해 얼마나 치열하게 취재를 했을지 떠올릴 수 있었다. 내가 아는 소설가 한 분은 경주고속도로 톨게이트를 묘사하기 위해 그곳에 열 번도 넘게 다녀왔다고 다소곳이 말한 적이 있다.

작품 하나를 완성하기 위해 목숨을 거는 무모한 행위를 고집하는 이가 과연 얼마나 될까. 하지만 목숨을 걸고 대결할 때 작품은 완성된다. 나전칠기장의 작업은 열정과 감동을 뛰어넘어 차라리 숭고했다. 그것은 완성된 예술을 향한 절절한 소망이었다. 하물며 금기처럼 감춰진 장인의 비법들을 마치 직접 보여주는 것처럼 묘사하는 일이 그이에게는 녹록하지 않았을 터.

작가는 첫 창작집을 내면서 전통문화에 관한 소재를 연작으로 모두 7편의 작품을 실었다. 나머지 작품은 다른 각도에서 주제를 잡아서 몇 편을 수록했는데, 〈방물장수〉, 〈풍접화〉, 〈신 헌화가〉, 〈고등어 굽는 아이〉, 〈절룩거리다〉 순이다.

작품집이나 글들의 성격으로 보아 쉬이 지나칠 수도 있겠으나 한편 작가의 관심이나 앞으로의 행로를 엿볼 수도 있는 작품들이다. 그 가운데서도 〈절룩거리다〉를 주목해서 읽었다. 유일하게 현실적이면서 약간의 자전적인 요소를 담고 있기 때문이다. 요즘 주변이나 언론에서 흔히 만날 수 있는 해체된 가족 관계를 담담하게 그리면서, 그녀가 어떻게 해서 소설가의 길을 걷게 되었는지 주변 사람들이 작가를 어떤 시선으로 대하고 있는지를 조각으로나마 엿볼 수 있다.

작가의 길을 걷는 그녀를 아버지는 못마땅해 한다. 아버지 생신에 갈비를 사 들고 찾아간 딸에게 아버지는 맘에 없는 독한 소릴 퍼붓고는 핏물 줄줄 흐르는 갈비를 딸 가슴팍에 안겨서 내쫓는다. 고집이며 성깔이 빼다 박은 듯 닮은 아버지와 딸은, 뱀 대가리 손톱이랑 한쪽 어깨가 기운 것까지 닮았다.

> 아버지의 손끝에는 열 개의 삽날이 꽂혀 있었다. 대개는 녹이 슨 것들이었다. 거무튀튀 녹이 슨 삽날은 납작하거나 유구한 세월에 깎인 암초처럼 갈라져 있었다. 어릴 때 나는 어른들의 손톱은 자라지 않는 줄 알았다.
>
> —작품 〈절룩거리다〉 본문 중

작가의 길이 만만치 않다는 것을 알기에 아버지는 기어코 말리고 싶다. 아버지는 생일에 찾아온 딸을 독하고 모진 말로 내치지만 딸이라디오에 보낸 편지 한 통으로 부녀는 화해한다. 이것이 곧 글의 힘, 소설의 힘이 아니고 무엇일까.

마지막으로 첫 창작집 《학이 날고》에 적은 '작가의 말'이 큰 울림으로 남아 그 한마디를 인용한다.

> 문학하는 자의 의무는 죽은 자를 눈 뜨게 하고, 눈 뜬 자를 일으켜 세우고, 일어난 자를 뛰게 하는 원죄를 가진 자라고 믿고 있습니다. 제 송구한 작품들이 그 역할을 거뜬히 수행해주었으면 합니다.
>
> —〈작가의 말〉 중에서

Ⅲ. 소설과 함께 학처럼 훨훨 날기를

며칠 전, 작가로부터 작품집과 작가에 대해 소개하는 글을 써달라는 전화를 받았다. 생뚱맞기도 하고 부담스럽기도 했다. 소설 쓰기를 함께 해오고 있다는 것이 작은 인연이기는 하나, 어디 작가와 작품평을 아무나 할 수 있단 말인가! 그래서 거절부터 했다. 그런데 그녀의 생각은 달랐다. 대외적으로 인정받는 전문가의 평도 중요하겠지만, 누구보다 자신을 잘 아는 이에게 맡기고 싶다는 게 진심이었다. 내가 아는 작가는 소박하고 꾸밈없는 무명천 같은 사람이다. 좋아하고 싫어함이 너무도 분명하여 때로는 당황스럽기도 하지만, 속을 들여다보면 오히려 맑아서 편하다. 그래서 잠깐 망설임 끝에 짧고 무딘 필력을 감수하고 감히 써보기로 했다.

인연은 창신대학 문예창작과에서 시작되었다. 우리를 소설쓰기로 이어준 분은 그때 소설을 강의하신 표성흠 소설가이다. 지방에서 체계적으로 소설 작법을 지도받는 일이 쉽지 않았던 터라 우리에게는 더없는 기회였다. 소설 쓰기에 뜻을 둔 몇몇이 '지령 1호' 라는 모임을 만들어 치열하게 습작과 합평을 거듭하기로 했다. 그러나 의욕만 앞섰지 소설이 그리 호락호락한 물건은 아니었다. 이끄는 이는 '밥 먹듯 써라' 고 외쳤지만 하나둘 지쳐 나가떨어졌고, 가장 열심인 이가 바로 최혜인이였다. 그녀는 시작한 지 1년 만에 경남일보 신춘문예에 당선했고, 다음 해에 동양일보 신인문학상에 당선한다. 그리고 3년 후, 여기저기 발표한 작품들을 모아 작품집을 묶기에 이른다. 등단 후 4년 만의 첫 창작집이다.

지금 그녀는 소설과 뜨겁게 열애 중이다. 그 열정은 맹렬해서 대상이 글이었기에 망정이지 남자였다면 아마 견디지 못했을 것이다. 열애는 열애로만 끝나지 않고 글을 배어 떡두꺼비 같은 작품으로 쑥쑥 낳는다. 지금 이 순간에도 그녀 몸속에서 숱한 글의 씨앗들이 꿈틀거리는 게 보인다.

타고난 재주와 열정만으로는 진정한 소설가라고 말할 수 없다. 재주와 열정으로 한두 편 작품을 만들어 잠깐 문단의 주목을 받을 수 있겠지만, 자신과의 싸움에서 진다면 그 작가는 곧 잊히고 만다. 등단작이 마지막 작품이 되는 작가들이 얼마나 많은가. 자꾸만 풀어지는 자신을 얼마나 야무지게 후려잡는가가 관건이다.

신춘문예에 당선한 것을 알고 처음 만난 날 그녀는 삭발을 하고 나타났다. 그만큼 소설에 집중하려는 마음이 절실하다는 것을 보여준 것이리라. 그 뒤 소설쓰기와 관련이 없는 활동이나 주변사람들을 매몰차게 끊어내고, '오로지 작품으로 나를 세상에 보이겠다' 는 의지로 스스로 담금질하며 고독한 세월을 살아냈다.

무엇이 이토록 혹독하게 스스로를 다잡게 했을까. 꽃다운 시절, 잔인한 운명으로 내동댕이친 그리움 조각이 기억 어딘가에서 뭉그러진 채 그녀를 애타게 부르고 있었다. 땅 위에 살아 있는 어미만이 들을 수 있는 부르짖음을 힘으로 삼아 세월을 견뎌내는 그녀가 한없이 가엾다가 때론 무서워진다. 그녀가 쓰고 또 쓰지 않으면 견딜 수 없음을 안다.

흔히 지방에서 이름을 얻은 작가는 서울 가까이 가려고 한다. 그것이 밥벌이를 위한 삶의 공간이든 이름을 얻기 위한 활동 영역이든. 한때 그녀도 서울 가까이 갈까 고민하기도 했다. 바람에 나부끼는 깃발 같기도 밀려오는 파도 같기도 했다. 그랬다. 그럼에도 훌쩍 이곳을 떠나지 않아서 고맙다. 그런 흔들림 속에서 부대껴온 등단 4년 만의 첫 창작집 출간은 그래서 더욱 의미가 크다.

그녀가 어디에 있는가는 중요하지 않다. 〈학이 날고〉의 마지막 장면처럼 까맣고 넓은 하늘을, 활짝 나래를 편 새로 힘차게 날아오를 날을 바라며 기다린다.

정선호 시인

경남문학 97 | 2011년 겨울호

2001년 《경남신문》 신춘문예 등단. 시집 《세온도를 그리다》 등

암호 보관창고 외 4

정선호

내가 쓰는 암호들 두 개를 잃어버리자, 한 나는 시베리아의 설원에서 북극곰에게 뜯어 먹히고 있다. 다른 나는 타클라마칸 사막에서 점점 풍장이 되어가고 있다. 내가 다시 xxxxxx라든가 xxxxxx란 암호를 찾아내 적금통장과 인터넷에 접속하자, 죽었던 내가 다시 태어나 설원과 사막을 걷고 있다. 때로 그 숫자들 순서를 바꿔 내가 다른 이의 생을 대신 살기도 한다. 대학시절 학번과 군인시절 군번으로 암호를 만드는 것은 밥 먹는 일과 같아, 이것들 중 한 개만 잊어도 나는 굶어 죽을 거다. 그렇게 암호로 조합된 생을 살다가 정말로 죽음이 다가온다면 암호들 내 몸에서 줄줄이 빠져나갈 거다. 쉿! 지금 하늘에 무수한 암호들 둥둥 떠다니는 것 보아라. 망자들 몸에서 빠져나온 무수한 암호들 별들 향해 솟아오르는 것 보아라.

모든 별들 죽은 이들의 암호들 창고에 보관했다가, 그 주인들 무엇으로 다시 태어나면 암호들 꺼내 지상으로 내려 보내고 있다

우포늪에서 휴대폰을 잃다

—생태문학제에 참가하여

창포 만발한 우포늪 장재마을에서
시와 노래를 듣다 휴대폰을 잃었다
기러기 몇 마리 날아가는 저녁,
그것을 찾아 사방을 돌아다녔으나
1억 년 전 우포늪에 살았던 누구의
손에 전해진 그것을 찾지 못했다
하마 익룡이 그걸 주워 돌아오려나
마늘을 먹고 사람이 되었던 곰이
수줍은 미소를 지으며 건네주려나
방죽에 앉아 기다리는 찰나의 시간,
왜가리와 백로들은 잠들었고
시와 노래는 계속되었지만 나는
휴대폰에 집 전화번호를 입력해 놓고
1억 년의 세월을 떠돌다
수많은 내 전생의 것들을 반났다
그들이 일제히 내 귓가에 휴대폰의
발신음을 보낼 날은
얼마의 내가 다시 태어나야 하는 것인지
손가락으로 꼽을 수 없는 나의 연혁들
쑥국새는 기다리지 말라며 울어대고.

봄, 야유회를 가다

바다가 보이는 오래된 초등학교에 갔네
아이들은 없고 바람만이 저녁밥을 지어
논둑의 뱀 풀이며 씀바귀들에게 퍼주었네
염소 몇 마리 바다를 뜯어먹으며
아이들 불렀지만 아이들 해변에서 공을 차며
유년의 일기장 바다에 던지고 있었네

바람은 날개를 접어 몇은 빈 교실에서
헤진 추억들 풀어놓고
몇은 야유회 온 이들 배낭에 들어가
아이들과의 이별을 준비했네
저녁식사엔 염소 한 마리 잡아 만든
수육이며 국물이 나왔는데
바다냄새와 풀냄새 물씬 났네
풍성한 저녁식사는 시작되었지만
일행은 부음 전해들은 이들처럼 말없이
질디기질긴 식사를 하는 것이었네

파도 소리는 보채는 아이들 잠재웠고
소쩍새 같은 숨소리 내며 크는 아이들,
이슬을 불러 염소의 쓸쓸함을 덮었네

파도 소리 더 크게 들리자 일행은 저마다
염소의 울음소리 내던 유년을 떠올리며

하얗게 늙어갔네
그들 턱에는 수염이 빠르게 자랐으며
새벽녘에야 막혔던 귀가 뚫리고 있었네

사골을 끓이며

아내가 사골을 끓이기 시작하자, 집안에 소 한 마리 살아나 풀 뜯고 있다. 집안은 온통 풀밭이고, 밭이기도 하여 소는 돌아가신 아버지의 쟁기 끌다, 당신이 잠시 쉬면 풀밭에서 풀을 먹고 있다. 저녁이면 어머니가 갖다 놓은 먹이 먹고 나서는 제 새끼에게 젖 먹이고 있다. 그러다 잠이 들어 제 어미의 몸으로 만든 내 아이들 북 두드리며, 저승에 있는 내 아버지와 어머니 향해 가고 있다. 둥그런 눈에선 눈물 끝없이 흘러나오고, 죽어서 수만 번 죽어서 진한 국물을 남기며 아득한 한 생 정리하고 강물에 풍덩 빠져들고 있다. 내 몸속의 피도 강물처럼 고요히 바다로 흘러가고 있다.

성산패총을 지나며

공업단지 안 시계공장이 있지요. 시계공장 뒤로 선사시대 패총과 야철지 있고요. 패총에서 선사시대 사람들 몇은 불을 피워 조개를 굽고 몇은 먹고 남은 조개껍질을 근처 시계공장으로 퍼 날랐어요. 시계공장 사람들 그것들 잘게 부숴 시침과 분침을 만들고 야철지에서 쇠를 다져 몸통을 만들었지요. 마지막에 선사시대의 사람들 골수 뽑아 시계를 완성했지요. 시계공장 사람들 완성된 시계를 다시 후손들에게 물려주자, 후손들 병과 전쟁에 죽고, 늙어 죽으면서도 그걸 잃어버리지 않고 후손들에게 물려주었지요. 마지막으로 시계를 받은 시계공장 사람들, 집에 시계를 걸어 놓은 채 아이 낳고 밥을 먹고 공장에 출근하여 시계를 만들고 있는 것이지요. 저녁이 되면 선사시대 사람과 시계공장 사람이 함께 시계를 별에게 보내고 있어요. 별은 받은 시계로 빛을 내어 시계공장을 환하게 비추고 있어요.

평설

세온도歲溫圖를 그리는 시간

—정선호의 시

오홍진 문학평론가

1.

정선호는 강물처럼 흘러가는 시간의 흐름이 찰나적으로 단절되는 어떤 순간을 시의 언어로 불러낸다. 현실의 시간 밑을 되감아 흐르는 절대적 현존의 세계는 정선호의 시가 이르려는 궁극의 지점을 표현한다. 이를테면 〈우포늪에서 휴대폰을 잃다〉에서 시인은, 휴대폰을 잃은 현실의 사건("창포 만발한 우포늪 장재마을에서/ 시와 노래를 듣다 휴대폰을 잃었다")을 통해 "1억년 전 우포늪"의 영원한 세계를 상상한다. "하마 익룡이 그걸 주워 돌아오려나/ 마늘을 먹고 사람이 되었던 곰이/ 수줍은 미소를 지으며 건네주려나"에 암시되듯, 시인은 방죽에 앉아 익룡과 곰이 나타나는 "찰나의 시간"을 애타게 기다리고 있다. 하지만 영원의 시간이 도래한다면, 시간으로 구성된 세계는 혼란에 빠질 수밖에 없다는 데서, 시인의 이러한 소망은 상상 속에서만 가능할 뿐이다. "쑥국새는 기다리지 말라며 울어대고."라는 시구는 정확히 이 점을 가리키고 있는 바, 정선호의 시에서 짙게 묻어 나오는 그리움의 향취는 찰나의 시간에 기대어 영원의 시간을 엿보아야 하는 자의 한계의식으로부터 비롯된다고 봐야 할 것이다.

주목할 점은 영원의 시간에서 "일제히 내 귓가에 휴대폰의/ 발신음을" 보내는 존재들이 다름 아닌 "수많은 내 전생의 것들"로 의미화된다는 점에 있다. 익룡과 곰만 그곳에 사는 게 아니라 '내 전생의 것들'도 그곳에서 "1억년의 세월을 떠돌다" 휴대폰에 입력된 전화번호를 보고 지금의 내게로 발신음을 보낸 것이다. 1억 년이라는 까마득한 시간에 담겨 있는 영원의 의미를 생각하지 않더라도, 정선호의 시에는 1억 년 동안 저마다의 세계를 저마다의 방식으로 헤쳐 왔을 무한한 존재들의 흔적들로 넘쳐난다. 그 흔적들이 내 주변을 떠돌다가는, 시간을 이탈하는 어떤 계기가 주어지자마자 곧바로 시간의 벽을 허물고 이 세계로 밀려 들어온다. 우포늪에서 휴대폰을 잃은 사건만 그런 게 아니다. 〈사골을 끓이며〉라는 시에서는, 사골을 끓이는 아주 일상적인 사건 속에서 펼쳐지는 영원의 체험을 시의 세계로 불러들이고 있다.

> 아내가 사골을 끓이기 시작하자, 집안에 소 한 마리 살아나 풀 뜯고 있다. 집안은 온통 풀밭이고, 밭이기도 하여 소는 돌아가신 아버지의 쟁기 끌다, 당신이 잠시 쉬면 풀밭에서 풀을 먹고 있다. 저녁이면 어머니가 갖다 놓은 먹이 먹고 나서는 제 새끼에게 젖 먹이고 있다. 그러다 잠이 들어 제 어미의 몸으로 만든 내 아이들 북 두드리며, 저승에 있는 내 아버지와 어머니 향해 가고 있다. 둥그런 눈에선 눈물 끝없이 흘러나오고, 죽어서 수만 년 죽어서 진한 국물을 남기며 아득한 한 생 정리

하고 강물에 풍덩 빠져들고 있다. 내 몸속의 피도 강물처럼 고요히 바다로 흘러가고 있다.

—〈사골을 끓이며〉 전문

아내가 사골을 끓이기 시작하자 소 한 마리가 집안으로 걸어 들어온다. 집안을 온통 풀밭으로 만들어버리는 이 시적인 사건은 일상적인 시간의 틈새를 뚫고 나와 화자(시인)를 기억의 어떤 순간으로 이끌어간다. 그곳에서는 돌아가신 아버지가 여전히 쟁기를 끌고 있고, 어머니는 어머니대로 일을 마친 소에게 먹이를 주고 있다. 일상적인 너무나 일상적인 세계는 그러나 제 새끼에게 젖을 먹인 소가 저승길을 찾아가는 장면에서 시적인 차원으로 도약한다. 쟁기를 끌던 소는 제 몸을 희생해서 아이들이 두드리는 북이 되며, 결국은 그 북소리를 들으며 "내 아버지와 어머니 향해 가고 있다." 소는 주어진 만큼의 생을 살다가 "죽어서 수만 번 죽어서 진한 국물을 남기"고는 화자의 아버지나 어머니처럼 "고요히 바다로 흘러가고 있"는 것이다. 사골의 진한 국물에는 이처럼 아득한 한 생을 살다 간 존재의 모든 것이 스며들어 있다. 생 너머에서 펼쳐지는 죽음의 향연은 이토록 아름다운데, 영원의 시간을 향한 시인의 관심은 실상 이러한 죽음의 역설을 인식하는 과정 속에서 시나브로 깊어졌다고 할 수 있겠다.

1억 년의 세월은 기껏해야 100년을 사는 인간들에게는 죽음의 시간일 수밖에 없다. 인간은 죽음이라는 말이 두려워 그것을 영원이라는 말로 표현하고 있는 바, 영원에 대한 인식의 밑바탕에는 이런 점에서 죽음을 향한 두려움의 정서가 짙게 깔려 있다. 요컨대 영원을 노래하는 것은 죽음을 노래하는 것과 다르지 않다. 하지만 이때의 죽음이 단절로서의 죽음이 아니라 생의 지속으로서의 죽음이라는 역설

구조에서 뻗어 나오고 있는 점을 주목할 필요가 있다. 앞으로만 흐르는 시간의 선조성에 기댄다면, 인간은 죽음이라는 종착점에 도달하기 위해 태어난 존재로만 인식될 뿐이다. 따라서 죽음에 대한 사유는 시간의 선조성을 무너뜨리는 계기적 순간을 직관적으로 경험하지 않는 한 제대로 이루어질 수 없다. 시의 세계가 본질적으로 죽음의 세계와 이어지는 이유는 여기에 있다. 시적 직관의 순간이 일상적인 자아가 사라지는 순간의 어떤 경험을 의미한다면, 시는 무엇보다도 자아의 죽음이라는 문제와 근본적인 관계를 맺을 수밖에 없다.

1억 년의 세월을 떠돌던 수많은 '나'는 지금 이곳의 '나'가 결코 단일한 존재(주체)가 아니라는 걸 예시한다. 〈봄, 야유회에 가다〉를 참조한다면, "오래된 초등학교"의 동창생들을 사로잡고 있는 정서는 "유년의 일기장"이 불러일으키는 그리움과 쓸쓸함이다. 지금의 나와 유년의 나 사이에 걸쳐 있는 시간의 벽은 '헤진 추억들-아이들과의 이별-부음 전해들은 이들'이란 시구들에 나타나는 바, 죽음(이별)의 이미지들로 견고하게 쌓여 있다. 유년의 나를 추억하는 자는 돌아올 수 없는 시기를 떠올린다는 점에서 이미 늙어버린 자이다. 그리하여 파도 소리를 들으며 "염소의 울음소리 내던 유년"을 안타깝게 떠올리는 지금의 나는 "하얗게 늙어"가고 있다. 늙음의 시간이 죽음의 시간과 유사하다는 점을 굳이 강조할 필요는 없겠지만, 시간을 사유하는 존재의 뇌리에 깊이 박혀 있는 죽음의식의 기원이 이러한 늙음의 시간성과 결부되고 있다는 점만은 한번쯤 되새겨보는 게 좋다고 하겠다.

> 공업단지 안 시계공장이 있지요. 시계공장 뒤로 선사시대 패총과 야철지 있고요. 패총에서 선사시대 사람들 몇은 불을 피워 조개를 굽고

몇은 먹고 남은 조개껍질을 근처 시계공장으로 퍼 날랐어요. 시계공장 사람들 그것들 잘게 부숴 시침과 분침을 만들고 야철지에서 쇠를 다져 몸통을 만들었지요. 마지막에 선사시대의 사람들 골수 뽑아 시계를 완성했지요. 시계공장 사람들 완성된 시계를 다시 후손들에게 물려주자, 후손들 병과 전쟁에 죽고, 늙어 죽으면서도 그걸 잃어버리지 않고 후손들에게 물려주었지요. 마지막으로 시계를 받은 시계공장 사람들, 집에 시계를 걸어 놓은 채 아이 낳고 밥을 먹고 공장에 출근하여 시계를 만들고 있는 것이지요. 저녁이 되면 선사시대 사람과 시계공장 사람이 함께 시계를 별에게 보내고 있어요. 별은 받은 시계로 빛을 내어 시계공장을 환하게 비추고 있어요.

—〈성산패총을 지나며〉 전문

죽음 너머에 삶이 있다는 시적 역설을 이야기하고 있는 위 시는, 정선호 시에 나타나는 죽음의식의 원형을 단적으로 표현한 작품이라고 할 수 있다. 《문학의 공간》을 쓴 모리스 블랑쇼는 죽음의 공간을 비인칭의 공간으로 해석한다. 그가 이야기하는 비인칭은 인간(주체) 중심적 관점으로 포섭할 수 없는 사물의 영역을 일컫거니와, 죽음이라는 사건 역시 이러한 비인칭의 광장에서 벌어지는 일상적인 과정이라는 점을 그는 무엇보다 강조하고 있다. 곧 죽음은 '나' 에게만 일어나는 독특한 현상이 아니다. 지금 이곳을 살아가는, 아니 지금까지 이곳을 살다 간 모든 생명체들에게 죽음은 생의 본능처럼 각인되어 있는 것이다. 이렇듯 생명체의 입장에서 보면 죽음은 생과 다르지 않다. 죽음은 항상 새로운 생으로 거듭나기 때문이다.

창원공단 안에서 발굴된 선사시대의 '성산패총' 을 노래하고 있는 위 시에서 시인은 선사시대의 야철지와 공단의 시계공장을 잇는 생명의 흐름(인드라망)을 잔잔한 목소리로 노래한다. 고대인과 현대인의 협력으로 "완성된 시계"는 질병이 퍼지고, 전쟁이 계속되는 와중에도 변함없이 후손들에게 건네졌다. 후손들은 집에 시계를 걸어놓고 일상생활을 영위하고, 공장에 나가서는 다시 시계를 만드는 노동의 삶을 반복적으로 수행한다. 시계공장을 환하게 비추는 별빛은 실상 이러한 반복의 힘으로부터 뻗어 나올 텐데, 성산패총에 새겨진 환한 이미지 역시 이러한 반복의 힘이 아니라면 생성될 수 없다고 보는 게 타당할 것이다.

〈망고나무 아래에서 버스를 기다렸다〉와 〈수빅영화관 앞에서〉에도 그대로 이어지는 반복의 시학은 정선호 시에 표현된 영원의 시간성이 궁극적으로는 생과 죽음이 반복되는 생명의 시간에 기반하고 있음을 예증하고 있다. 망고나무 아래에서 화자(시인)가 기다리는 버스는 "내 푸른 피 마를 때까지" 기다려야 하는 버스라는 점에서 이미 일상적인 세계를 넘어선 곳에 위치한다. 이런 버스가 꼭이 필리핀에만 있는 것은 아니다. "젊은 필리핀인들 전파로 한국의 내 고향에서/ 버스를 당겨오고 있다"는 부분에 표현되늣, 한국에서도 이 버스는 운행되고 있으며 '전파만' 맞으면 버스는 어느 곳에나 나타날 수 있다. 휴대폰 하나로 영원을 엿봤던 시인은 이제 버스라는 일상적인 도구를 통해 시공간과는 상관없이 현현되는 영원의 순간을 경험하고 있다. 정선호의 시는 바로 이 지점에서 영원성의 신비로움을 벗어나 지금 이곳의 현실로 다시금 스며들고 있는 것이다.

수빅영화관 앞에서 시인이 만나는 "수억 년 동안 살아온 바람"도 생명이 있는 곳이라면 어디에나 있다는 점에서 현실 속의 영원을 상징하는 사물이라고 말할 수 있다. 바람의 등에 떠밀려 알타미라 동굴에 이른 화자는 "동굴 안에서 지금까지 벽화 그려 왔던/ 해골들과 인사하고 바람과 대화하며/ 같이 벽화를 그렸다". 알타미라 동굴 벽화는 지금 이곳의 나와 무관하지 않다는, 이 애착과도 같은 생명의 영원성에 대한 인식은 "해골이 되어 저승 떠돌다 되살아나/ 다시 그리기를 되풀이했다"는 시구에서도 분명하게 드러난다. 수억 년의 시간을 살아온 바람은 "사람들 다시 죽어도 후손의 후손들과/ 사랑을 나누며" 자신만의 영원한 삶을 살아갈 것이다. 지금 내가 만난 바람이 과거의 누군가와 만났거나, 혹은 미래의 누군가와 만날 것이라는 뿌리 깊은 인연사상이 정선호의 시적 세계관을 잉태한 근원이라고 할 수 있는 셈이다.

2.

영원성에 대한 시적 탐구는 역설적으로 현실 속의 '나'를 탐구하는 과정과 맞물린다. 그런데 영원성을 지향하는 시인에게 현실의 나는 수많은 '나들'로 들끓는 광란의 장소로 나타난다. '나는 타자이다'라는 말처럼, 지금의 나는 헤아릴 수 없는 타자들(과거의 나도 결국은 타자이다)의 삶으로 채워져 있으며, 따라서 타자들의 삶이 사라지면 지금의 나 역시 사라지지 않을 수 없다. 〈암호 보관장소〉를 따른다면, 나는 인터넷의 조합된 암호(아이디)와 다르지 않다. 그런데 암호는 여러 개를 동시에 만들 수 있다는 점에서 비인칭의 장소를 대변한다. 지금 이 순간 어떤 암호를 사용하는가에 따라 나의 삶은 달라질 수 있는 바, '나'라는 존재의 익명성과 다양성은 이러한 암호로 구성되는 '나'의 특성을 정확하게 표현한다고 하겠다.

문제는 이처럼 "암호로 조합된 삶을 살다가 정말로 죽음이 다가온다면 암호들 내 몸에서 줄줄이 빠져나갈 거"라는 점에서 찾을 수 있다. '나'가 암호로 형성된다면, 암호가 빠져나간 나를 과연 나라고 할 수 있을까? 정선호의 낭만성은 기실 이 문제를 해결하는 과정에서 두드러지게 표출된다. 그것은 "망자들 몸에서 빠져나온 무수한 암호들 별들 향해 솟아오르는 것 보아라."라는 부분에 드러나거니와, "암호보관창고"인 별들을 "그 주인들 다시 태어나면 암호들 꺼내 지상으로 내려보내"는 존재로서 시화하는 데서 분명히 나타난다. 내가 쓰는 암호들이 영원성의 영역을 가리키는 증거로 제시되는 이 특이한 인식체계는 생과 죽음의 경계를 허무는 비인칭의 세계를 상정해야만 그 의미가 밝혀질 수 있다. 이러한 인식체계는 〈지명수배자〉에서도 이어지고 있다. 지명수배자는 "내가 복제되어 어딘가에 살고 있을/ 수많은 나"이다. 내가 복제된 나를 지명수배하는 비현실적 정황은 "그러나 내가 발가벗고 탕 안에 들어가도/ 아무도 발견하지 못했다"는, 어떻게 보면 당연한 현상으로 귀결된다.

그렇다면 나는 왜 나를 지명수배하고 있는 것일까? "내 의지와 상관없이 진행되는 일들과/ 누군가 미리 정해 놓았는지 모르는/ 내 운명을 수배했다"고 화자(시인)는 밝히고 있다. 나와 상관없이 제멋대로 돌아가는 운명의 힘이 지명수배를 했다고 해서 그리 간단하게 잡힐 리는 없다. 이 시의 화자 역시 "영원히 붙잡히지 않을 수십 명의 내가/ 수배전단 안에서 히죽 웃고 있다"고 말하고 있지 않은가. 내가 나를 잡는 것이 이처럼 어려운 일이라면, 도대체 내 앞에 드리워진 이 운명이라는 굴레를 어떻게 해야 할까?

> 지금 선죽교엔 눈이 많이 내리겠지요 이젠 남녘 사람도 그곳에 가 볼 수 있게 되었다지요 이방원의 손에 목숨 꺼져갈 때도 지금처럼 매서운 바람 불었던가요 당신의 대나무 끝내 꺾이지 않아 지금도 후손들이 당

> 신을 찾고 있는 것이지요 난 지금 필리핀 어느 도시에서 편지를 쓰고 있습니다 이곳은 찬바람과 눈은 내리지 않지만 대나무는 많습니다 더운 날씨에 비가 자주 내려 그야말로 우후죽순 크는 대나무들의 밀림이지요 하지만 난 지금도 저승에서 대나무를 키우고 있을 고려의 당신이 그립습니다 세찬 바람에 흔들려서 더욱 절개가 깊어지는 당신, 눈 내리면 정기 받아 세상을 맑게 하는 혜안을 닮고 싶습니다
>
> —〈겨울, 포은에게〉 1연

포은 정몽주는 영원성의 시간에서 비껴 나와 지금 이 순간 시인 앞에 오롯이 서 있다. 필리핀의 어느 도시에서 쓰는 편지의 형식으로 전달되는 이 시는, "난 지금도 저승에서 대나무를 키우고 있을 고려의 당신이 그립습니다"라는 부분에 시상이 집중되고 있다. 대나무가 이방원의 칼 앞에서 끝내 꺾이지 않은 포은의 일편단심을 상징한다는 건 이제 일반화된 얘기일 뿐이다. 중요한 것은 포은의 이러한 마음이 아니라 그 마음을 지금 이곳의 현실로 불러내는 시인의 의도(마음)일 것이다. "아직도 고려의 부흥을 꿈꾸는 육백 년 동안의 푸른 일기장 훔쳐보고 싶습니다"(같은 시 2연)로 끝나는 이 시의 결구를 참조한다면, 시간이 지나도 변하지 않는 포은의 푸른 기상을 시인이 그리워하고 있다는 점을 쉽게 알 수 있다. "세찬 바람에 흔들려서 더욱 절개 깊어지는 당신, 눈 내리면 정기 받아 세상을 맑게 하는 혜안을 닮고 싶습니다"에 이르면, 포은의 삶은 화자에게 인생의 지향점을 가리키는 척도로까지 비춰진다.

수많은 나를 지명수배했으면서도 정작 아무도 발견하지 못한 나와 비교한다면, 포은은 분명 자신이 처한 운명과 싸워 '나'를 발견한 존재라고 할 수 있다. 현실의 벽을 넘어 영원성의 영역으로 들어간 포

은의 삶이 지금도 여전히 사람들의 마음에 다가오는 이유는 이곳에 있다. 포은은 자기의 삶을 스스로 선택하고, 목숨을 걸고 그 삶에 매진함으로써 아무나 도달할 수 없는 삶의 지점에 이르렀다. 자기를 잃고 다만 수배전단 속에서 히죽 웃는 또 다른 나만 이리저리 찾아다니는 화자가 이르지 못한 지점을, 정확히 말하면 화자가 그렇게도 이르려고 했던 지점을 포은은 실제의 삶에서 성취했던 것이다. 포은에게 보내는 편지는 그러므로 영원한 시간의 시적 의미가 운명에 순응하는 데 있지 않음을 분명하게 보여준다. 영원성을 이야기하는 시인이더라도, 그는 지금 이곳의 현실에 굳게 발을 붙이고 있다. 영원성은 바로 현실에 뿌리를 내리기 위한 시적 대안이라는 점을 시인은 포은의 삶을 경유하여 의미화하고 있는 셈이다.

> 추사秋史가 유배지 담라에서 세한도歲寒圖 그렸을 무렵, 난 필리핀 루손섬에서 세온도歲溫圖를 그렸다. 세한도의 소나무 대신 열매가 주렁주렁 달린 망고나무와 파파야나무 그려 넣고 초가 대신 바파이쿠보 그려 넣었다. 그가 세찬 바람과 눈 내리는 탐라에서 독한 술 마실 때, 난 바닷가 카페에서 차가운 맥주 마셨다 추사가 그림의 소나무처럼 변치 않는 기개를 바랬으나, 나는 가난한 나라의 사람에게 주는 나무들의 풍요를 간절히 원했다
>
> 추사와 난 따로 기나긴 겨울과 여름 지내며 너무 고독했다 그랬다, 사람은 언제 어디서나 유배자여서 고독했다 살아가며 가슴에 섬 하나씩 품고 있는 거였다 섬은 때로 고립되고 모든 인류가 더불어 사는 곳이 되기도 했다 유배지에서 난 잘사는 나라를 처절하게 원하고 추사는 따뜻한 나라를 목숨보다 더 원했던가 —〈세온도歲溫圖를 그리며〉 1~2연

시인은 추사 김정희의 세한도를 세온도라는 이름으로 새롭게 호명하고 있다. 추사가 제주도에 유배를 가서 그린 세한도는 추운 겨울에도 기개를 잃지 않는 소나무의 모습을 그림의 전면에 배치함으로써 당시 추사의 내면을 상징적으로 보여주고 있다. 이방원의 칼에 맞선 포은의 삶(대나무로 표현되어 있다)을 상기시키는 소나무의 시적 맥락은 중심을 잃지 않는 삶의 중요성을 새삼 강조하고 있다. 중심은 수많은 나로 분열될 수밖에 없는 세상의 현실과 맞서기 위해 필요한 것이다. 중심의 괴로움을 이야기한 시인(김지하)도 있었지만, 그것은 그만큼 자기중심을 잡고 살아가는 삶이 얼마나 힘겨운가를 에둘러 표현하고 있을 뿐이다. 문화의 중심지였던 한양에서 문화의 불모지나 다름없는 바다 건너 제주도로 내쫓긴 추사의 내면은 당연히 고독함으로 채워져 있었을 것이다. 하지만 고독은 자기자신의 본질과 홀로 대면하는 순간을 불러일으키기도 한다. "세찬 바람과 눈 내리는 탐라에서 독한 술 마"시면서 대면했을 자기의 본질을 추사는 한겨울에도 허리를 굽히지 않는 소나무의 기상으로 표현했던 것이다.

그런데 시인은 추사의 이러한 세한도에서 세온도라는 또 다른 그림을 발견하고 있다. '한寒'과 '온溫'의 어감 차이가 있지만, 실제 세한도와 세온도는 한 시인(예술가)의 내면에 드리워진 이중적인 욕망을 동시에 드러내고 있다. 현실의 고독함이 내면의 희망마저 사라지게 하는 것은 아니다. 이를테면 "사람은 언제 어디서나 유배지에서 고독했다". 하지만 동시에 사람은 "살아가며 가슴에 섬 하나씩 품고 있는 거였다 섬은 때로 고립되고 모든 인류가 더불어 사는 곳이 되기도 했다". 추사의 현실이 고립된 섬이었다면, 추사의 예술은 결코 고립된 섬이 아니었다. 예술은 현실에서는 보이지 않는, 현실 너머의 어떤 세계를 구현한다. 추사의 세한도를 보며 자기만의 세온도를 다시 그리는 이 시의 화자처럼, 예술가들은 저마다의 가슴에 품고 있는 고독의 심연을 저마다의 독특한 방식으로 풀어낸다. 세온도를 그린 추사의 마음 깊은 곳에 새겨져 있던 '세온도'의 꿈은 그러므로 인류가 그렇게도 소망했던 유토피아의 꿈과 닿아 있다. 그것은 필리핀 루손섬에서 "가난한 나라의 사람에게 주는 나무들의 풍요를" 그린 화자(시인)의 세온도에도 그대로 나타난다.

수백 년의 시간을 거슬러 만나는 두 예술가의 세온도는 이렇듯 차가운 세상의 이면에서 면면히 흐르고 있는 따뜻한 희망으로 넘쳐난다. 물론 세한도에 대한 이러한 해석에는 시인의 현재적 상황이 밑바탕에 깔려 있을 것이다. 영원성과 현실성의 경계에서 끊임없이 영원성을 엿보려는 시심詩心이야말로 인류가 꿈꾸던 유토피아에 대한 소망만큼이나 강렬하고 처절한 소망이기 때문이다. 시인은 우포늪에서 세온도를 그렸고, 사골을 끓이는 집안에서, 성산패총을 지나면서 또한 세온도를 그렸다. 바다 건너 필리핀의 낯선 섬에서도 "잘 사는 나라를 처절하게 원하"며 세온도를 그렸다. 세온도를 그리는 시간은 따라서 1억 년이라는 영원한 시간을 거슬러 오르는 시적 직관의 순간과 다르지 않다. 지명수배한 수많은 나를 찾기 위한 시간여행을 시인은 세온도를 그리는 따뜻한 시심으로 거침없이 행하고 있는 것이다.

신애리 시조시인

이 작가를 주목한다

경남문학 98 | 2012년 봄호

2006년 《시조월드》 등단. 시조집 《선생님과 함께 가는 시조 여행》 등

휘파람새 외 4

신애리

호이 호르르
휘파람새 아침을 깨운다

간밤 내
소쩍새를
뒤쫓다 겨우 든 잠

첫새벽
꿈을 열고 들어선
먼 휘파람
쉬, 조용.

치자꽃밭에서

오월 보름
달 밝거든
치자꽃밭으로 오세요

꽃도 달도
그대 얼굴도
눈 시리게 희디희어

부르르
떨리는 손길
치자향 탓
그대 탓….

해질녘

그새 해 지고
또 하루 밀어내다

여직 못 다 삼킨 기다림에 걸렸네

발끝에
성큼 서성이는
이 몹쓸
그리움.

호박꽃

산비탈 호박잎들
키 맞춰 줄을 섰다

산바람이
차렷!
쉬어!
구령을 부르다가

제풀에 목이 쉬어서
울컥 토한
노란 꽃.

윤칠월

그대 향해 웃자란 맘
지그시 눌러 밟는

윤칠월 열이렛날
달빛만 부서진다

창 열고
앉아서 천리
서서보면 구만리.

기둥에 잡아채면
시오리쯤 갈 꺼나

되짚어 오는 별빛
달도 몸을 숨기고

안으로
금 가는 소리
청자인 양 맑아라.

평설

달빛 창가에 난을 기르는 시인

– 신애리, 그 조화미調和美의 시학

서관호 시조시인

신애리 시인의 작품을 말하기에 앞서 신애리라는 사람부터 아는 데까지 소개해보려고 한다. 무릇 작품은 그 사람됨에서 나오기 때문이다. 신 시인은 2006년 《시조월드》 상반기호 신인상으로 등단한 이래 지금껏 어린이들에게 시조를 가르쳐 왔고, 2006년 제7기 '세계시조사랑축제에' 40명의 어린이 시조시인을 배출하였으며, 2007년에는 제8기 '세계시조사랑축제'를 진주에 유치하였고, 본인이 직접 몸담은 학교의 5학년 전체 총252명 학생을 어린이 시조시인으로 배출시켜 KBS뉴스 네트워크를 통해 전국에 지상파로 〈전교생 1/4이 시인인 아름다운 학교를 만든 교사〉로 소개되었다. 2007학년도부터 지금까지 매년 어린이들에게 시조를 가르친 결과를 작품집으로 묶어 2011학년도까지 제5호를 출간한 바 있다.

신 시인은 시조보다는 농악놀이로 경상남도 교육과 문화예술계에서는 모르는 사람이 없다. 국악을 지도해온 지 25년이 넘었고, 시조를 가르치면서도 국악지도를 멈춘 적이 없었다. 이와 같은 국악과 시조, 두 가지 전통문화를 한 몸에 짊어지고 달리는 그의 뒷모습은 양어깨에 두 대의 마차를 끄는 말을 연상케 할 정도다.

신 시인은 또 '어린이시조나라사람들' 부회장이다. 《어린이시조나라》 창간에 참여하여 지금껏 지역 내 어린이 시조운동을 담당하였고, 매년 전국시조백일장에 어린이들을 직접 인솔하여 출전하는 한편, 전국단위 시조공모전, 사이버시조백일장 등에 참가하여 왔으며, 지난 한 해만 해도 20여 차례 참가하여 60여 명의 입상자를 배출하였으며, 매년 100여 권의 서적을 《어린이시조나라》로부터 지원받아 어린이들과 시조연수 교사들에게 배포하며 가르치는 일을 하고 있다.

뿐만 아니다. '진주시조시인협회' 사무국장을 맡아 한 해 두 차례의 교원연수를 치러내면서 해마다 늘어나는 협회 업무를 규모 있게 수행해왔으며, 금년 1월에는 함양 위성초등학교에서 제6회 찾아가는 어린이시조교실을 개최한 바 있다.

이와 같은 세반 활농 상황을 보더라도 신 시인이 문단의 주목을 받기에 모자람이 없지만, 문인은 무엇보다도 작품으로 말해야 한다. 과연 작품은 어떠할까? 시조에 대해서 아직 공부가 많이 모자라는 필사로서 단 한 편의 작품도 제대로 읽어낼 능력이 없다는 것은 스스로 알지만, 단지 나이 먹었다는 죗값으로 후배의 조름을 뿌리칠 수가 없었다.

신 시인은 등단작품으로 이미 시조단의 주목을 끈 바 있다. 조동화 시인은 〈천종 같은 이 한 수의 시조〉라는 제목으로 시평을 써서 극찬하였는데, 그 전문을 인용하면 아래와 같다.

자연 삼이 오랫동안 순화되어 도달할 수 있는 최고의 이상형을 흔히 천종이라 부른다. 이것은 매우 희귀해서 운 좋게 산삼군락을 만나 수십 뿌리의 자연 삼을 캤다 하더라도 대개 천종은 아예 없거나 한두 뿌리가 고작이라 한다. 봄부터 가을까지 심산유곡을 누비는 모든 심마니들의 궁극적인 목적은 바로 이 천종을 캐는 일이라 해도 과언이 아니다. 편안한 잠자리가 있는 집을 떠나 며칠씩 기약 없는 산속에서의 노숙이 얼마나 적적하고 고달팠겠는가. 그러나 그들은 수고와 고생을 기꺼이 감내한다. 어느 날 어느 때인가 있을 천종과의 꿈같은 조우遭遇를 위해서 말이다.

《시조월드》 2006년 상반기호를 읽고 줄곧 나의 뇌리를 떠나지 않은 생각은 시인이 시조를 창작하는 일도 그러하지만, 한 사람의 독자로서 좋은 시조를 만나는 일 역시 심마니가 천종을 만나는 일만큼이나 어려운 일이 아닌가 하는 것이다. 가령 한 권의 잡지를 받아들었을 때, 처음 몇 작품을 읽을 때까지는 그래도 기대에 차서 나아가지만, 남은 지면이 적어질수록 오히려 기대보다는 불안감이 엄습해오는 경우가 허다하기 때문이다. 그러나 이번에만은 나의 인내가 헛되지 않았다. 기성 시인들의 작품들이 한껏 후하게 봐준대도 고작 지종 몇 뿌리를 보여주었는데 반해, 첫출발하는 신인의 작품이 다름 아닌 천종이었음은 망외의 소득이 아닐 수 없었다.

창포 가는 길엔 가로등은 없어도
동백이 붉은 꽃등 줄줄이 엮었더라
외줄 긴 빈 바닷길에 목을 빼고 섰더라
바다도 호수같이 잠만 자는 동해면
갈대들만 술에 취해 온몸을 비비는데

항아리 물병 속같이 그려놓은 갯마을

또옥 똑 노크하고 손 내미는 날 두고
올 동백은 잇몸까지 드러내고 웃더라
마흔 살 숨 가쁜 고개 넘었는데 버얼써

올봄에도 못다 한 말 동백처럼 붉어서
77번국도 위를 구름 달고 달려간다
구겨서 툭 던져놓은 이름 하나 잊는다.

—〈창포 가는 길〉 전문

보는 바와 같이 이 시인의 언어를 다루는 솜씨는 범수凡手가 아니다. 우선 첫째 수 중장과 종장의 점층적인 의인법, 둘째 수 종장의 오묘한 직유법, 거기다가 셋째 수의 도치와 의인법의 절묘한 조화 등을 구사한 감각과 비유가 결코 예사롭지 않다. 시를 일러 생각과 감각의 비유가 어우러져 피워 올리는 한 송이 꽃이라고 한다면, 이 시인은 그 마법을 이미 남김없이 습득하고 있음이 확연하다. 더욱 놀라운 점은 넷째 수의 종장의 마무리이다. 흔히 앞에서 득의得意의 구절을 얻고 나면 자기도취에 빠져 내부분 헤픈 영탄조의 끝맺음을 보여주기 일쑤지만, '구겨서 툭 던져놓은 이름 하나 잊는다.' 는 결구를 보라, 얼마나 여운이 넘치는 매듭인가!

다만 이런 빼어난 감각과 비유를 구사하는 시인이 벌써 마흔을 넘겼다니 그의 시간이 새삼 아깝다. 그러나 다시 생각해 보면 그만해도 다행한 일, 우리 시조를 위해 그가 헌신할 시간은 오히려 부족하지 않다. 실로 섬광처럼 눈부신 한 시인의 당당한 첫걸음에 힘찬 박수를 보내며 아울러 우리시조단에 새 지평을 열어 보이는 큰 시인이 되어주기를 진심으로 바란다.

—《시조월드》 제13호(2006. 하반), pp.236-238.

다음은 이번 호에 실린 신애리 시인의 시조를 읽어보기로 하자. 먼저, 시조라는 작품을 논함에서 민족의 소중한 문화유산이자 세계에서도 가장 독특한 문학 형식인 시조의 정형적 특성을 말하지 않는다는 것은 시조가 가장 경계해야 할 전통 무시, 철학 부재, 시조 경시가 아닌가 생각한다. 그러나 그도 그럴 것이 시조 그 본질에 대한 연구가 부족한 것, 그나마 있는 연구결과마저 무시하고 예술을 쉽게 하려고 하는 비예술적 몰지각과 분별력 없는 따라하기, 일반론이 아닌 특수한 일례를 일반론으로 둔갑시키는 무식 등이 혼재하면서 형식을 건드려 봤자 논쟁만 일으킬 뿐 별무소득일 것이라는 판단을 했을지도 모른다. 아무리 그래도 그렇지, 3장 6구가 무시된 것을 암만 잘 썼다고 말한들 그것은 자유시에 대한 논의일 뿐이지 시조평론이라고 하겠는가?

이런 관점에서 신 시인의 시조는 정형시의 격조를 잘 지키고 있다는 점을 높이 사고 싶다. 어느 한 곳이 목에 가시가 걸린 것처럼 불편하다거나, 헛방이 패인 것 같은 허술한 데가 없다는 것은 시조 3장을 부리는 능력이 어느 경지에 도달하고 있음을 말해준다. 특히 필자는 종장을 뛰어나게 쓴 것이라야 옳은 시조로 친다. 시조는 그 형식상 종장에서 시심의 마무리와 음악적 절정이 잘 맞아떨어져서 설득력과 전달력을 극대화하는 장점을 잘 살려내야 하기 때문이다. 시조의 초장과 중장은 종장에서 할 말을 제대로 다하기 위한 과정이다. 폭포수가 낙하하기 위해서는 물길을 낭떠러지 위로 끌고 가야 하고, 청룡열

차가 뒤집히기 위해서는 상승주로 가파르게 올라가야 하는 것과도 같은 이치다. 시조가 흐름을 타야 하는 시라는 걸 모르면 좋은 시가 되지 못한다. 그리하여 종장은 기적을 일으키는 마무리, 어안이 벙벙한 끝맺음, 숨이 꽉 막히는 감동을 독자에게 안겨줘야 한다는 말이다.

신 시인은 이러한 점에서도 탁월하다. 어느 한 수 그러하지 아니한 종장이 없으므로 일일이 예 들 필요조차 없어서 다만 〈윤칠월〉 첫수 종장만 보기로 한다. '창 열고/ 앉아서 천 리/ 서서 보면 구만리' 독자를 두 팔로 달랑 안아다가 구만리 장천에 첨벙 빠뜨리고 있지 아니한가. 이 후련한 카타르시스가 바로 시조가 노리는 종장이자 신 시인의 시력이다. 게다가 둘째 마디를 쓸데없이 늘어뜨려서 긴장감이 풀어진다거나 끝구의 '강-약' 구조를 어긴다거나 하지 않고 무리 없이 정격을 풀어냄으로써 앞 구는 절정絕頂, 끝구는 안착安着의 가락이 가슴속을 파고든다.

이어서 신 시인의 작품 내용을 개관해보면, 한 마디로 지성적至誠的 미학을 읽어낼 수가 있다. 사람이 시를 쓰든, 물건을 만들든, 그 무엇을 하든지 간에 그 대상을 가벼이 여기지 않는 신중함과 소중히 여기는 공손함, 온몸과 마음을 다 바지고자 하는 정성이 깃들지 아니하고는 성공할 수 없다. 다른 말로 하면 공존이며 순응이다. 시인은 소재와 공존해야 하고 시와 공존해야 한다. 특히 시조는 형식에 순응해야 한다. 마치 뱃사람이 바다와 기후, 그리고 배와 하나 되는 삶이 아니고서는 단 한시도 뱃사람일 수 없다는 것은 만고의 진리이듯이. 시조는 본래 그 생김새부터 고급스러워서 잘 수양된 내면으로부터 부려지는 예술이다. 조선 후기 한때, 사설화해서 세태를 풍자하기도 해봤지만, 가사처럼 다만 길다는 이유로서 사라진 것이 아니라 품격 저하가 더 문제였다는 것도 간과해서는 안 될 것이다.

신 시인의 작품 중 단수 몇 편을 보자.

호이 호르르
휘파람새 아침을 깨운다

간밤 내
소쩍새를
뒤쫓다 겨우 든 잠

첫새벽
꿈을 열고 들어선
먼 휘파람
쉬, 조용.

—〈휘파람새〉 전문

오월 보름
달 밝거든
치자꽃밭으로 오세요

꽃도 달도
그대 얼굴도
눈 시리게 희디희어

부르르

떨리는 손길

치자향 탓

그대 탓….

—〈치자꽃밭에서〉 전문

그새 해 지고

또 하루 밀어내다

여태 못다 삼킨 기다림에 걸렸네

발끝에

성큼 서성이는

이 몹쓸

그리움.

—〈해 질 녘〉 전문

시작엔 왕도가 없다. 가슴에 그리움 하나 묻어두지 않은 사람이 어디 있으랴. 가까이 품어보면 사랑 아닌 것 없고, 멀리 두고 그려보면 그리움 아닌 것 없다. 사물을 자아로 치환하고, 그 관계와 작용들을 긍정적인 시선으로 그려보면 시가 된다.

여기 신 시인의 작품 속에는 그 소재가 무엇이든지 간에 그리움이 도사리고 있다. 〈휘파람새〉에서 '간밤 내/ 소쩍새를/ 뒤쫓다 겨우 잠' 들었는가 하면, '첫새벽/ 꿈을 열고 들어선/ 먼 휘파람'이 그렇고, 〈치자꽃밭에서〉는 '오월 보름/ 달 밝거든/ 치자꽃밭으로 오세요', '꽃도 달도/ 그대 얼굴도/ 눈 시리게 희디희어', '부르르/ 떨리는 손길'이 '그대 탓'이라고 하였다. 또 〈해 질 녘〉에서도 '여태 못다 삼킨 기다림에 걸렸네.', '발끝에/ 성큼 서성이는/ 이 몹쓸/ 그리움'이라고 하여 드디어 숨겨진 그리움을 밖으로 직접 토해내기에 이른다.

"시는 번갯불의 섬광이어서, 어휘들의 배열로만 끝날 때는 단순한 작문에 불과하다."고 한 칼릴 지브란의 말처럼 한갓 말장난에 불과한 시편들이 판을 치는 시단에 밤잠을 설쳐가며 시와 씨름한 신 시인의 고뇌 속에 독자가 한참 머무를 수 있다는 것, 이것이 곧 신 시인의 시의 경지이자 시업이라 할 것이다. 그림 한 장에 수천 번의 붓끝이 스쳤듯이 시 또한 생각의 붓질을 더할수록 명시가 될 것은 틀림없는 일이다. 정진 너머로 길이 나 있다고나 할까.

이어지는 2수 연시조 몇 편을 보자.

그대 향해 웃자란 맘
지그시 눌러 밟는

윤칠월 열이렛날
달빛만 부서진다

창 열고
앉아서 천리
서서 보면 구만리.

기둥에 잡아채면
시오리쯤 갈 거나

되짚어 오는 별빛
달도 몸을 숨기고

안으로
금 가는 소리
청자인 양 맑아라.

—〈윤칠월〉 전문

하 고놈의 달빛이 무엇이 무섭다고
수다스런 물소리까지 데리고 나타나서
신새벽 창호 문틈을 파르르 파고드나.

꼭 너만 봐 살며시 열어본 젖가슴을
샛별은 줄기차게 곁눈질을 하는데
고약타, 금빛 물결에 휩쓸려간 한 조각 꿈.

—〈달밤〉 전문

큰누야 배고프다
이팝나무 꺾어주랴
큰누야 배고프다
구름이라도 삼켜 봐

사르르
서리화 꽃 끝에
지친 설움 앉는다.

큰누야 지친 어깨
하늘이 씻겨가고

큰누야 멍든 가슴
바다가 깨워낸다

꽃단장
반야용선 타고
살을 찢고 나간다.

—〈진혼제〉 전문

앞에서 이미 신 시인의 작품 속을 관류하는 이미지가 '그리움' 이라는 것을 말했지만, 칠월도 그냥 칠월이 아니라 〈윤칠월〉은 음력이기 때문에 양력으로는 9월이다. '그대 향해 웃자란 맘/ 지그시 눌러 밟는' 이란 구절에서는 폴 발레리의 명구를 떠올리게 한다. "시의 첫 구절은 신의 선물"이라는. 시의 시작이 이렇게 설렘, 때로는 환희, 자신감 등으로 뛰어날 때 이미 명작을 잉태하는 것이다. 이렇듯 무더운 칠월의 여정을 넘어 또 한 번의 칠월을 가을로 접어드는 먼 달빛에다 실어 녹여냄으로써 표현하지 못한 역경까지도 구만리 가을 하늘로 승화시키고 있다. 얼마나 넓고도 깊은 상상력인지 그 천진무구의 공간에 풍덩 빠져들게 한다.

〈달밤〉은 달밤대로 〈윤칠월〉과는 또 다른 그리움과 속삭인다. 신 시인의 가상공간에는 빈틈이란 없다. 가슴속에 키우고 있는 그리움이 채우고 있기 때문이다. 그러다가는 이내 홀로서기에 돌입한다. 다시금 가슴을 여미고 '금빛 물결'에다 상념을 띄워 보낸다.

신 시인에게 지독한 그리움이 자리 잡은 이유는 어쩌면 그 자신이 알지 못한다고 볼 수도 있다. 〈진혼제〉가 그것을 말해준다. 행복에 빠지면 행복을 모르듯이 그리움에 빠지면 그리움도 모른다는 역설 말이다. 대체 이 같은 가족사를 겪어본 사람이 아니고서는 어찌 상상이나 하랴마는 참담하고도 비통한 심경을 소리 내어 외치지 아니하고 '하늘'과 '바다'에다 내맡기고 있다. 웅변이 시가 아님을 알기 때문이다.

특히 〈진혼제〉 둘째 수의 초장과 중장은 대조적 정서를 대구對句로 담아낸 가작이다. 아시다시피 중국의 한시는 평측법, 대구법, 압운법의 3대 요소로 구성된 정형시이다. 또한, 서양에서도 대구법을 사용한 오페라 대본을 최고로 친다고 하니 대구법의 가치는 이미 인정된 세계적인 기법이다. 시조가 구와 구, 장과 장이 대구법을 활용하기에 좋은 틀을 가지고 있음으로써 작자에 따라서는 수작을 뽑아내는 데 형식의 역할이 큰 비중을 차지한다는 것을 시사하는 바가 크다고 할 것이다. 환언하면 시조는 형식에 통달해 있으면 그 형식이 더 좋은 작품을 이끌어낸다는 말이 된다.

시인의 감정이 소재에 우연히 가 닿는 것은 감성일 것이지만 감성만으로 좋은 시를 쓰기도 어렵고, 항상 시를 쓰는 시인이기도 어렵다. 소재 속에서 이미지를 찾아내어 역사와 철학과도 화합하게 하려는, 한 소재에 천착하는 의지와 집중력이 더해질 때 시를 시답게 하고 시인을 시인답게 한다.

이런 관점에서 신 시인은 감성만으로 시를 쓰는 사람이 아님을 알 수 있다.

쫓기듯 살아온 날 파도에 씻어내며
조개랑 복숭아랑 아들이랑 남덕이랑
주워온 은박지 위에 곱게 그린 이력서.

붉은 게 무등 타고 바다로 간 아이는
비둘기 품에 안겨 현해탄을 건넜는데
야자수 그늘에 누운 그림 한 장 남았다.

큰 황소 한 마리가 문 앞에서 서성인다
가족이 떠나가던 섶 섬만 바라보며
소망은 하늘에 맡기고 눈시울만 붉은 소.

—〈화가 이중섭〉 전문

천상의 월궁항아 껴안고 방아 찧자
비비고 또 비벼서 별이 되는 붉은 살
날 새면 기척도 없이 발가락 하나 흔적 없다.

부모님 전 상서엔 다시 못 뵐 불효자
뿌리고 거두어도 심지 없는 촛불뿐
장하게 쏟아진 씨앗 질긴 목숨 긴 한숨.

닳아진 몸을 안고 닳아진 몸으로 간다
천형으로 받은 죄 함께 나눈 몫이라고
단종실, 한 평 그 자리 한 제국을 잃었다.

—〈소록도에서〉 전문

시란, 껍질을 까보는 것, 속을 들여다보는 것, 내가 속까지 들어가 보는 것, 나아가서는 내가 그 속에 녹아보는 것 아닐까?

신 시인은 〈화가 이중섭〉의 그림 속에서는 이중섭이 되고, 〈소록도〉에서는 소록도 사람이 된다. 그러나 필자는 〈화가 이중섭〉을 이해하기 위해서 적지 않은 시간을 투자해야 했다. 각주가 달려 있지 않았기 때문이다. 이중섭은 소 그림으로 유명한 화가였고, 풍운아였다는 정도만 알고 있었기 때문이다. 시는 독자와의 커뮤니케이션에 실패하면 실패작이 되는 것이다. 필자처럼 이중섭의 제주도 기념관을 훑지 않고도, 그 작품 자체만으로도 작품을 이해할 수 있어야 한다는 점을 간과해서는 안 된다.

〈소록도〉에서는 한센병을 앓으면서 문드러지는 살갗과 잘려 나가는 수족, 심지어 거세까지 당하는 '천형'을 맛보고 있다. 시인의 말재주가 아무리 능수능란한들 이중섭의 그림을 말로 다하며, 소록도 사람들의 삶을 글로 다하랴! 이만하면 다 말한 것 같기도 하고, 하다가 멈춘 것 같기도 한 시인의 절제를 알 듯도 하지 아니한가?

소재 자체부터 역사적인데다가 철학까지는 미치지 못했다 하더라도 적어도 자신의 인생관 내지는 세계관을 담으려고 애썼다는 것은 여러 곳에서 읽히고도 남는다. 시조 석 줄 쓰는 사람이 소설을 쓰고 있을 수도 없고, 조목조목 짚어서 미주알고주알 하다 보면 오히려 시인에게 누가 될 수도 있거니와 독자가 이미 읽고 있는 것을 중언부언하는 것도 적절치 아니하므로 이쯤 해서 무사無辭를 접어야겠다.

신애리는 달빛 창가에 난을 기르는 시인이라고 매긴다. 난이란 식물은 우로를 먹고 자란다기보다는 주인의 지성至誠을 먹고 자란다. 또한, 창가에 얼비치는 그리움의 달빛을 먹고 자란다. 살포시 창을 여닫으며 받아들이는 그리움의 실바람을 먹고 자란다. 이 모두가 함께한 조화미調和美, 이것이 신애리의 시학이다.

작품을 넘겨받으면서 “나는 까다로운 사람인데 내 질책을 감내하겠느냐”고 다짐을 했고, 《어린이시조나라》를 함께 이끄는 후배이기 때문에 조금이라도 미흡한 구석이 있으면 기탄없이 지적해서 조상님들이 물려주신 명품문학에 누를 끼치는 행동을 삼가도록 다그칠 요량이었지만 그런 틈새를 보여주지도 않았고, 발견할 역량도 없었다. 비록 시조가 가져야 하는 끝없는 아름다움의 세계에 완벽이란 본래부터 없지만, 각주가 일부 누락된 것 외에는 표기상의 흠결을 남기지도 않았고, 정형시로서의 틀은 더욱 놀라울 지경이었다.

다만, 바랄 것이 있다면 시집이든 소 시집 정도더라도 작품을 고를 때는 가령 기행 시가 대부분이라든지 하는 것처럼 일부 소재에 국한하지 말고 다양한 소재, 다양한 접근방식을 보여줄 수 있도록 노력하는 것이 자신의 시의 지평을 넓히는 것이기도 하고, 독자를 싫증나지 않게 끌어들이는 현명함일 것이다.

여하튼, 이 정도면 신 시인의 작품을 제대로 읽지는 못했지만, 신애리라는 사람을 웬만큼 소개는 했으리라 짐작하면서, 남에게 주목하기보다는 이 글을 통해서 먼저 필자 자신이 자신에게 주목하고, 독자 여러분께서도 각자 자신에게 주목하는 기회가 된다면 긴 시간을 이 글에 할애한 보람일 수 있겠다.

이선향 아동문학가

이 작가를 주목한다

경남문학 99 | 2012년 여름호

2006년 《부산일보》 신춘문예 등단

할머니 길 외 4

이선향

앵두꽃이 필 때부터
빨갛게 익을 때까지
뒤뜰을 오가며
기다리시던 할머니 길

가을걷이 끝날 때마다
넘치도록 가득
가을을 담아
오시던 할머니 길

이젠 할머니 길 위에 서 보아도
앵두가 언제 익어 가는지
가을이 언제 가버렸는지
할머니 길 보이지 않는다.

쓰다듬어 줄 듯
금방이라도 안아줄 듯
할머니 냄새 숨어 있는 길
멀고 먼 할머니 가신 길

야광별

성탄의 밤거리엔
이른 저녁부터
별들이 내려왔다.

별을 갖고 싶은 철이에게
별을 데려온 누나의 하얀 입김
동생의 하늘에 별이 뜬다.

나지막이 하늘이 내려와
어린왕자가 자기 별로 돌아갈 때처럼
동생도 별에 오른다.

야광별은 낮달처럼
하루 종일 철이를 따라다니다 들켜
술래가 된 별이다

더 밝지 않아도
더 높지 않아도
손 닿을 듯 내려온 따뜻한 별

작은 철이 손 잡아주고 싶어
철이 키만큼 내려온
땅에 사는 별이다.

그릇을 빚으며

도예원에선 흙을 만지기만 하면
그릇이 되는 줄 알았지
그게 아니었어.
그래서 내가 그릇이 되어보기로 했지

제일 처음엔
아기별꽃을 피운
나지막한 그릇이 되고 싶었고
그 다음엔
들국화를 꽂을
긴 꽃병이 되고 싶었지.
그 다음엔
된장 맛 좋은 뚝배기?
김치 맛 시원한 옹기?
보석 담을 보석함?
어떤 모양이 될까? 무엇이 될까?

그다음엔
뭐가 되어야 할지 몰랐지
가만
햇살이 넓게 담기는 얕은 그릇도 좋고
바람 오랫동안 놀고 가는 좁은 그릇도 좋지
무얼 닮을까? 무얼 담을까?

그다음엔
씨앗 한 알 보듬어
새싹을 키워 낸 흙을 닮은 그릇
담을 게 있어 행복한 그릇

옹기종기 그릇들 사이에서
내 마음 담긴 그릇
살며시 꺼내 본다.

흙의 손

누가
잠든 씨앗의 숨결 찾아
젖먹이고 달래어서
땅 위로 보내었을까?

늦잠 자고 싶은 잠꾸러기 씨앗들을
매일 아침 깨우고 씻겨
연둣빛 고운 옷을 차려 입혀
초록 잔치에 보내었을까?

누가
들리지도 않는 이 작은 맥박을 잡아
어루만지고 안아주어
쿵쿵 심장이 고동치게 했을까?

아무도 일구지 않는
언덕배기마다
냉이, 달래, 쑥
풀 냄새 피어나는 향연을 열었을까?

여기저기 새싹이 태어나고
날마다 새싹이 자라는 건
발 구름판 되어주는

그 누군가의 보이지 않는 손이 있어

내 꿈도
새싹처럼 그렇게
자라고 있었구나!
보이지 않는 손길 위에서

데칼코마니

데칼코마니를 해보렴.

책갈피에 단풍잎을 재우듯
하얀 도화지 이불에
물감을 잠재워 보렴.
가만 가만 사알 살
색의 가슴을 도닥이며
엄마처럼 자장가를 불러봐

빗방울의 발자국이
나이테의 맥박 소리가
바람의 속삭임과
행복한 왕자와 제비의 눈물이
마지막 잎새의 기도까지도
사르르 색의 꿈속으로 들어온단다.

이제는

꿈꾸는 색을 깨우는 거야
잠든 아기를 안을 때처럼
색을 안아 일으키는 거야
색의 커다란 날개
하얀 도화지 가득

꿈을 내려놓겠지
무얼 그릴까 힘들어 하는
네 마음이 환해질거야.

데칼코마니를 해 보렴.

평설

가치창조와 표현 미학의 균형

최미선 문학박사 · 동화작가

자유로운 비상과 침잠

시인이란 인간과 사물의 삶을 들여다보고, 그 안에서 진실을 발견하려고 하는 사람들이다. 그래서 물결치는 삶의 감동을 음률적 조형을 통해 언어로 형상화해 내고, 이런 사람을 우리는 시인이라고 부른다.

그런데 여기에 "아동의 심리적 교섭 기능을 가진 언어 형태로 전달할 수 있어야 한다"[1]는 하나의 조건이 더해질 때 동시인童詩人이라는 영예를 얻을 수 있는 것이다. 그래서 동시童詩는 시의 조건보다 더 까다로워질 수밖에 없다.

엄밀히 말해 동시童詩는 성인 시인이 어린이와 혹은 동심적 사상을 향유하기를 원하는 일반 성인을 위하여 쓰는 시를 말한다. 동시가 성인시와 다른 점은 바로 어린이답다는 것이고, 아동문학 본래의 갖가지 조건을 갖추어야 하는 것이다. 그런 점에서 동시에는 시가 가지지

1) 석용원, 《아동문학원론》, 학연사, 1982, 222면.

않는 또 하나의 부대附帶 조건이 있다. 표현의 의미에다 가치 창조를 향하여 활동하는 잠재적 의미가 의식적으로 요구된다는 조건이 그것이다.

동시가 성인시보다 어려울 수밖에 없는 것은 어른이 읽어도 감동을 받을 수 있는 문학작품의 수준을 유지해야 됨과 동시에 어린이의 지적능력 발달과 감수성 교육적 효과까지 갖추어야 하기 때문이다. 그러니 동시 창작이 어떻게 어렵지 않겠는가. 그렇기 때문에 동시 창작은 성인시 창작보다 더 어렵다고 말을 하는 것이고, 빛나는 동시가 어려울 수밖에 없는 것이다.

이런 점에서 볼 때, 동시인들은 신체의 내부에 '부레' 라는 기관을 하나 더 가진 사람들이라고 말하고 싶다. 때로는 바람이 부는 창공에 띄운 애드벌룬처럼 한껏 날아오르기도 하고, 때로는 심해의 바닥까지 내려가는 침잠을 자유자재로, 마음대로 할 수 있는 사람들이기 때문이다.

동시인童詩人 이선향은 어린이들의 감수성 교육과 지적능력 발달까지 꾀하려는 욕심 많은 시인이다. 그것은 그의 일터인 학교에서 '교단' 을 지키는 일에 누구보다 신명을 쏟으면서도 부단히 창작의 열을 불태우고 있기 때문이다.

이 시인은 2006년 《부산일보》 신춘문예에 동시 〈그릇을 빚으며〉가 당선돼 작품 활동을 시작했다. 등단 이후, 교원예능 경진대회에서 다수 입상하였고, 진주문협과 경남아동문학회 회원으로 활동하면서 열심히 시작 활동을 하고 있다. 등단 이래 현재까지 몇 년간, 왕성하다 할 수는 없으나 쉬임 없이 꾸준히 다듬어진 작품을 발표하고 있는 점에서 주목할 필요가 있다.

바람이 들려주는 이야기

시인은 누구보다 예민한 촉수를 가진 사람들이다. 바람결의 속삭임을 듣고, 새들이 우는 이유를 밝혀내고, 심지어 돌의 침묵도 알아듣도록 촉수를 세우는 사람들이다. 하물며 어린 제자들의 마음을 읽어 내는 것은 더 말해 무엇 하겠는가.

이 시인은 교사로서 매일 학생들에게 숙제를 내주고 있지만, 숙제 내줄 수밖에 없는 미안함을 제자들의 목소리를 빌려 말하고 있다.

벽에 마음대로 그림 그리기
꽃밭에 물 주기
토라진 친구 웃겨주기
빗방울이 음표로 그려오기
토란잎 우산 만들어 개구리에게 선물하기
철봉에 매달려 세상 거꾸로 보기
개미 따라가서 개미집 찾기
새들에게 먹이 주기
나무랑 손잡아 보기
바람이 들려주는 이야기 듣기
냇물에 나뭇잎 배 띄우기
우주인 친구에게 편지 쓰기
내 힘으로 놀이터 바꾸기

이런 숙제 내주면
잠도 안 자고 꼭 해 올 텐데.

선생님!

책으로 하는 숙제 말구요

글로 쓸 수도 없고

가져올 수도 없지만

온 마음이 설레는

그런 숙제 내주세요.

—〈숙제〉 전문

흥미진진한 온갖 숙제가 다 모여 있다. 성적, 시험, 점수 등으로 자꾸 등급화되는 교실, 학교 수업을 마치고도 사교육의 현장으로 발바닥에 땀이 나도록 뛰어다니는 어린 제자들을 보며 미안한 마음을 토로한 시라고 할 수 있다. 1차적 독서를 통해 보면 동시 〈숙제〉에서 간파되는 시적 화자는 숙제를 회피하고 싶은 어린이로 보인다. 어린 제자들은 '나무랑 손잡아 보기', '바람이 들려주는 이야기 듣기', '내 힘으로 놀이터 바꾸기'와 같은 숙제를 요청하고 있다. 그러나 2차 독서를 통해 면밀하게 읽어보는 동시 〈숙제〉에는 드러나지 않은 화자가 있는 것을 발견할 수 있다. 이 시의 숨어 있는 화자는 재미있는 숙제를 요청하는 어린 제자들이 아니라, 시에 열거되어 있는 숙제를 내고 싶은 '교사'다. 다시 말하면 이 시인은 성적이나 점수 때문에 고통받고 있는 제자들에게 '토라진 친구 웃겨주'고 '빗물로 음표를 만들'고 '나무랑 손잡아 보라'는 숙제를 내고 싶은 것이다. 어린 제자들이 세상을 살면서 자기를 둘러싸고 있는 세계와 화합하고 그 안에서 삶을 터득해 내기를 간절히 바라는 스승의 마음이다. 어울려서 지내고, 더불어 함께할 수 있는 사람이 되기 위해서는 성적보다, 점수보다 더 중요한 것을 터득해야 한다는 것을 숙제의 종류로 나열하고 있다. 자연을 알고, 세상의 순리는 생각하기를 바라는 교사의 간절한 마음이 담겨 있는 시다. 교사로서의 화자인 시인의 이 마음은 다음의 시 〈데칼코마니〉에서도 잘 나타난다.

> 꿈꾸는 색을 깨우는 거야
> 잠든 아기를 안을 때처럼
> 색을 안아 일으키는 거야
> 환하고 넓은 세상으로 날아오던
> 색의 커다란 날개
> 하얀 도화지 가득
> 꿈을 내려놓겠지
> 무얼 그릴까 힘들어 하는
> 네 마음이 환해질거야
>
> 데칼코마니를 해보렴…

—〈데칼코마니〉 중에서

미술시간이면 '무얼 그릴까', '어떻게 그릴까?' 누구나 한 번쯤은 고민해 봤음직하다. 한 학급 안에는 그리기를 힘들어 하는 아이도 분명히 한둘은 있기 마련이다. 데칼코마니는 그림물감을 종이에 눌러 추상 회화적인 효과를 노리는 기법으로 사실적 묘사에 소질이 없어도 별 부담이 없어 누구나 쉽게 할 수 있다. 그리기에 소질이 없어서 미술시간을 힘들어 하는 아이들을 보아 온 시적 화자는 데칼코마니 수업을 준비했다. 그리고 물감으로 형상을 만들어 내는 과정을 색이 간직하고 있는 꿈을 깨우는 것으로 표현했다. '꿈꾸는 색을 깨우'

고 '색을 안아 일으킨'다고 했다. 하얀 도화지에 물감을 잠재우듯이 덮었다가 색의 가슴을 도닥이며 도화지를 펼치는 과정은 색에 담겨 있는 꿈을 깨우는 과정이고, 그 꿈은 '나이테의 맥박소리'로 '바람의 속삭임'이나 '마지막 잎새의 기도'로 구체화된다. 이 작업은 아이들이 내면 깊은 곳에 가두고 있는 꿈을 찾아내는 것을 형상화하고 있는 것으로 보인다.

데칼코마니 기법에 의해 만들어진 표상은 물감 안에 잠재되어 있던 물감의 꿈인 것처럼, 아이들이 심층심리 안에는 가두고 있는 꿈을 데칼코마니를 하듯이 흰 종이 위에 '날개'로 '기도'로 맘껏 펼쳐 놓기를 바라고 있다. 데칼코마니를 권유하는 시인의 진정 어린 마음은 '네 마음이 환해질 거야'라고 한 데서 보다 명시적으로 나타나는데, 아이들의 마음을 대변하고 싶은 시인의 마음은 바람결처럼 슬며시 전해지고 있다.

큰 그릇을 빚으며

동시에서 늘 문제로 지적되는 것은 어른인 시인이 아이들을 생각해서 동심의 세계를 그리기 때문에 그 노력이 지나쳐서 유치한 묘사가 되거나 내용 없는 기교주의로 떨어지는 사태를 만들어 내는 것이다. 이런 시는 아동의 심정을 비뚤어지게 하고 마음의 성장을 방해하는 결과를 가져오게 된다. 이오덕 선생은 생전에 이런 퇴행적인 시상전개에 관해서 민감하게 거부반응을 보였고, 호된 질타를 아끼지 않았는데, 이선향의 시는 그런 점에서 안심해도 될 듯하다. 이선향의 시에서 페르소나의 목소리는 가냘프거나 연약한 톤이 아니다. 정말 의젓하고, 믿음직하고, 철든 목소리를 내고 있다. 과장된 탄성도 없고, 찬란한 묘사도 없이 담담하게 시상을 펼쳐놓는다.

늦잠 자고 싶은 잠꾸러기 씨앗들을
매일 아침 깨우고 씻겨
연둣빛 고운 옷을 차려 입혀
초록 잔치에 보내었을까?(…)

들리지도 않는 이 작은 맥박을 잡아
어루만지고 안아주어
쿵쿵 심장이 고동치게 했을까?(…)

아무도 일구지 않는
언덕배기마다
냉이 쑥 달래
풀 냄새 피어나는 향연을 열었을까?(…)

—〈흙의 손〉 중에서

봄이 찾아와서 생명이 움트는 찬란한 과정을 서사적으로 펼쳐놓은 시다. 얼었던 대지가 녹고, 굳은 땅에서 싹이 트고, 회색이 물러나고 대지는 새로운 옷을 입는 시기다. 여기에 약동하는 생명의 힘을 만드는 '흙의 손'이 있어야 한다. 사람의 '손'이 하는 일이 얼마나 많은가. 손은 생명을 이어가는데 얼마나 유용한 도구인가. 시인은 사람의 '손'의 가치를 흙에 대입시켰다. '씨앗들의 늦잠을 일깨우'는, '씨앗의 심장을 고동치게 하'는 그래서 언덕배기에 풀냄새의 향연을 펼치는 부지런한 '손'을 흙 속에서 찾아냈다. 흙이 가지고 있는 엄청난 생산력이 '손'으로 의인화되었고 흙의 '손'은 마침내 꿈의 '생산성', '생명력'으로 직결된다. 시적 화자는 믿음직하고 철든 목소리로 생명을 품은 대지처럼 어린이의 꿈이 쑥쑥 자라가기를 염원하고 있는 것이다.

이 시인의 등단작 〈그릇을 빚으며〉에서도 특히 듬직한 목소리를 들을 수 있다. 〈그릇을 빚으며〉는 《부산일보》 신춘문예 당선 심사평에서 '대작의 동시'라는 평가와 함께, 구성과 기법이 뛰어나다는 칭찬을 받았다. 대부분의 동시가 재미에 치우쳐 문장을 가볍게 다루거나, 계절 감각이나 자연물의 예찬에 머무르고 있을 때 드물게 넓은 구성을 보여주었다는 평가였다.

도예원에선 흙을 만지기만 하면
그릇이 되는 줄 알았지
그게 아니었어.
그래서 내가 그릇이 되어보기로 했지(…)

된장 맛 좋은 뚝배기?
김치 맛 시원한 옹기?
보석 담을 보석함?
어떤 모양이 될까? 무엇이 될까?

그다음엔
뭐가 되어야 할지 몰랐지
가만
햇살이 넓게 담기는 얕은 그릇도 좋고

바람 오랫동안 놀고 가는 좁은 그릇도 좋지(…)

그다음엔
씨앗 한 알 보듬어
새싹을 키워 낸 흙을 닮은 그릇
담을 게 있어 행복한 그릇(…)

—〈그릇을 빚으며〉 중에서

이선향 시에서 시적 화자의 목소리는 거의 중성적으로 들린다. 어린이들의 의식 상태를 재미있는 말재주를 부려 흉내 내려 하지도 않았고, 아이들의 말투를 어른들이 흉내 내려고 한 것은 더 아니다. 이상하리만큼 담담한 중성의 톤을 가지고 있는데, 이는 이 시인이 대상을 바라보고 있는 관점의 투영인 것으로 해석된다. 시인이 바라보고 있는 주요 대상은 어린이인 것은 더 말할 필요가 없는 것이다. 이 시기는 성性의 미분화 상태이다. 엘리아데 식의 신화인류학적 방법으로는 무성無性, 무지無知로 채색된 세계다. 성숙(성년) 이전의 미성인未成人 상태다. 동시 〈그릇을 빚으며〉에서는 그릇의 원질原質인 흙의 질박감과 중성의 안정된 목소리가 결합되어 어린이 독자들을 넓은 세계로 이끌고 있다. 공통 질료인 '흙'이 '뚝배기', '옹기', '보석함'으로 형상화되는 과정은 '성장'의 다른 표현이다. 이 시에서는 '발전'이라는 말로 의미화되는 '성장'만의 문제가 아니라, '담을 게 있어서 행복한 그릇'이 되었다는 사실에 주목해야 한다. 지나친 경쟁 때문에 힘들어 하는 아이들, 자신이 가진 귀중한 자질을 미처 챙겨보기도 전에 경쟁의 대열에서 달음박질치고 있는 아이들에게 진정한 행복의 가치를 생각하게 하는 철학적 메시지를 담고 있다.

땅에 사는 별

아동문학은 사람이 처음 접하는 문학이기 때문에 문학의 씨앗이라 할 수 있다. 이 씨앗이 발아하여 사람의 심성에 문학의 싹을 트게 하는 것이다. 그래서 씨앗을 뿌리는 사람들은 고민에 고민을 거듭할 수밖에 없다. 어떻게 씨앗을 뿌릴 것인가 하는 문제에서부터 어떤 씨앗을 뿌릴 것인가 하는 문제까지. 그래서 인간의 문제를 접어두고 유치한 동심주의에 몰두하는 아동문학을 극히 경계하게 되는 것이다.

성탄의 밤거리엔
이른 저녁부터
별들이 내려왔다.

별을 갖고 싶은 철이에게
별을 데려온 누나의 하얀 입김
동생의 하늘에 별이 뜬다.( )

야광별은 낮달처럼
하루 종일 철이를 따라다니다 들켜
술래가 된 별이다

더 밝지 않아도
더 높지 않아도
손 닿을 듯 내려온 따뜻한 별

작은 철이 손 잡아주고 싶어
철이 키만큼 내려온
땅에 사는 별이다.

—〈야광별〉 중에서

인용시 〈야광별〉에서 '철이'는 무슨 이유인지는 모르겠으나 행동이 자유롭지 못할 것으로 상상된다. 온 세상이 모두 즐거워하고 흥청거리는 성탄의 기간에 철이는 온종일 집안에 갇혀 있어야 하고, 그런 철이를 위해 누나는 야광별을 따온다. 성탄트리에서 떨어진 장식별일 텐데, 야광별을 손에 쥔 철이는 '땅에서 사는 별이 된'다. 세상 사람들이 모두 즐거워할 때도 지상 어딘가에는 소외된 누군가 있어서 사람들의 보살핌을 필요로 하고 있다는 시인의 자각을 어린 철이를 통해서 구현해 냈다.

앵두꽃이 필 때부터
빨갛게 익을 때까지
뒤뜰을 오가며
우리를 기다리시던 할머니 길(…)

이젠 할머니 길 위에 서 있어도
앵두가 언제 익어 가는지
가을이 언제 가버렸는지
할머니 길이 보이지 않는다.(…)
멀고 긴
그리운 할머니 길 위에

내 마음 바람처럼

빈 들판을 맴돌고 있다.

—〈할머니 길〉 중에서

삶과 죽음의 문제를 '앵두꽃', '앵두나무', (빨갛게 익은) '앵두' 등으로 대비시켰다. 1차적으로 앵두꽃이나 앵두 열매의 붉은 색과 죽음에서 흔히 연상되는 '회색' 혹은 '검정'은 극적인 색채 대비를 이루고 있어, 시각적 심상의 효과를 극명하게 나타냈다.

〈할머니 길〉에서 화자는 언제나 반겨주시던 할머니가 이제 이승에 계시지 않다는 사실을 인정할 수밖에 없는데, 객관적 상관물로서의 붉은 꽃을 피운 '앵두' 나무는 할머니가 앵두꽃처럼 고운 모습으로 이승을 하직했을 것이라는 시적 화자의 정서를 적절하게 환기시키고 있다. 인생이란 반드시 죽음을 맞게 된다는 사실을 할머니의 별세를 통해서 자연스럽게 나타냈고, 그 죽음은 무섭거나 두려운 것이 아니라 앵두꽃처럼 아름답게 마무리될 수 있다는 사실을 보여주었다.

앗! 뜨거

친구랑 다투고 토라졌던 마음이

화들짝 놀라 달아난다.

너 때문이야

핑계대던 눅눅한 마음이

뽀송뽀송 마른다.

(…)

꾸불꾸불 남은
미안한 마음
안타까운 마음
살짝 다려지고
가지런히 펴지고(…)

—〈다림질〉 중에서

친구와 다툰 뒤 화자는 잘못을 반성하는데서 화해를 시도하고 있다. 친구와 다툰 것을 핑계와 변명으로 모면하려는 게 아니라 다리미에 데는 듯한 '뜨거운' 각성에서 잘못을 인정하고 구겨진 마음을 펴나가려 한다. 남을 탓하기 전에 자신을 돌아보라는 명시적 교훈인데, 지금 살펴본 세 편의 시처럼 삶과 죽음, 사회적 관계, 소외 등 인간문제의 시적 변용이 적절하였다.

아이들을 기다리는 새벽

교단에서 아이들과 함께 호흡을 해온 이 시인의 눈과 가슴은 아이들의 교육에서 한시도 눈을 떼지 못하고 있다. 그래서 지식교육과 감성교육을 함께 수행하려는 시인의 노력이 시편 곳곳에서 발현되어 있다. 무엇보다 현실의 아동을 있는 모습으로 그려내려는 치열한 정신, 지나친 감상에 도취되지 않으려는 평정심은 안정된 목소리로 나타났음을 볼 수 있었다. 지나친 기교주의나, 동심주의적 묘사와도 적정 거리를 유지하고 있다. 여기서 아동문학의 교육성을 생각해보지 않을 수 없다. 아동문학이 윤리·도덕교과서가 되어서는 결코 안 될 일이지만, 교훈성을 완벽하게 배제한 아동문학도 있을 수 없는 일이다.

아동문학에서 교육성은 문학성과 대립되는 개념이 아니라 하나가 되고 공존하는 것으로 봐야 옳은 것이다. 작품으로 아동을 감동시켜 그들의 감성을 풍부하게 하고 지성을 높이고 인간성을 아름답고 선한 방향으로 키워가도록 하는 것이 교육성이다.[2)]

이선향 시인은 아이들보다 높은 곳에서 교육적 목소리를 높일 수 있는 위치에 딱 서 있지만, 감정의 절제를 통해 아이들이 달려오기를 기다리고 있다. 아이들과 같은 눈높이에 시선을 두고 높은 뜻의 교육성을 담으려 하는 것이다.

아동문학이 인간 본연의 원초적 향수를 담아내는 그릇이라고 본다면, 이선향 시인은 안정된 목소리로 큰 그릇을 빚는 노력을 견지하는 시인으로 뻗어 나갈 것이라 본다.

* 이선향 시인의 자선 동시를 바탕으로 쓴 글이며, 본문 소제목은 인용 시의 시구를 의도적으로 차용하였음을 밝혀둠.

---

2) 이오덕은 아동문학의 교육성이란 넓은 뜻의 문학적 교육이라고 설명했다. 이러한 근원적인 교육성조차 배제해버리고 순수한 아름다움이란 것만을 추구한다면, 일반 문학에서는 몰라도 아동문학에서는 그런 태도가 오히려 유해한 '교육성'이 될 수 있다는 견해를 폈다. (이오덕, 《시정신과 유희정신》, 창작과비평사, 1977, 215면.)

김하경 시인

이 작가를 주목한다

경남문학 100 | 2012년 가을호

2012년 《열린시학》 등단. 전국계간지우수작품상 수상. 시집 《거미의 전술》

밀 서 외 4

김하경

삽짝 밖 탱자나무 울타리는
탱자꽃이 온종일 지고
0다리 노인이 강아지를 끌고 뒤뚱뒤뚱 지나간다
눈물처럼 무릎에 물이 차오르나 보다
시간이 익어 하얗게 늙어가는 동안
정수리에 핀 꽃은 제 빛깔이 아니다
초저녁 석양은 하루의 마무리다
밀서를 쥐고 길 떠나는 노인
시들시들한 부종은 무덤 같다
방울 소리 딸랑거리는 강아지 한 마리
꼬리를 말아 올린 뒷다리가
말굽처럼 휘어졌다
노인의 무릎도 동그랗게 휘어져 있다
∩ 교집합 다리
목적지의 삶도 능선처럼 동그랗듯
시간의 흉터도 동그랗게 휜 다리를 끌고 잘름잘름 길을 간다.
퉁퉁 부은 무릎에 클랙슨 소리 들린다.
물 찬 통증을 빼는 오늘
천자는 밀서를 뽑아낸다
수액을 흔들어 시간을 빨아낸 통증
다리는 이미 무릎이 아니다.
엉금엉금 기어 다니는 강아지
어제 만든 죽음의 골대 앞에서

생을 앓은 코너킥에 맞서 하늘을 보고 짖는다

퇴화 중인 무릎 사이
반달이 뜬다.

나무 배꼽

복숭아나무 한 그루 옹이가 둥글다

해거름이면 마당가 복숭아나무에 물을 주고도
거뭇거뭇 검버섯 돋은 할머니 푸짐한 밥상 차려준다

갈래꽃도 새로운 별빛에 흠뻑 배였는지
갓 핀 꽃잎은 붉은 마음이 터졌다

포목점 나간 어머니를 기다리다가 졸고 있는 나를 눕히며
나무 밑에 드므는 언제나 간절하다

어두운 밤 오줌발 소리가
지붕을 빠져나가 너울거리는 별빛을 불러 모으는 봄

드므는 무엇*을 채우려는가

젖은 땅은 할머니 물 찬 관절처럼 질퍽일수록
흰 수건을 머리에 감고 살았던 하늘은 맑고 복숭아는 달았다

늙은 복숭아나무 배꼽은 할머니 탯줄을 잇는 유적

도닥거리며 조심스런 잠을 재우던 날 정신은 뚜렷했는데
별빛은 무엇을 적시고 있는지

매운맛처럼 빨갛게 물든 오줌소태
찔끔찔끔 속옷 적시던 지린내가 진동하고
나무는 복사꽃 피우다가 제자리에 주저앉아 옹이로 늙었다

언제나 복숭아나무 밑 추억의 뿌리는
드므를 닮아 오래된 유적처럼 고요하다

* 드므: 넓적하게 생긴 독. 건물 앞의 독처럼 생긴 것은 '드므'라고 하며 하늘의 화마火魔가 물에 비친 자기 얼굴을 들여다보고 놀라 달아나라는 뜻이 담겨져 있다.

도마 속의 삼족오三足烏

꿩을 다루는 주인 창을 던지듯 칼을 흔든다

고구려 왕릉에서 발굴된 예맥족들이
쌩쌩 불어오는 바람과 맞서 벽화 속에서 말 타기 즐겼다

우거진 숲속 분주하게 달렸던 광개토대왕
달아나는 새의 날갯짓 힘보다
앞을 겨눈 시간들 창은 적들의 전략 앞에 빠르게 꽂힌다

사라진 고구려의 삶
짐승을 쫓는 눈빛이 햇살 아래 반짝인다

엉덩이를 들고 말을 달리던 왕
흙 속에 묻힌 지금
힘껏 던진 창살 어전히 심장에 번찍거리고
꿩을 적중한 도마 위는 말발굽 소리가 요란하다

북면 우주 꿩 요리 식당 주방
벽화 속 왕의 사냥터로 핏물이 흥건하다

날마다 하늘로 도망쳐야 할 꿩
지난날 나의 힘이라면
앞만 겨눈 사냥의 힘

산속에 흩어진 삼족오 피가 칼도마 위에 벽화로 물들었다

다다다다 도마 위의 칼 소리 산등성이를 휘어잡고
피를 물끄러미 바라보던 내가 식당을 나온다

합죽선

박물관 벽면에
대오리살 수액이 한지 위로 배어나올 것 같은 대나무가 빗금처럼 말라 있다

먹물 번진 햇살 아래로 한 걸음 물러 앉힌 반야를 남겨둔 공민왕
아버지 따라 궁궐로 들어간 고려인의 모습이다

늑골에 대나무 겉대가 툭툭 불거졌다

시첩 뒤를 살금살금 밟던 공민왕 숨소리
고려인 울음소리가 대통 속에서 들리고 쭉쭉 결을 편 합죽선이 둥글다

오므렸다 펼쳐진 합죽선, 빗금이 짙다
내 손바닥에도 빗금이 짙다

주먹 쥐었다 편 사이에 등줄기 따라 서늘함이 쉴 새 없이 오르내리고
고개를 숙여야만 보이는 가슴은 아리다

나는 남의 손바닥에 얼마나 많은 빗금을 쳐야 했던가

부채를 만든 문화생의 땀 젖은 손가락 끝을 보면

빗금 같은 지문에 굳은살이 동글동글하다

마름질하다가 멈춘 한지가 바람 따라 대오리살을 휘익 감아올리고
어제와 오늘을 나눠놓은 이곳에 공민왕은 먼 우주에서 부채질할지 모르는 일

반야의 속치마 자락이 구름처럼 펄럭이고
합죽선 이야기로 접혔다 폈다 마무리된 박물관은 고려의 하늘이다

고려인 얼굴들이 벽면에서 빗살무늬 그늘을 치고 있다

말들의 무덤

서서도 달리지 못한 말 누워야만 달릴 수 있는 것일까
제나라를 누비던 순마갱이 발견되었다
헛되지 않은 말들의 죽음
산둥반도의 갈비뼈 화석이 햇살 아래 반짝인다
줄지어 북으로 올라가는 철새들 날갯짓처럼
주인보다 먼저 달린 말들의 형체는 아직 당당하다
무덤 속 흰 뼈들이 자리 잡고 누운 저녁
주인과 머리를 맞대고 달린 제나라의 생존전략
전신을 지탱한 힘이 영토를 사육한 전략이다
순장된 말의 뼈를 들여다본 순마갱
곤죽된 말의 몸에서 줄무늬 갈비뼈가 보이고
굽혀야만 멀리 뛰던 말들의 무릎 소리가 달그닥거린다
둥근 표정 아래 할딱거리는 토종의 숨결
죽어서도 뛰는 얼굴로 누워 있다
편차에 쇳물이 다 빠져 흙가루가 된 지금
봄 여름 가을 겨울 자주 발끈거렸던 말발굽 아래
말도 국경을 넘어가는 꿈을 키웠을까
할딱할딱 넓은 구릉지 절벽을 넘나들던 시간
편차를 잡던 군사들의 호패에 새긴 16살이 뚜렷하다
황톳길을 오고 가던 하령두촌
어둠을 깔고 밤하늘을 스친 몇 필의 말은 누워서 달린다
U자형 말의 무덤 속
누워서 만주 벌판을 달리는 곳

사거리에 장군을 태운 말의 동상이 세워질 때
갈기의 장신구들은 햇살 아래 누웠다
순마갱의 그림자가 말의 편차 따라
오늘을 달린다

'직선'과 '곡선'을 잇다

—엠페도클레스 콤플렉스의 맹아萌芽

백인덕 시인·문학평론가

그대 온몸으로 정상에 오르려면, 온몸으로 뛰어내려라—니체

1.

지나치게 철학적인 입장의 명제일지는 모르지만, "시는 이해하기보다도 짓기가 더 쉽다"(몽테뉴)는 말이 있다. 아마 이런 관점은 '시'가 본질적으로 최소한의 '진리'라도 담보한 양식이라는 믿음에서 비롯했을 것이다. 하지만 온전히 이런 믿음으로 시작을 하는 현대 시인은 찾아보기 어려운 것이 사실이다. '정신'의 자리에 '무의식'이, '진리'의 자리에 '욕망'이 들어선 것도 오래전 일이기 때문이다. 그럼에도 불구하고 '나르시시즘'이라는 용어에는 별 다른 반응이 없다가도, 그 뒤에 '콤플렉스'라는 접사가 붙으면 극렬하게 반감을 드러내는 경우를 종종 볼 수 있다. 노파심으로 이 글을 훼손하지 않기

위해 좀 에둘러 가기로 한다.

'엠페도클레스의 콤플렉스'라는 말은 바슐라르가 그의 《불의 정신분석》에서 보여 준 네 개의 콤플렉스 개념 가운데 하나이다. 여기서 중요한 점은 그가 사용하는 콤플렉스라는 말은 프로이트 류의 정신분석학에서 쓰는 정신병리학적 의미를 벗어나 심미적 세계를 만들어 내는 꿈의 세계를 뜻한다는 것이다. 다시 말하면, 엠페도클레스의 콤플렉스는 삶의 본능과 죽음에의 본능의 대립을 나타내는 현상이다. 그리스의 철학자 엠페도클레스의 이름에서 빌려 온 것이 분명한 이 개념은 말년에 자신이 신이 되기 위해 에트나 화산에 뛰어들어 이 세상과 저세상을 연결시키며 삶의 본능에서 자신을 파괴, 다시 재생의 기회를 얻으려 했던 것을 말한다. 결국, 여기서 사용된 '콤플렉스'란 일차적으로 심미적 대립상對立相을, 종국에는 그 지향志向을 지칭하는 것으로 볼 수 있다.

이번에 접하게 된 김하경 시인의 작품은 다섯 편의 대표작과 다섯 편의 신작으로 이루어져 있다. 이 열 편의 작품을 통해 시인의 시 세계의 단면도를 그려보기 위해 이런저런 각도를 대입해 보았다. '범주화'는 이해를 위해 꼭 필요한 선결 작업이지만, 기준이 많아지면 분류 자체가 의미를 생성할 수 없게 된다. 따라서 이 글에서는 직접적으로는 어휘를 통해, 간접적으로 이미지로 형성된 '직선'과 '곡선'에 주목하기로 했다. 그렇다면 김하경 시인이 그려내는 '직선/곡선'의 의미와 '엠페도클레스 콤플렉스'에서 대립하는 '삶의 본능/죽음에의 본능'은 어떻게 관련되며, 어떤 '지향'을 향해 움직이는가 하는 의문이 남는다. 이 글은 그 의문의 해소를 향한 여러 겹의 '오해'가 될 것이다.

2.

김하경 시인의 대표작 다섯 편에서는 우선적으로 '휘다' 라는 곡선적 계열의 시어와 이미지들이 주를 이룬다. 연보年譜상 신인이 분명한 시인의 작품을 이항 대립적으로 분리할 수 없기 때문에 작품의 표면적 양상에 더욱 주목할 수밖에 없다.

> 눈물처럼 무릎에 물이 차오르나 보다
> 시간이 익어 하얗게 늙어가는 동안
> 정수리에 핀 꽃은 제 빛깔이 아니다
> 초저녁 석양은 하루의 마무리다
> 밀서를 쥐고 길 떠나는 노인
> 시들시들한 부종은 무덤 같다
> 방울 소리 딸랑거리는 강아지 한 마리
> 꼬리를 말아 올린 뒷다리가
> 말굽처럼 휘어졌다
> 노인의 무릎도 동그랗게 휘어져 있다
>
> —〈밀서〉 부분

이 작품의 인용 부분, '석양', '무덤', '말굽', '무릎' 등은 모두 곡선의 형태를 보인다. 이 외에도 작품 전체를 살펴보면, '능선', '코너킥', '반달' 등의 어휘도 그 형태상 곡선의 이미지를 환기한다. 그렇다면 이 이미지들이 시적 대상인 '노인'과 결합되었을 때 어떤 의미를 생성할 수 있는가? 시인은 "노인의 무릎도 동그랗게 휘어져 있다"라고 말한다. '휘어져 있다'라는 표현은 형식상 상태를 표현한 것이지만, 깊게 생각해보면 '자의적'일 수 없음을 드러낸다. 무엇에 의해 그런 상태에 이르렀다는 것을 암시한다. 그것이 '밀서'의 내용일 것이다. 아마도 이에 대한 암시는 "시간이 익어 하얗게 늙어가는 동안"이라는 구절을 통해 유추할 수 있다. 시간은 모든 것을 둥글게 휜다. 이것은 진리다. 하지만 이것이 이 작품이 드러내고자 했던 진정한 의미라면 "퇴화 중인 무릎 사이/ 반달이 뜬다"는 마지막 연이 불필요하게 된다. 이것은 다만 시인의 부주의였을까?

젖은 땅은 할머니 물 찬 관절처럼 질퍽일수록
흰 수건을 머리에 감고 살았던 하늘은 맑고 복숭아는 달았다

늙은 복숭아나무 배꼽은 할머니 탯줄을 잇는 유적

—〈나무 배꼽〉 부분

이 작품에서 주목하게 되는 것은, '배꼽'이라는 시어다. 아마도 이 작품 안에서 가장 강한 상징적 의미를 갖고 있기 때문일 것이다. 일반적으로 '배꼽'은 탯줄을 끊은 자리로 배의 한가운데 자리한다. 결국 삶이나 세계의 중심이라는 상징적 의미를 갖는다. 그런데 시인은 나무의 '옹이'를 사람의 '배꼽'으로 환치한다. 그래서 "늙은 복숭아나무 배꼽은 할머니의 탯줄을 잇는 유적"이라고 선언한다. 앞에 인용한 작품 〈밀서〉와 연결시켜 보면, '복숭아나무 배꼽 = 할머니 탯줄'과 '퇴화 중인 무릎 = 반달'의 대비항이 부각된다. 좀 비약시켜 보자면, 시인은 '죽음에의 본능'에 기울어진 것들, '퇴화 중인 무릎'과 '할머니의 탯줄'에서 '생의 본능'으로 다시 가득 차오를 것들, '복숭아나무의 배꼽'과 '반달'을 상상한다. 아니, 끌어내 생과 시의 중심

점으로 옮기고자 한다. 그런데 이 건강한 욕망의 추동력은 "언제나 복숭아나무 밑 추억의 뿌리는/ 드므를 닮아 오래된 유적처럼 고요" 함 속에서 발생한다. 그러므로 시인의 비극은 '추억'에 있다. 아니 더 정확하게 말하면, 고요한 추억의 뿌리에 있다.

시 〈나무 배꼽〉에 등장한 '드므' 처럼 〔'드므' 는 건물 앞에 놓은 커다란 독(항아리)으로 하늘의 화마火魔가 물에 비친 자기 얼굴을 들여다보고 놀라 달아나라는 뜻이 담겨 있다.〕 시인의 비극은 '기억(추억)' 에 있을지도 모른다. 그렇지 않은가? 불이 없는데 드므는 무슨 소용이며 욕망이 일지 않는데 시는 어떻게 쓰일 수 있는가? 이쯤에서 시인은 '기억(개인)' 이 아닌 '역사(집단)' 에 근거한 자기 갱신을 꿈꾼다. 신화적으로는 기억의 여신 '므네모시네Mmemosyne' 는 역사의 여신 '클리오Clio' 의 어머니이다. 즉, 기억이 역사의 원천이라는 뜻이다. 그러나 기억이란 너무나 개별적이어서 환원불가능하고 그만큼 소통의 회로도 좁아진다. 그래서 우리는 '역사' 라는 이름의 양아버지의 '목소리' 에 의지하게 된다. 끝내 이 지긋지긋한 일상을 깨뜨려줄 수 있을 것 같은 역사의 '초시간성' 에 기대게 되는 것이다.

먹물 번진 햇살 아래로 한 걸음 물러 앉힌 반야를 남겨둔 공민왕
아비지 따라 궁궐로 들어간 고려인의 모습이다

늑골에 대나무 겉대가 툭툭 불거졌다

시첩 뒤를 살금살금 밟던 공민왕 숨소리
고려인 울음소리가 대통 속에서 들리고 쭉쭉 결을 편 합죽선이 둥글다

오므렸다 펼쳐진 합죽선, 빗금이 짙다
내 손바닥에도 빗금이 짙다

주먹 쥐었다 편 사이에 등줄기 따라 서늘함이 쉴 새 없이 오르내리고
고개를 숙여야만 보이는 가슴은 아리다

나는 남의 손바닥에 얼마나 많은 빗금을 쳐야 했던가

—〈합죽선〉 부분

서서도 달리지 못한 말 누워야만 달릴 수 있는 것일까
제나라를 누비던 순마갱이 발견되었다
헛되지 않은 말들의 죽음
산둥반도의 갈비뼈 화석이 햇살 아래 반짝인다
줄지어 북으로 올라가는 철새들 날갯짓처럼
주인보다 먼저 달린 말들의 형체는 아직 당당하다

—〈말들의 무덤〉 부분

김하경 시인은 앞서 언급한 일반적인 이해, '기억'을 '개인적(개별적)'인 것으로, '역사'를 '집단적(보편적)'으로 나누려는 경향이 자연스럽거나 꼭 필요한 것은 아니라는 사실을 잘 알고 있다. 더욱이 시인은, 시인이란 보편적 집단적 기억으로부터 개별적인 환원불가능한 미시 기억을 되살려내야 하는 존재가 되어야 한다. 김하경 시인의 대표작에서 두 번째로 확인되는 것은 '역사로서의 기억'의 내용들이다. 〈합죽선〉의 경우, 고려 공민왕과 반야의 이야기가 중심 테마가 되어 있고, 〈말들의 무덤〉은 제나라 순마갱의 무덤이 테마가 된

다. 그러나 좀 더 정확하게 보면, 이 두 작품은 시인의 실제적 체험이 매개되어 있다는 공통점을 갖는다. '박물관', '하령두촌' 처럼 시인의 직접 경험을 유추할 만한 정보들이 작품 안에 들어 있기 때문이다.

그렇다면 시인의 직접 체험은 시 세계에 어떤 영향을 주었는가. 그것이 '역사'가 아니라 '기억'으로 혹은, '인식의 문제'가 아니라 '존재의 문제'로. "나는 남의 손바닥에 얼마나 많은 빗금을 쳐야 했던가"(〈합죽선〉)라는 재귀적 질문과 "순마갱의 금자가 말의 편차 따라/오늘을 달린다"(〈말들의 무덤〉)는 사적史的 이해가 체험의 강도를 역으로 보여준다. 이 체험의 강도는 '시'를 '형식의 무덤' 으로부터 끌어올린다.

사라진 고구려의 삶
짐승을 쫓는 눈빛이 햇살 아래 반짝인다

엉덩이를 들고 말을 달리던 왕
흙 속에 묻힌 지금
힘껏 던진 창살 여전히 심장에 번쩍거리고
꿩을 적중한 도마 위는 말발굽 소리가 요란하다

북면 우주 꿩 요리 식당 주방
벽화 속 왕의 사냥터로 핏물이 흥건하다
날마다 하늘로 도망쳐야 할 꿩
지난날 나의 힘이라면
앞만 겨눈 사냥의 힘
산속에 흩어진 삼족오 피가 칼도마 위에 벽화로 물들었다

다다다다 도마 위의 칼 소리 산등성이를 휘어잡고

피를 물끄러미 바라보던 내가 식당을 나온다

—〈도마 속의 삼족오三足烏〉 부분

인용 작품에서 주목하고 싶은 점은 '과거(역사—벽화)'가 '현재(북면—주방)'으로 끊임없이 대치되고 있다는 것보다, "피를 물끄러미 바라보던 내가 식당을 나온다"라는 데서 확인할 수 있는 것처럼 시적 화자가 직접적으로 시의 내용 속에 개입한다는 점이다. 우리는 누구나, '명제적 진리'의 시를 쓸 수 있지만, 그만큼 '체험적 진실'의 시를 쓰기는 어렵기 때문이다. 여기서 본 것처럼 김하경 시인의 '곡선'의 어휘와 이미지는 '현재'보다는 과거와 미래를 향해 휘어져 있다.

3.

그것이 도형이든, 언어 문자이든, 시각적 이미지(사진)이든 하나의 상징적 의미를 보여주기 위해 세부적 요소, 혹은 종속적 의미들을 버려버려야만 한다. 시는 결국 '추상화' 라는 인식 작용의 부산물일 뿐이다. 이것은 어쩌면 모든 기호의 운명일지도 모른다. 김하경 시인의 '신작시' 다섯 편은 '기억/역사' 의 문제보다는 보다 시인다운, 자신을 '개성적' 으로 자리매김할 수 있는 '기호/의미' 의 문제에 천착穿鑿하고 있는 것처럼 보인다.

뒤틀린 허리를 펴고

나뭇가지들은 무섭게 가로줄 긋는다

고목은 벌레 먹은 잎사귀를 숨긴다
끝없이 밑줄에만 집중하는 눈부신 저것들

진이 다 빠지도록 할딱거리는 땀방울
직선만 고집하는 가지 끝 생장점
꺾이지 않은 길이 훤하다

푸지게 눈 내린 섣달그믐
싸구려 구두를 진열하는 길거리 좌판

바람도 걸려 넘어질 것 같은 골목을 지나
아버지는 냉방에 몸을 눕혔다

화계 5일장을 돌며 헐값 신발을 나르던 푹 꺼진 눈두덩
밭을 일궜던 씨앗들이 무성하다

고랑고랑 밭갈이한 얼굴 아버지 밑줄 친 삶이 짙다

생의 중심에 뿌리는 시간의 줄기만 기억한다
흙과 돌을 잔뜩 움켜쥔 힘 밑줄을 뚜렷이 그리며
가쁜 숨 우왕좌왕 매달린 땀방울 아래
밑줄이 곱다
허리가 비틀어진 아버지를 닮아
내 손금에도 밑줄이 많다

—〈밑줄〉 전문

인용 작품의 핵심은 아무래도 '가로'와 '밑줄'에 있는 것 같다. 그런데 그 '가로/밑줄'이 어느 순간에는 형질을 바꾸며 등장한다. 가령, '나뭇가지들', '싸구려 구두가 진열된 좌판', '바람도 걸려 넘어질 것 같은 골목' 등은 가로이면서 가로가 아닌 것으로 밀려난다. 그것은 '화계 5일장 돌며', '고랑고랑 밭갈이한', '허리가 비틀어진 아버지'의 "가쁜 숨 우왕좌왕 매달린 땀방울 아래/ 밑줄"을 시인이 '곱다'고 느꼈기 때문이다. 그래서 결국은 시인이 "내 손금에도 밑줄이 많다"고 고백할 수 있기 때문이다. 원래부터 가로로 있었던 것들과 가변적으로 시간에 따라 형성되는 것들은 원소적 차이는 없지만 의미적 차이는 없을 수가 없다. 시간에 대한 모든 존재의 반응도 이와 같다.

시인은 신작시들의 여러 부분에서 '딱딱한 기호'와 '부드러운 의미'의 차이를 그려내고자 한다. 이는 시인의 작품을 통해 이항 대립적으로 만들자면, '곡선/직선', '반/나머지', '기억/역사'처럼 확장될 수 있다. 종국에는 '에로스/타나토스'로 귀결되겠지만 말이다. 그러나 이런 예상이 빗나가는 것은 시인의 다음과 같은 작품을 생각하면서부터다. 아래 인용한 작품들은 해석자의 '엠페도클레스 콤플렉스'의 경향을 강화시키는 것 같으면서 시인의 다른 면모를 보여주고 있다.

심미적 세계를 지향한다는 것은 눈앞의 사실을 현실로 받아들이지 않는다는 것을 의미한다. 무조건적인 부정이 아니라, 이것은 부정을 통한 발견과 '이해' 이외의 '공감, 동정, 동조, 반감' 등의 '반응적 reaction'인 정서적 대응을 요청한다는 것이다. '소통'하지 않는 시인이란 시인이 아닌 것과 같기 때문이다. 이런 측면에서 볼 때, 김하경 시인의 시 세계는 필자가 규정한 바, '사랑의 본능(에로스)'과 '죽음에의 본능(타나토스)'을 대립적으로, 하나의 '공모共謀'로 볼 가능성을 충분히 짐작케 한다.

시간에 부딪친 불상 목이 떨어졌다
금방이라도 흙물이 튕겨 나올 것 같은 목을 만지며 바람은 돌이킬 수 없는 울음 운다

—〈얼굴 없는 불상〉 부분

가늠 못한 생각 위로 사라진 모둠발
언제나 머릿속 불구의 두통은 뇌척수를 흔들었다

흔들린다는 것 부채꼴 같은 물이랑이 만들어진다는 것

고랑고랑 빈자리에 상한 마음들 잠잠해지는 날
삐쩍 마른 별빛과 주고받은 말 따라
어둠은 빛의 싹을 틔우고 있다

—〈저수지〉 부분

가슴에 품은 햇살은 중심을 잡고 올 것이다

가장 힘겨운 시간에 삶의 자취를 그린 정오
바퀴는 스스로 내려갈 준비를 한다

더디게 올라온 정상에서
언제나 바퀴는 꼽추의 등을 붙잡는다

—〈바퀴에 관하여〉 부분

김하경 시인의 이 작품들은 하나같이 근원적인 질문을 내포하고 있다. '시간을 이겨내는 존재가 있을까?' 이것은 순전히 시인의 오늘 작품들을 오해한 필자의 무지의 소치지만, 앞의 인용시들을 보면 다음과 같이 표현된다. "시간에 부딪친 불상 목" (〈얼굴 없는 불상〉), "흔들린다는 것 부채꼴 같은 물이랑이 만들어진다는 것"(〈저수지〉) 이거나, "둥글게 휘어진 모퉁이가 길들을 보듬듯"(〈바퀴를 위하여〉) 등은 말한다. 시간은 결국 '밑줄(직선)' 이지만 제 스스로의 무게로 동그랗게 '휘고(곡선)', 결국은 '기억' 과 '역사' 가 무의미해지는 곳에서 서로를 잇대게 된다고, 시인은 말한다.

시인이 '동그랗게' 생각하는 '시간' 이란 무슨 의미인가, 그냥 궁금한 채로 남겨두기로 한다.

이제 앞에서 언급했던 '엠페클레스 콤플렉스' 와 김하경 시인의 작품의 관련성에 관해 해명하고 싶다. 김하경 시인은 '끝이 아닌 끝', '시작인 끝' 과 같은 시의 구성 방식을 보여주었다. 이는 낭만적으로 이해하면 자기 갱신을 위한 자기 파괴이며, 나와 세계를 이어주기 위한 자기희생이다. 그러나 '시작詩作' 이란 '언어' 와의 한판 싸움일 뿐이다. 시인에게 '창조' 란 어쩌면 '언어의 물질성' 을 원래대로 돌려주는 것일지도 모른다. '본능(욕망, 충동)' 의 대립이란 '의미' 를 지향하는 것이므로 그다음의 문제일지도 모른다. 필자는 이 '알 수 없음' 을 '맹아萌芽' 라 칭했을 뿐이다. 이 '싹' 의 오롯한 전부는, 전부 김하경 시인의 몫이다.

백남오 수필가

이 작가를 주목한다

경남문학 101 | 2012년 겨울호

2004년 《서정시학》 수필, 2015년 《수필과비평》 평론 등단. 교원문학상, 수필미학문학상 수상. 수필집 《지리산 종석대의 종소리》 등

겨울밤 세석에서 외 1

백남오

지리산, 세석, 겨울, 밤.

여기는 세석평원입니다. 세석은 국립공원 지리산의 심장입니다. 나는 지리산의 모든 곳을 다 좋아하지만, 세석이 가장 좋습니다. 그 넓은 지리산 속의 유토피아를 생각할 때면, 조건 없이 세석이 떠오릅니다. 이곳에 그 어떤 흔적이나 전설이 있어서만은 아닙니다. 그저 오고 싶고, 오면 머물고 싶은 그런 곳입니다.

하늘이 유달리 높고, 구름이 무심이 흘러가는 것도 한 원인이 될 수는 있겠지만, 그것이 전부도 아닙니다. 그저 편한 친구처럼 만나고 싶고, 밤새 투정하고 싶고, 한없이 안기고 싶은 그런 곳입니다. 참 이상한 일입니다. 이 넓은 평원에만 들면 마음이 맑아지고, 편안해집니다. 아니, 멀리서, 이 특이한 고원의 평원을 바라만 보아도, 가슴이 설레고 두근거립니다.

저 시린 세석처럼

지금 세석산장 안에 누워 있습니다. 음력으로 정해년 섣달 열엿샛날, 지리산의 겨울밤이 깊어가고 있습니다. 자정은 이미 넘긴 시간입니다. 산장의 문틈으로 스쳐 지나는 바람 소리가 예사롭지 않습니다. 한바탕 전쟁을 치르는 듯이 요란합니다. 산장에서 이렇게 좀처럼 잠들지 못하는 것도 드문 일입니다. 바람 소리 때문에 계속 누워 있을 수가 없습니다. 조심조심 문을 열고 산장 밖으로 나가 봅니다.

그런데, 아니, 도대체, 무슨 이런 엄청난 일이 일어나고 있습니까. 성난 바람이 세석평원을 무차별 폭격하고 있습니다. 거대한 세석은 하얀 눈을 덮어쓴 채로 바람의 폭격을 온몸으로 받아들이고 있습니다. 온천지가 바람과 진눈깨비가 뒤섞여 격렬한 소용돌이를 치는 듯합니다.

문제는 달빛입니다. 그 천지개벽 같은 혼돈의 현장을 말릴 생각도 않은 채, 달빛은 교교하고도 무심하게, 바람의 횡포를 바라만 보고 있습니다. 달빛까지 함께 어우러진 세계. 이것이 천상인지, 지옥인지 그것을 분별할 능력이, 제게는 아무래도 없습니다.

그럼에도 영하 20노의 세석평원은, 세상에서 가장 순수한 이미지로 마음속에 새겨지고 있습니다. 마치, 어린 아기 같습니다. 아무런 저항도, 계산도, 이해타산도 없이, 가진 것 전부를 다 내어 주고도, 하얀 살을 드러낸 채, 생명까지도 맡겨버린 채, 우주의 모든 고통을 받아들이는 장엄하고, 숭고한 세석의 모습입니다.

나도 순수이고 싶습니다. 저 겨울 세석고원을 닮고 싶습니다. 한때는 동화 같은 시절도 있었겠지만 지금은 아닙니다. 너무 많은 때가 묻었습니다. 차별, 편애, 약육강식, 질투, 이기심, 꿈틀거리는 욕망들, 불의와의 타협. 어느 하나 버린 것이 없습니다. 가소롭게도, 그 모든 것을 비웠다고 강변을 하면서도 말입니다.

그것뿐만이 아닙니다. 오만, 자만, 편협, 잔인성. 인간이 가지고 있는 극한의 사악함까지도 마음속에 요동치고 있음을 스스로 느낄 때가 있습니다. 눈물이 나려 합니다. 이 순간, 가진 것 모두를 버리고, 저 시린 세석처럼 살고 싶습니다. 참으로 순수한 마음으로 모든 사람들을 바라보며 사랑하고 싶습니다.

산장 안에는 함께한 노老시인이 기다립니다. 그분도 잠들지 못한 채, 그 바람 소리를 듣고 있었나 봅니다. 안에서 절대금지로 되어 있는 말하기의 금기를 깨고, 도란도란 얘기를 나누다 잠이 듭니다. 평일과 눈 때문에 산장이 텅 비어 있기에 가능한 일입니다.

영혼이 남겨질 곳

지나온 대성골이 너무 힘이 들었는지도 모릅니다. 어제도 나는 교만했습니다. '대성마을'에서 일박 후 출발하면, 이곳 세석까지는 네다섯 시간이면 충분할 것이라 생각했습니다. 그렇게 일찍 도착하여, 영신봉의 낙조도 보고, 청학연못까지도 염두에 두었습니다. 하지만 죽음의 계곡, 비운의 계곡, 겨울 '대성골'은 아무것도 허락하지 않았습니다.

'큰세개골' 지나면서부터 가파른 비탈이 앞을 가리고, 돌풍이 불고, 눈이 발길에 밟히기 시작했습니다. 세석 4㎞를 남겨둔 작은 등성이부터는 빙판이 아예 절벽 수준이었습니다. 좁은 길에 눈이 무릎까지 차오르기 시작했습니다. 한 발자국씩 옮기는데 몇 번이나 미끄러지며 시행착오를 거칩니다. 앞을 바라보니 영혼까지 압도하는 거대한 산비탈 외는 아무것도 보이지 않았습니다.

마음이 또 문제입니다. 불안감 말입니다. 상황이 어렵다 보니 길에 대한 자신감마저 없어지는 것입니다. 나만 믿고 묵묵히 따르는 일행이 더욱 마음을 무겁게 했습니다. 뒤돌아 하산을 생각해 보았지만 이미 때는 늦었습니다. 잠시 후면 어둠이 닥칠 시간입니다. 비상사태를 맞이한 것입니다.

그 무서운 순간에 '남부능선' 갈림길의 이정표를 만납니다. 안도의 숨을 몰아쉽니다. 세석은 아직도 2㎞이상 남았지만 남부능선은 외롭고 슬플 때, 혼자서도 다닌 길이기에, 죽음에 대한 공포는 버릴 수가 있었습니다.

지리산은 참으로 엄중하고, 정밀합니다. 그 누구에게도, 한 치의 양보를 하거나 사심이 없습니다. 지리산을 이렇게, 죽음을 무릅쓰고 그리워하는 사람이라면, 조금 봐줄 수도 있지 않느냐고, 항변해보기도 했지만 어림도 없는 일입니다. 그렇게 이곳 '세석산장' 에 도착한 것입니다. 그 대가로 바람과 눈과 교교한 달빛의 조화를 보여준 것이라 생각합니다.

새 아침이 밝았습니다. 남부능선을 타고, 청학동이나 쌍계사로 하산하려던 계획은 접습니다. 허벅지까지 차오르는 눈길을 헤칠 수가 없을 뿐만 아니라, 인적 없어 외롭고 더 찬란한 그 길의 서정을, 감당할 자신이 없기 때문입니다. 늦은 아침을 지어먹고 주능선 쪽 촛대봉으로 오릅니다. 하늘은 맑고 높습니다. 파란 겨울 하늘이 흰 눈과 어울려 절묘한 대조를 이룹니다.

촛대봉에서 바라본 천왕봉 일대의 조망은 가슴을 뜨겁게 합니다. 흰 눈을 소복이 뒤집어쓴 천왕봉은 포근하고 친근한 이의 숨결로 다가옵니다. 온 세상이 순백의 세계입니다. 지상에 있는 모든 것은 하얀 눈 속에 깊이깊이 묻힌 채, 조용히 엎드렸습니다. 시기와 증오, 미움과 욕망, 마음속 모든 악의 근원들도 이순간만은 모두 사라집니다. 겨울 지리산은 순결이요, 여린 동심의 세계입니다.

눈이 시리도록 파란 하늘 아래 펼쳐지는 상고대, 설화, 겹겹이 일렁이는 산마루의 황홀한 몸짓들. 나의 영혼을 이곳 지리산정에 영원히 남겨둘 수밖에 없는 이유가 됩니다. 마음은 남겨둔 채, 몸은 또다시 세파로 돌아가야 합니다. 그것이 숙명적 한계일 것입니다. 그 세상에서 육신과 영혼이 다시 지칠 때, 나는 또 지리산을 찾게 될 것입니다.

지리산길 위에서

나는 아무래도 지리산으로 가야겠다. 갈수록 팍팍해지고 힘겹게 조여 오는 현실을 뒤로하고 지리산으로 가야겠다. 심장의 박동 소리는 조금씩 약해지고 다리는 휘청거릴지라도 나는 지리산으로 가야겠다. 지리산에 가면, 미움도 사랑도 묻어두고 적요함만 있어도 나는 좋다. 그 허허로움과 풍요가 어머니 되어 손짓한다. 허위허위 달려온 인생길, 순한 그리움과 내 젊음의 뒤안길을 서성인 지리산에서, 4월의 꽃잎처럼 흩뿌려지고 싶다.

나는 지리산으로 가야겠다

나는 아무래도 지리산을 떠날 수가 없다. 햇빛 화사한 어느 해 10월, 제석봉의 '제석단'에서 이제 다시는 지리산에 올라서는 안 된다고, 이제는 지리산을 떠날 때가 되었다고, 더 이상의 비경을 들추어내서는 안 된다고, 소리치며 맹세했건만, 나는 아무래도 지리산을 떠날 수가 없다.

세석고원 위로 무심히 흘러가는 구름이 그리워서도 아니요, 얼어붙은 '한신폭포'의 그 견고한 고독의 처연함 때문도 아니다. 나는 아직도 지리산에 기대어, 지리산을 통하여, 하고 싶은 수많은 얘기들이 몸속에서 꿈틀거리고 있음을 숨길 수가 없음이다.

첫수필집 《지리산 황금능선의 봄》은 20년이 넘는 세월 동안 지리산을 2백여 회 오르내리며 얻어진 작품들이다. 산 하나를 두고 책 한 권을 묶는 데는 많은 어려움도 있었다. 아무리 오랜 세월을 그 산만 올랐다 하더라도, 그것은 호락호락한 일이 아니었다. 동일한 소재이지만 작품마다 개성이 다른 새로움을 창조해 내야만 하기 때문이다.

그럼에도 혹자들은 다음 작품집이 문제라고 압박을 한다. 지리산 이후에는 무엇을 쓸 것이냐고 묻고 있는 것이다. 그러는 사이 이 작품집은 독자들로부터 따뜻한 시선을 받고 있다. 그것은 내가 지리산을 떠날 수 없게 하는 커다란 명분으로 다가오게 된 이유이기도 하다.

지리산의 역사나 덩치로 보더라도 책 한 권 정도로서는 미풍에 흔들리는 나뭇잎 같은 것일지도 모른다. 그리하여 나는 또다시, 전력을 다하여 또 한 권의 지리산 수필집을 세상에 내놓게 된 것이다.

돌이켜보면 나의 젊음은 지리산을 떠나서 말하기는 어려울 것이다. 나의 사십 대, 평생 여고 국어교사로 만족하려던 의지는 조금씩 흔들리기 시작했다. 마음속에 들끓는, 그 뿌리를 알 수 없는 욕망의 불덩이 때문이다. 하지만 그 뜨거움을 분출할 돌파구는 좀처럼 보이지가 않았다. 그리하여 삶은 시들하고, 의기소침해지고, 직장에서도 활력을 잃고, 끝없는 삶의 질곡 속으로 떨어진다. 깊은 허무주의자로 빠져버린 것이다. 20대 때 하지 못한 문학이란 열병을 한참 철이 지난 그때서야, 앓고 있었다는 것이 옳은 판단일지도 모른다.

그 혼란스러운 인생의 소용돌이에서, 지리산을 만났다. 이십여 년, 결코 짧지 않은 세월 동안, 광활한 지리산정을 온몸으로 헤매고 다니며 무수한 봉우리와 능선, 깊은 골짜기 속으로 한없이 빠져들게 되었다.

지리산은 큰 산이었다. 구차한 일상을 잊게 해주는 큰 정신과 역사가 있었고, 황홀한 이상세계로의 초대도 해주었다. 영원히 안착해야 할 피안의 세계와 가야 할 운명의 길까지도 그 속에서 찾을 수 있음을 깨달았다. 지리산은 모든 현실적 욕망과 허무주의를 누를 수 있는 힘이었다. 무엇보다도 그 지리산을 통하여 내 문학의 문이 열리기 시작한 것이다.

그것이 늘, 밤잠을 마다한 이른 새벽에, 지리산을 오를 수 있게 한 동력이었다. 그것은 또한, 죽음과도 맞닿아 있는 문학과 산을 향한 욕망이기도 했다. 지리산은 그렇게 은혜롭고 치열하게, 새로운 삶의 지평을 열어주었다.

'선유동'의 봄은 처음도 없는 애상감으로 밀려와 마음속 끝도 없이 침잠하며 내 안의 모든 것이 와르르 무너지게 했다. 그러면서 생강나무의 노란색과 아득하고 아련한 봄날이 청학동과 깊은 관련이 있음을 상상하게 되었다. 한여름 '칠신계곡'을 오르며 모든 욕심과 욕망을 진심으로 버려야만 했다. 오직 물아일체, 무욕의 텅 빈 마음으로 한발 한발 앞으로 가야만 하는 행동만이 실존이며, 머릿속에 있는 그 어떤 관념도 빈 껍질임을 배웠다.

'하봉 일대'의 가을은 지리산 최후의 비경이었으며 죽어서도 묻어둘 그리움의 뿌리가 되어 손짓해 주었다. 죽어 영혼이 있다면 그곳을 어찌 기웃거리지 않으며, 배회할 수 없는 이유를 충분히 보여 주었다. 겨울 종주길에서 심한 육체적인 고통을 통해, 정신적 풍요를 얻는다는 옛 선사들의 얘기에 깊은 회의감을 느끼면서도, 내 삶 속의 수많은 아픔과 무한한 자유를 향한 간절한 소망을 혹독한 산행을 통하여 학대함으로써 억누르고자 하는 사실을 깨닫게 되었다.

'천왕봉'의 일출을 위해 새해 신새벽, 천리 길을 달려와 국토의 영봉을 오르는 장엄한 행렬을 바라보며 그 아름다움에 얼마나 감격했던가. 그 같은 열정이 개인은 물론 역사가 발전할 수 있는 원동력이라는 믿음 때문이다. '반야봉'의 낙조는 거인의 침몰이 주는 대가로 거대한 용광로가 서서히 가라앉는 황홀한 세계였으며, 그 모습을 보며 나의 삶도 새털구름 하나 정도는 빨갛게 물들이고 싶었다. 그렇게 열심히 살고도 싶었던 것이다.

'영원령' 가는 길에서 태곳적부터 불던 영원한 바람 소리를 들으며 한겨울이라도 옷을 훌렁훌렁 벗어던지고, 맨몸으로 바람을 맞고 싶은 욕망을 억제하지 못했다. 머물 수가 없는 곳, 부처님도 머물지 못하고 떠나야만 하는 '상무주암'에서는 세상에 머물 수 있는 것은 아무것도 없다는 영감을 얻었다. 부모도, 자식도, 우정도, 영원을 다짐했던 사랑도 모두가 떠나가는 것이다. 바람처럼 구름처럼 흘러가는 것이다. 변하는 것이 아니라 머물지 못하는 것이다. 그들의 떠남 앞에 눈물 흘리고, 가슴앓이를 하고, 통곡하고, 원망하는 것은 부질없는 인간의 논리일 뿐이다.

신라시대 화랑들의 말달리던 평원, '세석'고원은 민족혼이 살아 숨쉬는 역사와 정신의 현장이었다. 하늘이 울어도 지리산은 울지 않는다는 남명 선생의 목소리가 은은히 묻어났고, 선비들의 서릿발 같은 기상이 하늘을 찌르고 있었다. 또한 삶에 지쳐 주저앉아 울고 싶을 때, 모든 것을 맡기고 의지할 수 있는 친구를 그리워했다. 세석 같은 친구를.

내 문학의 유토피아

이제, 삶의 과정에서 이유 없는 억울함을 당할지라도, 현실을 향해 분노가 치솟아 오를지라도, 가슴이 너무 아파 통곡을 하고 싶을 때도, 그리움에 지쳐서 온몸이 흔들려도 지리산이 주는 위안과 은혜로움으로 스스로를 달랠 수 있을 것이다.

그럼에도, 내 욕망의 끝이 어디쯤인지는 알 수가 없다. 늘 새로운 세계를 향하여 한 단계 더 나아가기를 갈망하기 때문일까. 나는 세상에 존재하지도 않는 이상향을 꿈꾸고 있는지도 모른다. 유토피아란 아무데도 없는 나라라는 의미가 아닌가. 그것은 하나의 완벽한 사회이면서, 궁극적으로는 실현 불가능한 사회라는 뜻을 동시에 갖고 있음이다. 그렇다면 유토피아를 꿈꾸고 있는 '나'라는 존재는 무엇인가. 내 스스로의 뿌리를 답할 수 없음도 답답함이요, 혼란스러움이다.

어쩌면, 세상이 어지럽고, 삶이 고독하고 불안하기에, 현실을 뛰어넘는 이상향을 꿈꾸는 것이 아닐까. 또한 그 이상향이 현실화되면 또 다른 유토피아를 찾아 나설 것이다. 그렇게 영원한 방랑자로 떠도는 몸이 아닌가.

토머스 모어는 모든 종교를 관용하고, 자연스러운 쾌락을 추구하며, 재물과 영토를 늘리기 위한 전쟁을 혐오하며, 인간의 존엄성과 자유성에 의해 운영되는 세계를 유토피아라 했다. 그것 역시, 존재할 수 없는 허상이 아닌가. 그 대안을 나는, 지리산에서 찾을 수 있다고 믿고 있는지도 모를 일이다.

현실세계에서 결코 이룰 수 없는, 존재할 수도 없는 유토피아, 지리산은 그 꿈을 꾸게 하는 것은 아닐까. 결국, 지리산은 '존재하지도 않는 것'의 대안이 될 수도 있다는 말인가. 그래서 지리산에서 유토피아를 꿈꾸는 것은 아닐까. 이 혼란의 시대, 청학동은 이미, 하늘로 날아오른 허상일 것이다.

어쩌면 이 모든 것은 지리산에서 내 문학의 유토피아를 찾고 싶은 또 하나의 욕망일지도 모를 일이다. 나는 아무래도 지리산으로 가야겠다. 그리운 지리산이 어머니의 목소리로 자꾸만 부르고 있다. 지리산길 위에서 내 삶의 진정성을 다시 한 번 묻고 싶다.

고독, 자유, 구원으로서 지리산 문학

– 백남오, 《지리산 빗점골의 가을》

이성모 마산대 교수 · 창원시김달진문학관장

1. 고독

고독을 사랑한다는 것은 역설이다. 외로움은 외로움일 뿐, 어울림은 어울림일 뿐이다. 그러나 외로운 것이 어울림이며, 어울림이 외로움이라는 사유로 통합될 때, 의미는 남다르다. 예컨대 '나'는 '남'들과 희희낙락 어울려 그야말로 외롭지 않다고 여길 수 있으나, 오히려 진정한 '나'의 정체성을 잃어버려 허청거린다. 이른바 '군중 속의 고독'이다. 반대로 '남'들과의 어울림이라는 관계성으로부터 벗어나 진정한 '나'와 조우하는 외로움이라면 오히려 그것이야말로 진정한 어울림이겠다.

진정한 산꾼이라면 그들은 고독을 사랑하는 이들이다. 그러나 고독의 역설은 이에 그치지 않는다. 고독을 사랑하는 이들은 이미 고독한 것이 아니다. 고독을 사랑하는 이들은 이미 자유인 그 자체이다.

아프리카와 파타고니아를 나르는 항공로를 개척한 생텍쥐페리 Antoine de Saint Exupery (1900~1944)의 삶은 고독한 자유인의 전형이다. "끝없이 펼쳐진 사막과 조종실의 고독과 비행기 밑으로 보이는 대지가 있을 뿐이다. 생텍쥐페리는 모래밭 속에 떨어진다. 그러면 신기루와 환영에 사로잡히는 갈증의 행군이 계속되고"(알베레스, 정명환 역, 《21세기의 지적모험》, 을유문화사, 1961년. 241쪽), 이러한 체험에는 여하간의 소설적 요소도 없다. 고독한 자유인으로서 지적 모험의 결정체는 그의 책 《인간의 대지》에 다음과 같은 응축된 사유로 빛난다.

> 대지는 무릇 책들보다도 우리에게 더욱 많은 것을 가르쳐준다. 그것은 대지가 우리에게 저항하기 때문이다. 인간을 장애물에 맞설 때에 비로소 스스로를 발견하는 것이다.
>
> —《인간의 대지》 위의 책, 241쪽 재인용.

고독과 위험과 죽음이 빛날수록 정신은 명징하다. 깨끗하고 맑음. 백남오의 수필집 《지리산 빗점골의 가을》에는 산나그네의 고독과 등정의 위험과 지리산에 깃든 빨치산의 영령이 겨울 하늘처럼 빛나고 있다. 그는 "처음으로 가을 하늘보다 겨울 하늘이 더 높다는 사실을 알게 된다."(〈천왕봉의 겨울밤〉, 22쪽) 빙결의 가혹함이 더할수록 아름다운 세계란 무엇인가?

섣부른 방황과 회한, 욕망과 그로 인한 고뇌마저 절멸할 수 있는 통로란 스스로를 가혹하게 하면 할수록 빛나는 자신과 만날 때이다. 이는 허무로 함몰되는 자학 혹은 자조적인 태도와는 다르다. 그에게 고통이란 오히려 단조롭기 그지없는 일상이다. 그의 지리산행은 고독과 고통을 기쁘고 즐겁게 여기는 데에서부터 시작되었다.

> 비탈길은 힘겹지만 무념무상으로 걸을 수 있음이다. 한발 한발의 전진만이 실존일 따름이다. 관념이란 것이 얼마나 막막한 것인가를 체득하게 된다. 외로움이니 그리움 같은 추상적인 언어들은 흐르는 땀방울 속에 소리 없이 녹아내리고 만다. 그런 부분을 어디서 맛볼 것인가, 게다가 칠선계곡 같은 극단의 오르막에서는 기상천외의 창의력까지 번득일 때도 있다. 그것은 사실이다. 강력한 고통과 자학을 통하여 깊은 잠재의식이 꿈틀거릴 수 있다는 말이다. 이 얼마나 고고한 산의 매력인가.
>
> —〈외로워서 걷는 길〉, 29쪽.

《지리산 빗점골의 가을》 곳곳의 글, 혹은 지리산 곳곳을 오르거나 내릴 때마다 이마에 흘린 땀만큼 훔쳐내는 것이 자신의 삶에 대한 회한이다. 일상적 삶의 공간은 그에게 있어 끝없는 회한이다. "여고 국어교사 30년차"에 그는 "나에게 주어진 법적, 사회적인 시간을 다 채울 자신이 없다. 더 나아갈 삶의 동력이 바닥나 버렸음"(〈30년, 그 삶의 동력〉, 41쪽)이라고 선언한다. 미루어 짐작컨대 성스러운 사명감으로 일관했던 교직 생활과 어긋나는 교단 현실과의 거리, 지난 세월 충일한 보람만큼이나 지독했던 그리움마저 허허롭고, 중년을 훌쩍 넘긴 나이에 남은 인생이란 무처지간이라는 의식이 크게 자리 잡은 듯하다. 이제껏 살아왔던 세월이 마치 "방금 머물렀던 달뜨기능선 위에 걸려 있는 하얀 낮달이 참 쓸쓸해 보인다."(〈외로워서 걷는 길〉, 33쪽)와 같다.

쓸쓸한 것은 위대한 것이다. 남을 탓하여 원통해하거나 스스로의 어리석음에 뉘우치거나 간에 가슴속 깊이 맺힌 상처와 같은 울혈을 거친 숨으로 토해내며 그는 지리산에 오른다. 많은 이들이 과거를 회억하며 부재와 상실의 음화적 세계에 머물러 있거나 부정과 탄식의 정조로 추락한다면, 그는 현실의 질곡 속에 잃어버린 삶의 원형을 찾아 산을 오른다. 원형이란 다름이 아니라, 과거의 원망은 오늘의 그리움이 되고, 옛날의 고통스런 추억은 돌이켜보면 사랑이었음을 확인하는 것이다. 오름길 곳곳에서 그는 아버지와 어머니의 혼을 떠올리는가 하면, 마치 고향 진등재를 등에 진 듯이 아름답게 추억하며 걷는다.

한편으로 그는 지리산을 오르내리며, 자신의 상처를 앞세우기보다 지리산 고사목의 아픔과 의연함에 견주어 부끄러움을 느끼며, 좌절된 욕망이란 허욕을 버리지 못한 데에서 비롯된다는 것을 체득한다. 때로는 모든 것의 집착을 버린 유아론적 세계가 지닌 고고함이 경건한 열정이라는 것을 깨닫는 길목에 다음 글이 있다.

> 나무는 나에게 이렇게 말하는 것만 같다. 힘들다고 포기해서는 안된다. 팔을 자르면서도 살아남는 자가 승리자다. 너의 교직 30년차, 아직 이르다. 40년을 넘게 버티고도 건강하게 퇴직하는 자도 비일비재하지 않느냐, 좀 더 힘을 내라. 나 소나무의 아픔을 생각해보았느냐. 너는 아직도 젊다. 이 태산준령을 올라 나를 만나고 있지 않느냐. …(중략)… 피어라, 피어라, 꽃들아, 마음껏 피어라. 모든 생명은 어차피 혼자 피는 것이다. 혼자 즐기는 것이고, 혼자 좋아하는 것이고 혼자 흔들리는 것이다. 그렇게 혼자 생을 불사르며 사는 것이다.
>
> —〈30년, 그 삶의 동력〉, 43쪽.

나무는 고고하다. "새는 나무를 가려 앉을 수 있으나, 나무가 어찌 새를 가려서 앉게 한단 말인가." 〔鳥則擇木 木豈能擇鳥乎〕(《공자가어孔

子家語》) 나무는 외로움마저 초연하여 의젓하다. 수필가 이양하는 나무를 두고 "훌륭한 견인주의자요, 고독의 철인이요, 안분지족의 현인"(〈나무〉)이라 하였다. 지리산에서 만나는 고독, 고독마저 참고 견딜 뿐 아니라, 고고함으로 수렴하는 자리에 지리산 수필가 백남오가 있다.

2. 자유

지리산을 오르면서 그는 자신의 운명과 고독을 반추하였다. 운명이란 위대한 것임에도 불구하고 통속적인 까닭은 무력감, 체념, 패배주의적 의식에 머무를 때이다. 그러나 운명을 말한다고 해서 모두 천박한 넋두리로 전락하는 것은 아니다. 비애와 체념을 띤 회한은 자신의 처절함과 만나는 길이며, 궁극적으로 자신의 상처까지 사랑할 수 있는 통로이기도 하다.

왜 유독 지리산인가?

> 지리산은 참으로 신비스럽고 무궁무진한 공간이다. 가면 갈수록, 보면 볼수록 놀라움은 신기루처럼 높아질 뿐이다. 늘 대성계곡만 있는 줄 알았다. 그런데 그 대성동의 물줄기 너머에는 이렇게 큰 계곡이 있고, 폭포가 있고, 암자가 있고, 마을이 있고, 새로운 세계가 있는 것이 아닌가. 그러한 사실을 이제야 알게 되니, 내가 모르는 그 무엇이 얼마나 더 많은 모습으로 감추어져 있을 것인가. 내가 알고 있는 세계와 지식이란 것도 얼마나 작고 편협된 것일까. 나는 자꾸만 작아지고 지리산은 더욱 더 크고, 세상은 다시 새로운 모습으로 다가오고 있다.
>
> —〈수곡골의 여름〉, 127쪽.

위의 글에 따르면, 지리산은 놀라울 정도로 "신비스럽고 무궁무진한 공간"으로서 상대적으로 "내가 알고 있는 세계와 지식"이란 작고 편협하여 조족지혈에 불과하다. 특히, 늘 가더라도 새로운 모습을 열어주는 광대무변한 지리산에 대한 외경과 비례하여 자신을 되돌아보는 겸허함으로 자기성찰의 의미를 더해주고 있다. 그는 지리산에서 "모든 욕망을 비워내고 가난한 마음의 잣대로 이 가을을 맞이하고 싶다."(〈가을이 오는 길목〉, 51쪽)

지리산은 물물이 자재하는 광대무변의 자유 그 자체이다. 풀과 나무와 인간 모두가 천지의 화평한 기운을 누리는 곳이며 하늘과 바람과 구름이 천진 그대로 오고가는 곳이다. 천진이란 "아무것도 없는 곳〔無何有之鄕〕"(《장자莊子》,〈소요유逍遙遊〉)에서 비롯한다. 통속적인 이익과 손해, 선과 악, 옳고 그름의 기준을 뛰어넘는 '세상의 바깥'으로서 선입견과 편견이 사라져 아무 거리낌 없는 마음의 상태에서 "놀고 있음"을 말한다.

이러한 정령이 깃든 지리산에 드는 자가 어찌 옳고 그름의 시시비비에 연연하고, 일의 형편에 따라 유쾌하거나 불쾌한 감정, 절망과 우수에 함몰된 고독으로 허청거릴 수 있겠는가. 지리산을 200여 회 오르내리며, 수필가 백남오가 깨달은 물아일체로서 지리산은 자유자재, 경건함 그 자체이다.

그 황량한 폐사지에서 내가 느낀 것은 자유이고 희망이다. 모든 존재는 무너지는 순간에 진실해지며 그 폐허 속에서 자유로울 수 있음이다. 무너져야만 새로운 집을 지을 수 있고, 희망이 싹틀 수 있다는 것이다. 내가 잡고 있는 현실의 모든 끈을 놓아버릴 때 영원한 자유를 만날 수 있다. 천 길 낭떠러지에 떨어져 죽을 것 같은 공포감 때문에 그 끈을 놓기란 쉽지 않지만, 놓지 않으면 구속일 뿐이다. 현실의 끈에 매달려 꼼짝도 못한 채 바동거리고 있는 자신이 안타깝기만 하다. 철저히 버리고 부서져야만 새로움이 창조되고, 모든 속박에서 해방될 수 있는 것이다. 가슴을 찢는 허무와 고독을 통해서만이 절망을 극복하고 마음의 평정을 얻을 수 있다는 역설을 생각한다.

—〈엄천골, 그 황홀한 폐사지의 자유〉, 79쪽.

지리산 엄천골 황량한 폐사지에서 가득 안아 낸 자유와 희망이란 무엇인가? 폐허란 본질적으로 역설적인 것이다. 사람들은 폐허지에서 추억을 떠올리고, 추억이라는 감성의 골을 따라 옛 시절의 사람과 역사를 떠올린다. 역사란 폐허에서 찾아내는 보석과 같다. 폐허는 모든 것의 절멸인 까닭에 잔인한 희망이라는 반어가 깃들어 있다. 폐허를 인지하는 것은 역사를 인식하는 것이며, 인식의 힘이 곧 희망이기 때문이다.

"폐허 속에서 자유"라는 것도 역설의 논리이다. 자유란 폐허 같은 절망에서 얻어지는 것이다. 키에르케고르는 "신성으로 절망하기 위해서는 사람들은 진정으로 절망을 바라지 않으면 안된다. 그러나 사람들이 진정으로 절망하기를 바란다면, 사람들은 참으로 절망을 초월하여 있나. …(중략)… 절망 속에서 비로소 인격이 안식을 얻는다. 필연적으로 그렇게 되는 것이 아니고 자유로 그렇게 된다. 그리고 자유 속에서만 절대자가 얻어진다."(O. F. Bollnow, 최동희 역, 《실존철학이란 무엇인가》, 서문문고, 1972. 130쪽 재인용)라고 하였다.

자유로워지고 싶은가? 그러면 절망하라. 이 명제는 우리의 삶을 억누르는 근심과 걱정을 비관적인 견지에서 볼 것이 아니라, 오히려 이러한 절망적 인식을 바탕으로 스스로의 결단을 통해 스스로가 자신의 존재를 만들어 나가는 개방적이고도 긴장된 실존의식에서 비롯된 것이다. 절망은 새로운 삶의 출발점이다. 왜냐하면 과거의 열패감을 자기반성과 성찰로 끌어오고, 희망과 성공의 찬란한 미래를 현재에 그리는 순간, 절망의 감옥으로부터 자유로워질 수 있기 때문이다.

> 한여름 '칠선계곡'을 오르며 모든 욕심과 욕망을 진심으로 버려야만 했다. 오직 물아일체, 무욕의 텅 빈 마음으로 한발 한발 앞으로 가야만 하는 행동만이 실존이며, 머릿속에 있는 그 어떤 관념도 빈 껍질임을 배웠다.(166쪽) …(중략)… '영원령' 가는 길에서 태곳적부터 불던 영원한 바람 소리를 들으며 한겨울이라도 옷을 훌렁훌렁 벗어던지고, 맨몸으로 바람을 맞고 싶은 욕망을 억제하지 못했다. 머물 수가 없는 곳, 부처님도 머물지 못하고 떠나야만 하는 '상무주암'에서는 세상에 머물 수 있는 것은 아무것도 없다는 영감을 얻었다. 부모도, 자식도, 우정도, 영원을 다짐했던 사랑도 모두가 떠나가는 것이다. 바람처럼 구름처럼 흘러가는 것이다. 변하는 것이 아니라 머물지 못하는 것이다. 그들의 떠남 앞에 눈물 흘리고, 가슴앓이하고, 통곡하고, 원망하는 것은 부질없는 인간의 논리일 뿐이다.
>
> —〈지리산길 위에서〉, 166~167쪽.

"그 어떤 관념도 빈 껍질"이라는 인식은 당연히 "물아일체"의 사유에서 비롯된 것이다. 섣부른 선입견이나 관념을 앞세워 애써 뜻을 매기고 분별과 작위를 일삼는 것은 오로지 주관에 치우친 까닭이다. 그런데 주관이란 것이 얼마나 허망한 것인가? "인간의 입장에서 物을 보면 인간이 귀하고 물이 천하지만, 물의 입장에서 인간을 보면 물이 귀하고 인간이 천하다."(홍대용, 〈의산문답毉山問答〉, 《담헌서湛

軒書》 내집內集, 권 4, 18장) '物' 쪽에서 '나'를 보면 '나' 또한 '物'의 하나다. (박지원, 《연암집》 권 2)

더 나아가 허심에 의해 물로부터의 자유로움을 얻는 것을 物物이라고 한다. 물물이란《장자莊子》, 〈산목山木〉의 "物物, 而不物于物(物을 부리지, 物의 부림을 받지 않는다."에서 유래하는 말이다. 소강절邵康節은 이 '物物'에서 "이물관물以物觀物 : 物의 입장에서 物을 본다"의 개념을 이끌어 낸다.(박희병, 《한국의 생태사상》, 돌베개, 1999. 47쪽) 이른바 장자의 제물사상齊物思想이다.

제물론에 이르면 인간과 物의 경계가 사라진다. 심지어 이러한 사유를 확장시키면 "주관과 객관이 없고, 방향과 장소가 없으며, 모양도 없고, 얻고 잃음도 없어, 나아갈 곳과 머물 곳도 없이 물물 자체가 여여如如한 당체當體" (황벽선사, 〈전심법요傳心法要〉)이다.

백남오는 영원령 가는 길에서 "바람소리를 들으며 맨몸으로 바람을 맞고 싶다"고 한다. 바람 소리를 들으며 제 자신 역시 바람이 되고 싶은 것이다. 상무주암에서는 "세상에 머물 수 있는 것은 아무것도 없다"고 한다. 들고 나는 것, 나아갈 곳과 머물 곳도 없다는 '여여당체'를 체득한 것이다.

여여당체 사유의 근간은 '자유자재自由自在'이다. 만물 산천 초목 인륜이 본성을 지니면서 유전무상流轉無常하여, 불역不易과 변화變化가 자연의 이법임을 알아차리는 것이다. "만물의 본성이 움직이는 곳에 모든 생명 활동이 나타나는 바"(《장자莊子》, 〈경상초편庚桑楚編〉), 이에 만물의 기가 들락날락할 뿐이다. 자재自在함을 관觀한 자를 일컬어 자유인이라 한다.

광대무변의 지리산, 천지로부터 부여받은 생명의 본질, 만물의 본성을 가슴 벅차게 안아도 안아도 모자라는 산. 늘 시원始原이어서 끊임이 없고, 화기和氣와 음기陰氣가 천도天道를 따라 만물을 낳고 낳는 산. "풀 한 포기, 나무 한 그루도 모두 천지의 화평한 기"(정자程子, 《성리대전性理大全》)인 지리산에서 그는 "어느 날 문득, 나의 존재가 사라지고, 그 존재를 아무도 기억해주지 않는다 해도, 슬퍼하지 않는 꽃의 초탈함과 자유를 배우고 싶습니다.(〈7월의 세석고원〉, 194쪽)"라고 한다. 그는 지리산에 핀, 꽃 하나이고 싶다. 더 나아가 "갑자기 가을철 이곳에 오지 않았음이 다행으로 생각된다. 만약 이곳에서 단풍의 절정을 맞이한다면 죽음과도 맞바꿀지도 모르는 무의식이 발동할지도 모른다는 생각을 감출 수 없다."(〈종석대에서 꿈꾸는 도통성불〉, 106쪽)라고 하며, 지리산의 주검이고 싶다. 삶과 죽음에 관한 초탈과 자유 그 자체 지리산이고 싶은 백남오 수필가이다.

3. 구원

"산과 삶을 이기려 해서는 안 된다. 동화되어 흘러야 한다."(〈지리산에 새해 소망〉, 18쪽) 이 말은 진리이다. 그러나 이러한 진리에 이르기까지 지리산은 그에게 혹독한 가르침을 주었다.

> 어둠 속에서 길을 잃을까 염려되지만 원래의 계획을 고수하기로 한다. 고통의 길을 선택하는 것이다. 이 순간 지리산행의 매력은 길을 따라가는 것이며, 길을 잃는 것이며, 길을 찾는 것이라던 '꼭대' 님의 말은 큰 위안이 된다. 지리산 길은 바로 인생길이란 말이다.
>
> —〈첫눈 내리는 날은 황금능선에서 만나요〉, 64쪽.

지리산행의 길을 고통의 길이라고 여기면 오를 까닭이 없다. 그러나 지리산행의 매력은 "고통의 길을 선택하여, 길을 따라 걷다보면" 어느덧 자기 자신이 길이 된다. 오히려 지리산행은 "길을 잃는 것이 길을 찾는 것"이라는 '꼭대'님의 말씀에 이르면 그야말로 지리산행의 초월적 경지에 다다른 것이다. 그것을 두고 그는 인생길 역시 같은 맥락이라는 것을 퍼뜩 깨닫는다. 길을 잃은 불안과 방황을 긍정적 사유로 갈무리하는 자에게 이미 길이 있는 것이다.

> 길이 있는지의 여부를 확인하다 보면, 한발 한발 오르게 되고, 그러다 보면 내려갈 길이 멀어지게 되고, 그리하여 결국은 살아남기 위해서라도 끝까지 올라가야 하기 때문이다. 칼날 같은 능선을 온몸으로 오른다. 좌우측은 모두 절벽 수준이고, 뒤로 미끄러져도 추락이다. 매서운 바람은 마치 나를 조준하여 불어대는 것처럼 집중적으로 몰아친다. 아, 이것이 선택인가, 운명인가. 그렇게 네 시간의 사투 끝에 '정상'에 선다. 올해 내 문학의 길도 이처럼 급박했다는 생각이 든다.
>
> —〈웅석봉에서 송년을〉, 72~73쪽.

"칼날 같은 능선을 온몸으로" 오르며, 문득 "이것이 선택인가, 운명인가"라고 회의하지만 정상에 서자, 칼날 같은 능선을 선택한 것은 운명이었다고 절감한다. 일반적으로 우리의 삶을 일컬어 홍진의 골목이라고 하는 것은 좌절 체험 끝에 오는 허약한 실존의 몸부림과 하소연에서 기인하는 것이다. 우리에게 부딪치는 숱한 조건들과의 싸움에서 겪는 무력함, 혹은 숱한 조건들에 대한 적대감과 증오가 삶의 어두운 골에 가득하기 때문이다.

본질적으로 인생이란 자기 앞에 펼쳐진 숱한 조건들과의 화해이다. 조건들을 뛰어 넘으면 이것이 없으므로 저것도 없어지는 것이다.

화엄의 세계란 본질적으로 끝없는 부정 앞에 직면한 인간 욕망의 구도에 대한 성찰이다. 인간 욕망은 삶의 조건에서 비롯되고, 삶의 조건 앞에서 욕망이 생기生起하는 속박, 그 굴레에 대한 부정과 그 부정에 대한 부정으로 자신마저 벗어내야 할 것을 화엄의 세계는 말하고 있다.

"선택인가, 운명인가"라는 물음이 정상에 이르자, 선택도 아니고 운명도 아니라, 오롯이 자기 자신이었음을 깨닫는 그 자체가 이미 자기 구원이다. "내 문학의 길이 이처럼 급박"했었다고 하더라도, 그의 지리산 문학은 이미 자기 구원의 길이 되었다. 가장 힘들 때가 가장 행복할 때이다. 왜냐하면 유토피아는 고독과 고통의 피안에 있기 때문이다.

> 육체적으로 가장 힘든 구간일 뿐만 아니라 위험부담도 있는 곳입니다. 이 고독한 길을 통과해야만 유토피아를 만날 수가 있지요.
>
> —〈7월의 세석고원〉, 192쪽.

> 현실세계에서 결코 이룰 수 없는, 존재할 수 없는 유토피아, 지리산은 그 꿈을 꾸게 하는 것은 아닐까. 결국 지리산은 '존재하지도 않는 것' 의 대안이 될 수도 있다는 말인가. 그래서 지리산에서 유토피아를 꿈꾸는 것은 아닐까.
>
> —〈지리산길 위에서〉, 168쪽.

"현실 세계에서 결코 이룰 수 없는, 존재할 수 없는 유토피아" 그러나 지리산은 유토피아를 꿈꾸게 한다. 동양적 사유에서 유토피아란 중국의 黃帝가 꿈에 華胥氏(화서씨)의 나라에 든 것을 말한다. 嗜

慾(기욕: 좋아하고 즐기려는 욕심)이 없어 生도 모르고, 死도 모른다. 모든 것을 자연으로 생활하고 자신을 위하는 일도 없다. 또 남을 불친절하게 대하는 일도 없어 夭殤(요상:요절)도 없고 애증도 없다. 공중에 떴어도 밟는 것 같고, 無에 있어도 有에 있는 것 같은 세계.

이러한 사유와 같은 맥락으로 최동호는 "생태학적 사고를 바탕으로 한 에코토피아Ecotopia 세계"를 말한다. "자연과 인간이 황금고리를 끊지 않고, 이 양자를 통합하는 일원적 사고 체계를 확립하는 것이 에코토피아의 기본적 가정이다."(최동호, 〈21세기를 향한 에코토피아 시학〉, 《하나의 도에 이르는 시학》, 고려대출판부, 1997. 223쪽) 유기체적 세계관에 근거한 진정한 에코토피아의 세계는 모든 생명체에 대한 순정함에 있다.

지리산은 순정하다. '나', '너', 그리고 '모두'가 이미 지리산이므로 나와 너의 구분과 경계가 없으며, 따라서 다툼과 시기 또한 있을 수 없다. 만물의 生機가 천연 그 자체로 존재하여 스스로 형체를 이루어 가는 현묘함, 그야말로 자연스러움에 견주어 인간은 얼마나 부자연스러운가. 자연스러움의 회복은 우리 시대의 진정한 유토피아라고 하겠다.

> 나는 결코 불행한 사람이 아니다. 삶의 과정에서 이유 없는 억울함을 당할지라도, 현실을 향해 분노가 치솟아 오를지라도, 가슴이 너무 아파 통곡을 하고 싶을지라도, 지리산이 주는 이 위안과 은혜로움으로 스스로를 달래고, 배려하며 살아야 할 일이다.
>
> —〈왕시루봉의 서정〉, 211쪽.

지리산은 큰 산이었다. 구차한 일상을 잊게 해주는 큰 정신과 역사가 있었고, 황홀한 이상세계로의 초대도 해주었다. 영원히 안착해야 할 피안의 세계와 가야 할 운명의 길까지도 그 속에서 찾을 수 있음을 깨달았다. 지리산은 모든 현실적 욕망과 허무주의를 누를 수 있는 힘이었다. 무엇보다도 그 지리산을 통해 내 문학의 문이 열리기 시작한 것이다.

—〈지리산길 위에서〉, 163쪽.

억울함과 분노와 통곡이 크면 클수록 위안과 은혜로움으로 여기는 고마움 역시 크다. "지리산이 큰 산"이라는 것은 수필가 백남오를 고뇌로부터 위안으로 품어 안아 내었으며, 위무하며 살아갈 힘을 준 구원으로서의 문학이 있었기 때문이다.

이는 위대한 시인 W. 워즈워스가 와이 강변을 찾아가 〈턴턴 수도원 몇 마일 위에서 지은 시〉를 쓴 것과 맞닿아 있다. 워즈워스는 8세 때인 1778년에 어머니를 사별하고, 13세 때인 1783년에 아버지를 여읨으로써 고아가 되었다. 이 세상에 외톨이가 되었다는 정신적인 외상trauma. 어머니를 잃은 정신적 충격을 해소하기 위해 무작정 자연을 찾았고, 자연은 그의 대리모surrogate mother와 같았다. 그의 시에서 물의 이미지는 자연에서 흐르는 물의 흐름인 와이강의 이미지로 나타나고, 이에서 더 나아가 사람의 몸속을 흐르는 피의 이미지로 나타난 것은 결코 우연이 아니다. 이른바 T. S. 엘리엇이 말한 바, "모든 시는 하나의 묘비명Every poem am epitaph"인 셈이다.(이정호, 《영시 새로 읽기》, 서울대출판부, 1998. 140~159쪽 참조)

백남오의 첫 수필집 《지리산 황금능선의 봄》이 자아의 황홀한 방황이었다면, 두 번 째 수필집 《지리산 빗점골의 가을》은 자신은 물론, 지리산 빗점골에서 "민족의 이름으로 스러져 간 젊은 영혼"(149쪽)을 향한 구원이다.

1924년 에베레스트 3차 등반 중 실종된 조지 맬러리가 등반을 앞둔 미국 강연회장에서 "당신은 왜 에베레스트에 꼭 오르려 하느냐?"는 질문에 "산이 거기 있기 때문에Because it is there"라고 답했다. 수필가 백남오에게 "당신은 왜 지리산에 꼭 오르려 하느냐?"라고 물으면 이렇게 답할 것이다. "영혼과 같은 문학이 있기 때문에" 고독과 자유와 구원으로서 지리산 문학이 지닌 영원성은 실로 위대하다.

석성환 시조시인

이 작가를 주목한다

경남문학 103 | 2013년 여름호

2003년 《한국문인》 시조, 2014년 《유심》 문학평론 등단.
시조집 《모래시계》, 평론집 《한국 현대사의 현상적 미학》 등

초승달 외 4

석성환

노오란
부메랑이
구름 속을
날고 있네

여백을
물들이며
어,
산을
넘어가네

어릴 적
날리어 보낸
구부러진
꿈 하나

모래시계

투명한
몸속으로
낱낱이
추락하다

구멍 난
천장으로
세상이
멈춰 서면

시간은
녹초된 나를
또 뒤집어
세웠다

마당과 오후

마당은
어귀에다
나무를
세워놓고

균형을
잡기 위해
새 한 마리
올려놓는다.

그 사이
제 몸을 낮추며
따라 도는
하얀
구름

소록도 · 1

그 누가
소록
소록
잠들어
있는 걸까

조막손
맑은 눈에
보리피리
사윈 가슴

아이가
손가락으로
시를 읽다
잠든 밤

낙동강

—하구언

키 작은
갈대꽃이
바다를
건너가네

천 리를
풀어내며
어!
노를
저어가네

올올한
저 갈매기 떼
가리가리
떠나고

자연, 그 여백에 묻어 둔 에스프리

—풀꽃 한 송이에도 시대를 녹여내어 〈석성환론〉

홍진기 시인

1.

시詩를 어떻게 바라보아야 하며 또한 시를 어떻게 만나야 하는가. 이 물음은 지금 필자가 부여받은 무거운 명제 중 하나다. 한 편의 작품을 가슴으로 만나는 일이란 곧 한 사람이거나 한 시인의 사유세계와 마주하는 시선에 다름 아니기 때문이다. 평소에 석성환 시인과의 친분이나 교분에 있어 필자는 이 짐이 다소 무겁게 느껴지지만 이에 대한 속웃음은 덮어두기로 한다. 하지만 아득한 느낌이 있는 되물음은 피할 길이 없어 보인다. 이 명제를 짊어지는 일이란 오로지 필자의 비재와 잔학을 탄하면서 불녕不佞을 돌아보는 짧은 걸음에 다름 아니다.

한 편의 시는 어느 곳에 시적 뿌리를 온전히 내리고 있는 걸까. 한 시인은 어떤 사유세계에 이끌리어 새로운 시적 언술과 만나게 되는 걸까. 이러한 되물음은 한 편의 시가 어떠한 사유에 의해 어떻게 빚어졌는가에 대한, 그렇게 하여 만들어진 시편이 과연 무엇을 말하고 있는가에 대한 시적 반영을 캐어내는 일이다. 즉, 말하지 않으면서도 면면이 품어가는 시적 사유의 길에 대한 궁극적인 물음에 맞서는 일이다. 바로 이 점에서 시적 사유의 내포 혹은 그 다양성을 어떻게 풀어낼 것인가 하는 문제와 마주치게 된다. 이 문제는 한 시인의 세계관과 눈앞에 놓인 이 세계를 관찰하는 인식이거나 시인이 던지는 시선의 방향과 원근감에 수반되는 내면인식의 깊이와 진정성에 편차를 동반하게 된다. 이러한 관점에서 시적 난제가 존재하는 것 또한 당연하다. 하지만 어떠한 문제가 다양하고 번잡하거나 짧은 형식 속에 자리 잡고 있을지라도 시는 시의 본질을 떠나 존재할 수 없다. 이러한 시적 난제의 해법 역시 이 사실 안에 있다는 믿음 하나로 독자는 준엄한 한 편의 시 앞에 서게 된다.

한 편의 시詩란 한 시인의 걸음이 멈추는 곳에서 잠깐 혹은 긴 시간 동안 응시하는 사념과 그 내상인 어떤 물상 사이에서 이루어지는 어떤 속삭임 같은 것일 게다. 또한 시란 진땀 흘리는 대담이 장지에 눈물 배듯 새어 나오는 아픔이거나 슬픔이거나 사랑이거나 이별 뭐 이런 것이 아닐까 싶다. 그리고 한편으로는 가장 크게 또는 가장 깊게 시인의 가슴을 후벼 파거나 더러는 어루만져 빚어낸 시인의 가슴살 한쪽이기도 하며, 피보다 진한 땀이 시인의 분신으로 시인의 영토에 꽃으로 피었다 맺은 한 알의 열매이기도 하며, 시인이 멈췄던 그 발밑에서 쪼그리고 있거나 도사리고 앉은 눈매 서늘한 야생초 같은 모습이 아닐까도 싶다. 그러기에 시에 대한 접근은 늘 시적 의도의 오류를 동반하게 된다는 범주의 한계를 갖게 되면서 이 또한 독자의 인식에 다소 혼란을 야기할 수도 있음을 예견하게 된다. 또한 한 편의 시를 대하는 지금 나의 이 감동이 크나큰 오류가 되어 지은이를 당황하게 만드는 일이라도 발생한다면 어쩌나 하는 예감과 더불어 "평설"이라는 명제 – '비평'과 '해설'이란 말의 중량감이 한결 천학淺學을 숨 막히도록 누르며 두려움의 길섶으로 밀어붙이듯 독백으로 이어질지도 모를 일이다. 이러한 필자의 단순한 시각으로 형식론적 인식에 기대면서, 조심스럽게 한 시인의 영토에 발을 들여놓으려 한다. 석성환 시인이 보내온 10편의 작품 가운데 대표작 5편은 이미 시집 《모래시계》에서 해설자의 혜안이 다녀갔기에 필자의 사족은 덧칠임에 불과할 터, 가능한 신작 편에 시선이 다가감 또한 순리일 듯하다.

2.

석성환 시인이 시조시時調詩에 접근하여 다듬어내는 미학은 고도의 절제미와 자연의 유장미悠長美를 정형인 시조형식에 '그만의 시적 기법' 으로 응축(압축)시켜내는 데 있다. 여기서 '그만의 기법'이란 독자에 대한 배려의 차원에서 시적 의미를 행간마다 묻어놓는 여백 생성의 기법이 빼어났음을 말한다. 이러한 시적 기법은 곧 출렁거리지 않으며 유유히 흐르는 대하의 기법이라고 할 만하다. 특히 석 시인의 시적 응시는 그 무엇보다도 '있는 그대로' 의 자연에 닿아 있다. 그러면서도 그는 그 자연에 굳이 인간적 의미를 드러내지 않으려고 노력하는 편이다. 바로 이러한 점이 그가 추구하는 시법이요, 시적 묘수가 아닌가 싶다. 이러한 '있는 그대로' 의 자연적 섭리를 근간으로 하여 시적 여백의 기법을 추구하는 석 시인이야말로 시적 향기를 오롯이 독자로의 지향성을 추구하면서도 시인이 가질 수 있는 시적 여유를 만끽하고 있음을 보게 된다.

봄 그늘
살풋 기댄
오롯한 언덕배기
가시 끝
살점마다
바람결 옴씰대는

찔레꽃
하얀 별자리
깜박이는 눈빛들

—〈찔레꽃〉 전문

위 시편에서 시인의 눈빛은 그냥 '언덕'이 아닌 "봄 그늘"과 "언덕배기"에 닿아 있다. '언덕배기'는 '언덕의 가파르게 비탈진 곳'이므로 '언덕 속의 언덕'이라고 할 수 있다. 그곳은 가파른 만큼 악조건을 갖는 자리이기 때문이다. 그토록 가파른 "언덕배기"에 "봄 그늘"이 "살풋 기"대어 있는 정경이다. 여기서 "살풋 기댄" 그 '봄'에 독자의 시선이 멈추게 됨은 말할 나위 없다. 그곳에서 '봄'이 피어내는 색색의 숨소리를 들을 수 있으며 하늘거리는 봄의 자태를 떠올릴 수 있기 때문이다. 이런 점에서 '살풋'과 '기댄'다는 행위적 조응을 시인이 의도했건 아니건 간에 이를 독자가 시비하기는 쉽지 않을 것 같다. 봄을 고양이의 눈에서 보았다고 한 어느 시인의 노래에 한 사람의 독자도 시비 거는 것을 이 필자는 일찍이 본 적이 없으니, 조용한 봄은 그렇게 시인 앞에 다가서고 있다.

어느덧 시인은 "가시 끝/ 살점마다/ 바람결 옴씰대는" 봄을 응시하고 있다. "가시 끝"에 "살점"이 아파오는 순간, 시인은 여린 '바람결'에도 몸을 '옴씰'거리는 봄의 모습을 지켜보고 있는 것이다. 이렇듯 석성환 시인은 '자연의 자연'이 갖는 그 의미를 마냥 그대로 두지 않는 시적 자세를 보여준다. 이는 종장의 반전, 낯선 표현, 암시에서 분명하게 읽을 수 있다. 종장의 "찔레꽃/ 하얀 별자리/ 깜박이는 눈빛들"에서와 같이 사물언어의 시적 변용을 통한 형상화에 함축미까지 곁들였으니 말이다. 이와 같이 한 송이의 '찔레꽃'은 지상의 꽃에서도 천상의 별자리에서도 이미 깜박이고 있음을 감지하게 된다. 하늘의 별을 지상의 꽃으로, 지상의 꽃을 하늘의 별로 서슴없이 시인은 바꾸어 놓고 있는 것이다. 이와 같이 위 시편에서 우리는 자유롭게 드나드는 시심의 지향성을 오롯이 만나게 된다. 이러한 시적 지향성은 현대시의 일각에서 일고 있는 하이퍼시의 메타화라 보아도 무방할 것이다. 작은 듯 크고, 약한 듯 강한 석성환 시인의 시 정신을 넘볼 수 있어 즐겁다.

마당은
어귀에다
나무를
세워놓고

균형을
잡기 위해
새 한 마리

올려놓는다.

그 사이
제 몸을 낮추며
따라 도는
하얀
구름

—〈마당과 오후〉 전문

20세기 위대한 학자 아인슈타인은 우주의 무수한 별들은 그 균형을 잡기 위해 역학적인 대위점을 갖는다고 했는데, 시인 석성환은 이를 단지 "새 한 마리"를 통해 해결하고 있다. 이는 가위 시인의 위대한 시적 사유가 아니고서는 쉽게 포착할 수 없는 자리이다. 이토록 조화와 균형이 있는 이 세계를 보고 무심한 구름인들 어찌 그냥 돌아설 수 있겠는가. 그러나 여기서 '무심無心'은 결코 무심이 아니다. 제 몸을 낮출 줄 아는, 그리고 시인의 사유 안에 이미 동화된 존재가 되어야 비로소 '무심'이라 자격할 수 있을 것이다. 장 폴 사르트르를 빌리면 즉자존재인 한 조각 구름은 이미 대자존재화한 시적 대상이 분명하기 때문이다. 시인은 무대 멀리서 무대 위의 연기자—천상의 구름까지—를 자유자재로 부리고 있구나 하는 생각이 든다. 능숙한 감독의 메가폰을 다루는 솜씨며 '구름'을 불러 무대 위에 세워 대변자로 만드는 달관된 용인술에서도 그렇다. "제 몸을 낮추"는 시인, 기우는 마당(현실이거나 시적 세계이거나)을 바로잡아 놓고도 낮출 줄 아는 겸양지심, 베풀고 물러서는 성현 말씀의 실천자가 시인임을 대변하고 있는 것 같아 든든하다. 굳이 대승적 견지를 들지 않더라도 독자의 소박한 눈이 그곳으로 닿아가는 데 주저함이 없기를 바랄 뿐이다.

어젯밤 산마루에
흰 구름
되었다가

새벽녘 산기슭에
나부시
앉은 바위

스르르
눈을 부비다
아침잠에
들었네

—〈바위와 아침〉 전문

필자는 현대시조의 특징에 대해 무엇을 노래하느냐보다 그것을 어떻게 표현하느냐에 있다는 어느 논자의 주장에 전적으로 동의하는 편이다. 이 말은 결국 글감을 어떻게 개성적으로 바라보느냐(해석하느냐)와 시적 상상력에 의해 어떻게 내면화시켜 냈느냐에 귀결될 것이다. 밤에 산을 휘감아 돌던 구름이 새벽나절에 바위로 "나부시 앉" 았다는 언술에서 시적 이미지는 결코 대상이 어떠한가를 보여주는 데서만 끝나는 것이 아님을 깨닫게 한다. 다시 말해 이러한 시적 이미지에 내포된 의미가 독자로 하여금 새로운 생각을 낳게 하는 공간적 장치가 숨어 있음을 감지하게 된다. 이러한 시적 장치는 그 어떤 시론에 못지않을 정도로 명쾌하게 보여주고 있음도 알게 된다. 그러면서 "스르르/ 눈을 부비다/ 아침잠에/ 들었네"라고 휘갑을 쳐, 시조라는 율격 속에 언어적 미의식을 교묘하게 엮어놓고 있다. 이와 같이 엮어놓은 시적 공간 속으로 부지불식중에 독자들을 불러 모으고 있다. 시인은 그 주역을 '아침잠에 든 바위'에게 맡겨놓고 있음에서도 잘 드러나고 있다. 필자는 이러한 시적 추구의 배경이 시인의 능란함에서 비롯되었음을 알아차리는 데 그리 오랜 시간이 걸리지 않았다.

온 밤을 구름이 되어 어르고 달래고 산천을 다독이다가 새벽을 맞이하고서야 한숨을 돌릴 수 있었던 '바위', 과연 그 '바위'의 정체는 무엇일까. 필시 시인이거나 시인이 보낸 대리자임이 분명하다. 남몰래 시인이 어루만진 그 대상은 말할 나위 없이 독자가 드나들도록 상상의 공간을 활짝 열어둔 채 마무리 지어지고 있다. 이와 같이 석성환 시인의 시편은 상상적 공간과 소통하면서 내면화되고 있음을 알게 된다. 이런 관점에서 자연으로의 지향성을 추구하되 그 자연에만 천착하거나 가두어두지 않는 석성환 시인의 묘수에 의한 내면의 알레고리를 대할 수 있다. 다시 발해 낯익은 대상과 소통하면서 낯선 얼굴을 읽는 시적 흥미가 더해지고 있는 셈이다.

키 작은
갈대꽃이
바다를
건너가네

천 리를
풀어내며

어!

노를

저어가네

울울한

저 갈매기 떼

가리가리

떠나고

—〈낙동강-하구언〉 전문

앞에서 필자는 석성환 시인의 자연관이 '자연'에 안주하거나 그 '자연'에 의미를 덮어두지 않는다고 말하였다. 그는 주관적 체험에 의한 정서를 표면에 내세우는 듯해 보이지만 실은 보다 더 많은 의미를 바닥에 깔아놓을 줄 아는 시인이다. 이는 그가 현실 대처법적 작시의 끈을 쥐고 있다는 말이기도 하다. 이러한 그의 시적 접근은 철저하게 개별화·첨단화되어 이기적으로 흘러가는 현대문명으로 인해 잃어가는 자연적인 것들에 대한 그리움과 아쉬움으로 행간을 메우고 있다.

위 시편 역시 우리가 흔하게 접할 수 있는 '갈대꽃'을 가져와 시인의 속마음을 비쳐내고 있다. 우리는 초장의 "갈대꽃"과 종장의 "갈매기"가 갖는 호응에서 다소 거리감이나 혹여 이질성을 느끼게 될지도 모른다. 물론 그렇게 읽었다면 더욱 고마울 따름이다. 리처즈가 말한 포괄의 시론을 좇는 좋은 시와 맞닿아 있기 때문이다. 이는 함의가 두터운 시에 값하는 것이기도 하다. 만일 그렇게 이해하지 않았다면 "바다"에 "노를/ 저어가"는 초장과 중장을 다시 읽어 보아야 할지도 모른다. 이는 어디까지나 이미지 연결을 위한 표면구조에 따른 필자의 해명이 전제된 것이기도 하다.

"어!/ 노를/ 저어가네"라는 평범한 구어체 문장에서 우리는 화자의 놀라움과 아쉬움, 원망과 분노를 읽으면서 동그란 눈으로 떠나가는 갈대꽃이 응시하는 지점을 바라보게 된다. 이를 일러 우리는 '공감에서 감동으로'라는 말을 하게 되는지도 모른다. 예술의 보편성과 항구성은 조그만 공감에서부터 비롯되는 것이기 때문이다. 그러나 아무래도 이 작품의 격에 값하는 묘미는 종장의 반전에 실려 있다. "울울한/ 저 갈매기 떼/ 가리가리/ 떠나고"의 방임형 종결에 필자는 시인의 풍부하고 웅숭깊은 내포를 감지하게 된다. 이러한 시적 감지는 한 편의 시가 시인 혼자만 품고 있는 내면을 이기적으로 풀어내는 데 그쳐서는 안 되는 까닭에 대해 암시하고 있다. 오늘을 살아가는 현대인이야말로 서로가 서로에게 정감이 있는 안부와 배려를 나눌 수 있는 따스한 가슴을 지녀야 한다는 새로운 사유 앞에 고개를 끄덕이게 한다.

어스름
골골마다
산산이
마루 위로

풀벌레
울음 사이
길 하나
숨어들면
세상은

텃밭을 돌아

나지막한

외딴집

—〈산마을〉 전문

위 시편에서 화자는 '산마을'에 들어선 "어스름"을 응시하고 있다. 거기엔 "풀벌레/ 울음"이 있고, 그 울음을 비집고 "길 하나/ 숨어들"어 있다. 여기서 '울음을 비집고 길이 숨어든다'라는 새삼 놀라운 표현미를 만나게 된다. 바로 이러한 표현을 통해 필자는 석 시인의 언어를 다루는 솜씨 또한 예사롭지 않음을 눈치 채게 된다. 일찍이 일석一石 선생은 '벌레 울음 소리가 발목을 감는다' 라고 읊은 적이 있었는데, 석성환 시인은 '울음 사이로 길이 숨어든다' 라고 노래하고 있으니 말이다. 그것도 다름 아닌 "길 하나"이기에 더욱 그렇다. 특히 여기서 "하나"는 뒤의 '외로운' 산마을을 위한 시적 장치라는 점에 더욱 놀랍다. 시에서, 특히 시조에서의 절제미라는 언어미학과 더불어 말이다. 그냥 대상을 바라만 보고 있을 그가 아니다. 그 "길"이 가는 뒤를 따라가는 시인 앞에 드디어 "세상"이 나타나고 있다. 이 "세상"이야말로 시인이 가슴속에 담아 둔 아픔이거나 세상을 향한 응어리이거나 혹은 영혼에 박혀 있는 옹이임이 분명하다.

시란, 적어도 시인이 심혈을 기울여 빚어낸 세상에 둘도 없는 산물이라면 분명히 새로운 인식에 의한 새로운 표현으로 이루어져야 마땅하다. 그 결과 자연과 인생에 대한 시인의 귀중한 해석을 맞볼 수가 있음이다. 이는 위 시편에서 우리가 외면인식 즉 현상적 사실에만 천착하여 훑어보고는 그냥 지나칠 수 없는 까닭이기도 하다. 시인이 말한 "세상"을 시제인 '산마을' 에 가두어만 놓고 피상적으로, 자동화된 지각으로 접근하지 않는다면 말이다. 시인의 가슴속 세상은 세상 밖의 세상, 형이상적 세상, 시인이 꿈꾸는 이상향일 수 있는가 하면, 산골을 떠난 도시, 즉 도농 간 갈등의 씨앗이 되고 있는 오늘날의 이 땅일 수도 있다. 여기서 우리는 개성적 인식으로 받아들이는 자세가 시에 대해 바르게 이해하는 자세임을 알게 된다.

길목을 둘러메고
빙 돌아
숲속 길에

잰걸음
오리 한 쌍
두리번 목을 빼며

저 아래
호수에 비친
그 사람을
찾는가

—〈호수와 오후〉 전문

'오늘' 이라는 현대에 존재하는 우리는 첨단과학이라는 문명의 혜택을 마음껏 누리면서 전원적 정서의 꿈을 꾸며 걸어가고 있다. 그러기에 너와 나 할 것 없이 어쩌면 향수병에 젖어 하루하루를 살아가고 있다고 볼 수 있다. 이러한 관점에서 자연과 인간이 교감하는 향수를 위 시편에서 감지하게 된다. 〈호수와 오후〉는 목가적 정서를 재생시켜주는 그림 한 폭에 다가서고 있는 듯 평온하다. 이는 보드킨을 빌리면 재생의 원형시가 된다. 석성환 시의 거의가 그렇듯 위 시 역시

도심을 떠나 한적한 전원 쪽으로 각도가 조준되어 있어 독자의 가슴은 시원한 정서적 부력을 느끼기에 충분하다.

"길목을 둘러메고/ 빙 돌아"가는 길에서 바삐 걸어가는 "오리 한 쌍", 그러나 그 오리는 "두리번"거리며 무엇을 찾는 오리임에 틀림이 없다. 즉 "목을 빼"어 "호수에 비친/ 그 사람을/ 찾"아나선 "오리 한 쌍"인 셈이다. 특히 우리가 찾아야 할 바로 그 사람, 호수에 비친 그 사람을 시인은 얄밉도록 능청스럽게 "찾는가"라는 의문형 종결로 마무리하고 있다. 이러한 종결태도에서 시인이 오히려 독자의 심리적 거리를 시험하고 있지나 않나 하는 의문까지 들게 할 정도이다. 하지만 짐짓으로 던진 설의적 표현, 그 여운으로 독자의 고정관념을 쿡 찔러 역습의 효과를 노렸구나 하는 생각이 들면서부터 필자는 악몽에서 깨어난 듯 묘한 감흥에 휩싸인다. 그리고 시가 작자만의 독백이 아니라면 필시 독자와의 대화, 작품을 통한 그것도 감응된 대화이겠기에 필자는 시제 '오후' 라는 시간적 언어에서 목가적 풍경의 적막감을 짚어보게 된다. 고향을 그리워하면서도 고향을 떠나서 살아야만 되는 현대인의 이율배반적 삶의 고충도 떠올리게 된다. 여기서 아름답게 그린 전원이 서늘하게 느껴짐은 곧 시인 석성환의 가슴을 읽는 일에 다름 아니다. 바로 이러한 시적 언술을 통해 우리는 언어의 향기에 취해 있다가 문득 그 시인의 영혼마저도 접하게 되는지도 모를 일이다.

3.

석성환 시인으로부터 넘겨받은 신·구작 10편의 작품이 그 접근 방법과 정서적 거리에서 오는 극히 미약한 차이만 인정한다면 거의가 자연을 소재〔매개체〕로 한 작품이었다. 그러면서 그 시적 내면에는 하나같이 보둠 살이 인간세계를 반영하고 있다. 특히 석성환 시인이 선택한 대부분의 시어는 따스하다는 공통된 틀 속에 묶여 있다. 그것은 필시 그가 감정 노출을 통제하면서 열정을 속으로만 식혀내는 것에 다름 아니다. 그의 시법이 그렇게 심부효과를 노리면서 의미를 넓혀 나가는 데 있다면 그는 성공한 시인이라고 해도 과언이 아닐 것이다. 그의 시는 형식적 미학 면에서 읽어도 언어에 허세나 외화가 없고 과장의 몸짓이 보이지 않는다. 이는 그가 얼마나 조신한 자세로 시어를 고르고 시를 대하고 있는가에 대한 방증이다. 그의 시편 하나하나는 표면적 구조에 다가서는 듯 내면적 구조에 맞닿아 있다. 이는 그의 여러 시편들에서 표현된 종장의 의미가 반전과 더불어 함의에 충실하게 언술되고 있음을 통해 그 해답에 가늠할 수 있다.

'간결한 시가 좋은 시다.'

'함축된 이미지의 시가 좋은 시다.'

'시인의 혼이 담긴 간결한 언어의 시, 자연과 삶에 맞닿아 있는 시가 좋은 시다.'

라고 공감하는 독자 앞에 석성환의 시편에 붙여 주역의 "대악필이大樂必易"(악樂을 시詩로 바꾸어 놓으면, 대시大詩—좋은 시는 쉽다)라는 한 구절을 밀어주고 필자는 이 짐을 벗고자 한다. 하지만 건강한 사람의 몸에 돌팔이 의사가 메스를 들이댄 것 같아 자꾸 뒤가 돌아보이는 것은 왜일까. 필자를 떠나면 독자의 몫이란 말, 편리하게 쓰이는 이 말을 방패처럼 세워놓고 독자 여러분의 속 넓은 우정에 기대어본다.

김용권 시인

이 작가를 주목한다

경남문학 104 | 2013년 가을호

2009년 《서정과현실》 등단. 박재삼사천지역문학상 수상. 서울문화재단창작기금 수혜. 시집 《땀의 채굴학》 등

관 외 4

김용권

날개 꺾인 어린 용사들이 앙코르와트 사원 아래에서 노래를 부르고 있다. 인간의 욕망을 무기로 다스린다면 이제 저들의 무기는 나무 속을 파낸 악기이다. 진격 능선에 주저앉아 진혼의 목관을 불고 있다. 킬링 필드 영혼들이 줄줄이 걸어 나왔다. 팔다리 하나씩 날려 보낸, 그들이 연주하는 아리랑은 밀림을 흔들며 날아다녔지만 공명은 일어나지 않았다. 총성도 악기도 죽음 위에 뿌려진 노래였다. 나무 구멍은 점점 커지고 사람들은 그 속으로 사라졌다.

새는 최전방에 집을 짓는다

사냥꾼들이 낙동강을 찾아왔다
새의 목을 겨누는 순간
총구는 자유로웠다.
새들의 잠을 강물에 던지는 사이, 그들은
하얀 종이컵에 커피를 나누어 마셨다
나는 그것이 새의 맑은 피라고 생각했다
죽음이 교차하는 최전방
그곳은 항상 손가락 끝이었다
관통되는 표적은 손끝에서 날아올랐다
자판기에 동전을 넣고
총알처럼 장전되는 커피를 뽑아 들었다
그 앞에 날지 못한 날개들이 떨어져 있었다
손가락 선택에서 비켜난,
항로 표지판 잃어버린 날품팔이 대기소
울음으로 강물 깊이 재던 노동의 사선이었다
날개는 날개끼리 뭉쳐서 간다
새벽을 날지 못하면
하루를 접어야 하는 그곳은 소리 없는
어미 울음과 새끼 울음이 교차하는 곳이었다
울음이 점점 희미해지고
새들은 강물에 자기 모습을 비추지 않았다
모두가 먼 사막으로 날아간 것인지
그 시간은 그리 길지 않았다

구름 사진관

난 꿈을 찍는 사진사
구름의 주름상자를 열어다오

표준은 안 돼
너무 평범하잖아
광각도 안 돼
한 단씩 자라는 환상이 왜곡되어 보이잖아

초점거리를 심도 깊은 가슴에 두고
줌렌즈 장축으로 끌어당길 거야

바람에 날아가는
니의 얼굴이 보이지 않이
살짝 겨누기만 하여도 팡팡 터지는
심경을 보여다오

난 마음을 찍는 사진사
종이거울* 속 슬픈 얼굴을 닦아내는
구름 사진관

* 사진작가 최민식 선생의 〈종이거울〉 이미지 차용.

봄 비

푸른 아가미
폴더를 열고
문자 메시지 보낸다

그 비 오요

서투른 타법으로
온 들판 들쑤시는데
비 그칠라 하는데

자판 가득
밀어 올리는 물빛

여기도 오요

꽃 그림자 바람 날개를 치는
그녀의 들판
흠뻑 스미는 삼월이
수장되고 있다

화 개

꽃, 진다
매화꽃 진다
섬진강물에 내려 하얗게 진다
꽃 아래 섰던 사람들
꽃물 들어 진다
꽃잎처럼 진다
길은 언제나 반반씩 열고
흘러가서
날아가서
만나야 하는 곳
산에, 산에는
꽃 무덤이 선다

평설

환상과 실제의 다층적 언어 사진사

—김용권 시인의 시

신 진 시인 · 동아대학교 문창과 교수

1. 김용권 시의 건강성

앉아서 받는 시집은 별로 신뢰하지 않는 편이다. 같이 시를 쓰는 사람으로서는 좀 뭣한 얘기이지만, 배송돼오는 시집 중엔 시집 같잖은 책이 많기 때문이다.

김용권 시인의 첫 시집 《수지도를 읽다》를 읽은 것은 지난겨울이었다. 기대 반 우려 반으로 읽기 시작했다. 우려도 반이나 담겼던 이유는 근래 우리 시집 대부분이 빠져 있는, 가식적 감상感傷의 안이한 서정, 아니면 외화내빈外華內貧의 말잔치, 퇴행 일기에 가까운 억지 환상의 늪에서, 이인들 무사하지 못하리라는, 현재의 우리 시단에 대한 우려가 깊었기 때문이다.

1990년 이래, 그 이전의 전통서정이나 민주화라는 거대담론을 대체하는 움직임으로, 저도 모를 말범벅의 시들이 생산되어 쓰나미처럼 우리 시단의 중심부까지 강타했다. 시인의 삶, 시적 진정성은 외면하고, 명민한 시인들(대체로 말깨나 하는 평론가들)이 손쉬운 말장난으로 비현실을 참신한 실재로 호도해 온 것이다. 의욕 있는 신인이라면 이를 외면할 수도 없었고, 이들에 주눅 들지 않을 수 없었다.

나는 김용권의 시를 읽고 그의 건강한 출발점에 안도했다. 김용권의 일부 시도 환상시의 홍수를 빗겨나지는 못한 듯 보일 수 있다. 그의 시법의 특장도 환상적 상상력과 비논리적 이미지의 몽타주에서 완성되고 있기 때문이다. 하지만 그의 환상은 사실적 진정성을 모티프로 하는 건강한 것이고, 그의 시가 가진 서정의 깊이와 이미지 포착 능력은 도착적 말재주에 빠지거나 판박이 감상에 길들여질 시인이 아님을 믿게 했다. 그가 주목받는 시인이 되는 지점도 이쯤에 있을 것이다.

2. 마법적 환상과 사실적 실재 사이

환상의 문제를 좀 더 끌어보자. 환상은 상상의 일종이지만, 비현실의 질서와 법칙에 적용받는 세계이기에 상상과 짝이 되기보다는 꿈, 무의식, 상징 등의 어휘와 더 잘 어울리는 말이다. 비현실의 상상이기에 시적 체험을 더 확장하거나 심화하는 기능을 할 수 있다. 시에 자유로운 정신적 유희를 허용하고 정서적 해방감과 언어적 흥미를 생성하는 것이다. 그래서 20세기 이후 현대시의 주요 모티프가 되었다. 시에 있어서의 환상은 가상이 아닌, 실재의 체험으로 인정된다. 결국 현실은 아니지만 현실과 단절된 세계도 아닌 것이다.

새로운 감성과 인식으로 상황을 새롭게 구성해 나가는 환상은 크게 변신(형태의 변신, 시공간의 변화, 사건, 윤리, 사상의 반전 등)과

꿈(무의식), 그리고 현실세계에서는 믿을 수 없는 불가능한 일이 일어나는 초자연적인 마법(이나 마술) 등 세 가지 요소에 의해 이루어진다.

김용권 시의 환상은 이중 마법적 환상으로 전경화되는 경우가 많다. 초현실주의가 지향하는 무의식의 진실, 꿈의 탐구가 아니라 마법적 환상을 중심으로 변신을 병행하며 전개된다. 그것이 현실적 실제성와 결합되면서 나름의 질서를 획득하고 소통 가능한 오브제가 되는 것이 그의 시이다.

> 날개 꺾인 어린 용사들이 앙코르와트 사원 아래에서 노래를 부르고 있다. 인간의 욕망을 무기로 다스린다면 이제 저들의 무기는 나무 속을 파낸 악기이다. 진격 능선에 주저앉아 진혼의 목관을 불고 있다. 킬링필드 영혼들이 줄줄이 걸어 나왔다. 팔다리 하나씩 날려 보낸, 그들이 연주하는 아리랑은 밀림을 흔들며 날아다녔지만 공명은 일어나지 않았다. 총성도 악기도 죽음 위에 뿌려진 노래였다. 나무 구멍은 점점 커지고 사람들은 그 속으로 사라졌다.
>
> —〈관〉 전문

앙코르와트 석상 앞에 서 있다. 석상의 맨 앞 열에서 혼신의 힘을 다해 목관 악기를 불고 있는 사람들의 열정이 전사戰士의 치열성을 방불케 한다. 목관 악기는 평화를 사랑하는 사람들이 스스로를 지키는 무기라 할 것이다. 일반의 시간 개념을 뛰어넘어, 그들이 감당했던 킬링필드의 비극, 미국과 크메르 루즈에 의한 캄보디아 양민 대학살 10년의 비극이 그래서 더욱 진한 상처로 화자에게 다가온다. 여기에 평화를 사랑하던 한국 민중의 한 어린 민요, 아리랑까지 시공을 뛰어넘어 몽타주 된다. 시공을 넘는 인간사의 비극. 한 어린 역사의 비극들이 동시 공존하는 영상이다.

김용권 시의 환상적 상상력은 최근작 〈채석강〉에까지 이어진다.

> 비명 같은 신음이 흘러나왔다. 절개지에서 피는 꽃들이 서로의 관계를 증언하고 있었지만 이리저리 파내 보면 층마다 융기와 습곡의 꿈이 박혀 있다.
>
> 층층이 박힌 소리를 걷어낼 수는 없다. 위층과 아래층 경계가 뚜렷한 것은 각기 다른 울음 소리가 섞여 있기 때문이다. 납작하게 압화로 피어있는 매몰된 짐승의 울음소리.
>
> 비밀은 단층에 있다. 간혹 금이 가거나 깨어져 내리면 모래처럼 흩어지지만, 칸칸이 밀어 넣은 장서의 이야기를 도굴해 가지 못하도록 경비원은 밤을 새우고 있다.
>
> 아침이면 빠졌다가 밤이면 들어차는 사리물때,
>
> 아래층 사람들은 소리 없이 침투하고 갑자기 사라졌다.
>
> ―〈채석강〉 전문

〈채석강〉은 그의 시 중에서도 환상성이 매우 짙은 시이다. 하지만 역시 환상과 현실이 용해된 시공의 단층을 언어로 포착하고 있다. 채석강 절개지와 단층들, 융기와 습곡의 신비와 은밀함, 매몰된 짐승의 울음소리 그리고 장서藏書와 경비원과 아래층 사람들 같은 실제적인 이미지들이 결합하기에 그의 환상은 환상에 그치지 않고, 채석강 단층의 시적 실재를 보여주는 것이다.

환상이 손끝의 말재주를 넘어 나름대로 법칙을 가지고 움직이게 되면, 특히 시인의 사실적 체험을 바탕으로 형성되면 독자는 그 환상의 세계를 보다 실재적으로 체험하게 된다. 그리고 시인이 구축한 판타지 공간이 얼마나 내적 진정성을 가지느냐에 따라 환상은 눈속임의 문학에서 실재적 마법의 문학으로 승화될 수 있다.

김용권의 시가 마법적 진정성을 확보하는 것은 그의 대개의 시에서 보이는 소중한 자산이다. 50년대 모더니즘 시를 본떠 환상적 이미지 충돌유희에 경도되었던 근래의 모방 전위시풍에 함몰되지 않고, 그러한 손재주를 극복하고자 하는 다부진 모습을 보이고 있는 것이다.

3. 일상에서 역사까지, 다층적 영상

우리나라 모더니즘 시를 연 1930년대 정지용, 김광균 등의 이미지즘시, 사물시들은 시적 대상을 주관화하기보다 주관을 배제한, 관찰자적 시점을 견지하고자 했다. 표면상 1인칭 시점을 견지하지만, 실질적으로는 화자의 주관을 배제한 채, 대상을 3자적 관점에서 그려내었다. 가치에 대한 포기 내지 가치에서의 도피이다. 김용권의 시도 대상, 오브제를(환상적, 심리적 영상일지라도) 사진 찍듯 그려 보인다. 주관의 개입을 극도로 억제한다. 따라서 속엣 말을 알기가 쉽지 않다. 하지만 이미지즘시가 외부적 이미지를 풍경화로 그려내었다면 김용권의 시는 내면에 일어나는 환영을 실재적인 영상으로 포착한다. 이미지즘시의 공상空想에 대해 그의 시는 동시공존의 역사적·문화적 환상을 끌어내어 공상의 탈의미성에 차별적 위상을 갖는다.

이는 오늘의 우리 시단에 요구되는 소중한 성찰점의 하나이기도 하다. 무의식이나 환상은 원칙적으로 극히 주관적인 내면을 반영하게 마련이다. 그러나 김용권의 시는 마법적 환상을 몽타주하되 관찰자적인 시점을 고수하면서 환상과 실제를 표현주의적 언어로 결합하는 것이다. 주관적인 환상을 보여주되 주관의 개입을 억제하면서 주관과 객관을 무화한다. 실재의 공감대를 바탕으로 하면서 병치된 계열체들을 통해 역사와 사회에서 개인사에 이르기까지 다양한 스펙트럼을 갖는 것이다.

사냥꾼들이 낙동강을 찾아왔다
새의 목을 겨누는 순간
총구는 자유로웠다.
새들의 잠을 강물에 던지는 사이, 그들은
하얀 종이컵에 커피를 나누어 마셨다
나는 그것이 새의 맑은 피라고 생각했다
죽음이 교차하는 최전방
그곳은 항상 손가락 끝이었다
관통되는 표적은 손끝에서 날아올랐다
자판기에 동전을 넣고
총알처럼 장전되는 커피를 뽑아 들었다
그 앞에 날지 못한 날개들이 떨어져 있었다
손가락 선택에서 비켜난,
항로 표지판 잃어버린 날품팔이 대기소
울음으로 강물 깊이 재던 노동의 사선이었다
날개는 날개끼리 뭉쳐서 간다
새벽을 날지 못하면
하루를 접어야 하는 그곳은 소리 없는
어미 울음과 새끼 울음이 교차하는 곳이었다

울음이 점점 희미해지고

새들은 강물에 자기 모습을 비추지 않았다

모두가 먼 사막으로 날아간 것인지

그 시간은 그리 길지 않았다

—〈새는 최전방에 집을 짓는다〉 전문

앞서의 시 〈관〉에서는 인류사적인 문제가 전의식적 영상으로 몽타주 되는 현상을 보았거니와 〈새는 최전방에 집을 짓는다〉에서는 우리 사회의 긴장과 애환이 여러 가지 영상으로 오버랩되고 있다.

새 사냥꾼들이 마시는 피 색깔의 커피, 자판기의 작동에서도 환기되는 최전방의 방아쇠 이미지, 날품팔이 인력 시장에서 총구 앞의 새처럼 선택을 기다리는 슬픈 삶이 몽타주 되고 있다. 어미 울음과 새끼 울음을 포착, 화자가 체제의 피해자를 부각시키고자 했다면, 사회 생태의 문제로까지 나아갈 시이다. 새들이 강물에 자기모습을 비추지 않고(생존을 돌보지 않고) 길지 않은 시간만 머문 뒤 사막으로 날아 가버리는 것은 약육강식의 사회체제와 문명에 대한 시인의 기본적인 회의가 엿보이는 대목이라 할 것이다.

이러한 '읽기' 가 일반 독자의 감상에 비해 지나치게 친절한 것일 수는 있다. 어쨌든 시인은 일반 시공 개념이 파괴된 환상적 영상 속에서 자신의 판단—풍자, 비판, 의지 표명 등은 유보하고 있고 언어적 영상, 물리적 현상을 제시하고 있을 뿐이기 때문이다. 이는 시인의 체질적인 특성일 수 있고 때때로 그의 시를 난해하게 하는 이유가 되기도 한다.

환상이 별로 개입하지 않는, 개인 생활의 서정시에서도 유사한 특징이 나타난다.

전생을 들여다봅니다

고요의 바다 저편
순백한,
그대 마음에 가 닿는 일이라서

광속을 돌파하는 고백으로
단단히 밀봉해둔 나로호를 밀어
그 문턱에 이를까요

기억할 수 없는
안드로메다 구름 골짜기,
떠도는 당신 얼굴 목격하겠지만

어느 별이라 말할까요

그대가 있어 우주가 된
날개를 달고 싶은
내나로도

—〈내나로도〉 전문

내나로도 우주기지센터는 '그대'를 향한 내면의 시공이다. 시간적으로는 전생에 이르고, 공간적으로는 안드로메다 성좌 구름 골짜기까지 이르는, 당신을 향한 마음이다, 그 마음의 나로호를 띄우고자 한다. 개인적 서정을 우주의 무한 시공으로 확장하는 현대적 서정이다.

이 경우에도 그의 시는 '그 문턱에 이를까요?', '날개를 달고 싶은' 등 실제의 행동에는 이르지 않고 질문과 갈등에서 머문다. 개인사도 그 내면을 뢴트겐 사진처럼 매달아 보여줄 뿐이다. 실제적 행동이나 결단에는 이르지 않고 마음의 변화, 침해받지 않는 내면의 자유를 언어로 포착해 보이는 것이 이 시점 그의 미학인 것이다.

주관이 아니라 주관으로 위장僞裝한 손끝 수사修辭, 정서가 배제된 조작 무의식은 이 시대 한국시가 극복해야 할 타성의 하나이거니와 이 시에서도 김용권은 이를 극복해가는 길을 모범적으로 보여주고 있다. 〈내나로도〉에서는 내적 갈등을 겪으면서도 전생, 고요의 나라, 광속의 나로호, 안드로메다 성좌, 날개, 내나로도 등등 의미상으로는 무관한 쇼트들을 용해하여 유의미한 효과를 생성하고 있다 할 것이다.

4. 언제나 단단하고 아름다운 문 열기를

김용권 시인은 이미지의 멀티 플레이어다. 우주에서부터 인간사, 개인사에 이르기까지 실로 다양한 이미지를 병치하기도 하고 연결하기도 한다. 시공의 분간을 초월하는 내면세계의 사진을 언어로 포착하여 정서의 등가물로 제공하되 설명이나 판단은 생략한다.

내면의 사진을 전시하는 언어 사진사라 할 만하다. 구체적 판단의 유보는 가능한 한 독자의 읽기를 간섭하지 않으려는 의도일 수도 있다. 독자 나름의 재생산 여지를 남기는 것이다. 주제(내용)보다는 표현(표상)에 집중하는 그는 실제의 삶에 예언을 던지는 시인이기보다는 언어적 영상 연출에 진력하는 심미주의자인 까닭일 수도 있을 것이다.

〈구름 사진관〉은 그의 시법을 잘 읽을 수 있는 시라 할 수 있다.

난 꿈을 찍는 사진사
구름의 주름상자를 열어다오

표준은 안 돼
너무 평범하잖아
광각도 안 돼
한 단씩 자라는 환상이 왜곡되어 보이잖아

초점거리를 심도 깊은 가슴에 두고
줌렌즈 장축으로 끌어당길 거야

바람에 날아가는
너의 얼굴이 보이지 않아
살짝 거누기만 하여도 팡팡 터지는
심경을 보여다오

난 마음을 찍는 사진사
종이거울 속 슬픈 얼굴을 닦아내는
구름 사진관

—〈구름 사진관〉 전문

보통의 사진사는 사상事象의 외양을 찍지만 시인은 마음, 환상, 꿈 등 내면을 찍는 사진사이다. 평범하거나 평범한 것에서 조금 시야를 넓히는 정도에는 만족하지 못한다. 그런 정도로는 폭발하는 환상을 왜곡할 뿐이기 때문이다. 그는 내면에 잠재된 이미지나 바람에 날아가는 변화무상한 마음까지 담아내기를 원한다. 그래서 '종이거울' 같은 비논리적인 렌즈의 구름 사진관 주인이다.

심상은 흔히 묘사적 심상과 비유적 심상으로 나누기도 한다. 묘사적 심상이 대상의 사진 찍기와도 같은 이미지의 외양 묘사에 집중한다면, 비유적 심상은 심상의 감각적·관념적 표현을 통해 어떤 의미, 적대감, 동반의식, 비판의식 등 시인의 상황적 의지를 담는다. 나아가 형이상학적 존재까지 암시하게 한다. 김용권의 심상은 그 경계에 있다 할 만하다. 환상을 묘사적 심상으로 배치하되 비유적 의미를 유추할 수도 있도록 하는 것이다.

이런 경계에서 시인의 시는 독자적인 형상화의 길을 가고 있다. 당당한 길을 가고 있기에 다양한 삶의 순간과 상황에서 그는 '신의 눈짓' (하이데거)과도 같은 순간을 발견한다 할 것이다.

사각지대는
거울에 비치는 것보다
가까이 와 있었다

앞차를 들이받아
전방주시 태만으로 스티커를 발부 받았다
앞을 보아야 하는 곳에서
뒤를 보았던 것이다

뒤에 오는 놈이 더 무서웠다

그러고 보니, 나도
바로 뒷놈이었다

―〈백미러〉 전문

1연의 시치미떼기 언어와 2연의 사실적 상황, 3연의 역설과 4연의 사실적 판단, 그리고 극적 반전을 일으키는 5연의 역설의 언어로 마무리되고 있다. 사치스런 수사修辭가 덧칠하지 않아도 그의 성찰과 직관은 실제 삶의 모순에서 은밀한 긴장을 예리하게 포착하고 있고, 적절한 언어로 표현해내고 있다. 환상적 상상력에서 현실을 꿰뚫는 역설의 언어에 이르기까지, 언어의 렌즈 속에 층층이 포착해내는 입체적 연출력이라 할 것이다.

문화 예술적으로, 환상은 지난 세기부터 인간 내면의 특수성이자 내면적 진실의 창고로 대접받아왔다. 하지만 환상은 정상적인 현실 그 자체는 아니다. 우연한 심리적 영상이거나 심한 경우, 순전히 언어적 조작에 의한 것일 수도 있다. 환상이라는 언어적 조작이 새로운 심미의 세계를 열 수도 있고, 낯설거나 관능적이거나 그로테스크한 분위기를 연출할 수도 있다. 그러나 사실적 상상력을 바탕으로 하지 않는 환상은 독자에게 내적 소통을 통해 전해지는 감동의 세계, 인간적 신성성이 오가는 체험을 줄 수는 없을 것이다. 환상의 자질은 인간 특유의 것이기는 하나 인간과 인간사의 본질이 환상을 중심으로 진전되고 풍요해지는 것은 아니기 때문이다. 따라서 시인이 환상만을 고집하고 언어 조작에 머문다면 그것은 얄팍한 논리 중독에 의한 자위自慰이거나 위악僞惡의 잔재주일 것이다.

김용권 시인, 그에 대한 믿음은 그가 현 시단의 함정에 빠지지 않고 삶과 환상의 경계지점에서 진지한 모색을 하고 있으며, 그 모색이 입체적인 시야를 확보하면서 성공적인 궤도에 진입하였다는 데 있다. 그는 환상도 아니고 현실도 아닌, 거대담론도 아니고 개인사적 넋두리도 아닌, 입체적 영상의 적층을 구축하고 있는 것이다.

이 지점에 도달한 시인의 언어적 사진 찍기에 대하여, 이래라저래라, 주문할 생각은 없다. 그를 믿고 그의 시적 사유, 고뇌와 창의가 더욱 창성하기를 믿을 뿐이다. 하지만 나름의 질문을 갖고 그의 선택을 지켜볼 자유는 독자에게도 있을 것이다.

가령 그의 영상 몽타주들이 보이는 사회·역사적 이미지들이 앞으로도 시적 분위기를 환기하는 심미적 역할을 하는 데로 나아갈 것인가, 섬세하고 생기 있는 영상을 제공하는 독자獨自의 방안을 마련할 것인가, 아니면 예지와 성찰이 예언자적 감동을 주는 차원을 열기도 할 것인가, 하는 질문부터 할 수 있을 것이다.

그의 시가 어떤 길을 갈지는 알 수가 없다. 시의 길은 무수히 펼쳐져 있고 무수한 갈래의 길에서 그는 달콤한 고통 속을 헤매게 될 것이다. 그는 진주조개처럼 귀한 보석을 품고 있기에 문학 활동이 주는 명예에 안주하기보다, 스스로의 상처를 덧내는, 상처로 하여 더욱 빛나는 도전에 거듭 몸을 던지리라 믿어지기 때문이다.

현실과 인간 사이에는 언제나 균열이 있고, 언제나 지금 이 순간을 균열의 시간으로 주목하는 시인은 그것을 남보다 먼저, 예민하게 자각하고 형상화한다. 균열에 몸 저리며 슬픔이 깊은 시, 상처가 깊어서 더욱 맹렬하게 갈 길을 묻는 시는 감동을 주고 힘을 준다. 이런 의미에서 바른 시도詩道에 들어선 김용권 시인을 주목하며 격려의 마음 보낸다. 여기까지 묵묵히 걸어왔듯 언제나 균열의 위기를 이겨내는, 깊고 큰 시의 문을 열기를 고대한다.

허숙영 수필가

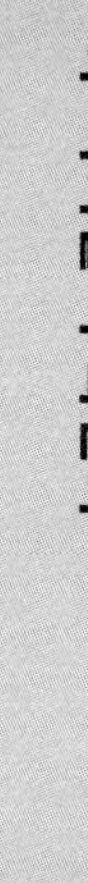

경남문학 106 | 2014년 봄호

2002년 《한국수필》 등단. 경남젊은작가상, 흑구문학상 금상 수상. 수필집 《비린구멍》 등

직지直指가 보내는 편지 외 1

허숙영

안녕, 나는 직지야. 내 원래 이름은 '백운화상초록불조직지심체요절' 이지만 너무 길어서 간단하게 '직지' 라고들 해. 풀이를 하면 '직접 가리킨다' '바른 마음' 등으로 쓰이지. 사람의 마음을 바르게 볼 때 그 마음의 본성이 곧 부처님 마음임을 깨닫게 된다는 뜻이야. 모두들 내 마음 같다면야 싸움이 일어날 일도 없이 평화가 가득할 거야 그치? 참 내 나이 635살이나 되었으니 여러분에게 하대를 해도 괜찮겠지?

내가 태어난 곳은 물론 대한민국이야. 너희들이 그 먼 창원에서 청주 고인쇄박물관까지 달려온 것은 나의 흔적을 찾아온 것 아니겠니? 내 고향인 청주 흥덕사 빈터에서 무엇을 얻어갔는지 궁금하구나. 바람만 넘나들던 그곳에서 돌조각 쓸어안고 나의 안부를 물었겠지.

산 넘고 물 건너 숨이 턱에 차도록 휘달려온 바람이 내가 살고 있는 프랑스 국립도서관 문밖에서 우는 듯이 웃는 듯이 전해 주더군. 여러분이 나를 직접 만날 수 없어 안타까워했다는 마음이 고스란히 내 귀에 들려왔어. 큰스님처럼 위엄을 갖추고 점잖게 한마디 전하고 싶지만 나도 화가 나는 걸 어떡해.

지혜로운 선조들이 남긴 뛰어난 유물을 잘 간수하지 못하고 이제 와서 내 것이라 우기면 뭘 하겠니. 국가의 힘이 약해 강제로 빼앗긴 외규장각 의궤 같다면야 혹 되돌아갈 희망이라도 있겠지만 내 경우엔 좀 다르거든. 그렇지만 뭐, 내 뼛속 깊은 곳에 박혀 있는 대한민국 정신이 어디 가겠니. 나로 인해 내 조국이 빛날 수 있다면 난 기꺼이 거기에 응할 생각이야. 나에 비할 바는 아니지만 동계올림픽 평창 유치를 위해 자신이 버린 조국이 도와 달라 했을 때 서슴없이 손 내밀어 애써준 소탈한 인상의 토비 도슨을 보면서 감동한 적도 있거든.

하지만 서운한 건 어쩔 수 없어. 내 가치를 알아본 프랑스 골동품 수집가인 양아버지가 아니었다면 지금쯤 어떻게 되었을까를 생각하니 모골이 송연해져. 아마 내 형(상권)처럼 어디서 어떻게 사라진 줄도 모를 거야. 아니 내가 태어났다는 것조차 몰랐을 거 아냐.

지금 나는 양아버지인 앙리 베베르의 유언 덕분에 일반인들이 쉽게 접근조차 할 수 없는 프랑스 국립도서관 깊숙한 밀실에서 아주 귀한 대접을 받으며 잘 지내고 있지만 말이야.

요즈음 한국 사람 중에는 돈이 된다면 귀중한 유물은 고사하고 부모조차 팔아 치울 거라고들 해. 전에는 그래도 한국이 동방예의지국이란 소리도 듣고, 은근과 끈기의 표상이라고도 했어. 박물관에서 직지 금속활자 공방 재현관에 들렀을 때 봤지? 스님들의 수작업 하나하나로 오랜 시간 잉태되어 나온 흔적이 나니까 나도 은근과 끈기의 결실이지. 그런데 지금은 어때. 화르르 피었다가 일주일도 채 넘기지 못하는 꽃구경을 하러 몇십만 명이 구름처럼 몰려들었다는 소리는 들었어도 고인쇄 박물관에 하루 몇만 명이 들었다는 소리는 못 들었거든. 외양만 보고 새것에만 현혹되니 빨리빨리만 외치는 성질 급한 사람이 되어버린 것 아니겠어?

'온고지신' 이란 말 들어봤지. 옛것을 익히고 그것을 바탕으로 해서 새것을 알아가고 만들어내는 거지. 다행히 여러분 중에는 골동품을 너무나 아껴 옆에 끼고 같이 숨 쉬며 사는 사람이 있다고 들었어. 부디 그 마음 변치 말고 사랑해 주길 바래. 혹시 알아? 박병선처럼 연구하다 보면 나 같은 보물을 건질 수 있을지.

내 자랑 같지만 나는 현존 최고 오래된 금속활자로 인쇄된 책이야. 독일 구텐베르크의 '42행 성서' 보다 72살이나 앞섰다는 것 아니니. 그래서 유네스코 세계기록 유산에 등재되어 세계 제일의 문화유산이 되고 보니 한국에서도 관심을 갖고 아는 체를 하는 거지.

그뿐인가. 내가 인류에 공헌한 바가 크다고 2005년부터는 내 이름을 따 '직지상' 도 제정되어 격년제로 시상한다고 하니 한 번 도전해 보는 것이 어때.

사람이 사람답게 살 수 있도록 정보 혁명을 일으킨 것이 있다면 첫째는 말을 사용하게 된 것이래. 두 번째가 문자를 만든 것이지. 여기까지는 여러분도 알고 있는 거지. 그런데 3차 정보 혁명이 뭔지 아니? 지식과 정보를 대량으로 보급시킴으로써 획기적인 문화발전을 가져온 바로 나, 금속활자 인쇄술이 아니겠니. 또 이것을 바탕으로 컴퓨터가 탄생되고 오늘날은 시간적 공간적 제약까지 사라지고 세계인들이 실시간 정보를 공유할 수 있는 시대가 된 거야. 그러고 보면 내가 정말 대단한 일을 해낸 것 같아 뿌듯해.

오늘은 내가 너무 수다를 떨었네. 심중에 박혀 있던 말들을 털어내니 한편으로는 후련해. 청주까지 왔다가 뭔가 허전하여 자꾸 뒤돌아보았을 너희들을 꿈속에서 불러들여 악수를 청할지도 몰라. 어쩌면 너희들의 잠을 방해할 수도 있어. 그래도 노여워하지 않을 거지? 그럼 꿈속에서 만나자. 안녕.

보청기 속 세상

어머니의 보청기는 쉼표를 닮았다. 생김새도 그렇거니와, 쉼 없이 달려온 인생길에, 끊임없이 들려준 세상의 소리에 잠시 멍든 귀를 닫고 쉬었다가 다시 소리를 들으라는 듯 다가왔다.

보청기를 맞추고 온 어머니의 얼굴은 안개가 걷히면서 햇살에 반짝이는 강의 물비늘처럼 반짝였다. 들을 수 있다는 기대에 들떠 있었다. 그러나 선명하게 들려줄 듯하다가 다가서면 물러서는 안개처럼 보청기는 온전한 소리를 들려줄 듯하다가 한 발 물러서 버렸다. 청력이 조금이나마 남아 있어야 한다는데 너무 늦어 마침표를 찍어버린 것이 아닌가 싶다. 말 그대로 보청기는 청력을 보강하기 위한 것에 불과했던 것이다.

최고로 좋은 보청기라는데 들려야 할 말은 들리지 않고 소음만 구겨 넣고 있었다. 쉼표 닮은 기계가 세상의 소리들을 막고 있다. 아니 세상의 소리들을 다 끌어 모아 한꺼번에 귓속으로 밀어넣는 듯하다. 위-잉 소리와 함께 기대도 희망도 빨려 들어가 버리고 말았다. 한 가닥 한 가닥 구분 지어 들을 수 있을 때에야 온전한 말이지 모든 소리들을 끌어 모으니 소음 중에서도 그처럼 시끄러운 소리가 없다. 마치 빨강 노랑 파랑을 한꺼번에 섞으면 검은색이 되는 것처럼 말이다.

어머니 귀에 흘러 들어간 소리들은 검은빛을 띠지 않았을까 하는 생각이 문득 든다. 밝고 맑은 소리보다는 무채색의 소리, 좀 더 듣고 싶은 말보다는 귀를 막고 싶은 소리가 더 많았을 것 같다.

어린 시절에는 아들을 낳지 못한다는 이유로 시앗을 수발해야만 했던 외할머니의 숨죽인 울음소리를 들어야 했고, 결혼해서는 피난길에 업고 걸린 어린 자식들의 숨넘어가던 소리도 들어야 했다. 둑이 터져 벼꽃 아른거리는 논으로 쿨렁쿨렁 황톳물 밀려 들어가던 소리, 할아버지의 꺽꺽대던 해소기침 소리, 소리 소리들에 질려버린 것일까.

세상의 소리들에 문을 걸어 잠그고 싶었을까. 실금 그어진 물독에 물새듯 조금씩 청력이 갔을 것인데도 내색을 하지 않았다. 우리가 상황을 알아차린 건 판단력 빠르고 정확한 어머니가 동문서답을 해댈 때에야 말이 귓바퀴에서 길을 잃어버린다는 것을 알았다.

어머니는 들리지도 않는 보청기를 끼고 앉아 있다. 자식들이 해 준 것이라 끼고 있는 것만으로 좋다며 빼내 버릴 생각이 없다.

이미니는 세상 속의 정물화가 되어 버렸다. 우리가 옆에서 떠들고 웃어도 이유를 모르니 웃을 수도 없다. 고함을 시르거나 행동으로 보이지 않으면 알아들을 수가 없어 물끄러미 바라만 보다가 함께 미소를 짓는다. 염화시중의 미소가 이런 것일까. 세상의 소리들로부터 격리되어서야 비로소 평화를 찾은 건 아닐까 생각되기까지 한다.

어느 해 설을 쇠고 밀려드는 차들을 피하느라 늦게 출발해 밤이 이슥해서야 어머니 집에 당도했다. 혼자 사는 어머니가 밤에는 문까지 걸어 잠그고 고요 속에 잠긴다는 걸 미처 생각지 못했던 것이다. 전화를 해도 문을 두드려도 잠겨버린 청력처럼 열릴 줄 몰랐다. 그 늦은 시간에 자식이 찾아오리라 생각을 하지 않았던 것이다. 다행히 가까이 언니가 살고 있어 열쇠를 받아 들어가니 화들짝 놀라 일어나서는 눈물을 왈칵 쏟아 내었다. 기다리던 자식들이 와도 모르고 잠만 자는 자신이 한심하다며 가슴을 쳐 대더니 이내 마음을 바꾼다.

"그래도 안 보이는 것보다야 낫지 않나. 내 새끼 얼굴 볼 수도 있고."

체념이 때로는 가장 값진 위안이 될 수 있다는 것을 깨닫는다. 엄마의 말 한마디에 우리 가족 모두가 안도의 숨을 내쉴 수 있었다.

사람의 귀가 둘이고 입이 하나인 것은 말하는 것보다 듣는 것을 두 배로 해야 하기 때문이라고 탈무드에서는 말한다. 다른 사람의 말에 귀 기울여 들어주라는 뜻일 게다. 말을 잘 들어 주는 것이야말로 상대의 마음을 얻는 최선의 지혜이다.

그러나 험한 굴곡의 생을 건너 미수를 눈앞에 둔 어머니는 이렇게 말한다.

남이 하는 험담은 한쪽 귀로 듣고 한쪽 귀로 흘려버리라고 귀가 둘이란다. 그래야 내 맘이 편해진다고. 한 귀로 듣고 입으로 쪼고 있으면 결국엔 분란이 일어나게 된다는 것이다. 참고 살면서 나름대로 터득한 진리의 말씀이다. 양쪽 귀가 다 멀어버린 어머니는 험담 들을 일 없어 좋겠다는 나의 핀잔에도 말이 없다.

나도 나이가 들면서 마음으로 들어주는 귀는 어두워져 가고 고집만 늘어나고 있다는 말을 가끔씩 남편에게 들을 때가 있다. 바깥에서 들어오는 소리가 차단되면 내면의 소리에 귀를 기울이게 될까.

고요한 호수일 것 같은 어머니의 마음속이 궁금하다.

자기 형식, 그 창조의 미학

—허숙영 수필집 《단디 해라이~》론

하길남 수필가, 문학평론가

1. 머리말

화자의 수필집을 읽고 먼저 머리에 떠오른 생각은 파격이라는 단어였다. 수필에 있어서 표준어가 아닌 사투리를 대화가 아닌, 문상에 그것도 수필집 제목에 썼다는 것이 파격이 아닌가. 독일의 수필이론가인 볼프하임Wolffheim이 수필을 '정신적 밀도가 강하게 순화된 생산품'이라고 했듯이 수필은 인간 순화의 산물인 것이다. 수필에서 늘 신변잡기가 구설수에 오르게 되는 것은, 사는 형편 그 이야기 때문이다.

만일 우리들이 이른바 도사道士와 같은 삶을 산다면 신변잡기라는 구설수에서 해방될 것이다. 그러나 사람 사는 이야기는 늘 신변사 주변을 맴도는 것이 아닌가. 그래서 늘 수필에서 이 사실이 말썽이 된다. 화자의 수필 세 편 가운데, 〈코바늘에 정을 꿰어〉라는 수필 한 편만이 신변사 이야기일 뿐, 두 편은 이른바 사물 자체가 제 업業을 노래하고 있는 형식이라 하겠다.

그래서 '자기 형식'의 유형은 다분히 우리들에게 신선한 수필적 미학을 음미해보게 된다. 아무튼 허숙영 수필가의 수필적 저력, 그 인식의 저변이 독자들에게 경쾌한 일면을 선사해 주고 있다 하겠다.

2. 수필적 단죄

화자는 자기 자신에 대해 엄격하듯이 수필에 대해 철저하다는 것을 알게 된다. '단디 해라'는 말이, 글 잘 써라, 실수하지 말라. 스스로 점검하라, 겸손하라, 자기 글에 대해 무한 책임을 다하라는 뜻이 내포되고 있듯이, 화자는 스스로 자기 작품에 대해 매우 엄격하다는 것을 알게 된다.

> 어머니는 어린 자식들의 숨넘어가는 소리도 들어야 했다. 독이 터져 벼꽃 아른거리는 논으로 쿨렁쿨렁 황토물 밀려 들어가던 소리, 할아버지의 꺽꺽대던 해소기침 소리, 소리들에 질려버린 것일까.
>
> 어머니는 들리지도 않는 보청기를 끼고 앉아 있다… 어머니는 세상 속의 정물화가 되어 버렸다. —〈보청기 속 세상〉에서

> 내 자랑 같지만 나는 현존 최고 오래된 금속활자로 인쇄된 책이야. 독일 구텐베르크의 '42행 성서'보다 72살이나 앞섰다는 것 아니니. 그래서 유네스크 세계기록 유산에 등재되어 세계 제일의 문화유산이 되고 보니 한국에서도 관심을 갖고 아는 체를 하는 거지.
>
> —〈직지가 보내는 편지〉에서

한 코 한 코 이어져 길이 되었다. … 옷의 완성은 단추에 있다. … 코바늘에 정을 꿰어 엮었다. … 목단 꽃이 나풀나풀 흔들리며 따라다닌다. … 뜨개질할 때 한 코도 빠뜨리면 안 되듯이 우리도 그렇게 엮여 있다.

—〈코바늘에 정을 꿰어〉에서

인용된 작품들을 훑어보면서 우리는 인간적 삶의 여정을 그린 수필과 이른바 사물을 통한 간접 화법 등 이른바 사물로서의 즉자존재와 인간으로서의 대자존재의 융화 즉 즉자대자존재卽自對自存在의 이상적인 삶을 여기서 조명해보게 된다. 이러한 인간 삶의 이력을 지향해 나가고 있는 화자의 수필적 이상을 우리는 여기서 읽는다.

'세상 속의 정물화' 그렇다. 그 정물화는 바로 어머니의 초상이 아닌가. 가장 거룩하면서 고뇌에 찬 성인, 바로 인간 문화유산인 것이다. 그래서 앞에서 지적한 바와 같이 즉자적 대자존재卽自的 對自存在, 그 이상理想의 실현을 위한 화자의 수필적 감각이 독자들을 감동시키고 있는 것을 알게 된다.

3. 개성적 표현미

화자의 수필에서 우리가 주목하게 되는 것은 개성적 표현미, 그 언어구사의 솜씨, 그런 능력이 돋보인다는 것이다.

'둑이 터져 벼꽃 아른거리는 논으로 쿨렁쿨렁 황톳물 밀려 들어가던 소리.' 그 표현의 묘미나, 어머니를 '세상 속의 정물화' 라고 한 비유들이나, '바깥에서 들려오는 소리가 차단되면 내면의 소리에 귀를 기울이게 될까.' '체념이 때로는 가장 값진 위안이 될 수 있다.'

등과 같은 작은 깨달음, '요즘 한국 사람 중에는 돈이 된다면 귀중한 유물은 고사하고 부모조차 팔아 치울 거라고 해. 전에는 그래도 한국이 동방예의지국이란 소리를 듣고, 은근과 끈기의 표상이라고도 했어. 박물관에서 직지 금속활자 공방 재현관에 들렀을 때 봤지? 스님들의 수작업 하나하나로 오랜 시간 잉태되어 나온 흔적이 나니까 나도 은근과 끈기의 결실이지.그런데 지금은 어때. 와르르 피었다가 일주일도 채 넘기지 못하는 꽃구경을 하러 몇십만 명이 구름처럼 몰려들었다는 소리를 들었어도 고인쇄 박물관에 하루 몇만 명이 들었다는 소리는 못 들었거든. 외양만 보고 새것에만 현혹되니.' 와 같은 사회비평 등 화자는 수필에서 다양한 수법을 구사하면서 작품을 형상화하고 있다.

4. 마무리

이상에서 간략하게 화자의 수필세계를 살펴보았다. 화자 자신의 진술처럼 허숙영 작가의 수필은 바로 "모눈 속에 피어난 목단꽃"이라 하겠다. 꽃이 바로 완성의 상징이듯이 화자의 수필 역시 훌륭했다는 것을 알 수 있다. 특히 화자가 수필의 말미에서 "꿈속에서 만나자."고 한 것은 역시 이상적인 경지, 즉 꿈의 경지를 털어놓은 것임을 알게 된다. 그래서 이 수필을 화자의 말 대로 목단꽃이라 해도 좋을 것이다.

그렇다. 꽃 중의 꽃, 그런 수필이라고 해도 과언이 아닐 것이다. 앞으로 더 좋은 수필을 많이 써서 한국 수필문단은 말할 것도 없고, 세계 수필문단에 큰 기여를 하게 될 것을 기대해본다.

최영인 아동문학가

1991년 《경남신문》 신춘문예 등단. 《아동문예》 작품상, 경남아동문학상, 영남문학상, 남명아동문학상 수상. 동시집 《내 친구가 졌다》 등

돌절구 외 3

최영인

공장이 들어선다고
할아버지댁 기와집
철거되는 날
대문간 돌절구
울먹거린다

–이걸 가져다 어디 두어요?
날카로운 어머니 말씀

–예, 그만두고 갑시다.
아쉽지만 눈치만 살피시는 할머니 말씀

–아버지, 이게 예사로 무거워야죠
 그리고 이젠 이런 거 쓸 일이 없어요.
할아버지 마음 돌리려는 아버지 말씀

–아범아, 아파트엔 올리지 말고
 작은 화단 가에라도 갖다 두면 안 되랴?
 땅속에 묻히는 것보단 낫잖냐?
할아버지의 간절한 말씀

 –쿵덕 쿵덕!
 찐쌀 찧던 소리

—철떡 철떡!
인절미 치던 소리

소리, 소리들이 모여
할아버지를 보챈다

절굿공이 멀뚱멀뚱
먼 산만 본다.

외갓집에서 · 1

외할머니의 눈 속에
어머니의 환한
눈웃음이 들어 있어
나도 몰래
"어머니!"
하고 불렀다

외할머니의 입가에
활짝 웃는 어머니의
웃음소리가 들어있어
난 또 모르게
"어머니!"
하고 불렀다

외할머니의 품속에
어머니랑 꼭 닮은
사랑이 있어
난 깜빡
어머니의 품에서
잠든 줄만 알았다.

달 력

우리 집 달력엔
아빠 생신
엄마 생신
내 생일날
빨간 동그라미가
그려져 있고

할아버지네 달력엔
이웃집 잔칫날
모내기하는 날
우리 가족 시골 오는 날
빨간 동그라미가
그려져 있네.

어쩌면 좋아

풀밭에 쪼로로
공 따라 들어간 내 동생

앙~
앙~
공을 잡고
운다

방긋 방긋
웃고 있는
작은 꽃 보고
발 딛을 곳 몰라

꽃~
꽃~
손짓하며
꼼짝 않고
운다.

참신한 동심의 핸드폰이 가슴을 울리는 작가

—최영인의 동시작품 관점

이창규 아동문학가

머리말

최영인 아동문학가는 뚱딴지 속에 콩콩거리는 동심을 가진 동시인이요, 텃밭에 잘 익은 과일들이 친구요, 흙 내음을 좋아하여 씨앗의 숨결을 느끼면 소녀처럼 가슴이 설렌다는 동시인이며, 또한 동화 작가이기도 하다.

그는 이미 25년 전에 동시와 동화를 쓰는 아동문학가로 데뷔하여 꾸준한 창작 활동으로 대내외 수상과 작품집을 선보인 바 있는 톡톡 튀는 작가로서 항상 미소 띤 표정과 유머스러운 말솜씨에 주목받는 인간관계를 맺고 있는 아동문학가이다.

이 난에서는 동시인으로서 창작품인 동시 작품을 다루기로 한다.

체험적인 동심관을 지닌 그의 작품은 삶의 체험을 작품으로 승화시키기 때문에 읽기 쉬운 시를 쓰고 있다. 사랑과 동심을 근간으로 하여 어린이들에게 알맞은 시어로 담아내고 있다. 이에 상응한 작품을 창작하는 일에는 더한 고뇌와 첨삭이 수반되어야 한다는 것은 물론이다.

언급한 시인에게 있어서 사랑이란 대상과의 사랑이다. 시인의 대상은 사물이다. 사물은 사람일 수 있고, 나무, 꽃, 새 등일 수도 있다. 이 같은 사물을 가슴에 품지 않고는 시를 쓸 수 없다. 즉 대상과 사랑을 교감함으로써 시를 창작하게 된다.

화가 피카소가 유명해진 것은 그의 작품 세계에 동심을 담았기 때문이라고 할 만큼 문화예술 전반에 동심적 바탕을 중요시하고 있다는 것이다.

따라서 최영인은 유년의 아름다운 영혼을 동심 속에 머물게 하여 또 하나의 세계를 만들어 가고 있는 것이다.

동시도 '시' 라는 주장은 본인이 등단한 '70년대 중반 절정기에서 현재까지 제기되고 있는 것은 독자를 어린이에만 제한하지 말고 성인들에게도 읽혀야 한다는 것으로 받아들인다. 어른들이 먼저 읽어야 아동문학을 중심으로 어린이와 소통이 이루어질 수 있기 때문이다.

즉 성인도 독자가 될 수 있는 동시를 주장하는 것은 어른도 동심 속에 나왔다는 점이다. 따라서 체험적 소재에서 발현되고 있는 것은 독자의 설득 내용에 진실이 담긴 것이다. 진실이라는 동심이 내면의 깊이에 바탕글이 되고 있기 때문이다.

시인은 자기만의 개성적이고 생명감 있는 언어가 있어야 한다. 이것은 시의 본질에 충실하기 위한 진실한 체험적 바탕에 동심적 이미지Image를 형성하고 있어야 한다. 이미지는 글로 그림을 그리는 것인데, 행동묘사로 형상화되었을 때, 읽는 이의 감동이 머릿속에 그려지는 잔영으로 남는 작품이어야 감동을 주는 작품이라 할 수 있다. 시는 어디까지나 절제되어야 하며, 간결성과 동심적 메타포가 중요하다.

최영인 아동문학가는 동심을 융섭한 동시인으로서 작품의 소재나 이미지를 정해 놓고 첨삭을 거듭하여 자기 생각을 담아내는데, 이때 과감한 자기 생각의 범주를 벗어나 천착하여야 하기에 시적 이미지가 자연스럽게 처리되어 쉽게 표현되고 있다. 그리고 다양한 체험적 요소가 동심적 이미지 형성에 돋보이는 점이 주목되고 있어 이러한 점을 중심으로 작품을 다루고자 한다.

본바탕 말

1. 좋은 이미지 전개와 동심에 밀착된 기법

시심의 원천은 동심이다. 화자의 대상에 대한 사랑이다.

동심으로 이미지를 형성하고 있는 사물에 대한 호기심이나 생각하기 즉 상상력이 고조되는 것은 물활론직 사고가 의인화 기법에서 모든 사물은 살아 있고, 주인공이 될 수 있으며, 생명력과 인격을 부여받게 되는 어린이들의 사고가 사물에 대한 표정까지 읽을 수 있다는 상모적 지각이 동심으로 승화되어 나타난다.

사각사각
착착착!

무채 써는 소리
통통통통 톡!
톡! 통통통 통통통

마늘 찧는 소리

오늘 아침 어머닌
무생채를 하시나 보다
얇게 채치고
상큼한 식초도 뿌리고

'그만 일어나야지!'

어머니 목소리 들리지 않아도
다정하게 새벽잠을 깨우는
나무도마 소리.

—〈어머니 알람〉 전문

최영인 시인의 〈어머니 알람〉은 자기 세계가 뚜렷하고 개성적이며 동심이 살아 있다. 어머니 목소리 대신 무채 써는 소리, 마늘 찧는 소리가 일어나기 싫은 새벽잠을 깨운다. 소리 높여 부르지 않아도 나무도마의 정겨운 알람 소리가 경쾌한 음률로 전해 온다. 1연~3연까지 의성어가 작품의 흐름을 보여 주고 있을 뿐 아니라, 어머니의 부지런한 행동 묘사는 감추어진 채, 조용한 분위기 속에서 새벽잠을 깨운다는 어머니 알람이 귀에 쟁쟁 들리는 수작이다.

동생이 그린 딸기는
언제나 노란색

어머니는 볼 때마다
갸우뚱하시지만
나는 알지요
노란 딸기를

귀 대어 보세요

–뒤곁에 심어 놓은 딸기 덩굴에
밤새 빨갛게 잘 익은 딸기는
언제나 내가 먼저
따 먹었으니까요.

—〈노란 딸기〉 전문

동심이란 천심이다. 천진스러움이나 환상이 내재된 동시를 읽으면 시공간을 넘나들게 한다. 상상력이 부족한 어린이는 사물에 대한 식관적인 색채 표현을 하지만 상상력을 동원한 창의력 발휘 측면에서는 자기가 좋아하는 색채를 선호하기 때문에 노란색 딸기를 그릴 수도 있다. 깜장 머리를 노랑 머리로 또는 빨강 머리가 되는 것은 선호하고 있는 색이었기 때문이다. 어머니는 그 의미에 고개가 갸우뚱하고, 화자는 빨갛게 익은 딸기는 자기가 다 따 먹어버렸기 때문이라 생각하며 속으로 쾌재를 부리는 모습을 쉽게 풀어 전개하고 있다.

2. 사물에 대한 행동 묘사와 입체적 묘사

시에 있어서 중요한 것은 참신한 비유이다. 사물을 묘사할 때 형태를 직관적으로 보고 행동묘사를 한다. 행동묘사는 직관적인 사고나 단편적인 묘사라고 한다면 입체묘사는 이미지가 형상화되어 감동을 더해 주었을 때에 상상으로도 형태가 그려지는 묘사 방법이다.

탕 – 타당 –
슈웅 –　슝 –

해님이 쏘는
햇살 총 놀이에
늦잠꾸러기 씨앗 친구들

–알았어요!

–알았다구요!

–항복이요!

연두색 예쁜 손을
쏘옥 쏙–
들고 나와요.

—〈항복〉 전문

최 시인은 햇살이 그냥 따스하게 비치는 것이 아니라, 햇살은 햇볕이 쏘는 총으로 비유하였다. 이것은 행동을 이미지화하여 다시 입체적으로 묘사하여 풀어 나감으로써 감동을 주고 있다. 그러니까 늦잠꾸러기 씨앗 친구들에게 빨리 일어나라고 해님이 햇살 총으로 쏜다고 하였다. 씨앗은 햇살을 총으로 알고 손을 들고 새싹의 모습으로 항복한다. 입체 묘사는 '연두색 예쁜 새싹이 쏘옥 쏙– 나왔다.' 는 것으로 표현하여 읽는 사람들의 호기심을 불러일으키게 함과 동시에 말미에서 사물을 인간화로 처리하고 있어 시의 맛을 더하고 있다.

배추 한 단
시금치 한 소쿠리
고등어 두 마리
감자 2kg
엄마는 꾹꾹
저녁 반찬을 누르고

미리띠 콕콕
보석반지 콕콕
친구 생일선물 콕콕콕
누나는 수첩 속에
용돈 쓴 것 두드리고

나는
8÷ 4=?
4× 2는
피자 한 판 나누기 하고

쿡쿡 쿡쿡쿡
아빠는 머릿속에서
딸의 무게를 입력합니다.

—〈계산기〉 전문

최영인의 동시는 동심에 밀착된 '빅토르 쉬클로프스키의 언어, 즉 '낯설게 하기' 기법을 적용하고 있다. 위 작품에서 엄마와 누나는 사물을 입력하고, 화자는 셈하기를 입력하는데, 아빠만은 딸의 무게를 입력하여 낯설게 하고 있다. 이같이 '계산기' 는 엄마, 누나, 나의 요구를 구분하여 수용하는데 비해 마지막 연의 아빠는 여타 내용을 함축하면서 처리하여 작품을 생동감 있게 하고 있어 놀랍다.

–이리와!
옳지!

엄마가 손을 내밀어
아가를 부릅니다
바닥에 딱 붙은 아가의 발
마음만 엄마 품에 달려갑니다

–딸랑딸랑
옳지!

엄마가 딸랑이를
아가에게 내밉니다

두 발보다 앞서 가는 아가의 마음
풀썩풀썩 엉덩방아만 찧습니다

걸었다
우리 아기가 걸었어요!
옳지!
옳지!
우리 아기
겨우 두 발짝 떼던 날

엄마는 아기 앞에서
톡! 톡!

옳지 주머니를 자꾸자꾸
터뜨립니다.

—〈첫걸음〉 전문

최영인의 작품을 읽으면 '첫걸음' 처럼 아기가 엄마를 향해 한 걸음씩 걸어가는 모습이 그려진다. 최 시인은 소재나 이미지를 쉽게 풀어서 마음에 맑은 바람을 불게 하고 있다. 4연의 소리 말과 6연의 시늉말을 반복하면서 리듬을 살려 주고 있어 읽기가 재미난다. 재미를 느끼면서 시의 운율, 리듬에 따라 흘러가는 경쾌한 호흡으로 쓰인 동시이다. 전언한 바 있지만 쉬운 시는 음률적 시어를 사용하였거나 낭송, 암송하기에 재미있는 시편이다. 쉽게 읽히는 시는 반면에 고뇌에 찬 시작 과정을 겪어야 한다. '나무' 라는 시 한 수를 쓰기 위해 수천 그루의 나무를 가슴에 심어야 한다는 말이다.

3. 투명한 이미지와 진솔한 체험의 바탕

동시란 어린이들에게 이해되는 소박하고 단순한 언어로 쓰여야 하며, 생활의 참모습에서 중심 주제가 대상에 따라 다양한 표정을 의미화해야 한다. 그리고 어렵지 않고 자연스럽게 흘러가야 한다. 주제나 소재가 체험에서 얻어 졌을 때에 좋은 작품이 창작된다는 것은 주제를 잘 처리할 수 있다는 것으로도 해석되는 것이다.

이러한 관점에서 볼 때 최영인 시인의 동시는 어린이가 겪을 수 있는, 작은 것에서도 신기함을 발견하고, 해바라기보다 작은 꽃 한 송이도 놓치지 않는다는 치밀성이 있는 것이다.

풀밭에 쪼로로
공 따라 들어간 내 동생
앙~
앙~
공을 잡고
운다.

방긋 방긋
웃고 있는
작은 꽃 보고
발 딛을 곳 몰라

꽃~

꽃~
손짓하며
꼼짝 않고
운다.

―〈어쩌면 좋아〉 전문

최영인 작가의 투명하고 티 없는 진실의 동심은 어린이들의 사고 중심에 자리 잡고 있다. '어쩌면 좋아' 에서 공을 따라 풀밭으로 들어간 동생이 공을 잡고 꽃이 다칠까봐, 발 딛을 곳을 몰라 운다는 표현은 성인에게 있어 생명력이나 남을 배려하는 마음을 지니라는 경고 같은 것이다.

바슐라르는 '상상력이 존재 생성의 내면적 힘' 이라 하였다. 그래서 새로운 공감을 창조하고 창출하는 원동력이 된다고 하였는지 모른다. 이러한 힘의 원동력이 시의 이미지와 이미지를 연결하는 고리로서의 역할을 하여 행과 행, 연과 연의 고리로 작품의 흐름을 자연스럽게 표현하여 주는 것이다.

(전략)
아버지는
땀을 뻘뻘 흘리며 올무를 만듭니다

큰일이야
내일이면 저 올무에
예쁜 고라니가 잡힐지도
멋모르고 뛰어놀던 다람쥐가 걸릴지도

아니면 불법이라고
아버지가 잡혀갈지도 모릅니다

큰일이야
큰일
……

옳지! 그거야!!

–아빠!
밭고랑에다 풍선을 심어요

고라니가 내려와서
노루가 내려와서
멧돼지가 내려와서
풍선을 밟으면
펑! 펑!
총소리가 나겠지요?

펑! 펑! 퍼벙!
풍선 터지는 소리에 놀라
아마 고놈들
다시는 밭으로 내려오지 않을걸요

잠시 일손을 멈춘 아버지가

환한 미소를 짓습니다.

이젠
그놈들 먹잇감이 없어서
그것도 큰일은
큰일이야.

—〈큰일이야〉 후반

시는 곧 그 사람의 생활에서 생성된다. 때문에 표현을 쉬이 끌고 갈 수가 있다. 하지만 좋은 시가 될 수 있도록 하기 위해서는 심장과 두뇌를 짜서 고갈 상태로 들어가야 한다.

최영인의 위 동시는 산문동시 형태로 호흡이 길다. 호흡이 긴 시는 생각을 구체화시키고 이미지의 형성 과정, 즉 세부 감각을 적극적으로 되살리는데 필수적이다. '농작물 훼손에 대한 아버지의 고민 해결책으로 올무보다는 밭고랑에다 풍선을 심는다는 착상은 빼어난 동심적 발상이다. 아버지는 큰일을 해결하고 환한 미소를 지었지만 이번에는 먹잇감이 없어서 큰일이라는 애착심과 동정심이 작품의 매력으로 돋보인다.

4. 생활어로 빚은 진솔한 말

나는 생활 방편이 곧 '시'라는 글을《작은문학》50호에 발표하였는데, 일상생활에서 자연스럽게 쓰는 생활어가 바로 시어일 때 그런 생활어가 살아 숨쉬는 말이다. 자연스럽게 말하듯이, 상대방과 이야기하듯이 쓰는 방법도 효과적이다. 서정시는 원래 독백으로서 혼자 중얼거리는 말이다. 즉 '……하지', '……거야'는 시가 살아 있는 느낌을 준다.

공장이 들어선다고
할아버지 댁 기와집
철거되는 날
대문간 돌절구
울먹거린다.

–이걸 가져다 어디 두어요?
날카로운 어머니 말씀

–예, 그만두고 갑시다.
아쉽지만 눈치만 살피시는 할머니 말씀

–아버지, 이게 예사로 무거워야죠,
그리고 이젠 이런 거 쓸 일이 없어요.
할아버지 마음 돌리려는 아버지 말씀

–아범아, 아파트엔 올리지 말고
작은 화단 가에라도 갖다 두면 안 되랴?
땅속에 묻히는 것보단 낫잖냐?
할아버지의 간절한 말씀

–쿵덕 쿵덕!
찐쌀 찧던 소리

—철떡 철떡!

인절미 치던 소리

소리, 소리들이 모여

할아버지를 보챈다.

절굿공이 멀뚱멀뚱

먼 산만 본다.

—〈돌절구〉 전문

최영인 시인은 일상생활에서 '돌절구' 라는 새로운 소재를 찾아 새로운 생각과 느낌을 솟아나게 하고 있다. 이것은 최 시인의 마음속에서 우러나오는 말이다. 그의 생활 속에서 읊조리는 알맹이가 있는 진솔한 말이다. 그래서 진정성이 있고 감동을 준다. 2연부터 대화체의 생활어가 흐름으로 어린이들에게 친근감을 주고 따뜻한 정감을 불러일으킨다. 어린이들은 짧고 간결한 생동감 넘치는 대화를 좋아하기 때문이다.

그는 1연 '돌질구가 울먹거린다.' 로 시작하여 9연 '절굿공이 멀뚱멀뚱/ 먼 산만 본다.' 는 의인화 기법으로 마지막 연을 처리하면서 관심을 집중시키기에 충분하다, 그리고 5연 '낫잖냐?' , 8연 '보챈다.' 하는 말을 써서 마치 옆에서 친구가 속삭이듯 다정하고 자연스럽게 표현하고 있다.

맺는 말

평범한 일상생활에서 사물에 대한 특수함을 찾아내는 비범한 안목을 가지기 위해서는 소재의 선택이 차별화되어야 한다. 평범한 소재에서 새로운 시각으로 완성도를 높이기 위해서는 어린이들이 사물을 보는 직관적 사고에 대한 범주는 자기감정을 배제하면서 그 범주를 객관화시켜 나가야 한다.

선정한 주제나 소재는 체험한 이미지에 동화되어야 하고 사물과 하나되는 데에서 융화될 수 있다. 이처럼 어린이들이 읽기에 재미나는 표현은 아름다울 뿐 아니라, 상상의 날개를 마음껏 펼칠 수 있으며 삶을 살아가는 기본적인 철학을 자연스럽게 배우게 되리라 생각한다.

최영인의 동시는 체험과 동심의 단순성을 융섭한 작품이다. 따라서 어른들도 재미있어서 한 번 읽고 싶은 느낌을 가질 수 있는 작품이다. 그것은 어린이들이 쉽게 이해할 수 있는 음률적 시어들을 체험에 고리를 걸고 있기 때문이다.

동심으로 시의 세계를 형성하므로 그의 시는 맑고 밝은 마음의 시로 쉽게 읽히는 작품이 매력이다. 그리고 참신한 비유로 동심적 표현과 이미지가 형성되어 있어 감동과 사랑을 압축하면서 음률적 시어들이 시를 재미있게 읽도록 하고 있다.

황광지 수필가

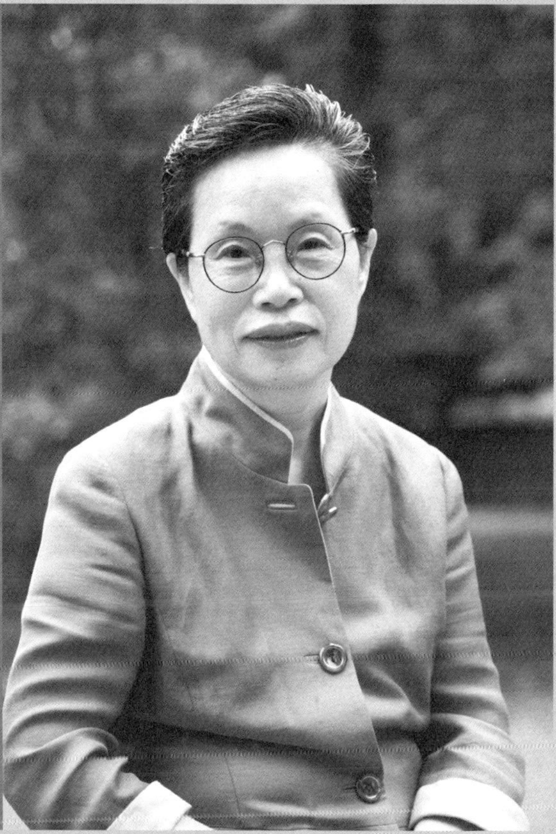

이 작가를 주목한다

1995년 《한국수필》 등단. 수필집 《그가 비껴갈 때》 등

희 년 외 1

황광지

구약성경에 나오는 '희년'에 생각을 모으고 있다. 칠 년에 한 번이 안식년이 되고, 안식년이 일곱 번 지난 다음 해, 즉 오십 년이 되는 해를 희년이라 했다. 이 오십 년째 해를 거룩한 해로 선언하고 모든 주민에게 해방을 선포하라 했다. 이 해는 희년이라 제 소유지를 되찾고, 저마다 자기 씨족에게 되돌아가야 한다고 했다.

정말로 오늘 여기에 희년이 있었으면 좋겠다. 팔았던 땅도 되찾고 종살이하던 곳에서 풀려나 제 씨족에게 되돌아가는 희년이 있었으면 좋겠다.

행정일하는 사람이나 정치하는 사람이나 입만 떼면 양극화 현상의 문제와 타개를 위해 노력하겠다고 하지만 쉽지가 않다. 말은 많아도 실제로 양극은 좀처럼 좁혀들 수 없다. 좁혀들기보다 극은 점점 멀어져서 아마득하게 느껴질 때가 많다.

내 일터에는 저소득층주민들이 모여 일하는 사업이 있다. 대개 조건부수급자이거나 차상위계층에 놓인 사람들이다. 우리는 행정의 위탁을 받아 그들에게 정해진 일을 하게하고 육,칠십만 원 정도의 임금을 준다. 모두 그런 것은 아니지만 대부분 이 일에 참여하는 사람들은 몸도 마음도 가난하다. 재활용사업단에서 폐지나 고철 같은 것을 수거하는 김 씨는 예순다섯 살이다. 집에는 병든 아내가 있어 집에 돌아가면 집안일도 맡아서 해야 한다. 열심히 일하려고 나름대로 애쓰지만 술을 자주 마시고 고래고래 소리 지른다. 김 씨만 그런 것이 아니라 같이 일하는 사람들이 비슷비슷하여 자주 부딪히고 큰소리가 오고간다. 이런 참여자들을 담당하는 젊은 직원들은 난감하기 짝이 없어 할 때가 많다.

보다 못해 열두 명 소그룹으로 인간관계교육을 6주에 걸쳐서 해보았다. 일을 하는 것보다 의식을 바꾸고 생활태도를 달리하는 것이 더 필요하다고 판단했다. 글자를 모르는 사람들이 많으니 교재를 줄 수도 없고 알아듣기 쉬운 말로만 해야 되었다. 이해력이 약한 사람들이라 번번이 다르게 알아듣고 다른 소리를 하다가도, 가끔 교육효과가 있는 말을 하기도 하며 과정을 끝냈다. 교육을 맡은 나는 많이 달라지기를 바랐지만, 여전히 서로를 존중하기보다는 닦달하기 바쁘다.

양극화의 아래쪽 극에 매달려 있는 그들은 이 일터에 작은 희망을 걸고 있지만 삶이 윤택해지기는 어렵다. 부모를 잘못 만났든, 젊을 때 잘못 살았든 간에 이제 그들의 처지를 돌려놓는 일은 불가능하다. 김 씨가 늦게 낳은 고등학생 아들인들 이 가난을 어떻게 벗어날 것이며, 술에 찌든 아버지 모습과 늘 병들어 있는 어머니 모습에서 마음인들 풍요로울 수 있을까. 아들의 멍에를 벗겨줄 수 있을까.

김 씨는 그래도 나은 편이다. 쉰 살 정도 된 박 씨는 심한 알코올중독자로 결국 이 일조차도 해낼 수 없어서 중도에 탈락했다. 중학생 아들은 동생네에 맡기고 술로 세월을 보낸다. 일하던 곳이라고 찾아와서 하소연인지 행패인지를 해댄다. 안쓰럽기도 하고, 감당이 안 되어서 욕이 나오기도 한다. 보다 못해 정신병원에 입원 의뢰를 하고 나면 더 마음이 아프다. 치유가 될 수 없음을 알기 때문이다.

대책이 있으면 좋겠다. 오늘도 한 여성 조건부수급자의 남편이 간암 진단을 받았는데, 당뇨환자라 수술할 수 없다는 전갈을 받았다. 찢어지게 궁핍한 가정에 병마가 더 날뛰나 보다. 우리가 아무리 궁리를 해대도 대책이 없는 때가 많다.

양극의 위쪽 극에 놓인 사람들은 부의 대물림이 이어져, 가난의 대물림이 얼마나 피폐한 삶인지 깨달을 이유도 없이 살 수도 있다. 그 상황을 극복할 방도가 없는 것을 까맣게 모를 수도 있다.

구약성경에 따르면 이스라엘 백성이 지켜야할 희년이라는 것이 있었다. 땅도 사고 종도 부리고 자유롭게 누리다가 오십 년이 되는 희년에는 제자리로 되돌리게 된다. 샀던 땅은 돌려주고 종으로 살던 사람도 자유로워질 수 있다. 가난하게 떠돌던 사람도 다시 일어설 수 있는 기회가 온다.

몸도 마음도 너무 가난한 우리 일터에 오는 참여자들을 위해 희년이 있었으면 좋겠다. 특히 신께서 이들의 마음 굴레를 벗겨 자유를 찾게 해주시면 좋겠다. 알코올의 굴레도 벗겨 제정신으로 다시 출발하게 하시면 좋겠다.

소 멸

2008년 2월 10일 국보1호 숭례문이 다섯 시간 동안 불에 타 없어졌다. 망연자실, 울화가 치밀더니, 곧 하염없이 슬펐고 가슴이 텅 비는 듯했다.

나는 2003년 9월에 방금 눈앞에 기세 덩덩하게 있던 남편이 없어지는 것을 이미 경험했다. 한순간이었다. 손써볼 수 없이 소멸해버렸다.

남편을 땅에다 묻고 난 뒤 정신이 들수록 '이렇게 했더라면?' 하는 생각이 꼬리를 물었다. 거센 태풍 '매미' 가 휩쓸고 지나간 지 열흘밖에 되지 않아 산이 허술할 땐데 그날 산에 가지 말았더라면. 산에서는 혼자 다니지 않아야 하는데 남편 가까이서 함께 올라갔더라면. 남편이 쿵 떨어지는 소리를 듣고 더 빨리 달려갔더라면. 바늘이나 칼이 없다고 손 놓을 것이 아니라 물어뜯어서라도 피를 흘리게 했더라면. 119가 더 빨리 왔더라면.

600년 역사를 지닌 문화재가 어처구니없이 주저앉는 것에 국민들은 아연실색했다. 원통한 눈물을 줄줄 흘렸다. 서울 한가운데서 수십

대의 소방차들이 둘러싸도 위용을 자랑하던 숭례문이 재가 되어 가는데 속수무책이었다. 그리고는 재가 된 것을 놓고 '이렇게 했더라면?' 이라고 갑론을박 시끌벅적했다. 대책 없이 일반에게 숭례문을 개방한 때부터 예고된 재앙이라고들 했다. 밤이면 노숙자들이 울타리를 넘어 들어가 삼겹살을 구워 소주를 마시기도 하는 재앙의 조짐이 보였지만 방치했었다고도 했다.

나에게도 사고의 조짐을 말하던 사람이 있었다. 남편이 그렇게 되기 전해에는 둘이서 산에 갔다가 물기 있는 바위에서 미끄러져 내 이마가 찢어졌다. 펑펑 흐르는 피를 막고 병원을 찾느라 넋을 뺐다. 또, 남편이 그렇게 되기 두 달 전에도 둘이서 산에 갔다가 내려오는 길에 내가 발을 헛디뎌 계곡으로 떨어졌다. 뒤통수가 심하게 깨져 콸콸 흐르는 피를 막고 병원을 찾느라 정말 초죽음이 되었다. 가까이 있는 의사선배가 머리에 붕대를 감고 나타난 나를 보고 "그렇게 온통 빠져서 산에 다니는 것 조심할 때가 된 것 같다."고 점잖게 타일렀다. 그런 충고에도 불구하고 우리 부부는 상처를 꿰맨 실밥을 뽑기 전에도 산으로 갔다. 그러다가 내 뒤통수가 겨우 아물기는 했지만 통증이 말끔히 낫기도 전에 이젠 내가 아니라 남편이 사고를 당했다. 그는 산을 오르다가 추락했는데 피를 흘리지 않아 그렇게 쉽게 떠났다.

허망하다는 말로도 표현이 안 되는 국보1호의 소멸, 돌이킬 수 없는 과거가 되고 말았다. 그래도 숭례문은 문화재이고 보니 벌써 복원에 대한 계산도 되고 있다. 3년 정도가 걸리면 복원할 수 있고 200억원이 들겠다고 한다. 그러나 600년의 역사를 지닌 국보1호로는 온전히 복원될 수 있을까.

아들이 곁을 떠나서 살고부터, 둘만이 남은 우리 부부는 의지하며 위로하며 마음을 뭉쳐 재미있게 살았다. 때로는 남의 눈에 지나치게 붙어 다니는 부부로 보이기도 했다. 휴일이면 눈이 오나 비가 오나 배낭을 메고 산으로 향했다. 그날 아침에도 둘이서 희희낙락하며 희귀한 춘란을 찾겠다고 나갔다가, 이승 저승으로 갈라져 영안실로 돌아왔다.

우리집에서 연기처럼 사라진 남편의 부재에 대해 나는 자꾸만 어처구니없었다. 꾸부정하게 수그리고 난분을 들여다보고 있어야할 자리에서, 화장실 변기에 앉아 있어야할 시간에서 그가 사라졌다. 소파의 내 옆자리에서 키득거려야할 그의 소리가 사라졌다. 출장에서 늦게 돌아오는 나에게 해대야할 그의 투덜거림이 사라졌다. 남편의 사진에다 대고 말도 걸고 '참으로 소중한 당신' 이라고 고백도 해보았지만 복원될 수도 없고, 소용없는 일이었다. 소멸해버리면 다시는 돌이킬 수 없는 일.

세상에는 말도 안 되는 일이 있더라. 정말 믿기지 않는 일이 있더라. 그래서 나는 숭례문이 다 타도록 불을 못 끈 사람들을 탓할 수가 없었다. 그냥 가슴이 찢어졌다. 119를 한 시간 넘도록 기다리며 남편의 얼이 소멸되어 가는 것을 지켜보던 그 산속에 다시 던져진 기분이 되었다.

삶의 발견과 사회의식, 소외와 고통 극복을 위한 희망 메시지

—황광지의 수필세계

정목일 한국수필가협회 이사장·한국문협 부이사장

1.

수필가 황광지의 연보를 보면 1952년 대구 출생으로 1987년 창원에서 발족된 여성문학동인회 《가향》의 동인으로 문학활동을 시작하여 1995년 《한국수필》로 등단함으로써 문단에 나서게 되었다. 수필집 《로마의 단감나무》 《덤》 과 신앙수필집 《그리스도의 향기가 되고 싶다》 등 세 권의 수필집을 낸 중진 수필가이다.

황광지 수필가는 독실한 가톨릭 신자이며 경남광역자활센터 센터장을 맡고 있다. 한 사람의 평범한 생활인이 아니라, 사회인으로서 공동체와 연계하여 역할과 봉사를 통한 삶을 지니고 있다. 개인적으로 자유분방한 삶을 살아가는 사람이 아니라, 사회에서 소외와 결핍으로 고통을 받는 이들에게 상담자와 인도자의 역할을 맡고 있다. 이와 같은 헌신과 봉사는 사랑의 힘이 아니고는 불가능하다. 하느님이 삶의 길을 잃고 고통 받는 이들의 손을 잡아 일으킬 수 있는 사람으로 특별히 선택받은 게 아닐 수 없다.

그의 헌신과 기도의 손을 생각한다.

시린 손, 공허한 손, 부끄러운 손, 교만한 손,
야욕에 찬 손이 아니라, 따스한 손,
신뢰를 주는 손, 겸허와 눈물을 아는
손이게 하소서.

남을 위해 두 손을 모으는 손이게 하소서.
이익이 될 만한 사람에게만 다가가 악수를
청하려 하지 말고, 뒤편에서 한숨을 쉬며
물러나 앉은 사람에게 다가가 내미는
손이게 하수서.

성실의 손, 땀에 젖은 근면의 손이게 하소서.
제발 일을 할 줄 몰라 뒷짐을 지게 하지 마소서.
어둠 속에서 신음하며 괴로워하는 사람들의
손을 잡게 하소서.

지금까지 잘 나고 의젓한 사람들의 손만
잡으려고 하지 않았는가.
탐욕과 이기심이 가득한 손,

남에게 근심과 해를 끼친 손은 아니었던가.
교만과 고자질을 일삼던 손은 아니었던가.

기도하는 손, 사랑의 체온이 느껴지는 손,
감사할 줄 아는 손, 눈물을 닦는 손,
이웃과 미소로 잡는
따뜻한 손이 되게 하소서.

―〈손의 기도〉 일절

황광지의 수필을 읽으면서 필자는 소외, 고통, 어둠 속에 빠진 이들을 일으켜 세우는 사랑과 기도의 손을 느꼈다. 그 손길은 삶의 길을 찾지 못해 방황하고 신음하는 외로운 이들에게 뻗쳐있음을 알았다. 많은 사람들이 자신의 행복과 영달을 위해 치장하고 가꾸기 위해 모든 역량을 쏟는 손이 아니라, 사회에 소외되고 버림을 받은 사람들을 일으켜 세우고 사랑으로 이끌어 주는 손길을 보게 되었다.

우리는 문학을 무엇 때문에 하는가? 문학의 의미와 효용성에 대해 말하고자 하는 게 아니다. 삶의 질質과 마음의 풍요를 제공하여 인생에 도움을 안겨주는 데 있을 것이다.

오늘날의 수필들을 보면, 대개가 신변잡사身邊雜事의 글이다. 수필이 '나의 삶과 나의 인생'을 담는 그릇이라고 할지라도, 자신의 넋두리에 불과하거나 삶의 기록에 지나지 않는 글이 많다. 수필이란 체험의 기록에 그쳐선 안 된다. 체험을 통한 인생의 발견과 깨달음의 꽃을 피워내어야 한다. 수필은 1인칭 글쓰기로 시작되지만, 개인은 사회구성원으로서 공동체에 포함돼 있다. 인간은 사회적인 존재인 것이다. 그럼에도 수필문학은 개인성과 주관성에 매몰되어 사회와의 연계를 이루지 못한 모습을 보이고 있다. 황광지의 수필은 이와는 달리 삶이 사회와의 밀접한 연계를 이루면서 개인주의적인 삶의 방식에서 더불어 살아가는 공동체의식의 삶의 길을 제시해 주고 있다는 점이 다른 수필가와는 확연히 다른 성향을 보여준다. 그는 무엇보다도 '사람'을 매우 소중하게 여긴다. 그의 인본주의는 종교적인 영향과 직업에서 터득되고 있지만, 무엇보다도 사람을 중히 여기는 휴머니즘의 소유자이기 때문이라고 생각한다.

'나는 사람을 매우 소중하게 생각한다. 본래 타고난 기질은 '일을 성취하는' 쪽으로 기울어진 경향이 짙은 편이다. 종교의 영향도 있겠지만, 상담을 공부하고 소외된 사람과 더불어 하는 직업에 종사하다보니 조금 따뜻한 사람이 되었다. 후천적 성격으로는, 세상 무엇보다도 사람을 더 귀하게 여기게 되었다.'

황광지는 〈작품노트〉에서 이렇게 말하고 있다. 그의 수필의 테마는 '사람'이다. 작가가 만났던 가정폭력피해자, 새터민, 저소득층 주민, 사회복지사, 노인 등이다. 직장에서 상담자로 만났거나 인연을 맺은 사람들이다. 상담역이란 어떻게 해야 하는지를 알고 있다. 좋은 상담이란 자신의 의견을 먼저 제시하는 게 아니다. 상담자의 말을 충분히 들어주어야 하며, 고충과 상태를 충분히 알고 이해하는 데 있다. 황광지의 수필은 자연이나 개인사個人事의 기록이 아니라, 소외계층이나 저소득층 주민들의 삶과 모습들이다. 인간의 시선은 높고 이상적인 면만을 주시하고 있는 경향이지만, 사회 저변에서 실의와 소외 속에 갈 길을 찾지 못하는 사람들도 많다.

상담자는 마음의 조율자이다. 무엇보다 상대방의 마음을 편안하게 해주어 자신의 속을 털어놓게 해야 한다. 수필쓰기도 고백과 토로이기에 이런 행위를 통해 마음을 비우고 새롭게 시작하려는 의도를 드러낸다. 고백과 토로는 마음에 묻은 때와 먼지와 티끌을 씻어내는 정화행위라고 할 수 있다. 황광지는 수필가이기에 상담자로서의 역할을 누구보다도 잘 알고 있다.

황광지의 시선은 언제나 소외 계층의 사람들에게 따뜻한 미소와 손길을 내밀고 있다는 점에서 정감을 불러일으킨다. 자본주의 사회에서 삶의 치열한 경쟁에 빠지다 보면, 뒤처지거나 낙오된 사람들의 삶을 돌아볼 겨를조차 없는 현실이다. 황광지의 수필에서 새삼스럽게 인식되는 자아는 사회 속의 일원이고, 모두가 함께 살아가며 닿아 있는 존재임을 알게 한다.

2.

여성 수필가의 수필집에서 소재들을 일별하여 분석해 보면 거의 사람 얘기의 나열이다. 나가족시댁, 친정친구, 이웃자녀 교육사회활동휴가, 여행 등이 주 소재로 등장된다. 자신과 연관돼 있는 세계로써 개인적인 삶과 성찰과 꿈이 담겨 있다.

황광지의 수필은 자신만의 개인성을 초월하여 더불어 살아가는 세상을 지향하는 사회성에 관심을 두고 있음을 본다. 모든 사람들이 더 높은 이상세계만을 지향하려는 시계視界를 저소득층과 소외계층에게로 돌려 따뜻이 손을 잡아주고 있음을 본다. 이는 비단 직업적인 영향만이 아니라, 신앙과도 연계된 것이지만 선천적인 사랑의 힘이 작용하고 있음을 느낀다.

> 도희는 친엄마마저 버리고 간 쓸모없는 인간이라며 의붓아버지와 할머니가 수시로 두들겨 팼다. 매 맞는 일에 이골이 난 도희는 학교폭력

에서도 자유롭지 못했고, 그러려니 하며 또래들에게도 맞았다.

분풀이 도구로 샌드백이 된 도희와 제제가 내 가슴을 마구 뜯어댔다. 가정폭력상담 일을 했던 나는 한 장면 한 장면이 예사롭지 않았다. 그 일이 얼마나 헤어나기 힘든 구렁텅이인지를 알기 때문에 더 그랬다.

가정폭력 피해자 도희와 제제.

도희에게 나타난 구세주 여성파출소장 영남이 있었다면, 제제에게는 뽀르뚜가 아저씨가 있었다. 제제가 공상 속 이야기를 꺼내면, 야유와 주먹이 날아왔던 다른 사람들과 달리 아저씨는 귀를 기울였다. 제제는 공상속 세계에 공감해주는 뽀르뚜가 아저씨의 우정을 얻었다. 만날 때마다 새로운 이야기를 들려달라는 희망의 고리도 걸었다. 아저씨는 제제가 열등감에서 쏟아내는 돌출행동을 이해하고 감싸서 다른 행동으로 돌려놓았다. 제제가 타고난 감성을 자아내게 하는 연금술사처럼 친밀한 관계를 맺었다. 꼬마 제제는 이 지지자를 만난 덕분에 열등의 수렁을 벗어나 자존감을 쌓을 수 있게 되었다. 라임오렌지나무와 나눈 이야기를 기다려주던 아저씨가 안타깝게 세상을 떠난 뒤에도, 세상을 헤쳐나가는 방법을 알게 되었다. 라임오렌지나무와 이야기를 나누는 동안은 희망 속에 놓이는 제제.

공상을 즐기던 꼬마 제제가 세월이 많이 흐른 후, 작가가 되어 소설을 출간한다는 영화 〈나의 라임오렌지나무〉의 결말을 보면서 도희를 생각했다. 영남에게서 실낱같은 희망을 찾으며 폭력의 아수라에서 벗어나려 했던 사춘기 소녀 도희. 영화 〈도희야〉에서는 희망적인 결말을 직설적으로 말하지는 않고 관객의 상상에 맡긴다. 나는 영화의 도희에게도, 우리 사회의 또 다른 도희들에게도 제제가 얻은 것처럼 자신의 세계가 안겨졌기를 빌며 손을 모았다.

—〈도희와 제제〉 일부

‘도희’ 는 영화 〈도희야〉의 주인공이다. 정주리 감독이 만들어 5월에 개봉했다. 바닷가 시골마을에 사는 열네 살 여중생 도희는 친엄마가 도망간 후 의붓아버지와 할머니로부터 학대에 젖어 산다. 이곳으로 좌천되어 온 여성파출소장 영남에게서 삶의 돌파구를 찾아가는 도희를 그린 성장영화이다.

‘제제’ 는 〈나의 라임오렌지나무〉의 주인공이다. 마르코스 번스테인 감독이 2012년 브라질에서 개봉한 영화는 우리나라에서는 올 5월에 개봉됐다. 이미 1968년 같은 제목으로 출간된 바스콘셀로스의 원작소설은 어린이에서 어른에 이르기까지 널리 읽히고 알려진 성장소설이다.

도희와 제제는 고된 성장통成長痛을 앓고 있다. 도희가 겪은 가정폭력을 그대로 당하고 사는 꼬마 제제가 측은하기 짝이 없다.

여섯 살 제제는 아빠와 큰누나로부터 맞고 산다. 말썽쟁이 제제는 악마라고 손가락질당하며 엄청스레 구박을 받는다. 도희는 친엄마마저 버리고 간 쓸모없는 인간이라며 의붓아버지와 할머니가 수시로 두들겨 팼다.

황광지 수필가는 영화 〈도희야〉와 〈나의 라임오렌지나무〉를 보고 가정폭력의 피해자인 ‘도희’ 와 ‘제제’ 를 함께 떠올리며 성장기에 가정폭력의 피해와 악영향에 대한 경각심을 전해준다.

우리 가정에도 폭력에 시달리는 드러나지 않은 도희와 제제가 있을 것임을 상기시키고, 이들에게 구원의 손길을 내밀 수 있는 사랑과 사회의 제도적인 길이 있기를 바라고 있다.

오늘날 우리 가정과 사회는 성장기의 청소년들이 마음껏 자라고 꿈을 키울 수 있는 환경이 조성돼 있는 것인가. 건전한 사회 건설을 위해 우선적으로 ‘건전한 가정’ 이 유지되는 사회 환경이 필요하다.

가정폭력에 시달리는 청소년이 있어선 안 된다. 청소년이야말로 우리의 미래이며 꿈이 아닐 수 없다.

〈도희와 제제〉는 상담자이기도 한 황광지 수필가의 사회적 관심을 보여준 작품으로 가정에서 폭력에 시달리는 청소년이 없어야 한다는 사랑의 메시지가 담겨 있다. 프랑스의 시인 랭보는 시인(작가)을 가리켜 '견자見者' 라고 지칭했다. '견자' 란 '보는 사람' 이란 뜻으로 '관찰자' 를 말한다. 작가는 관찰자이기 때문에 남들이 잘 때에도 깨어 있어야 한다. 자신뿐만 아니라, 사회현상과 모순까지를 관찰해야 하기 때문이다. 작가는 스스로 '견자' 의 소임을 받아들인 사람이기에 사회문제에 관심을 가지지 않을 수 없다. 무엇 때문에 관찰하는 것인가? 그것은 기록을 위한 전단계이기 때문이다. 기록이란 인간이 얻어낸 유일한 영원장치이다. 작가는 곧 기록을 통한 영원작업자임을 말한다. 문학가는 인간의 이상과 미래를 위해 보다 향상된 방향제시와 모습을 작품을 통해서 보여주어야 한다.

황광지 수필가는 이 시대의 견자로서 사명을 잊지 않고 사회현상을 살피며 소외, 방관, 무관심에 놓여 있는 고독, 가난, 노쇠, 질병, 삶의 곤경에 빠진 사람들의 상담자가 되어 함께 울고 웃으면서 길을 밝혀주는 일을 하고 있다. 삶의 의지가 사라진 사람들에게 다가서서 인생의 길을 밝혀주는 등불이 돼주고 있음을 본다. 말민으로의 인도가 아니라, 수필의 감동을 통해 마음의 길까지 열어 주고 있다.

3.

황광지의 수필에선 삶의 땀 냄새와 체취가 있다. 인정과 꿈이 있고 가족애가 있다. 혼자만의 출세와 경쟁의 삶보다 함께 살아가는 모습과 온정의 미소가 있다. 직위가 높거나 부자들에게 다가가 손을 잡으려 하지 않고, 가난하고 소외된 사람들의 언 손을 잡아주는 사랑이 있다. 낮은 곳에 임하시라는 기도가 있다. 이 세상에 사람이 제각각 삶으로 밝히는 꽃을 피워내야 아름다운 세상이 되고, 그러기 위해선 함께 손잡고 살아가야 함을 알려준다. '나' 만의 개인주의에서 벗어나서 '다 함께' 살아가는 공동체주의의 삶과 조화를 바라고 있다.

황광지의 수필의 주제는 '사람' 이다. 사람마다 더없이 귀하고 소중함을 일깨워주고 있다. 우리 사회의 소외 계층과 도움이 필요한 사람들의 실태를 통해 올바르고 건전한 공동체 건설을 염원하고 있다.

> 어느 날 야구구장에 클레이가 머리를 말끔하게 밀고 선발투수로 나왔다. 이를 본 야구해설가는, 클레이가 가족부양을 위해 돈을 아껴 쓰려고 이발도 스스로 한다고 알려주었다. 대단한 스물여섯 살 청년이라고 칭찬했다. 나는 메모 노트에 '클레이' 라는 이름까지 기록하며 그의 투구에 관심을 쏟았다.
>
> 고교야구가 번창했던 대구에서 나는 야구중계를 즐기며 자랐다. 고교야구에서 시작하여 프로야구 삼성 라이온즈 팬으로 줄곧 이어왔지만, 지난해부터는 우리지역 구단인 엔시 다이노스로 돌아섰다. 그래도 완전히 돌아서지는 못하고 국민타자라고 불리는 이승엽 선수 팬으로서의 자리만은 꿋꿋하게 지키고 있다. 엔시 다이노스의 열렬한 팬이 되어, 삼성의 다른 선수들에 대해서는 냉정해졌다. 오직 이승엽과 엔시 선수들뿐이었다. 그런데 클레이의 가족사랑에 대한 이야기를 듣고 난 후 그만 그 한화 외국인 선수에게 마음이 폭 끌리게 되었다. 지금까지 보아온 체육선수들 중에도 가족과 얽힌 이야기들은 많고 많았다. 그렇지만 이처럼 맑고 따뜻하고 알뜰한 가족사랑 계획을 가진 사람이 있었

던가. 한 10년 선수생활을 하면 아버지가 퇴직할 때쯤일 테고, 아버지와 함께 농장에서 소를 키우며 살고 싶다는 클레이. 남달라 보였고, 부모의 입장에서는 부럽기까지 했다.

선발투수 예고를 보고, 나는 클레이가 활약하기를 기대하며 한화 이글스 팀을 중계하는 채널을 돌려대는 때가 잦았다. 아무리 프로스포츠라고 하지만, 승부와 경쟁만 있는 것은 아니다. 그가 좋은 피칭을 하지 못하고 마운드에서 내려오는 것을 볼 때는 매우 마음이 아렸다. 가족을 사랑하는 그에 대해 내 감정이 이입되어 마치 내 아들의 좌절을 보는 듯했다.

한국 선수들과 팬들과 친해지겠다며 솔직한 꿈을 말하던 클레이는 한국의 여건에 적응하지 못하고 친해질 시간도 없이 안타깝게 방출되었다. 한화 구단의 기대를 모으며 한국야구와 자신의 야구 발전에도 도움이 되는 야구를 하겠다던 포부를 접고 고국으로 돌아가게 되었다. 한 시즌을 채우기는커녕 두어 달 만에 좌절을 안고 떠나야 했다. 냉엄한 프로의 세계에서는 흔히 있는 방출이지만, 나는 잔뜩 관심을 가졌던 클레이라서 크게 아쉬웠다.

한화 구단과 한국 팬들에게 미안하다는 말을 남기고 떠나는 겸손한 클레이를 보면서 그의 가족을 생각했나. 소를 사랑하는 아버지의 미소가 그려졌다. 따뜻한 가족이 있기에 천만다행이다. 분명 그는 자신이 그토록 아끼는 가족의 품에서 상처를 위로받고 다시 일어서, 위력 있는 공을 던지게 되리라 믿어 본다.

—〈클레이는〉 일부

'클레이' 는 프로야구단 〈한화〉 소속의 투수이다. 미국 선수인 클레이에 대해 작가가 관심을 갖게 된 것은 선수로서의 역량 때문이 아니다. 이 선수의 순수한 가족사랑에 마음이 끌렸기 때문이다. 미국 남부 앨라배마 출신인 클레이가 프로선수가 된 것은 고국에서 농장을 하고 있는 아버지에게 500마리 정도의 소를 키울 수 있도록 해주고 싶다는 포부를 밝힌 바 있었다. 작가가 이에 대한 소박한 꿈에 관심이 있어서 클레이의 팬이 되었다. 그런데 프로야구 한화 이글스의 외국인 투수 클레이가 성적 부진으로 방출되기 이르렀다. 클레이의 프로야구 선수로서의 꿈은 '가족을 부양할 수 있을 만큼의 경제력을 키우는 일이라고 토로한 말을 듣고 작가는 이 선수에게 관심을 갖게 되었다. 프로의 세계는 성적의 결과만으로 판정이 되고 만다. 한화 구단과 한국의 팬에게 '미안하다' 는 말을 남기고 떠나는 클레이의 모습을 지켜보면서 작가는 '가족의 품에서 상처를 위로받고 다시 일어서서, 위력 있는 공을 던지게 되리라 믿어본다.' 는 마음의 인사를 하고 있다.

프로 세계에 있어선 승자만이 버틸 수 있는 자리가 제공되지만, 아버지와 가족을 위하는 클레이의 소박한 꿈이 이뤄지길 기원하는 작가의 위로와 격려가 따뜻하게 다가온다. 〈클레이는〉 성공의 자리에서 이탈한 듯하지만, 자신만을 위한 꿈이 아닌 아버지와 가족들을 위한 꿈의 성사를 위해 축원을 보내고 있다.

황광지 수필가는 성공, 출세 등 높은 곳만을 바라보지 않고, 실패, 좌절 등 아픔과 고뇌에 처한 사람들에게 위안과 격려를 보내고자 한다. 그가 따스한 시선과 손을 내미는 곳은 고독하고 음지와 소외 속에 빠진 사람이며, 삶의 의욕조차 상실하고 고뇌와 번민으로 밤을 지새는 사람들이다. 그의 수필은 소외 계층과 어려움 속에 빠진 사람들에게 내미는 위로의 따스한 손길이다.

4.

김 씨는 그래도 나은 편이다. 쉰 살 정도 된 박 씨는 심한 알코올중독자로 결국 이 일조차도 해낼 수 없어서 중도에 탈락했다. 중학생 아들은 동생네에 맡기고 술로 세월을 보낸다. 일하던 곳이라고 찾아와서 하소연인지 행패인지를 해댄다. 안쓰럽기도 하고, 감당이 안 되어서 욕이 나오기도 한다. 보다 못해 정신병원에 입원 의뢰를 하고 나면 더 마음이 아프다. 치유가 될 수 없음을 알기 때문이다.

대책이 있으면 좋겠다. 오늘도 한 여성 조건부수급자의 남편이 간암 진단을 받았는데, 당뇨환자라 수술할 수 없다는 전갈을 받았다. 찢어지게 궁핍한 가정에 병마가 더 날뛰나 보다. 우리가 아무리 궁리를 해대도 대책이 없는 때가 많다.

양극의 위쪽 극에 놓인 사람들은 부의 대물림이 이어져, 가난의 대물림이 얼마나 피폐한 삶인지 깨달을 이유도 없이 살 수도 있다. 그 상황을 극복할 방도가 없는 것을 까맣게 모를 수도 있다.

구약성경에 따르면 이스라엘 백성이 지켜야할 희년이라는 것이 있었다. 땅도 사고 종도 부리고 자유롭게 누리다가 오십 년이 되는 희년에는 제자리로 되돌리게 된다. 샀던 땅은 돌려주고 종으로 살던 사람도 자유로워질 수 있다. 가난하게 떠돌던 사람도 다시 일어설 수 있는 기회가 온다.

몸도 마음도 너무 가난한 우리 일터에 오는 참여자들을 위해 희년이 있었으면 좋겠다. 특히 신께서 이들의 마음 굴레를 벗겨 자유를 찾게 해주시면 좋겠다. 알코올의 굴레도 벗겨 제정신으로 다시 출발하게 하시면 좋겠다.

—〈희년〉 일부

성경에 나오는 '희년' 은 땅도 사고 종도 부리며 살다가 50년이 되면 대물림하지 않고 제자리로 되돌리게 하는 것을 말한다. 종도 자유롭게 되고, 가난한 자도 다시 일어설 수 있는 기회를 얻는다. 오늘날에도 '희년' 이 있다면 좀 더 공평한 삶이 될 수 있지 않을까 싶다.

'평등' 이란 말뿐이지 강자와 약자는 엄연히 구분이 나있다. 무한경쟁에서 약자는 갈수록 불리할 수밖에 없는 세상이다. 이런 사회현상을 극복하고 좀 더 살 만한 세상이 되기 위해서는 부자는 빈자에게, 권력자는 힘없는 사람에게, 건강한 사람은 병든 사람에게, 지식인은 무식자에게 자신이 가진 것을 나누고 베푸는 노력이 필요하다. 그러나 현실은 가진 자는 더 많이 가지려 힘쓸 뿐이다. '희년' 이란 평등을 실현하는 자구책의 좋은 지혜가 아닐 수 없다. 다 함께 더불어 즐겁게 사는 평등 사회의 모습이다.

평생 동안 교사와 소외된 사람을 돕는 직장에서 일해 온 황광지 수필가는 삶에서 얻은 인생의 발견과 깨달음으로 가난, 소외, 병고病苦, 절망에 지친 이들을 위한 구원의 기도를 바치고 있다. '몸도 마음도 너무 가난한 우리 일터에 오는 참여자들을 위해 희년이 있었으면 좋겠다.' 고 말한다. 그의 수필도 꼭 희년이 필요한 사람들에게 꿈과 자신감을 심어주어 언젠가 재출발의 용기를 주려는 메시지가 되리라 본다.

김동현 시인

경남문학 110 | 2015년 봄호

1998년 《자유문학》 등단. 한국꽃문학상 대상 등 수상. 시집 《이쑤시개꽃》 등

검은 무쇠덩이 외 4

김동현

삶의 무게는, 새가슴
명치끝부터 느끼는가
가슴 아래께가 암흑지대여서
아리고도 달치거든
강심이 천궁天弓처럼 부풀어 오른
큰물 진 낙강洛江으로 나가 보자.

그리하여 저마다 품고 온, 검은 무쇠덩이를
강심으로 힘껏 던져 넣어 보자.

삶의 무게에, 찢긴
깃발처럼 부대끼던 인생들이
힘겹게 허물 벗어놓은, 각양의
명치끝들이 떠내려오는 것을
두 눈 홉뜨고 목도할 일이다.
얼마나 많은 삶의 무게들이
갖가지의 모양새를 짓고
그리도 많이 떠내려 오는가를.

그것이 인생이던가를.

자양화 紫陽花

여러 해 공들여 가꿔온
자양화,*
간밤 외풍에 뿌리째
쓰러졌다.
너의 아픔이 내게로 밀물져 온다.
다시금 뿌리를 북돋운다 해도
너와 나의 사랑은 영영
꽃 피진 못할 것이다.
이 애틋함은 생채기 난 네 얼굴과
무성했던 네 잎의 파편으로
더욱 숨 쉬일 수가 없구나.
숱한 슬픔의 자맥질 너머로
너의 낭자한 모습이
하늘하늘 맴을 돌며
흔들린다.

* 자양화 : 수국.

풍등

바람을 가득 품고 나는
너의 마음이야
두둥실 저 푸른 하늘까지 닿겠지만
비릿한 파라핀 냄새 훅 끼치는
이 현실에서 아득 현기증 일렁여 올 때
우리는 멀어져 가는 너의 뒷모습에
아연 입 딱 벌리고 눈멀어 그 자리에
우뚝 서 우러를 수밖에
미처 소원을 빌지도 못했는데
우리 곁에서 떠나가는 빨강 노랑 파랑의
희망들을 보면서
스멀스멀 피어오르는 삶에 대한
욕지기에 눈물이 그렁 맺힌다
모든 걸 게워내듯 삶의 끝 간 데까지 게워내면
밤하늘 색색으로 물들인 화려한 풍등처럼
우리의 영혼도 가벼웁게 떠오를 날 있을지 몰라

갈대꽃

갈대는 억센 칼이다, 허공을 내리치는 날카로운 칼날이다
바람의 등을 향해 비수를 꽂는 솜씨 좋은 자객의 힘찬 손놀림이다
바람의 어깨를 물어뜯는 하이에나의 날카로운 송곳니다
바람의 강물 끝에서 만나는 쏴아아, 쏴아아 내리 쏟아붓는 푸르디푸른 폭포수다
아무리 물어뜯어도 생채기 하나 나지 않는 벽공碧空이다
아니, 푸른 피 줄줄 흘리는 낭자한 강물이다

이제는 휘움한 노회의 시선으로
삶을 흐릿하게 응시하며 펄럭이는 백발이여,
바람 한 점 없는 지금
바람의 살집을 가볍게 난도질하며 종횡무진 헤집던
과거를 추회하며
움직임 없는 한 폭의 정물화로 멀리 물러서는
표표한 회색빛 풍경.

감나무

감나무가 바람에 흔들린다

신기하지?
어떻게 겨우내 온통 떨어냈던 잎들이
저리도 많이 달릴 수 있는지
하얀 감꽃이 피고
가랑비에 감잎이 연초록으로 젖는다

내게도 저런 몸짓이 있는지 생각해 본다
하기는 수염도 털도 길면 자르고
머리카락도 덥수룩하게 자라고
손톱, 발톱도 모질라야 되고
똥, 오줌도 받아내야 하는 생명임에 생각이 미친다

왜 인간에게 속한 것들은
저 감나무 잎들처럼 봄 햇살에 눈부시지 않는지
감나무 잎보다도 못한 인간 존재의 하찮음이여

감나무가 바람에 흔들린다
하얀 감꽃이 피고
가랑비에 감잎이 연초록으로 젖는다

실금 같은 선분에서 터져 나오는 울음

—김동현의 시 세계

정 훈 문학평론가

두 권의 시집을 낸 바 있는 김동현 시인은 섬세하면서 절절한 삶의 모퉁이를 스케치하는 작품을 써 왔다. 《이쑤시개꽃》(전망, 2008)과 《사계의 미토스》(한국문연, 2014)의 시편들이 증명했듯이 그에게 시는 세상과 자아 사이에 놓여 있는, 딱딱하고 불투명한 장막을 걷어내고 두 대상이 물 흐르듯 자연의 손길을 어루만지게 하려는 기호이자 질문이기도 하다. 그러나 한편으로 그는 시를 씀으로써 불화하는 세상 존재들의 사리를 매만짐과 동시에 시인 자신의 깊숙한 곳에 감추어져 있는 거대한 실존적 물음에 스스로 응답하는 통로가 되기도 하는 것이다. 이른바 존재에 대한 탐문과 인간 영혼의 순수한 갈구가 미세하게 엉키고 스며들면서 궁극적인 해답이 결여된 우주적 오솔길로 걸어간다. 존재와 감성의, 결코 화해할 수 없는 아포리아를 보듬으면서 행하는 언어의 산책에 펼쳐지는 표정이 그의 시에 가득 담겨 있다. 이를 조심스레 펼쳐보면, 물기를 잔뜩 빨아들인 행주처럼 스산한 바람에도 그 모서리에 애잔한 울음이 삐져나오는 것이다. 눈물이 설핏 빠져나오는 자리를, 우리가 발 딛고 살면서 추억하고 아파하고, 혹은 애달파하면서 길을 가는 삶의 나그네 길이라 할 수 있다면 김동현은 분명 그 초췌한 자리에 서서 세상을 바라보고 있는 것이리라.

한 잔의 술을 마신다
또 한 잔,
가슴이 우르르 운다

딸년이 풀쩍풀쩍
뛰어다니다
앉은뱅이책상에 앉은 사전을
훌쩍 던진다
다시 쪼르르 달려가서는
책장을 들치며
'이것은 기역, 저것은 니은'

그렇게 명료하게 '이것은 기역, 저것은 니은' 할 수 있다면,
산다는 게 그렇게 뻔한 일일까
남들은 주저치 않고 당당하기만 한데,
고개가 가슴으로만 파고드는 것은
내 태곳적부터의 유전적 형질인가
또 한 잔의 술,
또다시
가슴은, 우르르

울음을 운다.

—〈울음을 운다〉(《이쑤시개꽃》, 2008)

삶의 명료한 형상이 펼쳐지는 곳에서는 구차한 눈물마저 필요 없으련만, 우리가 살아가는 세상은 그렇지 않기에 시인은 속으로만 고개를 파묻는 것이다. 즉 "그렇게 명료하게 '이것은 기억, 저것은 니은' 할 수 있다면,/ 산다는 게 그렇게 뻔한 일일까/ 남들은 주저치 않고 당당하기만 한데,/ 고개가 가슴으로만 파고드는 것은/ 내 태곳적부터의 유전적 형질인가"라 읊고 있으니. 존재와 언어의 관계가 진리적 대응관계로 직접 드러나는 이상理想의 세계는 존재하지 않는다. 단지 상상으로만 가능하다. 이 세상은 웬일인지 세계를 지칭할 수 있는 언어적 기호와 상징의 여분으로 가득 흘러넘치는 것 같다는 게 시인의 생각인 것 같다. 사실이 그렇다. 순진무구한 아이의 시선과 몸짓으로 곧바로 세계와 아이 사이의 지복하고 풍요로운 만남이 가능하나, 어른은 그렇지 않다. 시간의 마술은 사람을, 그 존재의 어설픈 버팀과 연약한 표정에 잿빛 풍경을 선사한다. 이는 울음을 터져 나오게 하는 신비한 원인이기도 한 것이다. 결국 김동현에게 시는 존재에 대한 궁극적인 물음에 뿌리를 두고 있나. 그 과정은 시인으로부터 시작한 실존적 개체의 자각과, 이를 뛰어넘어 세상과 자연이 보여주는 변화무쌍한 형상에 시선을 던지는 우주공동체적 인식이 한데 어우러지는 장면으로 연출한다.

감나무가 바람에 흔들린다

신기하지?

어떻게 겨우내 온통 떨어냈던 잎들이
저리도 많이 달릴 수 있는지
하얀 감꽃이 피고
가랑비에 감잎이 연초록으로 젖는다

내게도 저런 몸짓이 있는지 생각해 본다
하기는 수염도 털도 길면 자르고
머리카락도 덥수룩하게 자라고
손톱, 발톱도 모질라야 되고
똥, 오줌도 받아내야 하는 생명임에 생각이 미친다

왜 인간에게 속한 것들은
저 감나무 잎들처럼 봄 햇살에 눈부시지 않는지
감나무 잎보다도 못한 인간 존재의 하찮음이여

감나무가 바람에 흔들린다
하얀 감꽃이 피고
가랑비에 감잎이 연초록으로 젖는다

—〈감나무〉 전문(《사계의 미토스》, 2014)

인간과 자연의 공생과 감응에서 서정시가 태어난다면, 위 〈감나무〉야말로 서정시의 전범이 될 것이다. 시인은 한낱 감나무에 지나지 않는 자연적 물상物象을 보면서도 존재의 위상을 헤아린다. 나무의 수직성은 땅 속의 양분과 태양, 그리고 바람의 움직임으로 해서 드러난다. 그런데 시인은 나무의 흔한 상징 가운데 하나인 수직성보다, 나무가 피워내는 풍요로운 잎과 꽃들에 주목한다. 눈에 보이지 않는 신비한 자연 활동의 결과는 어느 순간 갑작스레 그 귀결점을 세상에 드러내는 것이다. 여기에서 시인은 감탄한다. "어떻게 겨우내 온통 떨어냈던 잎들이/ 저리도 많이 달릴 수 있는지/ 하얀 감꽃이 피고/ 가랑비에 감잎이 연초록으로 젖는" 풍경을 바라보며 인간을 되짚는다. 물론 사람 또한 자연적 존재이긴 하지만, 복된 자연의 역동적인 파노라마에 견주면 보잘것없는 존재다. "내게도 저런 몸짓이 있는지 생각해 본다"고 시인은 자문한다. 생성에 대한 희구요 열망이다. 즉 결여된 존재로서 인간에 대한 원초적인 회의인 바, 인간에게 자연의 습성이 분명 존재하지만, 오히려 사람 본연이 지니고 있는 인간적 결핍으로 생기는 특성 때문에 영원히 자연과 합일할 수 없는 자괴감을 고스란히 보여주는 것이다. "왜 인간에게 속한 것들은/ 저 감나무 잎들처럼 봄 햇살에 눈부시지 않는지/ 감나무 잎보다도 못한 인간 존재의 하찮음이여" 절망하는 모습이 선연하다.

시인의 울음은 한편으로 자연의 속성이 결락되어 있다는 한계상황으로서 흘리는 비명이기도 하지만, 어쩔 수 없는 실존적 개체의 유한성으로부터도 비롯하는 속울음이기도 하다. 시인의 감성은 퍼도 마르지 않는 우물처럼 슬픔을 가득 품고 있다. 이번 신작 시편들은 이전의 시들에서 보여준 존재의 결락에 대한 비판이나 궁극적인 사랑에 대한 탐문의 결들이 더욱 내밀해진 채로 언어화했다. 그 속에는 여리디여린 시인 내면의 속살이 한결 촘촘하게 드러나는 것을 볼 수 있다. 어쩌면 지레 절망하지 않고도 세계의 신비에 고개를 숙일 줄 알겠다. 긍정의 미학으로 돌아온 것처럼 보이는 신작 시편들에는 존재와 언어가 만나서 이룩하는 형상화의 무늬가 아름답게까지 느껴지는 것이다. 이를 성숙이라 말할 수 있을까.

봄비는 임에게서 오실
동심초同心草 품은 마음인지
펼쳐 본 손바닥이
한없이 따뜻하다

봄비에 젖어, 나무는
내밀한 속사정을 밝히듯
검은 눈물을 온 낯바닥에 번지우며
가지 끝마다 눈물방울을
그렁그렁 매달았다
때가 되면, 울음
결결한 움으로 맺혔다가
꽃으로 왈칵
터지기도 할 것이다

오늘은 하루 종일
실비가 내린다

—〈봄비〉 전문

울음 속에 삶을 부정하는 속내가 가득하지만, 결국 울음이 터뜨리는 결과는 삶의 무한 긍정으로 귀결되리라는 마음이 자리 잡고 있다. 봄비에 맞아 봄비 젖은 나무를 보면서 시인은 그것을 예감하는 것이다. "가지 끝마다 눈물방울을/ 그렁그렁 매달았다/ 때가 되면, 울음/ 결결한 움으로 맺혔다가/ 꽃으로 왈칵/ 터지기도 할 것이"라는 믿음이다. 비는, 특히 봄비는 가녀린 감성을 지닌 시인에게는 예사롭지 않은 세계를 보여준다. 한 철의 시작을 알리는 봄이다. 그런 봄을 봄답게 치장해주는 것이 비라면, 우리는 봄비의 처량한 도래를 마냥 슬퍼해서는 안 되겠다. 그것은 하늘에서 내려주는 귀한 손님이다. 만물을 싹트게 한다. 아니, 이런 뻔한 말조차 필요 없다. 봄비는 겨우내 움츠린 모든 존재의 마음을 활짝 열어 제치게 하는 따뜻한 바람이다. 얼음도 녹아들고 날씨도 풀리면서 파릇파릇한 자연 속을 거닐다가 문득 봄비를 맞는 시인의 모습을 상상한다. 얼마나 벅찬 일인가. 세상은 온통 비에 젖어 있는 것이다. 하지만 그 비로 하여금 세상은 따뜻해진다. 이런 역설과 아이러니로 뭉쳐 있는 것이 자연인 셈인 바, 자연이 주는 선물을 어찌 손바닥만 한 가슴을 지닌 인간이 헤아릴 수 있겠는가. 그러나 시인은 마냥 복되다.

세상은 어쩌다 들이닥친 운명으로 복잡한 미로 속을 헤매기도 하지만, 내 길이 닿는 마디마디마다 자연의 신비를 안겨다주기에 사실 살 만한 것이다. 그 삶의 지혜가 세월이 흐를수록 새순이 올라오듯 돋는 것이 또한 인간의 삶이라 할 수 있다. 김동현의 시는 마치 울다 지친 아이가 갑작스레 두 주먹을 불끈 움켜지면서 고함을 치듯 세상을 향해 노려본다. 하지만 그 노림수는 날카롭지 않다. 그의 시선이 닿는 곳은 실은 내면의 속울음이 흘러나오는 자리이다. 컴컴하기만 했던 마음의 틈새에 흘러나오는 빛을 따라 오랫동안 천착했듯이, 그가 걸어온 오솔길 곳곳에 그동안 미처 보지 못했던 생의 잔잔한 속살들이 그의 시심詩心을 자극하는 것을 느꼈으리라. 이를테면, 하심下心을 통해 마침내 보게 되는 삶의 면목 같은 것이겠다.

그래, 이제 너는 훨훨 날아가라.

사람이 사람을 좋아하면
두 사람 사이에 물길이 트인다고
한쪽이 슬퍼지면 다른 한쪽도 가슴이 메고
한쪽이 기뻐서 술렁이면 그 웃음소리가
다른 한쪽의 강물 끝에서 찰랑인다고 읊조리던
그렇게 너는 한때
내게 영원한 생명에 이르는 통로였었지

그래, 이제
너는 훨훨 날아가고 없을 테지만
네 영혼 어딘가
네 마음 어딘가
너의 몸 한구석 어딘가
하나쯤 나의 흔적이
파편으로 박혀 화석으로
남아 있지 않겠는가

그래, 이제 너는 훨훨 날아가도 좋다.

―〈이별 연습〉 전문

삶의 결핍에 대한 속절없는 고통과 몸부림이 해답 없는 세상의 허무와 안타까움만을 증폭시키는 것은 당연하다. 이는 생의 아픔이다. 파고들수록 미로 같은 삶의 길들도 어쩌면 인생의 진정으로 찬란한 여정을 위해 필수불가결한 이면이다. 따라서 지금까지 줄곧 묻고 파헤치고, 또한 껴안으려고 했던 가치들을 마음을 비운 채 놓아버리면 길이 훤히 보이기도 하는 법이다. 시인은 대상을 미련 없이 놓아버리고, 떠나보내는 연습을 한다. "내게 영원한 생명에 이르는 통로였"던 "너"에게 이제는 "훨훨 날아가라"고 말한다. 만남은 기쁨이요 행복이지만, 이 만남을 지속하는 행위는 결국에는 끝내 도래하고야 마는 이별을 유보하는 일이기도 한 것이다. 어쩌면 위 시가 말하는 주제는 사랑일 것이다. 사랑은 실체나 감각보다는 고귀한 의식과 마음으로 놓일 때 그것의 가치는 증폭한다. "네 영혼 어딘가/ 네 마음 어딘가/ 너의 몸 한구석 어딘가/ 하나쯤 나의 흔적이/ 파편으로 박혀 화석으로/ 남아 있지 않"을 수 없는 사랑이라면, 그 사랑을 떠나보내어도 영원한 사랑을 쟁취하게 된 셈이지 않겠는가. 이는 진정한 사랑의 믿음을 낳게 되고, 무한 신뢰의 애정이라면 물리적 거리 정도는 아무것도 아니라는 인식마저 배태하겠다. 떠나보내는 연습은, 결국 삶을 껴안기 위한 무한한 긍정을 위한 고통스러운 노력에 지나지 않다. 한때 자신을 애태웠던 대상이지만 과감하게 인연의 고리를 잘라버리는 아픔을 수반하지 않는다면 더 높은 정신의 가치는 더욱 요원해질 뿐이다. 삶은 이별 속에서 더욱 단단해지는 것임을 시인은 잘 알고 있다. 존재의 다가옴은 궁극적으로 떠나기 위한 조짐이며 예후豫後이다. 김동현의 이번 신작시는 또한 사물의 존재 방식에 제기했던 섬세하면서 날카로운 시적 질문이, 마침내 존재와 존재 사이의 관계에 대한 미적 정립의 문제로 환기하는 듯 보인다. 즉 존재의 아름다운 정립을 언어로 풀어내는 것이다. 시 또한 세상과 언어가 이룩하는 미학적 실천이기 때문이다. 아름다움은 주관적인 감성에 바탕을 둔 감각적 대상에서 비롯한다. 이 감각적 대상이 주체의 인식 범위에 들어오면서 감성이 동시에 생겨날 때, 아름다움은 시적 언어와 함께 창조적인 세계가 이루어진다. 시인이 창조적 세계 안에서 끄집어내는 것은 재발견하게 되는 미적 대상이다. 존재의 관계를 어떻게 설정하느냐 하는 것은, 시인이 생각하는 최적화된 미적 대상이 어떻게 언어로 구조화되어 있느냐의 문제에 직결한다는 점을 생각하면 김동현 시인의 신작 시편들이 주안점을 두는 시 세계의 일단을 유추할 수 있다. 그 가운데 하나가 존재에 대한 체험이 주는 강렬한 느낌에 이은 그것의 추체험화일 것이다. 추체험하는 과정에서 시인은 존재의 자리를 찾게 되고, 이 인고의 깨달음 속에서 어떻게 존재가 아름다워질 수 있는지 시적 상상의 도움으로 형상화한다.

나는 나무
너는 품 넓은 나무 그늘에 깃들인
한 마리 작은 새
너는 시원한 나무 그늘에 잠시
머물러 노래하지만
머지않아 어디로든 떠나갈 한차례뿐인 바람

나는 늘 그렇게
새로운 바람에 마구 흔들린다 하더라도
어디로든 갈 수 없는 뿌리 깊은 상념인데,
너는 가지 끝에 한 오리의 긴 생채기를
남기고 떠나는 아릿한 칼날의 추억,
아직도 조그맣게 흔들리는 파문,
가슴에 새겨지는

아프고 하이얀 동심원의 옅은 화석.

—〈나무와 새〉 전문

〈나무와 새〉 또한 존재의 만남이 어떠해야 하는지 그리고 있다. 땅속에 뿌리박혀 있는 존재인 나무와, 나무에 잠시 의지해 살 수밖에 없는 새는 서로가 서로에게 필수불가결한 생성적 기능을 담당한다. 둘 사이는 서로를 배제하고서는 상상할 수 없는, 존재의 근거가 되기도 하는 것이다. 그러나 한편으로 운명적인 두 존재의 만남은, 만남이 곧잘 그렇듯이 수시로 서로를 떠나보내야만 한다. 이것은 존재의 당위다. 시인은 나무에 자신의 감정을 이입하면서, 나무의 상징이 지니는 절대고독을 형상화한다. 즉 나무는 "어디로든 갈 수 없는 뿌리 깊은 상념"으로만 자신의 존재 의미를 증명한다. 그와 만나고 그를 보았던 수많은 존재들은 마치 새처럼 "가지 끝에 한 오리의 긴 생채기를/ 남기고 떠나는 아릿한 칼날의 추억"을 선사한다. 시간이 흐른 뒤 추체험하는 과정에서 터득하게 되는 존재의 모습이 이럴 것이다. 하지만 상심의 아픔이나 회한은 아닐 것이다. 존재의 궁극적인 아름다움이 자신의 본연을 잃지 않는 것이라 한다면, 잠깐 왔다가 스쳐 지나가는 대상에 대한 미련은 남을지언정 이를 고집하지는 않는다. 삶의 지난한 여정에서 겪게 되는 무수한 인연의 고리 또한 마찬가지다. 시인은 "아릿한 칼날의 추억"이라 하면서 그리움을 형상화한다. 때로는 순식간에 살을 베이는 아픔이라 여길 수도 있는 통증도 능히 추억이라 되새김할 수 있는 바, 결국 "가슴에 새겨지는/ 아프고 하이얀 동심원의 옅은 화석"이 되어 자신의 몸에 가냘픈 무늬를 새기게 되는 삶의 신비를 읊조릴 수 있는 것이다.

김동현의 시가 만들어내는 주조음은 존재의 미세한 떨림이다. 이

섬세하고도 연약한 감성의 표면에는 삶을 이겨내면서 고뇌하는 인간의 의식이 촘촘히 박혀 있다. 크게는 존재의 만남과 이별의 방식이, 작게는 주체와 대상이 접선해서 이루어지는 내면의 조밀한 반응이 작동한다. 그러나 이 모든 시적 언술과 형상화 및 주제는 어쩌면 삶을 구성하는 방식에 대한 시인의 물음일 뿐이다. 그리고 이러한 시인의 자문은 공기 중으로 잘게 흩어지는 현絃의 울림처럼 여운을 남긴다. 존재의 커다란 무게를 감내하는 시인의 내면 또한 "새가슴/ 명치끝부터 느끼"(〈검은 무쇠덩이〉)게 하는 실금처럼 마냥 가늘다. 그런데 이처럼 가느다란 내면은 실상 세상에 대한 회의와 절망 끝에 다다른 견고한 빗금이기도 하다. 절망스러웠지만 어쩌면 복되었던 기억이 주는 시간의 마법은 시인을 존재의 비밀로 더욱 내면화하는 시적 계기이다. 추억이 항상 "소리도 없이 떨어져 차곡차곡 낙엽으로 고였다가/ 가는 곳 모르게 존재의 비밀로 흩어져가는"(〈금목서金木犀〉) 것이라면, 시간의 먼 벼랑 끝에 되돌아보는 삶의 여정 또한 허공으로 속절없이 공중분해할 것이 분명하다. 그렇다. 시인은 추억의 자양분으로 탄탄해진 지금 이곳과, 아직 돌아오지 않는 시간의 화첩마저 절절한 울음으로 응대하는 것이리라. 성숙은 더욱 애타는 그리움으로 가득 채워지고, 이 그리움의 파국 또한 영원히 마르지 않는 눈물로 그 애잔한 무늬를 남길 것이 분명한 바, 걸리지 않는 것이 없는 성긴 그물처럼 그의 시적 언어는 존재를 온통 울음소리로 젖게 하는 것이다.

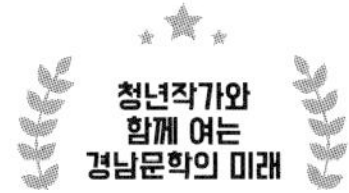

경남문학이 주목한 우리 시대의 작가들

발행일 2021년 12월 5일

발행인 겸 편집인 이달균

발행처 경상남도문인협회 cafe.daum.net/gnmuninhep
창원시 진해구 진해대로 311 경남문학관 내

등록일자 1995년 2월 23일

편집주간 김우태 010-9616-6470

편집장 이주언 010-5499-5658

편집위원 박은형 이창하 최석균 김주경 석성환
강 천 서한숙 윤미향 허숙영 도희주 홍혜문

사무처장 박서현 010-9876-3457

사무국장 박귀영 010-5532-0476

사무차장 손연식 송신근 진수영 서성자

제작보급처 이레웍스
창원시 마산회원구 양덕천길 157

이메일 shlee4507@hanmail.net

전화번호 (055) 251-4507

전송 (055) 251-4506

출판등록 제91호(2008. 3. 19.)

ISBN 978-89-98281-97-7

* 이 책은 경상남도 에서 발간비의 일부를 지원받았습니다.

〔값 25,000원〕